企业文化

（第二版）

王成荣　编著

中央广播电视大学出版社·北京

图书在版编目（CIP）数据

企业文化 / 王成荣编著. -- 2版. -- 北京 :中央
广播电视大学出版社, 2016.9
ISBN 978-7-304-08078-5

Ⅰ.①企…　Ⅱ.①王…　Ⅲ.①企业文化—高等学校—
教材　Ⅳ.①F270-05

中国版本图书馆CIP数据核字（2016）第218977号

企业文化（第二版）

QIYE WENHUA　（DI-ER BAN）

王成荣　编著

出版·发行：中央广播电视大学出版社

电话：营销中心 010-66490011　　　总编室 010-68182524

网址：http://www.crtvup.com.cn

地址：北京市海淀区西四环中路45号　**邮编**：100039

经销：新华书店北京发行所

策划编辑：窦思佳	**版式设计**：黄　晓
责任编辑：窦思佳	**责任校对**：赵　洋
责任印制：赵连生	

印刷：北京明月印务有限责任公司

版本：2016年9月第2版　　　　2016年9月第1次印刷

开本：787 mm×1092 mm　1/16　　**印张**：19.75　　**字数**：480千字

书号：ISBN 978-7-304-08078-5

定价：39.00 元

（如有缺页或倒装，本社负责退换）

第二版前言

　　《企业文化》出版于 2000 年，承蒙全国电大师生和各界读者的厚爱，截至 2015 年 10 月底，本书共印刷 23 次，发行 24.2 万册，在全国企业文化教材中遥遥领先，这是电大教师和出版社的功劳，也是对作者的最大激励。

　　十几年来，随着中国社会主义市场经济体制的不断完善，市场不断成熟，企业获得快速发展。尽管中间经历了全球性金融危机，但多数企业在危机中栉风沐雨，砥砺奋进，经受住了金融危机带来的前所未有的考验，创新能力和经营管理水平有了明显提高，企业文化也产生了质的飞跃。特别是，党和国家提出了全面建成小康社会，进而实现中华民族伟大复兴的战略目标，明确了文化强国战略和社会主义核心价值观，提高公民道德素质、建设人民精神家园、推进文化创新、提高国家文化软实力渐成全民共识。期间，国务院国资委发布了《关于加强中央企业企业文化建设的指导意见》，国家人力资源和社会保障部又把"企业文化师"作为新职业纳入了国家职业大典，大大推动了企业文化理论的繁荣和实践的创新。这是促使我修订《企业文化》的主要动因。

　　《企业文化（第二版）》吸收了近十几年来企业文化理论与实践的新成果。《企业文化》自第一版面世以来，我陆续出版了《企业文化学》《企业文化大视野》《企业文化新思维》《企业文化新使命》《品牌价值论》以及《老字号品牌价值》等相关著作并发表了几十篇学术论文，提出了企业文化基因论、企业文化方格论、企业精神家园和品牌文化等新的理论；通过对海尔、联想、华为、大庆油田、一汽、三一重工、长江三峡、同仁堂、全聚德等企业进行案例研究或调研与咨询服务，从中获得大量一手资料和新的认识；近几年来，经济与社会变革、信息技术和互联网发展等，给传统企业文化带来巨大冲击，使笔者从人性与人的价值、文化的本质与文化的使命、人与企业的关系以及企业的社会责任等角度，对企业文化进行了更深刻的思考。这次修订，笔者力求把这些新的理论、较为成熟的认识与思考结论，毫无保留地奉献给读者，以使教材内容保持时代感与前沿性。

　　《企业文化（第二版）》是在第一版基础上的全新改写，全书结构由原九章扩展到十一章，在内容上做了较大的更新与完善，特别关注了互联网时代的企业文化创新与发展问题。为了体现《企业文化（第二版）》的教材特色，便于学生参与讨论，实现教学互动，在修订中新增了若干案例；为了满足部分学习者深入研学的需求，全书后增加了参考文献。

需要说明的是，《企业文化（第二版）》从定位上看，不是一本纯专业技术型的教材，而是一本旨在提高学生职业素养兼而提高其专业技术能力的教材。应用本教材开设"企业文化"课程，主要是帮助学生认知企业与企业文化，提升学生的文化意识、职业道德和职业精神，认识自身在企业文化建设中的角色与责任，并学习和掌握一些企业文化管理的基本技能与方法，为从事企业管理和企业文化管理等相关工作奠定一定专业基础。"企业文化"课程既是电大（开放大学）及各高校财经、商贸、旅游类专业学生应修的专业课程，也是面向企业就业的所有专业学生必修的通识性课程。

感谢参与第一版策划、撰稿的国家开放大学王承先副教授、北京大学周建波教授、中宣部理论局原副局长贾春峰教授和若干审定专家；感谢中国企业文化研究会常务副理事长孟凡驰教授、清华大学张德教授、中国劳动关系学院黄河涛教授、北京大学当代企业文化研究所王超逸研究员、《中外企业文化》杂志原副主编马树林先生、北京理工大学李亚教授，以及北京财贸职业学院赖阳研究员，韩凝春、康健、胡昕、黄爱光副研究员等学界同仁对本教材做出的直接或间接的学术贡献；感谢家人张瑛和王羽茜对本教材的大力支持。

我一直坚信，一个企业绝不是一部纯粹经济学意义上的制造产品的机器，它是一个鲜活的生命，有对物质财富的渴望，也有对人文与社会的关怀；它在物质与精神相互作用中不断成长，走向成熟与繁荣。好企业既生产好产品又育好人才，既创造利润又创新文化。企业文化是企业生命的遗传基因、软实力的核心和品牌的根脉。当今时代，文化力量已经成为同人力、资本、信息力量同等重要甚至更重要的力量，企业文化管理是企业管理的最高境界，只有确保文化发展与经济增长相适应，才能使企业基业长青、永续经营。因此，我以越来越强烈的文化情感，愿意与企业文化界同仁一道，继续加强对企业文化的研究，以不断完善《企业文化》，尽力把与时俱进的好教材及时奉献给读者。

作 者

2016 年 7 月 11 日于北京

目　录

第一章　企业文化现象与管理

学习提示

　　本章先从认识企业入手，改变传统的只把企业看成"营利性经济组织"的观点，确立"企业是一个生命体"的新观点；继而对文化的内涵，从广义和狭义两个方面进行了考察；在此基础上，对企业文化的基本概念进行了界定。

　　针对人们的一些混乱认识，本书从三个方面阐述了企业文化作为"文化现象""管理方式""管理理论"的不同内涵。本章重点介绍"文化现象"与"管理方式"。作为一种"文化现象"，它与企业相伴而生，具有客观属性、亚文化属性和经济管理文化属性；作为一种"管理方式"，它在企业管理体系中处于根基地位。

学习要求

　　掌握：企业生命属性；企业文化基因；企业文化的概念及特征；企业文化现象、企业文化管理、企业文化理论三者的差别；企业文化理论的核心；企业文化方格理论。

　　熟悉：企业文化的类型和模式；企业文化管理与制度管理的关系；企业文化管理的基本功能与价值；企业文化开创者的基本学说。

　　了解：企业文化的理论基础。

CORPORATE CULTURE

第一节　企业文化基因

一、企业的生命属性

什么是企业？传统经济学一直把它定义为"营利性经济组织"，认为企业只是一个向社会提供有效产品与服务，以收抵支，取得利润的经济实体。直接一点说，企业就是一个赚钱的机器。因此，衡量一个企业办得好坏，往往只以盈利多少为唯一标准；企业改革也往往在产权变革和利益机制调整上做文章。

实践证明，只把企业视为经济组织的观点是狭隘的。无论从仿生学的角度还是从文化学的角度来看，企业除了具有追求利润的物质属性外，还有精神与文化属性，具有生命体的基本体征。人是有思想、有需要、有感情、有愿景、有追求的。企业作为由人组成的生命复合体，也是有思想、有需要、有感情、有愿景、有追求的。企业生存的目的不光是生产产品与赚钱，企业存在的真正目的是生产快乐、创造幸福。

当我们把企业视作一个生命体时，不难发现，要想使企业活得精彩、有意义、健康长寿，获得长期稳定的发展，必须有比赚钱更高的理想与追求。只重视物质财富的创造与积累是不够的，必须注重精神文化财富的创造与积累。一个企业精神文化财富的创造与积累，如果滞后于物质财富的创造与积累，这个企业肯定会出毛病，肯定走下坡路。两种财富的创造与积累相互适应、相互推动，企业的生命力才会更旺盛。

二、企业文化基因

（一）企业文化基因及其规律性

基因，也称遗传因子，是 DNA 或 RNA 分子上具有遗传信息的特定核苷酸序列，是生命的密码。基因具有物质性和信息性双重属性，它既能够忠实地复制自己，又能够发生突变，或给生物带来不利影响，或使物种增强适应性。人类除了具有同其他生物一样的遗传基因外，还具有不同思想、感情、信仰，会以不同的方式思考、行动的特殊生物。决定人类思想和行为的还有另外一种基因，即文化基因。生物学意义上的基因一般是以家族为单位遗传的，文化基因的遗传往往由家族扩展到一个组织或群体，直至一个民族和国家。文化基因相对于生物学意义上的基因而言，是先天遗传和后天习得的，主动或被动，自觉与不自觉而植入人体内的最小信息单元和最小信息链路，主要表现为信念、习惯和价值观等。文化因素（或因子）浩瀚如海，不是所有的文化因素（或因子）都能成为基因或起基因作用。一般来说，语言文字、宗教信仰和生活习惯都具有基因性质。

企业作为一种生命现象，不同于单个生物体，不具备生物基因，但显然具有文化基因——企业文化。文化进化总是由低级到高级，进化过程即是经过不断竞争，淘汰落后文化的过程。在企业中，文化基因往往以一种不均衡的方式分布着。当新的概念出现时，它们有先有后、或多或少地感染着人们的思想；当一种新的做法在局部被证明成功时，它可能扩散到其他部分，也可能不扩散。某些文化基因传播的范围大于其他的文化基因。优秀企业文化是各种文化基因相互竞争的累积结果。

不同的企业具有不同的基因，而基因的不同，从一定意义上决定着企业的规模、效率、市场表现、品牌特征，决定着企业的生存状态，决定着企业的生命周期。企业能否做大，能否保持持续发展，始终繁荣兴旺，最终是由基因好坏决定的。成功的企业尽管有不同的经验，但在文化基因上一定能找到共同点；反之，失败的企业其失败的原因虽各有不同，但把千千万万个失败的案例放在一起研究，一定能找到基因缺陷的规律。

美国兰德公司曾经做过一个调查：每倒闭1 000家企业，可能有850家企业是决策失误造成的；而在这850家企业中又有600家是多元化所致。这说明这些倒闭企业经营理念出了问题，实际上就是经营文化基因有共同缺陷。阿里·德赫斯有一本非常重要的著作——《长寿公司》，该书指出跨国公司的平均寿命只有40~50年，而40%的新公司寿命只有10年。进入世界500强的公司经济实力强大，富可敌国，但是不是长寿企业？不一定。因为书中谈到，10年前的500强，到今天已经有1/3销声匿迹了。[①]为什么呢？它只是大，文化基因不一定是最好的。又比如，美国安然公司数年造假6亿美元，丑闻暴露，几乎一夜之间股价从90美元跌至26美分。

美国《金融世界》杂志和英国英特品牌公司每年分别评选出的世界50个驰名商标为什么往往比较稳定，原因在于这些驰名商标有很多共同的好的基因，即非常重视文化的积累，底蕴深厚。它们的无形资产价值一般超过有形资产价值。六必居有580年历史，同仁堂有347年历史，全聚德有152年历史，杜邦有214年历史，宝洁有179年历史，西门子和卡迪亚有169年历史，雀巢有149年历史，可口可乐有130年历史，登喜路有123年历史，香奈儿有115年历史……这些成功的中外企业之所以百年不衰、价值不菲，其背后是有优秀文化基因的。

《长寿公司》一书总结出成功企业的四条原则：一是对环境非常敏感，与时俱进，关注变化，适应市场和外界的需求；二是员工对企业有较强的认同感，即文化上的同一性；三是公司的宽容性很强；四是财政比较保守，有审慎的财政政策，敢冒风险，但比较谨慎。这可能就是长寿公司的一部分共同基因。

（二）企业文化基因的类型

依据千差万别的企业的分类，也可以对企业文化基因进行分类。不同类的企业，其基因有共同之处，因此可以划分出不同的企业文化基因组。

如按企业所有权归属不同，可划分为国有企业文化基因组、民营企业文化基因组和股份制企业文化基因组等。不同的基因组是有很大差异的，因为不同类型的企业诞生的时代、所处的环境、管理体制、人员素质等方面都不同，因此它们的基因组合是不同的。比如，国有企业文化基因组有很多优势，包括长期形成的国家意识、民族意识、法治意识、社会责任感、爱国精神、艰苦奋斗精神、创业精神、奉献精神、永争一流精神等。但也有基因缺陷，比如等级思想、求稳意识、平均主义、保守思想等。民营企业和股份制企业有它们的文化基因优势，比如强烈的市场意识、盈利意识、竞争精神和创新精神等。但也不能忽视他们的文

---

① 阿里·德赫斯.长寿公司［M］.王晓霞，刘昊，译.北京：经济日报出版社，1998：2-3.

化短视症，如过分注重直接利益，追求利润最大化等；民营企业还有小富即安的保守意识、家族主义或泛家族主义的小家文化等。如果按产业划分，可划分为传统产业企业文化基因组和新型产业企业文化基因组等，如以IT行业为主的中关村企业文化所具有的创新、冒险、宽容等文化基因与传统的煤矿、钢铁、石油等企业的求稳定、顾大局、讲奉献等文化基因可能存在很大差异。如果按地域划分，可划分为如浙商文化基因组、京商文化基因组、晋商文化基因组、徽商文化基因组等，不同地域的企业，受不同经济、社会及文化环境的影响，其文化基因就有很大不同。除此以外，还可以按历史、规模等划分出不同的企业文化基因组。

（三）企业文化基因的可塑性

企业文化基因与纯粹生物学意义上的基因有所不同，它具有较强的可塑性，因为决定这些基因的企业自身因素和各种环境因素是可变与可控的，因此企业文化基因也是可变、可改造的。

不过，既然是基因，就不太容易改变和改造，不像修理一部机器、革新一个生产流程和改变一项管理制度那样容易。因此，企业文化管理是一项基因再造工程，具有明显的长期性、艰巨性和复杂性。

第二节　企业文化现象

一、从文化到企业文化

（一）什么是文化

了解什么是"文化"，弄清其基本内涵，是研究企业文化的逻辑起点。

"文化"（Culture）一词来源于拉丁文，原意有耕作、培养、教育、发展、尊重的意思。在中国古代，文化是指"文治教化"。"文化"一词最早出现在中国西汉时期刘向的《说苑》中，原文为："圣人之治天下也，先文德而后武力。凡武之兴，为不服也，文化不改，然后加诛。"自从19世纪后期现代文化学诞生以来，人们对文化才从学科的角度有了全新的解释。但是，由于流派众多，对文化概念的界定仍然见仁见智。文化学的奠基人泰勒在《原始文化》一书中说：文化是一个复杂的总体，包括知识、信仰、艺术、道德、法律、风俗以及人类在社会里所取得的一切能力与习惯。自从泰勒对文化下了一个具有划时代意义的定义以后，至今100多年，具有影响的关于文化的定义超过160种。《韦氏大词典》（第3版）认为，文化的适用范围：首先是"指人类行为及其具体化于思想、言论、行动和制品方面的产物的总体模式，它的形成与存在依赖于人类通过使用工具、语言和抽象思维体系而进行学习和传授知识的能力"；其次是"指在某一种族、宗教或社会组织中，其传统的独特结构所含有的惯常信仰、社会礼仪和生活特性的总体"；再次是"指特有于一定的群体、职业或专业、性别、年龄阶层或社会等级的典型行为或标准化社会特征的综合"。英国《柯林斯英语词典》中的"文化"定义，列出了两条：一是"指相传的思想、信念、价值、知识的总体，它构成为社会活动的共同基础"。二是"指具有共同传统的某一类人的活动与思想的总体，其传统在成员间传播并得到加强"。《辞海》对文化的解释是："从广义来说，指人类社会历史实践过程中所创造的物质财富和精神财富的总和；从狭义来说，指社会的意识形态以及与之相适应的制度和组织结构。"

从以上可以看出，文化是一个内涵深邃、外延宽广的概念，既有广义与狭义之分，也有宏观与微观之别。从广义去理解，人类有史以来，凡是与人的思想、行为及人工制品相联系的都是文化；从狭义去理解，文化特指精神产品及行为方式。从宏观上看，文化可以指民族的、宗教的、社会的；从微观上看，文化又可以指社会中的某一特定群体。

（二）企业文化是一种微观文化现象

文化作为一种社会现象，它是以物质为基础，伴随着社会物质生产的发展以及生产方式的进步而不断发展的。人类社会发展的各个阶段，都有与之相适应的社会文化。在社会文化的大环境下，也存在着与物质生产基本经济单位相适应的群体文化，如原始时代的氏族、部落文化，封建时代的家庭经济和手工作坊文化等。当生产力提高，商品生产发展到一定水平，社会生产的基本经济单位由家庭和手工作坊逐渐演变为现代企业的时候，企业文化就随之产生了。

企业文化作为一种微观文化现象，具有以下三种属性。

1. 客观属性

企业文化是客观存在的，是不以人们的意志为转移的。自从企业诞生的那一天起，就在企业经营活动中开始孕育并逐渐形成自身的文化。那种认为只有优秀企业有企业文化，而一般企业没有或缺少企业文化的观点显然是错误的。

企业文化现象作为一种客观存在，在其发展过程中，有积极与消极之分。如有些企业积极创新，不断进取，有些企业消极保守，故步自封；有些企业齐心协力，内聚力强，有些企业人心涣散，犹如一盘散沙；有些企业民主氛围浓厚，有些企业"家长"说了算；有些企业在经营中把顾客放在第一位，有些企业则坚持自身利益最大化等。一般来讲，积极的企业文化使企业朝着团结、创新、卓越、高效的方向发展，它对企业的经营活动起到正向引导作用；消极的企业文化使企业弥漫着分散、保守、迟缓、低效的"空气"，对企业的经营活动起阻滞作用。

2. 亚文化属性

企业文化是社会文化的一种亚文化，是在社会经济、政治、文化的综合作用下产生并发展的。在市场经济条件下，企业是个独立的经济实体，但它不是封闭的，它的经营活动是社会经济活动的一部分，每时每刻都与市场发生着千丝万缕的联系，通过商品交换，与市场上其他商品生产者及消费者相互依赖而存在。同时，企业还要受到国家法律法规的约束，接受国家政策的指导以及行政上的管理，受到政治、文化环境的制约和影响，受到社会价值取向、习俗、风气的感染。因此，企业文化现象是整个社会文化现象的一部分。

3. 经济管理文化属性

企业文化现象的产生和发展是与企业经营活动相适应的，它有自身的运动规律。就其本质来讲，企业文化是一种经济管理文化，反映着人们从事经济活动的观念和方式；就其具体内容来讲，它取决于企业发展的历史，所处的社会、地理环境，经营管理特点以及企业全员尤其是高层管理人员的素质及价值取向等因素。不同的企业具有不同的管理风格与文化特色。

（三）企业文化概念的界定

依据上述对企业文化属性的分析，显然不可能从宏观的角度去界定企业文化，因为企业只是社会的一个细胞，企业文化只能是一种微观的社会亚文化。但是，文化有广义和狭义之分，严格地讲，企业文化作为一种微观文化现象，依据全息理论，无疑也应有广义企业文化和狭义企业文化之别。从广义上来说，它既包括一个企业的物质文化，即有形的"显文化"或"硬文化"，也包括一个企业的精神文化，即无形的"隐文化"或"软文化"，如生产经营的环境、设备和产品，企业的组织结构和各种规章制度，企业的经营理念与风格，群体内部相互沟通的方式、相互制约的规范，企业员工的共同价值观念、历史传统、工作作风、办事准则等，都包含在广义企业文化之内。从狭义上来说，企业文化只包括精神与行为层面的文化。对企业文化涉及范围理解的差异，导致企业文化学界出现了不同的流派。有人认为企业文化应包括物质文化、制度文化和精神文化三个层次；有人把企业文化细分为生产文化、技术文化、经营文化、管理文化、服务文化、福利文化、文娱文化、环境文化等若干分支；也有人把企业文化分为精神文化、道德文化与形象文化。中国文化学家庞朴认为：企业文化即"企业人化"。对"人化"的理解也见仁见智，莫衷一是。

本书认为，企业文化应以企业的精神文化为研究对象，应避免定义过宽。追溯一下企业文化理论的奠基者和倡导者的有关论述，可以佐证这一观点的合理性。

威廉·大内认为：一个公司的文化由其传统和风气所构成。此外，文化还包含一个公司的价值观，如进取性、守势、灵活性——确定活动、意见和行动模式的价值观。

托马斯·彼得斯和小罗伯特·沃特曼指出，所谓公司文化包含为数不多的几个基本原则，这些原则是算数的，必须严肃对待，它们代表了公司存在的意义。

特雷斯·迪尔和阿伦·肯尼迪认为，企业文化由价值观、神话、英雄和象征凝聚而成，这些价值观、神话、英雄和象征对公司的员工具有重大的意义。

从以上论述可以看出，尽管这些管理学者对企业文化（公司文化）的表述不尽一致，但基本上是从狭义的角度界定企业文化内涵的。

企业文化作为特定的管理概念应专指以价值观念为核心的企业价值体系以及由此决定的行为方式。这些价值体系和行为方式渗透并体现在企业的一切经营管理活动中，构成企业的信仰和精神支柱，形成企业的惯例、传统。它虽然决定于物质文化，但它不像产品、设备那样以实物形态呈现在人们面前，看得见，摸得着，容易改变；相反，它以一种无形的力量蕴藏于员工的思想和行动之中，又作为一种氛围笼罩着整个企业，它虽不以实物形态存在，却不易改变，企业无时无刻不感受到它的存在。

综上所述，企业文化是指在社会文化环境影响下，经过企业领导者的倡导和全体员工的积极认同与实践创新所形成的整体价值观念、信仰追求、道德规范、行为准则、经营特色、管理风格以及传统和习惯的总和。

（四）企业文化体系

企业文化是一个完整的体系，其内容构成包括企业价值观、企业精神、企业伦理道德和企业形象四个组成部分。

1. 企业价值观

企业价值观主要反映企业的基本信仰、追求和从事经营管理的基本理念与准则。涉及办企业是为了什么，企业追求什么样的目标，企业提倡什么、反对什么，企业以什么样的标准判断事物的价值，企业以什么指导思想进行经营管理等方面的问题。

2. 企业精神

企业精神与企业价值观是紧密相连的，是企业信念化了的意识表现，反映企业的优良传统和经营管理中积极的主导意识。企业价值观及企业精神是员工团结一心、努力工作的精神源泉，也是企业赖以生存和发展的精神支柱，对企业的成败兴衰起决定作用。

3. 企业伦理道德

企业伦理道德是企业处理人与人之间关系的准则和行为规范的总和。它根源于企业价值观，表明人们对善良与邪恶、正义与非正义、公正与偏私、诚实与虚伪、美与丑等问题的基本看法，并以此为标准评价员工的行为，调整企业与员工以及员工与员工之间的关系。企业的伦理道德以公众舆论、规章制度等形式表现出来，对规范员工的个体行为，协调大家的行动，保证个人目标同企业目标的一致性起到教育、引导和制约作用。

4. 企业形象

企业形象是企业从事生产经营和管理活动所表现出来的外部行为特征、视觉特征以及企业风格、风气、传统、习惯等，表现为企业在社会上的知名度、美誉度、忠诚度的大小和企业内部精神面貌的好坏。企业形象决定于企业价值观和企业精神，受企业伦理道德的影响。一个企业是否具有良好的形象，对企业员工的工作追求、工作干劲，对企业整体凝聚力、创造力及竞争力都有直接影响。

上述四个部分在企业文化体系结构中处于不同地位。其中，企业形象处于企业文化体系结构的表层，企业伦理道德处于企业文化体系结构的中层，企业价值观处于企业文化体系结构的深层。从根本上说，企业精神也处于企业文化体系结构的深层，但它是整体企业文化的个性表达。三个层次是依次递进、相互影响的关系，其中深层文化是企业文化的核心，决定着整个企业文化的方向、本质、层次；中层文化直接把深层文化转换成一种成文或不成文的规则，对组织成员的言行起引导和制约作用；表层文化体现着企业文化的风格和品位，也以一种特有的氛围对组织成员起影响、感染、教化和引导作用。当然，表层文化和中层文化是由深层文化决定的。企业文化体系结构如图1-1所示。

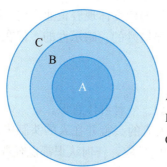

A深层文化：企业价值观与企业精神

B中层文化：企业伦理道德

C表层文化：企业形象

图1-1　企业文化体系结构

企业文化体系结构中的不同层次均受到来自社会政治、经济、人文、民族传统等多重因素的影响，在一个国家、一个民族、一定区域内具有很多共同特征。企业文化内容源于实践，具有客观性和多元性，它是在经营实践中形成的理念、传统、风格、习惯、习俗的沉积，但又是可以在实践的基础上经过主观改造与培植，得到升华和提高的。一般经过改造与培植的企业文化，其主流具有积极作用，并用富有哲理、具有象征性和感召力的语言进行高度概括。经过高度概括的企业文化，表面看来像一些宣传口号，其实不然，它是深深扎根于企业员工中的群体价值，是一种整体意识，对员工的思想与行为起导向作用。企业文化体现了组织行为的整体性和一致性。

二、企业文化的特征

企业文化是辩证的多元体系，具有如下特征。

（一）无形性与有形性的统一

企业文化的内核中包含着各种价值因素、信念因素、道德因素、心理因素等，是作为一种精神氛围存在于特定人群之中的，因此，它具有无形性，是看不见、摸不着的。

然而，无形寓于有形之中，企业文化也不例外。无形的价值因素、信念因素、道德因素、心理因素等通过各种有形的载体，如人的行为方式、企业的规章制度、经营管理政策以及外部环境等体现出来。人们往往是通过企业有形的事物去观察、分析、研究和培植内在文化的。

无形性是对内容而言；有形性是对形式和载体而言。因此，企业文化是内容与形式、载体的统一，无形性与有形性的统一。

（二）抽象性与具体性的统一

企业文化所反映的基本经营理念和管理哲学往往是概念性的。优秀的企业文化往往引导大家追求卓越，追求成效，追求创新，内涵清晰而目标"模糊"。它不像生产计划、产品标准、规章制度、管理规范那样明确具体，它只给人们提供一种指导思想、价值判断、行为规则。它不会告诉人们每个问题用什么具体方式和方法去处理，只会告诉人们应根据什么样的思想和标准去处理每个具体问题，因此，它是一种抽象性的概念。

但是，企业文化又是具体的，它由各种具体的行为、习俗、习惯、传统、礼仪等浓缩、凝结、升华而成。员工的每一个具体言行都在不同的角度体现着企业文化，同时也感受到企业文化的导向、激励和制约作用。尽管这种作用是微妙的、暗示性的，但在多数情况下，决定着人们的行为方向，为人们提供着行为动力。

（三）观念性与实践性的统一

企业文化在形态上表现为一种观念、一种认识、一种群体意识。

但是，马克思认为："观念的东西不外是移入人的头脑并在人的头脑中改造过的物质的东西而已。"[①] 人的认识是客观世界在人们头脑中的反应，任何认识都以客观的具体事物为其实在内容。客观世界是认识的对象，但它只有在实践中才可能被人所充分认识。认识来源于实践。企业文化的核心内容——价值观作为一种认识，离不开企业的生产经营活动，它既来源于实践，同时又指导实践，为实践服务。因此，用马克思主义认识论的观点看待企业文

---

① 中共中央马克思、恩格斯、列宁、斯大林著作编译局.马克思恩格斯选集：2版：2卷［M］.北京：人民出版社，1995：112.

化，它是观念性和实践性的统一。

　　了解企业文化的这一特点，有利于企业文化管理贴近实际，增强针对性，克服企业文化管理中或揠苗助长，或束之高阁、只做表面文章的倾向。

（四）经济性与社会性的统一

　　如前所述，企业文化具有经济属性，是一种经济文化，反映着企业的经济伦理、经营价值观与目标追求，以及实现目标的行为准则等。这是由企业作为一个独立的经济组织的性质决定的。在这点上，企业文化与军队文化、校园文化、医院文化、机关文化、社区文化等有明显区别。

　　必须看到，企业不仅作为独立的经济组织而存在，而且作为社会的一个细胞而存在。从其功能来讲，它不仅具有推动企业创造物质财富的功能，而且也具有创造、积累、传播精神财富的社会功能。在中国，企业文化体现着中国特色社会主义的要求，具有为思想政治工作创造条件，培育有理想、有道德、有文化、有纪律的员工队伍，促进社会主义精神文明建设等重要作用。因此，企业文化具有社会属性。况且，企业从事经济活动，也不是在封闭的系统中进行的，企业员工生活在社会的各个层次，每时每刻都会受到社会大文化的感染和熏陶。所以，企业文化是经济性与社会性的完美统一。

（五）超前性与滞后性的统一

　　生产力是推动社会发展的根本力量，是最活跃的要素。企业是生产力的直接组织者，在经营管理活动中产生的企业文化，相对于社会文化是超前的，往往最先反映时代的新观念、新思想、新时尚、新气息。企业文化的超前性决定了它的社会文化价值。

　　但企业文化相对于科学技术的飞速发展，企业产品的快速更新，市场的急剧变化等，往往显得变化缓慢，具有一定的滞后性。随着科技进步、产品更新和市场变化，及时推动企业文化的变革与进步，是企业文化管理实践中需要解决的突出问题。

（六）吸收性与排他性的统一

　　一种积极的企业文化形成以后，对于外来的优秀文化仍具有很强的吸收、学习能力，能够吸收经济发展、文化进步和社会变革中的积极因素，学习与借鉴其他企业在实践中形成的好的思想和经验，吸纳新进员工的优秀品质。

　　同时，优秀的企业文化对于与本企业文化主流相悖的其他思想意识也有相应的抵御能力。一般来讲，消极的企业文化不具备这一特点。有无良好的吸收性与排他性，是区分或衡量企业文化优劣的标志之一。

三、企业文化的类型与模式

（一）企业文化类型

　　企业文化是一个由若干价值因素所构成，并通过生产经营、对外交往等活动以及文化典礼、仪式等载体反映其特征的复杂的开放系统。不同的内外环境会造就不同的企业文化。严格地说，每个企业的成长环境都有差异，因此每个企业的文化特质都不尽一致，正像自然界没有两片完全相同的树叶一样，有多少个企业就有多少种企业文化。因此，对企业文化进行科学分类是一件困难的事。

不过，当我们对不同的企业文化的构成要素和影响要素进行必要的抽象时，可以发现很多相近或相同的文化特质，依据不同文化特质的组合，可以对千差万别的企业文化进行大致的分类。

1. 按发育状态分类

按企业文化的发育状态分类，可以划分为成长型文化、成熟型文化和衰退型文化。

（1）成长型文化。这是一种年轻而充满活力的企业文化。企业文化的发育状态一般是和企业的发展状态相适应的。企业初创时期，事业蓬勃发展，资本迅速膨胀，规模快速扩张，各种文化相互冲突，表现出新文化不断上升的态势，在内外环境的作用下，企业被注入了很多新的观念、新的价值和新的精神，如勇于创新、竞争和开拓进取等。此时企业的盈利状况呈现一种日益上升的趋势，前景看好，所以新文化对员工表现出很大的吸引力和感召力。但是，由于成长型文化所面对的外部市场环境不稳定，企业内部人员、结构、制度以及经营模式尚未定型，因此这种文化类型也是不稳定的，如果不善于引导和培育容易出现偏差。

（2）成熟型文化。这是一种个性突出且相对稳定的企业文化。一般来讲，企业发展进入成熟期，经营规模和市场稳定，人员流动率降低，管理运行状态良好，企业内部人际关系及企业与社会公众的关系也调试到了正常状态，与之相适应的企业文化也进入稳定阶段。经过企业成长期文化的冲突与整合，企业文化的个性特征也越来越鲜明；企业的主导文化已经深入人心，形成了诸多的非正式文化和浓烈的文化氛围。此时，企业的规章制度顺理成章，政令畅通无阻，企业文化的发展进入了黄金时期。但是，由于成熟型的企业文化具有的某种惯性和惰性，创新与变革的难度加大。

（3）衰退型文化。这是一种不合时宜、阻碍企业进步的企业文化。企业文化从成长到成熟、再到衰退是必然的。衰退型的企业文化已经不适应企业进一步发展的需要，亟须全面变革与更新。当企业发展到一定阶段，市场渐变或突变，传统的经营方式和管理方式面临越来越大的挑战时，原有企业文化就逐渐成为衰退型文化。这种文化如果不能随着企业环境的变化积极地进行创新，就可能成为企业发展的最大障碍，或成为导致企业走下坡路直至被市场淘汰的根本原因。

2. 按市场角度分类

按市场角度对企业文化进行分类，可以划分为强人文化、拼搏与娱乐文化、赌博文化和过程文化。这种划分，取决于市场的两种因素：一是企业经营活动的风险程度；二是企业及其员工工作绩效的反馈速度。[①]

（1）强人文化。这是一种高风险、快反馈的文化。具有这种文化的企业在建筑业、风险投资业及娱乐业等行业较为普遍，它们具有孤注一掷的特性，总是试图赢得巨大成功，追求最优、最大、最好的价值，设计最诱人的广告。员工工作紧张、压力大，工作绩效的反馈及时。强人文化是倾向于年轻人的文化，虽有活力但缺乏持久力。

（2）拼搏与娱乐文化。这是一种低风险、快反馈的文化。这种文化赖以生存的土壤往往是生机勃勃、运转灵活的销售组织和服务行业，在这类企业中，员工们拼命干、尽情玩，工

---

① 特雷斯·迪尔，阿伦·肯尼迪.企业文化：现代企业的精神支柱［M］.唐铁军，叶永青，徐旭，译.上海：上海科学技术文献出版社，1989：99.

作风险极小，而工作绩效的反馈极快，这种文化造就了最好的工作环境，使工作与娱乐实现最完美的结合。

（3）赌博文化。这是一种高风险、慢反馈的文化。具有这种文化的企业往往是一些拥有实力的大公司。在具备赌博文化的企业中，人们重视理想、重视未来，具有极强的风险意识，会促使高质量产品的开发和高科技的发明，但效率较低，发展较慢。

（4）过程文化。这是一种低风险、慢反馈的文化。这类文化一般是在金融保险业和公共事业中的企业产生的。这种文化的核心价值是用完善的技术、科学的方法解决所意识到的风险，即做到过程和具体细节绝对正确无误。具有这种文化的企业中的员工循规蹈矩，严格按程序办事，缺乏创造性，因为收入尚好，人员流动率较低，企业整体效率低下但却具有相当的稳定性。

（二）企业文化模式

模式是指某种事物的标准形式。文化模式是一种组织成员所普遍接受且长期存在的一种文化结构，包括生活方式、劳动习惯以及政治和经济结构等。[①] 企业文化模式在这里被界定为一类企业在发展过程中所形成的不同文化特质（要素）的构成方式及其稳定特征，反映一类企业的整体文化面貌和一般精神状态。如果说，对企业文化进行分类主要着眼于文化特质的话，对不同企业文化模式的划分则侧重于不同文化特质（要素）的构成方式。因为一个企业中的文化具有多种特质，有主要的特质，也有若干从属的特质。企业文化特质（要素）的构成方式千差万别，但主要的具有稳定特征的企业文化模式是可以区分的。

1. 按时间的继承性分类

按时间的继承性分类，可以把企业文化模式划分为传统模式和现代模式。

传统模式中的文化特质基本上固守着本国、本民族传统文化精神和本企业初创时期形成的基本理念，与此相适应的企业行为方式和习俗、习惯等也保持原有的结构、态势，很少接受新文化，趋向于稳定、保守和封闭状态。

现代模式则不同，它顺应社会发展、合乎潮流，能够广泛吸收现代社会文化的精华，并能不断创新和升华自身的文化，在文化特质和构成方式上都能体现时代精神，具有时代特色。这种文化开放、灵活、适应性较强。

2. 按空间分布特性分类

按空间分布特性分类，可以把企业文化模式划分为东方模式和西方模式等。东方模式和西方模式的差别，仅以中、西企业文化来对比，就有明显不同。

中国企业文化深受中华文化（尤其是儒家思想）及中国共产党的优良传统影响，其文化理念和行为方式具有显著的集体观念、奉献精神、和谐思想以及重情感、关系等特征，管理中的非理性色彩比较强。

西方企业文化则深受欧美理性主义和人文精神的影响，更加突出个人价值、个人能力，重制度、重合同、重法治，管理中的理性色彩比较强。

3. 按现实性与预见性分类

按现实性与预见性分类，可以把企业文化模式划分为现实模式和目标模式。

---

① 文化模式最早由克鲁伯所提出，后为鲁思·本尼迪克特于 1934 年详尽阐发。详见：鲁思·本尼迪克特. 文化模式 [M]. 北京：社会科学文献出版社，2009.

毫无疑问，现实模式即企业现实存在并实际发挥作用的文化特质及构成方式。

目标模式即对企业文化未来发展模式所做的规划和设计，反映企业所向往和追求的具有自身特色的基本价值观体系的整体特征。企业文化目标模式也不是凭空设想的，它是以现实模式为基础，经过强化现有文化特质或增加新的文化特质所形成的企业文化模式。

4. 按共性与个性分类

按共性与个性分类，可以把企业文化模式划分为一般模式和特殊模式。

一般模式是一种高度抽象化的具有普适性的文化模式，比如国别模式、地区模式等。

特殊模式是针对一般模式而言，是具有特定适应范围、领域或对象的企业文化模式。比如某类企业或某个具体企业的文化模式。

5. 按行业特性分类

按行业特性分类，可以把企业文化模式划分为不同行业模式。这种划分基于企业所处的行业不同，其经营的内容、方式以及由此决定的管理方式都不一样，文化特质及构成方式自然各具特色。

如从核心理念来看，工业企业文化模式最突出质量、成本与创新意识；流通企业文化模式更强调顾客与服务观念；金融企业文化模式则把信用与信誉视为生命，并体现着强烈的社会责任感；交通运输企业文化模式中遵章守纪、安全正点的内容则占有重要的地位。

第三节 企业文化管理

一、从"无形之手"到"有形之手"

企业文化与企业相伴而生，像一只"无形之手"，看不见，摸不着，但时刻引导、支配着领导者与员工的思想与行为，影响、决定着企业生产经营活动的质量与绩效。当人们没有意识到它的存在，或者只意识到了它的存在而没有对它进行认真剖析、扬弃和正确引导时，它只是自然地成长，缓慢地发育，并且自发地发挥它的作用；当人们在实践中意识到它的客观存在，并有意识地提倡和培植优秀文化，抑制和摒弃消极落后的文化，从而引导其向健康的方向发展时，企业文化就逐渐演变为一种新型的管理方式。

企业文化的产生和发展表现出特有的规律性，遵循它的规律性就能创造有效的管理和卓越的绩效，违背它的规律性就会给企业的发展带来不利影响，甚至导致企业经营的失败。就如同价值规律一样，当人们没有认识到它的本质和运动规律时，从事经济活动只能受这只"看不见的手"的自发调节；当人们能够揭示出它的本质和运动规律时，只要自觉地利用这只"看不见的手"指导企业的经营活动，就能够促进商品交换的顺利进行。由此看来，企业的经营与管理受到"两只手"的影响和制约：一只是"看不见的手"——价值规律；另一只是"无形之手"——企业文化。

企业文化由"无形之手"变为"有形之手"，是企业文化现象到企业文化管理的升华，是由自发生长到自觉管理的转变。

企业文化管理，是企业依据企业文化产生发展的规律，对企业文化规划、组织与控制的过程。它是一种新的管理方式，代表了企业管理方式变革与发展的方向。

在企业文化管理正式提出之前，中国企业在精神管理方面进行过积极探索。如新中国成立前，民族资本企业提倡的"实业报国，服务社会"精神，严细精神，人和、亲和精神；新中国成立后，以大庆、鞍钢、一汽等为代表的社会主义企业，在20世纪五六十年代形成的自力更生、艰苦奋斗精神，鼓足干劲、力争上游精神以及爱厂如家、勇于奉献精神；80年代形成的改革、创新和开拓精神等。

新中国成立后至20世纪80年代初，尽管许多企业在生产经营实践中已经意识到企业文化对企业发展的促进作用，并通过领导带头、积极宣传、树立典型、行为强化等办法，培育企业精神，但从总体上讲，对这些企业文化现象的认识还没有理性化，没有对它的产生机制、特征、内容、地位和作用等进行系统的分析，尤其是还没有深刻地认识、揭示它的规律性，并自觉地用它来改造传统的管理方式。换句话说，不少企业注意到了企业文化的作用，也创造出不少经验，但还没有升华为一种系统的管理方式。

应当承认，企业文化成为一种系统的管理方式是在日本企业实现的。第二次世界大战后，日本企业把从欧美学到的科学精神、先进的管理技术与方法，从中国学到的优秀文化及管理思想，与大和民族本身的传统融合在一起，创造并完善了企业文化的管理方式。这种管理方式坚持以人为中心，注重家族主义经营意识和团队精神的培养，实行终身雇佣制，采用集体决策、集体负责、含蓄控制的方式，强调非专业化的经历及缓慢的评价和升级等。理查德·帕斯卡尔、安东尼·阿索斯认为，日本企业的这种管理方式使它们在软性管理上占据了优势；威廉·大内则认为，日本的管理方式更接近他所设想的理想的企业——Z型组织（详见第二章第四节）。可以说，日本创造的企业文化管理方式是企业文化理论产生的摇篮。

二、从"冰山理论"看企业文化管理

（一）"冰山理论"

著名心理学家弗洛伊德和著名作家海明威曾经在各自领域里较早提出过"冰山理论"。1895年，弗洛伊德与布罗伊尔合作发表《歇斯底里研究》，首次提出"冰山理论"。认为人的人格有意识的层面只是冰山的尖角，人的心理行为当中的绝大部分是冰山下面那个巨大的三角形底部，是看不见的，但正是这看不见的部分决定着人类的行为。1932年，海明威在其纪实性作品《午后之死》中，第一次把文学创作比作漂浮在大洋上的冰山。他说，冰山运动之雄伟壮观，是因为它只有八分之一在水面上。他认为，文学作品中的文字和形象是所谓的"八分之一"，而情感和思想是所谓的"八分之七"，前两者是具体可见的，后两者是寓于前两者之中的。后来，美国著名心理治疗大师维琴尼亚·萨提亚运用冰山理论，隐喻一个人的"自我"就像一座冰山一样，大约只有八分之一露出水面，另外的八分之七藏在水底。人们能看到的只是表面很少的一部分行为，而更大一部分的内在世界却藏在更深层次，不为人所见。心理治疗师需要做的工作往往是透过来访者的表面行为，探索其内在冰山，从中寻找出解决之道，使每个人认识到自己的冰山，改变自己的人生。

在观察和研究企业管理现象时，可以引入"冰山理论"，把整个企业管理系统比作漂浮在大洋上的冰山，露出水面的部分是企业有形的管理，看得见、摸得着，包括企业管理体制、制度、规范、标准、流程及方法和手段等，但这种"有形"的管理只是冰山的一角，占冰山比重的"七分之一"。隐在水下面的部分为"无形"的文化管理，虽看不见、摸不着，所占比重却达到"七分之六"。①

"冰山理论"揭示出企业文化管理在整个企业管理系统中处于根基地位，不仅所占比重大，而且决定着企业整体管理的特色及效率。

"冰山理论"告诉我们，在管理中不能只见树木，不见森林，只重有形忽视无形。只有正确认识文化管理对企业整体管理的决定性意义，处理好局部与全局、有形与无形的关系，才能提高整体管理效率。

"冰山理论"还告诉我们，由于企业文化管理具有无形性，其管理难度更大，需要管理者利用更高的智慧，付出更大的精力，做出更长时间不懈的努力，才能取得较好的管理效果。

（二）企业文化管理的特点

1. 推崇共同价值

优秀的企业文化是企业员工共同价值的体现。企业文化管理以共同价值为根本，追求"共识"和"一体化"，崇尚团队精神，反对用"个识"强加于人，取代群体意识和共同价值。当然，共同价值是由个别价值抽象而成的。在现实生活中，不可能想象一个企业，几百名、几千名甚至上万名员工都会像机器一样，只有一种思想、一个判断。人的素质参不齐，人的需要、追求异彩纷呈，人的观念更是复杂多样。因此，企业文化只能追求相对的"共识"，即员工价值的最大"公约数"。

企业共同价值最初往往集中地体现在企业少数代表人物（如创业者、决策人、英雄、模范和标兵等）身上。任何一种积极的企业文化的形成，总是以少数人具有的先进思想意识和价值观为起点向外发散，通过领导者的积极倡导和身体力行，使之渗透在企业每一名员工的行为、每件产品的制造过程、经营管理的每一个环节之中，进而逐渐成为多数人的"共识"和共同价值。尤其是当企业文化在某些方面总体处于消极落后状态时，更要善于从中发现积极的因子——先进"个识"和价值观，通过精心培植，使之成长壮大，进而带动整体企业文化的进步与创新。

企业共同价值不仅是指企业各类文化因子，包括股东、管理者、员工等形成的共同价值，也包括企业在处理与顾客、合作者的关系时所形成的共同价值，还包括企业在履行社会责任过程中形成的与社会的共同价值。

2. 强化自律机制

企业文化管理不同于以规章制度和纪律等为手段的科学管理，它强调人的自主性，主张通过促进人的心理"认同"，启发人的文化自觉，达到自律与自控。对多数人来讲，由于认同了某种文化，能够自觉按某种文化的引导和暗示去行事。因此，文化管理是非强制性的，是一种软性约束。对于少数人而言，在一种主流文化中，即使他们并未完全产生认同或达成共识，也同样受主流文化中的行为方式、传统、作风、风俗与习惯等非正式规则的约束；违

---

① 科学研究证实，冰山作为从冰川或极地冰盖临海一端破裂落入海中漂浮的大块淡水冰，大多数比重为 0.9，其质量的七分之一在海面以上，七分之六在海面以下，因此本书使用这一说法。

背主流文化的言行是要受到舆论谴责或制度惩罚的，这就是文化管理的"强制性"。所以威廉·大内说，文化管理可以部分地代替发布命令和对工人进行严密监督的专门方法，从而既能提高劳动生产率，又能发展工作中的支持关系。可见，企业文化管理与传统管理对人的控制方式不同，传统管理主要是外在的、硬性的制度调节；企业文化管理主要是内在的文化自律与软性的文化引导。

3. 强调持续稳定

文化的生成呈现长期性，文化的作用具有延续性。一种积极的企业文化，尤其核心价值观的形成往往需要很长时间的博弈、验证与巩固，需要领导者的积极倡导和精心培育，需要先进人物的引导与带动，需要一些重要事件的引发等。根据全息理论，企业文化作为社会文化的"亚文化"，同样具有社会文化的一般属性，其主流文化一旦形成，就会逐渐稳定下来，成为企业发展的灵魂。因此，强调企业文化的持续稳定，尤其是避免主流文化朝令夕改，避免因为产品更新、机构调整和个别领导人更换而进行颠覆性改变。

当然，稳定性是相对的，根据企业内外经济条件和社会文化的发展变化，企业文化也应不断地得到调整、完善和创新。尤其是当整个社会处于大变革与大发展、企业内外环境发生剧烈变动的时候，企业文化必须也必然通过新旧观念的冲突而进行大的变革，从而适应新的环境、条件和组织目标。适者生存，优胜劣汰，企业文化是在不断适应新的环境中得以进步和发展的。

4. 凝练独特风格

企业作为市场经济和文明社会的产物，其文化中体现着市场经济的一般规律，渗透着人类文明的共同意识。就其内容来讲，不仅一个地区、一个行业的企业文化具有相同的地方，一个国家的企业文化，由于受各自社会经济发展状况和民族文化的共同影响，也呈现有共同性，存在着国家共有的企业文化模式；甚至世界各国的企业，由于相互比较、交流、借鉴，各自的企业文化也含有相同的因素。因此，培养企业共有价值观，是企业文化管理的重要任务。

然而，不同社会、民族、地区、行业的不同企业，其文化风格各有不同，即使在投资、经营性质与管理模式上十分相近甚至一致的两个企业，在文化上也会呈现出不同的特色与魅力。这是由企业的历史、行业属性、生存环境、经营特点、企业家的素养风范和员工的整体素质等多种因素决定的。因此，企业文化管理十分强调个性培养。企业文化个性既是企业文化的精华所在，也是企业文化生命力和活力的源泉。多数成功的企业均是在重视文化共性管理的同时，十分重视文化个性培养的。

在企业文化管理实践中，由于社会大文化环境的作用，共性文化的培育和传播相对容易，而个性文化的培育和传播相对较难。个性文化一旦形成就会产生巨大感召力、凝聚力和对外的辐射力。

三、企业文化管理与制度管理的关系

（一）海尔定律的启示

海尔定律认为，企业如同爬坡的一个球，受到来自市场竞争和内部员工惰性而形成的压力，如果没有一个止动力，它就会下滑，这个止动力就是基础管理。依据这一理念，海尔集团创造了"OEC管理法"(Overall Every Control and Clear，简称OEC)，这个模式是"制度管理"。在此基础上，海尔坚持把"创中国的世界名牌"作为海尔的发展目标，矢志不渝，并大力倡导以创新为核心的企业文化，因而使"爬坡的球"有了"牵引力"，这就是"文化管理"。如果只有"止动力"，没有"牵引力"，或者说只有制度管理，没有文化管理，海尔也就不会有今天的业绩。这说明海尔把制度管理与文化管理有机地结合起来了。

（二）文化管理与制度管理的差异

在企业文化研究中，人们对文化与制度的认识经常陷入一种误区：或把二者对立起来，或把二者混为一谈，分不清二者在企业管理中的地位与作用。有人把企业文化概括成三个层次：物质文化、制度文化和精神文化，这种从广义角度界定的企业文化，无疑把制度包含在内，即制度也是一种文化。但如果从狭义角度看企业文化，制度只是文化的载体；进一步说，把企业文化作为一种新的管理方式，制度与文化属于两个不同的管理层次和两种不同的管理方式。文化管理高于制度管理，制度更多地强调外在监督与控制，是企业倡导的"管理底线"，即要求员工必须做到的；文化更多地强调价值观、理想信念和道德的力量，强调内在的自觉与自律，是"文化高境界"，二者的具体差异表现在以下三个方面。

1. 制度与文化演进方式不同

文化的演进是渐进式的，制度的演进是跳跃式的，但二者同处于一个过程之中。从制度到文化，再建新制度，再倡导新文化，二者交互上升。企业管理正是在这种交互上升的过程中不断优化，臻于完善的。

2. 制度与文化表现形态不同

制度是有形的，往往以责任制、规章、条例、标准、纪律、指标等形式表现出来；文化是无形的，存在于人的头脑中，是一种观念形态和精神状态，往往通过有形的事物、活动反映和折射出来。"文化是制度之母"。有形的制度源于文化，无形的文化通过制度等载体得以表现。

3. 制度与文化对人的调节方式不同

制度管理主要是外在的、硬性的调节；文化管理倡导内在自律与软性控制。脑力劳动者与体力劳动者对制度管理与文化管理的感受度不同。体力劳动者因其作业方式要求标准化的程度高，对制度管理的强制性敏感度较低，也就是说，遵守制度是顺理成章的事，制度管理对他们更适合；脑力劳动者因为创造性强，自由度较高，对条条框框比较反感，所以需要较多的文化管理。

（三）文化管理与制度管理的关系

正确认识文化管理与制度管理的互动性，需要把握以下几个要点。

1. 制度与文化相互推动

当管理者认为某种文化需要倡导时，可能通过培养典型或开展活动等形式加以推广与传播。但要把新文化迅速渗入管理过程，变成人们的自觉行动，制度则是最好的载体之一。人们普遍认同一种新文化可能需要较长时间，而把文化"装进"制度，则会加速这种认同过程。当企业中的先进文化或管理者倡导的新文化已经超越制度的水准，这种文化又在催生着新的制度。

2. 制度与制度文化的关系

当制度内涵未被员工认同时，制度只是管理者的"文化"，对员工只是外在的约束；当制度内涵已被员工接受并自觉遵守时，制度就变成了一种组织文化。比如，企业要鼓励员工提合理化建议，先制定一项制度，时间长了，员工接受了这一制度内涵，制度就变成空壳，产生了参与文化。

3. 文化优劣程度或主流文化的认同度决定制度成本

当企业倡导的文化优秀且主流文化认同度较高时，企业制度成本就低；反之，企业的制度成本则高。由于制度是外在约束，当制度文化未形成时，没有监督，工人就可能"越轨"或不能按要求去做，其成本自然就高；而当制度文化形成以后，人们习惯性依制度办事，制度成本自然降低，尤其当超越制度的文化形成，制度成本会更低。摩托罗拉公司尝试取消"打卡"制度，是因为员工能够认识到工作的意义是什么。大庆人"三老四严""四个一样"的工作作风，成为大庆人自觉的文化行为。

4. 制度与文化永远并存

制度再周延也不可能凡事都规定到，但文化时时处处都能对人们的行为起约束作用。制度永远不可能代替文化的作用；文化管理也不可能替代制度管理。由于人的价值取向的差异性、对组织目标认同的差异性，要想使个体与群体之间达成协调一致，光靠文化管理是不行的。实际上，在大生产条件下，没有制度，即使人的价值取向和对组织的目标有高度的认同，也不可能达成行动的协调一致。海尔为"爬坡的球"创造了一个"止动力"，之后又为它创造了一个"牵引力"，使球既不至于下滑，又有动力往上滚，是制度管理与文化管理结合的典范。当然，在不同类的企业中制度与文化的比例是有差异的。

案例 1-1

张朝阳如是说

搜狐的文化是开放的，对某个阶段新进来的人，把一些好的东西带进来，也能在搜狐得到发展，新的文化元素能够在这里存活，就是有点像一条河的源头的汇聚，不断地有新的支流加进来，汇成搜狐现在这样的整体的文化感觉：既有创新，又有规则和一系列的制度。

搜狐 2000 年以前乱七八糟，我说什么时候开会就什么时候开会，比较凌乱，以前提升员工，我觉得谁做得不错聊一聊就提升。还是后来这种制度性的节奏比较好。现在每半年做一次绩效考核，会议的规章制度也很完善。

企业管理要规范化，但是制度不能太多，否则会影响企业发展，但是也不能没有，我们现在感觉搜狐建立这些制度的"度"掌握得挺好，不失灵活性，也有规范性。灵活性很重要，鼓励大家创新，但同时我们也有很严密的财务制度、人事制度等。

这种规范性和灵活性体现在每个员工所理解的公司文化，但是这种灵活性能够纳入规范的流程，比如说当你有一个创意或者点子的时候，甚至我自己有一个点子的时候，不会马上去运作，而是要在会上提出来，要把创意纳入到一个程序里，实际上也是帮助其更好地完善。

　　我是一个比较宽容的人，总是给别人以空间和理解，总是在假定别人是好人，我的心很软，但是我也不是一味地温和和随和，因为我的压力也很大，在上市公司的压力下，所以我该狠的时候也得狠。

　　资料来源：根据营销管理网"张朝阳：开放式企业文化与严格制度的平衡术"整理而成。

四、企业文化管理与人力资源管理的关系

　　人力资源管理的对象是人，企业文化管理的核心是以人为本，在理论上搞清二者关系，在实践上实现二者有机结合，具有重要意义。

（一）人力资源管理的内涵

1. 正确认识人力资源管理的内涵

　　关于人力资源管理的内涵有两种观点。其一，对人进行合理组织与调配，使人—机、人—物之间经常保持最佳比例。认为人同其他资源无差异性；其二，通过对人进行培训，对人的思想与行为进行激励、控制和协调，发掘人的主观能动性。认为人同其他资源有差异性，人是组织中的特殊资源，人的生理、心理、能力及可发展性是有差别的。本书同意后一种观点。据此，可把人力资源管理划分为六大模块：人力资源规划；招聘与配置；培训与开发；绩效管理；薪酬福利管理；劳动关系管理。

2. 现代人力资源管理与传统人事管理的区别

　　传统人事管理以"事"为中心，见"事"不见"人"，管理形式和目的是"控制人"；而现代人力资源管理以"人"为核心，管理是追求人与事的系统优化。

　　传统人事管理把人设为一种成本，当作一种"工具"，注重的是投入、使用和控制。而现代人力资源管理把人作为一种"资源"，注重产出和开发。工具论者认为对人可以随意改造、控制、使用；资源论者认为对人得小心保护、引导、开发。

3. 现代人力资源管理的意义

　　（1）实现人力资源的最大价值。

　　（2）最大限度地发挥人的主观能动性。研究证实，按时计酬的员工每天只需发挥自己20%～30%的能力，就足以保住个人的饭碗；但受到充分激励的员工，发挥出应有的积极性、创造性，其潜力可发挥80%～90%，甚至更多。

　　（3）培养全面发展的人。提高人的素质与技能，并使之成为合格的社会公民。

（二）人力资源管理与企业文化管理的关系

　　人力资源管理与企业文化管理的关系可以从以下三个方面概括。

1. 一致性

　　一是人力资源管理与企业文化管理的目的具有一致性，即都是通过作用于人，进而提升企业效益；二是二者的指导思想具有一致性，即都是坚持以人为本；三是二者的投入产出形式具有一致性，即都是一种投资（不是成本），产出具有间接性。

2. 差异性

一是人力资源管理与企业文化管理的工作着眼点有差异，前者更注重个体技能与素质的提升，主观能动性的发挥；后者则重视整体价值观的培养；二是两者工作方式有差异，人力资源管理是管理主体行为，企业文化管理是主客体互动行为；三是两者的工作边界有差异，企业文化管理除了面向企业人之外，还要面向顾客和社会公众。

3. 互动性

通过人力资源管理，建立良好的人机关系，提高人的素质，激发人的主动性与创造性，为发展高层次企业文化奠定坚实基础；通过企业文化管理，建立共同愿景和价值观，形成良好的人际关系和文化氛围，可以提高人力资源管理的效能。同时，企业文化理论也改变了人力资源管理理论的基点，使人们更加重视个体价值与整体价值的契合，而不仅仅是个体能力和组织目标与要求的适应。

人力资源管理与企业文化管理必须结合起来，对人的管理才能产生放大效应。结合的办法主要是组织设置结合、工作方式互补和活动安排协同。

五、企业文化管理的基本功能与价值

（一）基本功能

企业文化管理不仅强化了传统管理的功能，而且具有传统管理不能替代的功能。

1. 凝聚功能

企业文化管理崇尚群体意识，可以改变以个人价值观为本位的一盘散沙状态，成功实现合拢管理。[①] 企业文化像一根纽带，把员工的追求和企业的追求紧紧联系在一起；也像磁石一般，将分散的员工力量聚合成团队整体力量。与企业外在的硬性管理相比，企业文化管理本能地具有一种内在聚合力和感召力，使每个员工产生浓厚的归属感、荣誉感和目标服从感。企业文化管理的这种凝聚功能在企业危难之际和创业之时尤其能显示出巨大的力量。

2. 导向功能

企业文化管理的导向功能主要表现在企业整体价值观对企业主体行为，即领导者和员工行为的引导上。由于整体价值观是多数人的"共识"，因此它的导向作用对多数人来讲是建立在自觉的基础之上的。他们能够自觉地把自己的一言一行经常对照整体价值观进行检查，纠正偏差，发扬优点，改正缺点，力求使自己的行为符合企业目标的要求。对少数未取得"共识"的人来讲，这种导向功能就带有某种"强制"性质。企业的目标、规章制度、传统、风气等迫使他们按照企业整体价值取向行事。如企业始终把顾客利益放在第一位，这种价值观就会引导员工为顾客提供一流的产品和服务；如企业强调创新意识，它就会引导员工在工作中不畏风险，不怕失败，勇于打破旧框框，实现产品和技术的革新。

3. 激励功能

管理的核心是人，管理的目的是要把蕴藏在人体中的聪明才智充分激发出来。企业文化管理强调尊重每一个人，相信每一个人，凡事都以员工的共同价值观念为尺度，员工受到重视，参与愿望能够得到充分满足。因此，企业文化管理能够最大限度地激发员工的积极性和

---

① 合拢管理被学术界认为是世界流行的三种管理方式之一，其他两种管理方式是走动式管理和抽屉式管理。

首创精神，使他们以主人翁的姿态，关心企业的发展，为企业努力贡献。实际上，在优秀文化的激励下，员工积极工作，将自己的劳动投入到集体事业中去，共同创造、分享企业的荣誉和成果，本身又会得到自我实现及其他高层次精神需要的满足，从中受到激励。所以，企业文化管理的激励功能，能够使员工士气步入良性循环轨道，并长期处于最佳状态。日本人提出"车厢理论"，即强调在一个目标轨道上，每节车厢（个人）都有动力，这样的列车，就像今天的"动车组"，动力强劲，速度就快。这种理论比单纯强调"火车头"的作用更科学。

4. 约束功能

企业文化管理使员工产生无形的约束力。它虽然没有多少明文规定的硬性要求，但以潜移默化的方式，使组织形成一种群体道德规范和非正式规则，某种违背这些道德规范和规则的言行一经出现，就会受到群体舆论和感情压力的约束，同时使员工产生自控意识，达到自我约束。企业文化管理把以尊重个人感情为基础的无形的外部控制和以群体目标为己任的内在自我控制有机融合在一起，实现了外部约束和自我约束的统一。

5. 协调功能

通过企业文化管理，使企业成员对众多问题的认识趋于一致，增加了相互间的共同语言和信任，大家能够在较好的文化氛围中相互交流和沟通，减少了各种摩擦和矛盾，上下左右的关系较为密切、和谐，各种活动更加协调，个人工作心情也比较舒畅。企业文化管理不仅充当着企业内部"协调者"的角色，而且也能够把企业与顾客、合作者，企业与社会的关系调试到最佳状态。

6. 维系功能

企业文化管理像一根无形的"纽带"，维系一个企业的正常运行。应该说，维系一个企业的正常运行有三根"纽带"，即资本纽带、权力纽带和文化管理纽带。在这三根"纽带"中，文化管理纽带是韧性最强、最能突出企业个性的纽带，同时也是维系企业内部力量统一、维系企业与环境良好关系，保持企业持久繁荣的最重要的精神纽带。

7. 教化功能

人的素质是企业素质的核心，人的素质能否提高，很大程度上取决于他所处的环境和条件。企业文化管理倡导卓越、绩效和创新。具有这种文化的集体是一所"学校"，为人们积极进取创造良好的学习、实践环境和条件。所以，企业文化管理具有提高人员素质的教化功能，它可以使人树立崇高理想、高尚道德，也可以锻炼人的意志，净化人的心灵，使人学到为人处世的艺术，学到生产经营及管理知识、经验，提高人的能力，有助于促进人的全面发展。

8. 优化功能

企业文化管理使企业内生出一种积极向上的力量，这种力量对企业经营管理的方方面面起到优化作用。如当企业目标、决策偏离企业价值观轨道时，它可以自动纠正；当企业组织机构不合理或运转失灵时，它可以自动调节；当领导者的行为和员工的行为有悖于企业道德规范时，它可以自动矫正。实际上，这种优化功能不仅体现在"过程"之后，即对错误结果进行修正，而且也体现在"过程"之前和"过程"之中，对组织活动和个人行为起到必要的预防、警示和监督作用。

9. 增誉功能

企业文化管理塑造了鲜明的企业管理风格和经营服务特色，这种管理风格和经营服务特色体现在企业与外界的每一次接触，包括业务洽谈、经济往来、新闻发布以及各种社会活动和公关活动，甚至凝结在企业制造的每一件产品中，向社会大众展示着本企业良好的经营管理状态和积极的精神风貌，从而给企业带来良好的声誉和影响。优秀的文化是一笔巨大的无形资产，企业文化管理则是这项无形资产的开发者和维护者。

10. 免疫功能

企业文化管理可以增强企业文化的免疫功能。当企业处于顺境时，企业文化表现为推动力；当企业处于逆境时，企业文化则表现为一种"免疫力"。比如，把 2008 年开始蔓延全球的金融危机比作一场瘟疫，那么，文化优秀的企业就表现出了较强的"免疫力"，不但能顺利度过"严冬"，甚至还能在"严冬"中抓住机遇、赢得发展；而文化相对落后的企业，免疫力就差，就会受到较大的冲击。企业文化管理既要着眼于增强企业文化发展力，培育积极向上、拼搏进取的精神，同时也要注意增强企业文化的免疫功能。既能"锦上添花"，又能"雪中送炭"。

（二）基本价值

1. 经济价值

优秀文化作为企业的一种精神财富，具有一种神秘的力量，这种力量我们称之为"文化力"。[①] 日本本田汽车公司创始人本田宗一郎指出，思想比金钱更多地主宰世界，好的思想可以产生金钱，当代人的格言应该是：思想比金钱更厉害。这说明好的思想是一种力量。文化力的表现形态虽然是价值观念、信仰、态度、行为准则、道德规范及传统、习惯等精神产品，但对企业物质财富的增长起着极大的促进作用，即文化力可以转换为经济力。企业文化管理是推动文化力向经济力转化的根本方法，具有重要的经济价值。

企业文化管理的经济价值表现在以下四个方面：

（1）引导企业尊重经济规律。企业是市场经济发展的产物，企业文化的形成受到市场经济发展的制约；市场经济的客观规律和法则往往通过企业文化管理作用于企业的各项经济活动。因此，企业文化管理能够引导企业按照市场经济规律办事，保证企业在市场经济的舞台上稳扎稳打，避免受到经济规律的惩罚。

（2）提高企业的商誉。优秀的文化体现着企业成功的经营管理特色，体现着企业对顾客的"诚信"之道。这种特色和经营之道通过各种传播媒介向社会扩散，逐渐形成企业的商誉。企业的商誉高，能长期得到顾客和社会各界的信赖与支持，就会兴旺发达；企业的商誉低，失去了顾客和社会各界的信赖与支持，就会衰落、萎缩。商誉是企业文化的社会效应。良好的商誉是一种竞争力量，能够提高企业的增值力，给企业带来高于一般水平的利润。对企业文化进行有效管理，终究能够促进企业商誉的提升。

（3）开发人的潜能。企业文化管理体现着以人为中心的根本思想，体现着对员工心理及行为规律的尊重，体现着对企业员工共同利益和共同价值的尊重，因此能够对广大员工起到凝聚、引导、激励和约束等作用，使员工发挥聪明才智和劳动积极性，并积极参与管理，提合理化建议，提高劳动效率，最终给企业带来较高的经济效益。

（4）引领企业发展与变革。企业文化管理往往能够为企业塑造一盏精神灯塔，照亮企业

---

① 在中国，"文化力"一词源于毛泽东在《新民主主义论》一书中使用的"文化力量"。近年来，著名学者贾春峰积极倡导加强市场经济中"文化力"的研究，引起广泛重视。

前进的方向，引导企业改革创新，完善组织与经营机制，促使企业采用新的经营方式和科学管理方法，从而带来组织效率和经济效益的大幅度提高。

2. 社会价值

企业文化管理的作用，远远超越企业界限，服务于社会，具有社会价值。这种价值不仅仅表现在企业文化管理能够促进企业经济效益的提高，进而带来整个社会物质财富的增长上，而且它还表现出对社会文化的继承和发展的重大作用。具有远见卓识的企业家不仅看到了企业文化管理的这种价值，而且把企业文化的发展自觉地同人类文明的前途联系在一起。日本的企业经营之神松下幸之助就曾提出"为社会经营""为社会生活的改善以及世界文化的进步作贡献"的经营哲学。中国长虹集团公司也把振兴民族工业作为自身崇高的价值追求。

企业文化管理的社会价值主要体现在以下两个方面：

（1）体现和弘扬优秀传统文化。成功的企业文化管理，在企业文化成长发育过程中，善于吸收和借鉴传统文化的精华。日本企业注重吸收日本传统文化的家族主义和集体精神；美国的企业注重体现美国文化的个人能力主义和创新精神。日、美企业文化的成功说明了本民族文化的生命力，也是他们对弘扬本民族文化精华的贡献。中国具有灿烂的民族传统文化，也应该通过企业文化管理，对中国民族传统文化自觉地加以扬弃，吸收其中的精华，把传统文化与现代经济伦理有机结合起来，这不仅能够使企业受到本民族优秀文化的滋养，形成自身的文化特色，而且能够使中华民族的优秀文化遗产得以继承和弘扬，这不能不说是企业文化管理的一种重要社会价值。

（2）催生社会新文化。企业是现代生产力的集结点，而生产力在社会发展中是最活跃的因素。这就决定了企业创造的新文化，在社会文化的缓慢发展中走在前列，源源不断地为社会文化的进步输送着新的营养。企业文化的这种超前性决定了它能成为新的社会文化的"生长点"。企业文化管理是通过促进企业文化创新，利用产品的制造、销售以及与外界的信息交流，把本企业先进的价值观念、道德风尚等传播给社会，通过建设进步的企业精神文明为社会精神文明的提高作出贡献，体现其巨大的价值。当前，在经济全球化和知识经济快速发展的条件下，企业文化管理的这种社会价值已经非常突出地表现出来，企业不断向社会传导竞争观念、创新观念、效益观念、服务观念以及尊重科学、尊重人才的意识，给传统文化带来了强大的冲击，使社会文化出现了很多新的"生长点"，这些新的文化因素将成为社会文化的重要组成部分，从而推动社会文化不断向前发展。

要点总结

（1）企业是一个生命体，企业文化是企业生命的基因。这是本章以至本书的重要立论。

（2）企业文化是一种微观文化现象。它与企业相伴而生，作为客观存在的一种社会亚文化，它像一只"无形之手"，对企业及员工的行为产生着全方位、持久性的影响。企业文化由企业价值观与企业精神、企业伦理道德、企业形象等要素构成，它是无形性与有形性、抽象性与具体性、观念性与实践性、超前性与滞后性、吸收性与排他性、经济性与社会性的统一。

（3）企业文化是一种管理方式。企业文化管理是依据企业文化产生发展的规律，对企业文化规划、组织与控制的过程。"冰山理论"说明，企业文化管理在整个企业管理体系中处于根基地位，不仅所占比重大，而且决定企业整体管理的特色及效率。企业文化管理与传统的制度管理不同，更加强调共同价值，强化自律机制，注重持续稳定，凸显独特风格。企业文化管理具有凝聚、导向、激励、约束、协调、维系、教化、优化和增誉功能，也有显著的经济与社会价值。

练习与思考

一、解释概念

企业、文化、文化基因、文化模式、企业文化、企业文化模式、企业文化管理、冰山理论

二、简答题

1. 企业文化体系的构成包括哪些要素？
2. 企业文化的特征有哪些？
3. 企业文化包括哪些类型？
4. 企业文化的模式是怎样划分的？
5. 企业文化管理的功能有哪些？

三、思考题

1. 怎样理解企业的生命属性？
2. 为什么说企业文化是企业生命的基因？
3. 如何正确认识企业文化的经济价值和社会价值？
4. 如何正确认识企业文化管理与制度管理的关系？
5. 如何正确认识企业文化管理与人力资源管理的关系？

第二章　企业文化理论

学习提示

　　企业文化理论是一种新兴的管理理论。本章首先回答了它的产生与发展背景、在中国传播和发展的情况；阐明其理论性质、地位与核心。

　　企业文化理论形成的标志是 1980 年比尔·安伯纳西在《哈佛商务评论》上发表的《在经济衰退中进行管理》一文和同年美国国家广播公司制作的《日本能，为什么我们不能》的电视专题节目。企业文化理论的提出与成功实践，是 20 世纪下半叶一次重大的企业管理革命，波及全球，影响深远，它正在改变着企业的信念、价值准则、管理模式以及人们的行为方式和人格特征，推动着企业向人本化与市场化和谐互动的方向发展。企业文化理论的根生在中国，花开在日本，果结在美国，共享在全球。

　　企业文化理论在管理科学体系中占有重要地位，是企业管理科学的一个新的里程碑。企业文化理论在形成过程中，吸收了如人学理论、社会动力理论、领导理论、学习理论与学习型组织理论等很多理论精华；托马斯·彼得斯、小罗伯特·沃特曼、威廉·大内、理查德·帕斯卡尔、安东尼·阿索斯、特雷斯·迪尔和阿伦·肯尼迪等人，对企业文化理论的形成做出卓越贡献；作者提出的企业文化方格理论丰富了企业文化理论宝库。

学习要求

　　1. 掌握：企业文化理论在管理学科中的地位；企业文化理论的核心；企业文化方格论。

　　2. 熟悉：企业文化的理论来源、企业文化的基本学说。

　　3. 了解：企业文化理论形成的时代背景；企业文化理论在中国传播与发展的状况和原因。

第一节 形成与发展

一、时代背景

企业文化理论形成于 20 世纪 80 年代初期。它的诞生，与第二次世界大战后经济全球化的出现、经济与文化互动发展以及企业管理思想的演进及实践的新变化紧密相连，与日本在软性管理方式方面的成功探索、美国在管理上的反省及经验总结密不可分。

（一）经济全球化、经济与文化互动的发展趋势

第二次世界大战结束后，美国实力膨胀，占据了世界经济的中心地位。欧洲和日本等经历战后重建，在美国的援助和支持下，经济迅速复兴。到了 20 世纪 70 年代，世界经济格局出现新的变化，由美国独霸天下走向多极化。因此，世界各国经济、科技、文化相互交流与融合，出现了经济全球化、经济与文化互动的发展趋势。

1. 经济全球化进程加速

伴随着战后经济复兴，世界各国公司经营均出现国际化趋势，资源配置冲破国别限制，生产的产品纷纷销往国外市场，资本也在国际市场上寻找更好的机会。如日本、欧洲的一些公司对产品出口和能源及原材料的进口依赖性非常大，多数大公司采用的完全是一种国际贸易主导型的经营模式。市场的扩大，要求这些公司要有国际化的视野，以适应全球化的发展战略、经营理念和品牌策略。

由于生产和资本日益国际化，同时也由于现代交通运输工具和通信设备的出现，使得主要西方国家的跨国公司在战后规模迅速扩大，并在世界经济中起着举足轻重的作用。同时，大型跨国公司之间出现合作化趋势，通过购并、联合，实现在新产品和新技术的开发、市场的拓展等方面的优势互补。在各国经济越来越相互依存、相互渗透、相互影响的条件下，越来越多的具有不同国籍、不同信仰、不同文化背景的人为同一家公司工作，要求人们跨越文化障碍和冲突，学会合作。

2. 世界各国文化出现趋同现象

随着科学技术的飞速发展，经济全球化进程的加速，以及产品、资本、技术的流动及传播媒介的发展，世界各国、各民族之间相对缩短了地理上的距离，文化得以迅速而广泛的传播与交流，尤其是发达国家的强势文化对较落后国家的文化冲击越来越大，人们的价值观、道德观、风俗习惯出现了很多趋同现象，人们的视野更加开阔，思想更加开放，在不断追求新颖、时尚、高品质的生活方式的同时，工作的自主性和独立性也越来越强，民主意识日渐高涨。

经济全球化带动文化趋同化，文化趋同化促进经济全球化的发展。经济全球化促进了不同国家间企业管理经验与文化的交流，向跨国公司提出了如何调动不同文化背景下员工的积极性问题；文化趋同化也促进了各国生活方式和消费习惯的趋同化，为全球市场的形成奠定了基础。

3. 经济和文化的结合日益紧密

经济和文化二者相互推动，相互渗透，出现了一体化发展趋势。文化的作用日益明显，科技、教育、体育等都成为推动经济发展和企业进步的巨大而不可替代的推动力。经济与文化的一体化发展，对企业的技术创新能力以及劳动者文化素质的要求越来越高，促使企业更加重视研发投入和教育投入，重视企业精神文化财富，尤其是无形资产价值的创造与积累。

可见，世界经济全球化和文化趋同化，尤其是经济和文化在全球范围内紧密结合，不仅为企业文化理论的产生和传播准备了肥沃的土壤，而且也是企业文化理论得以迅速发展的重要原因。

（二）企业管理思想的演进与实践的新变化

1. 企业管理思想的演进

自管理学诞生以来，在管理思想的长期演进过程中，不少管理学家已经注意到了文化因素的重要性。最早将文化概念用于企业管理，研究价值观念以及文化传统等对企业管理影响的是美国著名管理学家切斯特·巴纳德和菲尼普·塞尔茨尼克。1938 年，切斯特·巴纳德写了《管理工作的职责》一书。认为办好企业的关键是价值观和积极性问题，并且注意到了管理者在发挥人的积极性方面那种异乎寻常的关键作用。1957 年，菲尼普·塞尔茨尼克在《领导与行政管理》一书中也曾指出，机构的领导人主要是促进和保护价值的专家。此后，美国波士顿大学组织行为学教授戴维斯于 1970 年在《比较管理组织文化的展望》一书中，明确而系统地从民族文化、社会文化、组织文化等诸角度阐述了企业管理。美国著名管理学家彼得·德鲁克在 1971 年出版的《管理学》一书中，把管理与文化直接联系起来，指出管理是一种社会职能，隐藏在价值、习俗、信念的传统里以及政府的政治制度中，管理受文化制约。同时管理也是"文化"，不是无价值观的科学。这些论断在当时虽未引起企业界和管理学界应有的重视，却为企业文化理论的诞生奠定了思想基础。

2. 企业管理出现的新变化

从企业管理实践的角度看，第二次世界大战结束以后出现了许多新变化。世界各国，尤其在西方国家，随着科学技术的迅猛发展及其在生产领域的广泛应用，企业工业生产条件得到极大改善，脑力劳动比例扩大且逐渐成为决定生产率的主导力量，劳动者的主体意识日益觉醒。同时，由于生产社会化程度提高，市场范围和竞争规模也越来越大。因此，传统的企业管理理论和管理方式受到越来越多的挑战，面对企业管理实践的重大变化，传统的纯理性管理方式已经束手无策，基于"机械人""经济人"看法的经验型管理和靠组织技术严密控制型的管理，逐渐朝着以人为中心的管理方向发展。可以说，战后企业人本化和人性化管理成为世界各国企业管理的一股潮流。

在美国，与重视科学技术、推行科学管理并驾齐驱的是积极倡导个人能力主义的管理方式，以至不少企业纷纷把原来的人事部的牌子换成了人力资源部，以加强对人力资源的开发与管理。

在西欧各国，强调企业职工参与制度和弹性工作制度，让职工有表达意见、参加决策与管理的机会；通过设立众多的职工管理委员会、工作改善委员会、半自治团体等组织形式来保证该目标的实现。

在日本，企业对以人为中心的管理进行了更多的探索和实践，取得了明显的成效。日本企业重视家族意识和团队精神的培养，倡导集体决策和全员管理，很多企业采用的终身雇佣制、年功序列工资制等，已成为日本管理模式的支柱。

在中国，以人为中心的管理思想有很深的文化渊源和充分的体现，在长期的革命实践中，中国共产党一直围绕"人"这个中心进行工作，倡导为人民服务、走群众路线、关心群众生活、注意工作方法等。在发展企业实践中，全心全意依靠工人阶级，创造了"两参一改三结合"[①]等民主管理的经验，强化职工的主人翁精神和民主意识；利用思想政治工作的优势，充分调动工人阶级的主动性、积极性和创造性，走出了一条有特色的人本管理之路。

第二次世界大战后世界各国流行的以人为本的管理，改变了以物、事、任务为中心的传统管理模式，重视把人的要求、发展欲望和价值实现放在第一位；改变了单纯依靠严格规章制度和严密监督体系进行强制性管理的方法，重视对员工心理、行为的深入研究，通过培养人的自主性，实现自主管理和自我控制；改变了金字塔式的科层组织体系和独裁式的管理方式，通过建立大森林式的扁平组织结构和分权式管理方式，鼓励职工参与管理，参与决策；传统的权力纽带和资本纽带作用递减，而文化纽带却在日益发挥着巨大的凝聚作用和导向作用。同时，企业也正在逐渐摆脱"一切以利润为中心"的传统经济伦理的束缚，坚持顾客利益至上，谋求企业利益与社会利益的融合，谋求企业与社会的同步发展。

可以说，战后以人为中心的管理思想的发展和实践探索，促进了企业文化理论的诞生；加之这一时期整个行为科学的快速发展和目标管理理论的提出，为企业文化理论的诞生提供了有力的理论支持。

（三）日本经济奇迹的启示与美国经验的总结

日本在第二次世界大战中战败后，国内一片废墟，国民穷困不堪，经济上几乎完全靠西方扶植。但到了 20 世纪六七十年代，日本发生了令人惊异的变化，经济突飞猛进，一跃进入发达国家行列，特别是到了 80 年代，日本已经在世界工业技术的许多领域处于领先地位。比如，在摩托车生产方面令英国黯然失色；在汽车生产方面胜过了德国和美国；在手表、照相机和光学仪器的生产方面超过了传统强国瑞士和德国，并结束了美国在钢铁生产、造船、钢琴制造、拉链生产和消费电子产品方面的统治地位，使西方各国在与日本的产品竞争中越来越被动，不得不实行贸易保护主义。这其中的原因何在？

从宏观的角度看，日本经济的成功无疑与日本政府强有力的工业政策，重视技术引进和产品出口，重视教育投入有直接关系。但从微观的角度看，日本经济增长源于企业的活力和竞争力，这种活力和竞争力依赖于独特的管理模式。

日本的企业管理模式不同于西方讲究科学，注重效率，习惯于"依靠组织机构和正规制度"，推崇独断而富有个人主义色彩的领导方式和注重近期效果的分析技术的理性管理模式，更多地强调软性要素的作用，即推崇信念和情感的力量，着眼于人的管理。1979 年，美国哈佛大学东亚研究所所长埃兹拉·F·沃格尔出版了《日本第一，美国要吸取的教训》一书，用大量无可辩驳的事实证明，日本的经济发展和工业成就，源于日本特有的管理模式，西方尤其是美国的管理模式并不是唯一适用的。埃兹拉·F·沃格尔还指出，日本与美国管理模式的不同，源于两个国家不同的文化传统和价值观。1980 年，比尔·安伯纳西在《哈佛商务

---

① "两参"为干部参加劳动、工人参加管理；"一改"为改革不合理的规章制度；"三结合"为干部、工人和技术人员三结合。

评论》上发表了《在经济衰退中进行管理》一文，同年 7 月，美国国家广播公司制作了《日本能，为什么我们不能》的电视专题节目，它们分析了美、日企业管理的差异，找到了日本企业文化上的优势，把日本的成功归因于日本人对企业的忠诚及团体意识、企业对员工的关怀和重视等精神文化因素。继而，威廉·大内的《Z 理论——美国企业界怎样迎接日本的挑战》，理查德·帕斯卡尔、安东尼·阿索斯的《日本企业管理艺术》等著作，也从比较的角度揭示了日本企业管理的经验，并提出应向日本企业学习。

在日本企业中，企业把每个成员都作为有思想、有感情的人来对待，尊重每个人，着眼于上下级之间、同事之间情感上的相互沟通，使每个成员对企业都有一种强烈的归属感，对集体都有一种强烈的责任感。这种观念在日本企业的终身雇佣制、缓慢晋升制和工作轮换制中得到了最充分的体现。终身雇佣制使员工对企业产生了强烈的归属感，因为员工的生计、福利、前途等一切都与企业的命运联系在一起，所以员工能忠于职业，恪尽职守，在困难的时候也能与企业共渡难关，为企业分忧。缓慢晋升制更体现了对人的情感照顾。在日本，晋升的主要依据是长期的工作表现和资历，日本公司里的正式职衔和实际所承担的责任往往并不一致，经常是资历较深的职员拥有部门经理的头衔，而实际承担领导责任并主持业务的却是无职衔的比较年轻的职员。这种做法主要是为了照顾人的感情。一个对企业曾经有过重大贡献的人，或者一个多年兢兢业业为企业工作的人，尽管后来能力、精力不如年轻人了，但他的职衔和待遇是有保障的。这表明企业不会忽视他，表明企业仍然尊重他，这是对他极大的安慰，也是对他继续工作的鼓励。这种做法也照顾到年轻人的情感需要，尽管没有相应的报酬与职衔，年轻人也愿意承担更大的职责，承受更大的压力，因为这表明他的工作能力得到了承认，他受到了上级的赏识和重视，满足了他的荣誉感。并且，承担更多重要的职责是晋升的条件之一，每个年轻人都不愿放过这个机会。于是，看来消极的、不合理的晋升制度在日本企业成为积极的、为各年龄层次不同级别的员工所共同接受的制度。此外，在日本企业普遍实行的工作轮换制，也兼顾到人的情感因素。一个人长期从事一种工作，会感到枯燥乏味，会感到自己只是企业这一运转机器上的一个部件，而不是一个有创造性的人，于是，工作仅仅是谋生的手段。而在日本企业里，一名工程师每隔一段时间就可以调换一个对他来说是新工作的岗位，一名技工每隔几年就可能被调去照管别的机器或到其他岗位工作。这样不断地调换工作，会给人带来新鲜感和创新欲望，会使一个人更加心情舒畅，富有创造性地投入工作。

日本企业的成功表明，企业管理层着眼于人的管理，着眼于人的情感的协调，着眼于人与人之间的微妙关系。这种灵性主义的管理避免了理性主义管理带来的普遍划一的僵滞和情感的损伤，有着理性主义管理所无法产生的凝聚效应，为企业管理和企业发展展现了一个新的天地。威廉·大内认为，讲求"信任""微妙性"和人与人之间的"亲密性"，是日本企业管理的精髓。理查德·帕斯卡尔则通过对日美企业管理模式的比较分析，认为日本企业比美国企业更重视人员、技能、作风和最高目标等软性因素（文化因素），这是日本企业取得成功的关键。管理经验主义学者彼得·德鲁克凭着他多年的管理经验和敏锐的眼光，也得出了与上述研究相同的结论，认为日本的成功在于企业管理人员正确地解决了现代企业中的行为准则问题。

日本经济的成功和企业管理的成功，为企业文化理论的诞生提供了最直接的实践依据。

　　与此相适应的是，美国受到来自日本成功的启示，对自身的管理模式进行了反省与经验总结。

　　第二次世界大战使得美国的实力大增。到 1945 年，美国占有资本主义世界工业产量的 60%，全球对外贸易总量的 32.5% 以及全球黄金储备总量的 59%，以压倒性的经济优势，处于世界经济中心的地位。到 20 世纪 60 年代中期，美国又率先成功地实现了向服务型经济的转型，在科学技术、国际金融和贸易等方面处于绝对领先地位。但是，美国战后实施"马歇尔计划""道奇路线"，帮助欧洲和日本经济复兴，在获取对方市场的同时，也为自己培养了竞争对手。到了 20 世纪 70 年代，以美元为中心的国际金融体系受到了巨大冲击，美国受到来自欧洲、日本、苏联以及很多新兴工业化国家的挑战。西欧从 1951 年建立煤钢共同体起步，到 1967 年欧洲共同体正式成立，经济获得巨大发展，欧共体的总体经济实力在 70 年代末超过了美国。日本经济在 60 年代高速增长，成为美国越来越难以对付的竞争对手，到 70 年代初，更是一跃成为世界第二经济大国。在美、欧、日全球三大经济中心逐步确立的同时，由于战前社会主义工业化的坚实基础，战后苏联经济得到了较快的恢复和发展，一跃成为世界经济强国之一。60 年代中期以后，东亚、拉美崛起了一批新兴工业化国家和地区，其中的代表包括有亚洲"四小龙"之称的韩国、新加坡和中国香港地区、中国台湾地区以及拉美的巴西、阿根廷和墨西哥等国家。这些国家和地区经济快速发展，成为推动世界经济朝着多极化发展的新兴力量。

　　20 世纪 70 年代后的美国，虽然仍是世界三大经济中心之一，但相对实力下降。特别是在企业管理方面，不少美国企业过分拘泥于以理性主义为基石的"科学管理"路线，过分依赖解析的、定量的方法，只相信复杂的结构、明确的分工、周密的计划、严格的规章制度和自上而下的控制手段，相信大规模生产和理性的、科学的手段能够带来生产率；忽视人的因素，尤其是忽视团队精神的培养等非理性手段的作用。这种管理压抑人性，抑制企业的活力，致使它们在与欧洲、日本及新兴工业化国家和地区的竞争中，优势在下降。

　　在一些经济学家和管理学家比较美日企业管理差异，批评美国，提出向日本学习的时候，也有一些人并不服气。他们认为，美日两国历史、地理、文化等方面存在巨大差异，日本经验不能照搬；况且，美国一直是世界公认的企业管理的老师，与其屈尊就教日本，不如本地寻根。正如美国管理学家特雷斯·迪尔和阿伦·肯尼迪所说："今天，每个人似乎都在抱怨美国企业生产率的下降，各个行业中的弊端比比皆是，令人沮丧。许多书刊宣称日本的一套管理做法是解决美国工业状况最佳的可行方案，但我们不敢苟同。我们并不认为答案是要模仿日本人，同样也不同意解决的方法必须依靠'科学'管理工具——相反，我们认为答案是将美国看作'苹果馅饼'（apple pie）——我们应该切记：是人在推动企业的发展。同时，我们还要重温一些以往的教训，即文化是怎样把人团聚在一起，并使他们的日常生活充满着意义和目的的。"① 在这种背景下，丹尼尔·雷恩的《管理思想的演变》，托马斯·彼得斯和小罗伯特·沃特曼的《成功之路——美国最佳管理企业的经验》，特雷斯·迪尔和阿伦·肯尼迪的《企业文化——现代企业精神支柱》以及劳伦斯·米勒的《美国企业精神——美国未来企业经营的八大原则》等著作相继问世。他们一方面反省管理思想的历史，反省美国企业的

---

　　①　特雷斯·迪尔，阿伦·肯尼迪.企业文化：现代企业的精神支柱 [M].唐铁军，叶永青，徐旭，译.上海：上海科学技术文献出版社，1989：4-5.

不足；另一方面也在大量实证研究的基础上，总结出若干优秀公司的管理经验，发现人是最根本的力量，文化和价值观比起管理组织制度、管理技术与方法更起作用。美国也不乏优秀的公司，重视文化的力量是这些优秀公司的共同经验。如托马斯·彼得斯和小罗伯特·沃特曼在总结了美国 43 家优秀公司的成功做法后，发现企业与企业之间的管理风格不同，而决定不同管理风格的恰恰是优秀的公司文化。劳伦斯·米勒认为，一个组织很像一个有机体，它的机能和构造更像它的身体，而坚持一套固定信念、追求崇高的目标而非短期的利益，是它的灵魂。未来将是全球竞争的时代，这种时代采用新企业文化的公司才能成功。管理学者们发现一个共同信念：人是企业内最重要的资源，使人生生不息地工作的动力，是上下一致的共同价值。

由此，总结美国优秀公司经验的学者与推崇日本企业管理模式的学者，在研究上殊途同归，在相互争论中揭示了企业管理的共同规律：人是管理的主体，必须靠文化凝聚力量，成功的管理是管理软性要素与硬性要素的结合。

可以说，企业文化理论是在第二次世界大战后经济全球化的发展、经济与文化互动、企业管理人性化以及日美企业管理比较研究的深入开展等多种因素的共同作用下形成的。

二、在中国的传播与发展

企业文化理论在中国备受推崇，得以迅速传播与发展，最主要的动力来自我国经济体制改革与企业制度创新，文化的反思与觉醒，学术界的推动，企业界的实践探索；同时也与政界的充分肯定和新闻界的积极倡导分不开。

（一）经济体制改革与企业制度创新的推动

企业文化理论在中国的传播与发展和经济体制改革与企业制度创新的不断深化密不可分。改革开放以来，中国宏观经济环境发生了巨大变化，正处于完善社会主义市场经济体制的过程之中；微观的企业改革已经发展到纵深层次，企业基本上实现了市场化运作，实行了现代企业制度。

（二）市场变化与经营理念创新

由于社会主义市场经济体制的确立，中国经济实现了前所未有的持续高速增长，短时间内，市场供求出现了巨大变化，各类商品几乎 100% 供求平衡或供过于求，长期困扰中国经济的市场短缺时代迅速结束，随之而来的是商品供应丰富，市场活跃。

同时，随着科学技术的进步，人们的生活条件不断改善，消费者的价值观念变化很快，市场需求的差异性显著增加，从而引起产品的寿命周期大大缩短。为了适应这种市场需求多变的环境，小品种、大批量的生产方式转变为多品种、小批量生产或多样化生产方式，即主要按客户的需求进行生产。买方市场的到来，那些质量好、功能全、有文化特色的名牌产品成为人们消费的首要选择。特别是国外大量名牌产品涌入中国市场，进一步加剧了中国市场的竞争。因此，认真研究消费者的需求变化趋势，加强研发和产品创新，提高产品的质量，增强产品的差异性和文化附加值，赢得继产品竞争后的第二次竞争——服务竞争和品牌竞争的优势，成为中国企业经营的首要任务。

随着市场的快速变化，市场交易关系越来越复杂，所有市场领域的经营者必须严守合同，恪守信用，一切交易关系均按照市场游戏规则，依法律和双方协议办事；否则，违约失信，就会丢掉用户，失去市场。因此，市场对企业的诚信管理提出了更高的要求，即要求企业坚持用户至上的经营理念和合作共赢的竞争理念，视信用与信誉为生命，经营中遵纪守法，重视道德自律，树立良好的市场形象，提高自身的知名度、美誉度和客户忠诚度，靠诚信文化取得市场优势地位。

（三）企业制度创新与管理变革

随着社会主义市场经济体制的确立与不断完善，政企逐步分开，国有企业"有退有进"，中国企业所有制结构及组织形式发生了巨大变化，已经形成以公有制为主体、多种所有制经济共同发展的局面。国有企业逐渐完成了公司制改革，开展了形式多样的转换企业资产结构的探索，越来越多的大型国有企业公开发行股票上市融资，带动了全国范围内企业的股份化进程。企业组织形式的变化，要求企业必须严格按照现代企业制度的要求，以市场为导向，完善法人治理结构，建立起新型的企业领导制度和科学的内部运行机制。

与企业制度创新相适应，多数企业实现了全员劳动合同制以及用工制度、人事制度和分配制度的改革。这一系列的改革，使企业传统的劳动用工及分配观念、劳动者传统的劳动就业及报酬观念受到很大冲击，企业和劳动者之间形成了一种新型的劳动关系——以市场经济原则为基础的契约关系。因此，企业必须转变管理方式，既要加强科学管理，运用新的激励、控制手段挖掘劳动者的工作潜能，提高劳动效率，同时也要帮助劳动者进行职业生涯设计，为他们个人价值的实现和全面发展创造更好的条件，探索新的劳动关系条件下民主管理的形式，确保劳动者在企业管理中的主体地位。

市场环境的变化，经济体制改革的深入和现代企业制度的推行，改变了传统计划经济体制和单一国有企业组织形式下形成的企业管理方式和企业文化。企业如何解决好对外以顾客为中心、扩大市场、树立良好诚信形象、提高竞争力，对内以员工为本、激发员工积极性和创造性、提高企业凝聚力等问题显得特别突出。所以说，企业文化理论传入中国以后，很快引起学术界、企业界的高度重视，并且在理论和实践上进行积极探索是必然的。

（四）文化的反思与觉醒

20世纪60年代日本及亚洲"四小龙"经济起飞以后，围绕着东亚经济发展的动因问题曾引起国际学术界的极大兴趣，到底是市场经济制度，还是儒家思想文化体系在其中起了关键作用，认识迥然有别。到了80年代，中国经济进入快速发展轨道，这种认识逐渐趋同起来。东亚及中国经济的发展与繁荣，虽然模式有所不同，但经济与文化根源确有相同之处：既有现代市场经济伦理的引导，也受东亚尤其是中国文化价值的积极影响。

毫无疑问，市场经济体制的推行，造就了现代企业制度与企业家精神。市场经济的本质决定了商人必然为满足市场的需要而生产，决定了他们必然以追求最大利润为经营目标。这样，最大限度地通过交换赚钱就成为他们的原始驱动力。马克思在《资本论》中曾引用托·约·登宁的话说，资本有10%的利润就保证到处被使用；有20%的利润就活跃起来；有50%的利润就会铤而走险；有100%的利润就敢践踏一切人间法律；有300%的利润就敢犯任何罪行，甚至冒被绞首的危险。[①] 可见这个动力是巨大的。怎样实现赚钱的目标，对商

---

① 中共中央马克思、恩格斯、列宁、斯大林著作编译局.马克思恩格斯全集:中文1版:第23卷 [M].北京:人民出版社，1972:829.

人来说，必须富于商业头脑及创新精神，勤奋、节约、精于算计，否则就可能蚀本，就不能生存，因此形成了商人最基本的价值准则。市场经济也造就了"独立的人格"，冶炼出商人的新品质、新观念，尤其是启发了人们的平等观、权利观和自由观。同时，市场经济是竞争经济，商品交换是在竞争中实现的，但竞争要公平、公正、讲信用。竞争制度是一架精巧的机构，通过一系列的价格和市场，发挥无意识的调节作用。尽管"每个人都不断地努力为自己所能支配的资本找到最有利的用途。诚然，他所考虑的是自身的利益，而不是社会的利益。但他对自身利益的考量自然会或者说必然会引导他选定最有利于社会的用途"。因为"有一只看不见的手引导他去达到一个他无意追求的目的。虽然不是他的本意，可对社会来说并非不好。他追求自己的利益，常常能促进社会的利益，比有意这样去做更加有效。"①

　　但是，市场经济体制所创造的规范与秩序，以及企业主观为自己、客观为社会的结果，是一个痛苦的调节与整合过程，往往要付出较大的成本与代价，并且市场经济体制不是万能的，不能解决企业在经营过程中的所有问题，尤其是社会责任问题。因此，东亚一些国家和地区，在发展经济、构建自身企业管理模式的过程中，特别重视伦理道德建设，吸收传统文化，尤其是中国儒家文化思想，实现"《论语》＋算盘"的有机结合，实践证明是成功的。在市场经济高度发达、现代企业制度较为完备的西方国家，由于市场竞争、人与自然冲突、人与人之间情感淡漠等原因，也不断向东方尤其是中国寻求和谐的思想与特有的人情味。

　　在中国经济高速增长的过程中，市场机制与企业制度不断完善，但也出现了很多不和谐的现象，有些企业重利轻义、缺乏诚信与人本精神，缺乏环保意识和社会责任感，缺乏消费者保护意识，导致经营增长，道德滑坡，影响社会和谐与企业的可持续发展。人们在总结经验教训的时候也在反思，中国20世纪五六十年代的企业创造了积极进取、甘于奉献、力争上游等可贵的企业精神，今天中国实行社会主义市场经济体制，在奉行市场伦理的同时，更需要有先进的文化来引领企业的发展。中国不乏优秀的传统文化和现代精神文明的资源，尽管其中有些方面与市场经济伦理有些冲突，但从深层次上来讲，它能引导和促进市场经济向更健康的轨道发展。如中国文化中的人本思想、和谐思想等都是现代企业所需要的宝贵价值资源。很多企业在长期的经营过程中也认识到一个基本哲理，企业不单是一个赚钱的机器，更应有超越物质的更高追求。办好企业不光要靠资本和价值规律，更要靠人、靠先进的价值观、道德与人文精神。只有物质财富的积累与精神文化财富的积累相适应，企业才有生命活力。这种文化上的反思与觉醒，也成为中国兴起"企业文化热"的重要原因。

（五）理论研究方兴未艾

　　早在20世纪80年代初，中国管理学界在研究现代西方管理思想的发展时，就敏锐地观察到企业文化理论的出现，并在及时翻译介绍国外相关著作和论文的同时，在国内有所提倡、有所传播、有所讨论、有所研究。但这种提倡、传播、讨论与研究一直未形成管理理论研究的主流，对企业界的影响也不大。1987年，中纪委原书记、中顾委原委员韩天石多次赴广州、深圳等地考察，从南方等地刚刚兴起的"企业文化热"中觉察到这种新兴理论的前景，认为必将对走向改革开放的中国企业，以及中国经济与社会的发展产生巨大的影响。于是，他和一批理论界、企业界的有识之士共同倡议，于1988年成立了中国企业文化研究会。

---

① 亚当·斯密. 国富论［M］. 沈阳: 万卷出版公司，2008: 288-289.

研究会成立以后，举办了各种类型的学术研讨活动，对于什么是企业文化、要不要搞企业文化、如何建设有中国特色的社会主义企业文化等问题，逐步取得了共识。中国企业文化研究会通过举办讲习班，培养了一批企业文化建设的积极分子，推动了全国各地的企业文化研究与实践活动。目前，中国已有百余个全国性、地区性和行业性企业文化社团组织活跃在各地和各行业系统中。这些社团进行了卓有成效的组织研究工作，取得了丰硕的研究成果，出版了许多专著和论文，总结、推出了大量典型经验。同时，也有《中外企业文化》《企业文化》和《企业文明》等数十个企业文化刊物诞生，成为企业文化理论研究和学术成果、实践经验交流与传播的平台。这些企业文化知识的普及和研究的深入，对于促进企业物质文明与精神文明的协调发展以及企业思想政治工作的创新起到了积极促进作用。

在中国，企业文化的理论研究主要经历了以下三个阶段。

第一阶段是 20 世纪 80 年代初期到 90 年代初期。这一阶段以"引进、传播与评介"为主，大量介绍西方企业文化的研究成果，介绍国外企业文化成功的经验。尤其是对《Z 理论——美国企业界怎样迎接日本的挑战》《日本企业管理艺术》《企业文化——现代企业精神支柱》《成功之路——美国最佳管理企业的经验》等企业文化奠基之作的理论观点介绍评述甚多；对日本松下、SONY，美国 IBM、可口可乐、麦当劳等著名企业的文化推崇有加。这对人们提高对企业文化的认识，明确企业文化在企业改革和管理升级中的地位，推动企业文化理论在中国的传播与发展，起到了重要作用。

第二阶段是 20 世纪 90 年代初期到 21 世纪初期。这一阶段以"比较、特色研究"为主，形成一大批中国自己的研究成果。1992 年，邓小平南方谈话和党的十四大以后，由于中国共产党在理论上明确了建设有中国特色的社会主义、建立社会主义市场经济体制的目标，明确了发展生产力这一根本指导思想，因此企业文化理论研究进入了繁荣时期。经济学、管理学、文化学等很多领域的学者把目光聚焦在这里，积极进行优秀企业的个案分析和中外企业文化的比较研究，在中国特色的企业文化研究上也倾注了不少精力，取得了不少研究成果。学术界普遍认为，从社会文化的背景上看，国外研究企业文化问题是从美日企业管理模式的比较开始的，而日本企业管理的成功在很大程度上归于它优秀的企业文化；日本企业文化的根在中国，日本企业借鉴了中国的儒家思想和"两参一改三结合"等企业管理经验。因此，我们在学习国外企业文化特别是日本企业文化时，越来越感到我们自身具有较大的文化优势，更应该很好地利用这种优势去构筑具有中国特色的企业文化。企业文化理论研究的深入，提出了越来越多的课题，理论研究的半径也随之扩大，研究和探索呈方兴未艾之势。

第三阶段是进入 21 世纪以后。这一阶段以"理论推广、深化和特色案例研究"为主，企业文化理论成果和案例成果大量出现。随着理论界和企业界对企业文化理论认识的深化和关注度与认同度的迅速提升，企业文化实践逐渐成为企业提高管理水平、提升核心竞争力的自觉行为，企业对相关培训的要求及学习优秀企业经验的愿望越来越迫切。与此相适应，企业文化理论也日渐丰富，企业文化课程体系日益成熟与完善，企业文化教材不断推陈出新，不少院校工商管理和财经类专业中已经开设这门课程，各种社会培训也迅速开展起来。顺应企业的需要，中国企业文化研究会、中国企业联合会、中国企业文化促进会等学术及社会团体，在高校学者和企业专家的配合下，总结优秀企业文化制胜的经验，建立企业文化示范基地，出版各种企业文化的案例集。特别是 2005 年，国务院国有资产监督管理委员会下发了

《关于加强中央企业企业文化建设的指导意见》，该意见要求国有企业加大企业文化的建设力度。同年，在人力资源和社会保障部向社会发布的第三批新职业中，正式把"企业文化师"列为新职业，由此中国企业文化事业进入了黄金发展时期，也推动了企业文化理论研究向着更加实用的方向发展。

（六）实践上的成功探索

对中国来讲，企业文化问题在实践上并不是一个全新的课题。历史上，中国企业很早就开始重视企业精神与道德的培育。中华人民共和国成立前，在民族资本企业中有"民生精神""东亚铭"和"同仁堂古训"；中华人民共和国成立后，在社会主义企业中有"孟泰精神""铁人精神""一团火精神"以及"两参一改三结合"的管理模式等。在这方面，我们积累了很多宝贵经验，创造了很多优秀的企业文化，并引起国外企业界的重视，有些还被国外企业吸收借鉴。但是，我们没有自觉地结合企业管理日趋现代化的实际探讨它的规律性，使之上升为系统的理论和管理方式。只是改革开放以后，国外关于企业文化的研究信息和论著大量传入中国，才引起我们特别的关注和研究。所以，在理论上，企业文化问题对中国来讲又是一个新的课题。

当企业文化理论传入中国以后，在引起理论界关注的同时也迅速引起了企业界的高度重视与推崇。不少企业在实践中清醒地认识到，一个人应该有一点精神，一个企业也应该有一点精神。企业管理如果只见物、不见人，重物质、轻精神，缺乏精神支柱和正确的价值观念，经营就缺乏动力，就不会产生活力。同时，企业的各项经济活动都与企业全员的道德水准、风俗、传统、习惯等文化因素有关，只有创造良好的文化，各项经营活动才能顺利进行。特别是在当代，不少企业越来越迫切地希望在继承优良传统的基础上，树立新的价值观念，寻找到新的精神支柱，创建一种与中国经济、社会发展相适应的新型企业文化。企业文化理论的出现，正巧与中国企业发展的内在要求相吻合。因此，不少企业捷足先登，大胆探索，与引进西方先进技术和管理经验相结合，与思想政治工作创新相结合，积极推进企业文化管理，取得了不少新鲜经验。现在，企业文化管理已经成为中国企业现代管理的一股潮流，成为成功企业的一种标志，成为推动企业提高管理素质、提升形象、提高核心竞争力的途径。

在中国，最先尝试进行企业文化管理的是民营企业、三资企业和管理意识较超前的国有企业，其中以高科技企业最为积极。联想、海尔、华为、东风汽车、宝钢、西安杨森、北京松下电子、同仁堂、全聚德、白云山制药等企业，都较早地在不同方面对企业文化进行了有益的探索，取得了明显的成效。其中，海尔、联想、华为等企业成为率先进行企业文化实践探索的佼佼者（参见本节案例）。海尔的创新文化、国际化联想的核心价值观以及华为"基本法"的创造，一方面为本企业的发展提供了巨大的精神动力，起到了很好的引导、激励作用；另一方面，这些优秀文化以及它们企业文化管理的经验传向社会，对其他企业也产生了积极的示范作用，从而带动其他企业投入到企业文化管理中来。同时，企业文化个案模式的成功，也为研究者提供了较好的研究范例，推动了企业文化理论研究的深化。相信随着中国市场经济的进一步发展和知识经济的兴起，企业文化的实践探索将更加深入，也会进一步促进中国企业文化理论研究的繁荣。

案例 2-1 海尔战略与海尔之道

案例 2-2 柳传志的"管理三要素论"与联想文化

案例 2-3 华为基本法与华为文化

第二节 性质与地位

一、理论性质

自 20 世纪 80 年代初期美国学者在总结、比较日美企业管理差异的基础上提出企业文化理论以后，短短几年，《Z 理论——美国企业界怎样迎接日本的挑战》《成功之路——美国最佳管理企业的经验》《日本企业管理艺术》《企业文化——现代的企业精神支柱》[①] 等一批重要著作相继问世，掀起了企业管理领域的一场文化革命，企业文化理论成为一门年轻的管理边缘学科。

企业文化理论提出 30 多年来，其研究与探索在全球盛行不衰。随着经济全球化和知识经济的发展，经济与文化的结合日益明显，文化力已经成为构筑企业核心竞争力的重要组成部分，各国对企业文化的研究日益深入。尤其在中国，企业文化理论研究异常活跃。因此，无论从国际还是从国内来看，企业文化理论都在不断发展、日益成熟，已经成为管理学中的一门年轻且充满活力的学说。

企业文化理论在发育成长过程中，以它巨大的魅力，在广阔的研究领域内，吸引了来自不同专业的研究者，大家发挥各自研究专长，分别从哲学、管理学、经济学、营销学、文化学、伦理学、美学以及思想政治工作等不同角度探索企业文化理论产生、发展的规律性及实践方法，并从人学、心理学、社会学、政治学、领导学、组织行为学、传播学等众多学科中汲取大量营养，使得这一学说领域中各种思想表现活跃，各种思路纵横驰骋，显示出较高的知识熵，同时也大大丰富了这门学说的内涵与外延，使它呈现出明显的边缘学科属性。

企业文化理论是一种揭示企业中的文化现象及其产生、发展规律的管理理论。企业文化作为社会文化的亚文化，是客观存在的微观文化现象。这种微观文化现象伴随着企业的产生而产生，伴随着企业的发展而发展，具有自身运动的规律性。学习企业文化理论的任务就是要掌握企业文化的内在规律性，并学会运用其规律性，构造企业文化管理方式，提高管理效率。

企业文化理论源于实践，其理论正确与否必须得到实践的检验，离开实践，企业文化理

---

① 上述四本书被公认为企业文化理论的奠基之作，是深入研究企业文化问题的必读之书。

论就失去了存在的意义。企业文化理论是一门融理论性与实践性为一体、理论与实践完美结合的新兴理论。

二、理论地位："第四个里程碑"

（一）管理理论的三个里程碑

自从 1911 年美国工程师泰罗出版《科学管理原理》一书开始，人们围绕重人还是重物、强调理性管理还是强调非理性管理等基本问题，一直在努力探求如何管理好企业这个复杂的课题，管理学者从不同角度各抒己见，提出了大量的学说，形成了丛林般的管理学派。其中具有代表性的有以下三个学派。

1. 组织技术学派

组织技术学派也称古典管理学派，其代表人物主要有泰罗、法约尔和韦伯等。这个学派把人当作"经济人"和活机器看待，强调在组织技术上下功夫，主张对人严格管理、严密控制；同时主张用科学的方法、手段，如工作定额、工作标准化、刺激性的计件工资制度、科学的管理过程和理想的管理组织等，加大工人的劳动强度，防止工人故意偷懒，提高企业的生产效率。

2. 行为科学学派

行为科学学派的代表人物主要有梅奥、马斯洛、赫茨伯格、布莱克、穆顿、道格拉斯·麦格雷戈和利克特等。这个学派从"社会人"和"自我实现人"的基点出发，开始重视对人的需要、动机及行为规律的研究，承认人的社会性和主动性、创造性、进取性，主张用引导、激励的方式调动人的积极性，并通过"参与管理""目标管理"和"职业生活充实化"等方式实现个人目标同企业目标的结合。

3. 管理科学学派

管理科学学派的代表人物主要有巴纳德和西蒙等。这个学派吸收现代自然科学和技术科学的最新成果，重视系统论、信息论、控制论、先进的数学方法和电子计算机等在管理中的运用，强调系统分析、定量分析和数学模型的作用，力求使管理活动更加程序化、系统化、科学化。到了当代，这个学派的发展又加进了信息技术和网络技术的理论，更加强调信息化。

以上三个学派被公认为管理理论发展的三个里程碑。

这三个学派到底哪个对管理实践最有效，最能放之四海而皆准，实践并没有作出唯一的选择。这是因为，每个企业都身处特定的经济、社会环境，面对不同的民族文化、市场状况，生产经营特点、历史传统以及管理水平等也存在着很大差异。面对复杂的管理实践，上述学派虽各具优势，但也存在着共同的不可弥补的局限性。首先，缺乏对人的正确认识。把员工作为管理的客体、工具看待，员工在管理中始终处于被动地位，仍然视管理者与被管理者为两个对立阵营；管理的核心问题是研究如何控制人、激励人。泰罗在晚年曾说过："我为了提高企业工人的劳动生产率竭尽了全力，但是，他们的抵抗决心也是坚固的。如果我当时年纪更大一些，更加世故一些，我就不会硬让他们干他们不愿干的事了。"其次，缺乏对员工整体的研究。只注重研究个体，强调个人的作用和积极性。行为科学学派加强了对人的研究，揭示了人的行为、动机与需求之间的关系，但研究的不是整体文化。管理科学学派着眼于管理的系统性，但重点还是放在企业管理的"硬系统"上，对员工整体的"软系统"涉猎得较少。再次，对企业组织行为的研究层次较低。着眼点停留在组织、制度、技术、方法、手段上，没有上升到文化这一更高层次上来。最后，没有找到硬管理和软管理、理性控制和非理性控制的最佳结合点，即没有找到与硬管理和软管理、理性控制和非理性控制相适应的一套"非正式规则"，没有自觉地研究通过文化微妙性的暗示和集体精神的感受对员工起约束作用的价值观念、行为准则和风气、传统等。

（二）第四个里程碑的形成

由于前三个学派存在不可克服的缺陷，管理实践的发展迫切要求管理理论的创新和突破，即寻找到一种可以弥补上述缺陷的新的理论。管理学家和企业家们通过长期的探索和实践，以及对各国管理方式进行比较研究，发现了一个新的研究角度，即从文化的角度研究企业管理，可以弥补前三个学派的缺陷，使管理更富有整体性、人情味和文化色彩，更有利于发挥文化优势，发挥价值观的力量，提升企业软性竞争力，因而创造了一种适合企业管理发展需要的企业文化理论。所以说，企业文化理论是传统管理理论不断进步、自身缺陷不断得到克服的必然结果，是对企业管理科学的丰富和发展。

企业文化由自发的现象到自觉的实践，再到理论，标志着管理上的一场革命。以研究企业文化的产生、发展规律为对象的企业文化学科，不仅是企业管理理论的重要组成部分和企业管理理论发展的最高层次，而且也是继科学管理、行为科学和现代管理科学之后，构成了一个新的管理理论学派，形成企业管理科学发展的第四个里程碑。

三、理论核心

企业文化理论适应了经济全球化背景下管理理念人性化、管理组织扁平化、管理方法软性化和管理目标社会化的需要，对以物为中心、企业利润最大化等传统价值观提出挑战，确立了以人为中心的核心思想，从根本上提升了企业管理的层次和境界，促进了企业管理方式的变革与进步。

企业文化理论开创了民族化管理模式。与传统管理理论强调理性化、重视科学标准和规范的特点相比，企业文化理论强调的是非理性化，重视内在精神价值的开发和各种非正式规则、传统与习惯的作用，强调的是个性。传统管理理论可以造就一个结构框架合理、运转程序规范、制度严格的标准化企业；而运用企业文化理论可以赋予这个企业以活力，为之提供精神源泉和价值动力，并创造管理特色与经营特色。第二次世界大战结束以后，日本企业之所以成功，重要原因之一是它们更重视把先进的科学技术与本民族文化传统相结合，更重视带有民族文化传统的家族主义、团队作风等方面的建设。美国成功企业的经验证实，其管理思想和管理模式中也蕴涵着鲜明的美国个人能力主义和创新精神等文化特色。同样，中国近代民族资本企业和现代企业的成功实践，也是大量吸收了儒家文化中的和谐、诚信等文化精华的。可见，企业文化理论为探索民族化与个性化的企业管理模式开阔了新的视野，开辟了新的道路。

企业文化理论是一种以人为中心的理论，适应了生产力不断发展、人的素质普遍提高、人—机关系不断调整的需要，反映了企业管理理论的发展趋势。企业文化理论的核心概括起来有以下三点。

1. 以人为本，以文化人

坚持把人放在企业管理的主体地位上，尊重人，信任人，培养人，发展人，把提高人的素质，满足人的文化需求，激发人的精神潜能作为管理的根本出发点和归宿。

2. 团队至上，和谐共享

强调群体意识、文化认同和团队精神，主张通过建立共同价值，凝聚力量，实现个人价值与企业价值、个人目标和企业目标的融合，实现经营过程与文化养成的一体化；谋求企业与社会、自然环境以及企业内部物质、制度、精神各个层面的动态平衡与和谐发展。

3. 以文兴企，价值引领

倡导用先进的人本理念和市场理念引领企业经营，用鲜明的文化特色和文化手段提升经营层次，创造和提升品牌的文化价值。

第三节　理论溯源

企业文化理论在形成过程中，吸收了不少相关理论的思想精华。如人学理论、社会动力理论、领导理论、学习理论与学习型组织理论等，这些理论从不同角度奠定了企业文化理论的基础，丰富了企业文化理论的内涵。

一、人学理论

人学理论是探讨、研究人性的生成、发展规律，解释为什么要用教育的方法帮助人们树立正确的价值观，以及为什么能够通过教育的方法提高人对组织的忠诚度，增强组织凝聚力的学说。

（一）中国古代的人学思想

中国古代人学思想博大精深，对企业文化影响较大的是人性理论和仁学理论。

1. 人性理论

《淮南子·修务训》论证了人的品质和才能是后天环境磨炼的产物，它批判先秦道家"人性各有所修短"的观点，举马为例说："故其形之为马，马不可化；其可驾驭，教之所为也。马，聋虫也，而可以通气志，犹待教而成，又况人乎！"这是说，马的形状是不可改变的，但马的性格是可以驯服的，人性也可以因教而改变。

孟子认为，人性的趋向善良"犹水流而就下"，尽管利用其他的力量，如拍打、堵挡，也可以使水跳起来，或是从山下流到山上，但这只是改变了水的"行为"，并没有改变水的"本性"。同样，人周围的环境尽管也可以使其变为不善良，但他的本性还是善良的。儒家的性善主要是指仁、义、礼、智、信等。为了恢复和保持人们善良的本性，孔子主张先格物、知至、意诚、心正，而后方能修身、齐家、治国、平天下。

但主张人性恶的荀子却说："饥而欲食，寒而欲暖，劳而欲息，好利而恶害，是人之所生而有也"。因此，"人之性恶，其善者伪也"。荀子的思想中具有朴素唯物主义因素，他主张性恶，其实是指人的基本生理需要，这种基本生理需要若得不到满足，便会出现争夺，天下于是混乱。如果充分调动人力，努力生产，丰衣足食之后，人们的需要得到满足，天下也就太平了。这实际上与管子的"衣食足则知荣辱，仓廪实则知礼节"别无二致。

"性善论"与"性恶论"对于研究调动企业员工的积极性具有同样重要的价值。一方面，要求企业必须大力发展生产，满足人们的基本生理需要；另一方面，随着人们生活水平的提高，人们越来越强烈地追求精神生活，追求人自身价值的实现。企业文化管理就必须从这一根本需要出发，始终坚持以人为本的管理思想，满足员工高层次的精神文化需要，加强教育，为员工的发展创造条件。

2. 仁学理论

在中国传统的人学思想中，起核心指导作用的是儒家的"仁学"理论。"仁"是孔子道德哲学的最高范畴，也是整个儒家思想的内核。"仁"最为基本的含义是"爱人"。个体的人总是和周围的其他人联系在一起而处于一个系统中，以自己为中心，由近及远，由亲至疏，形成一个贵贱亲疏的阶梯，因而对他们的爱也有所区别。故儒家的仁爱，不是主张对一切人都同样地爱，而是要先爱、厚爱贵者、亲者。但儒家的仁爱又不主张把任何人（包括贱者、疏者）排除在外，也强调"泛爱众"，即依据由近及远，由亲到疏的原则，把仁爱原则应用于一切管理对象。儒家之所以主张以仁爱来对待一切管理对象，因为他们认为只有这样才有利于缓和管理者与被管理者之间的矛盾，有利于在二者之间建立和保持一种比较和谐的关系，在组织内部各成员之间形成亲密的情感联系，产生强大的内聚力、整体力，从而有助于实现管理目标。

儒家"仁"学在管理中的具体运用就是行"忠恕"之道。"忠"强调在处理人与人、人与事的关系中，应有尽心尽力、诚实无欺的忠诚态度。为了忠诚，可以放弃自己的利益乃至生命。在今天的管理中，儒家的"忠"仍有着积极作用，那就是在管理中应强调忠于员工、忠于企业、忠于顾客、忠于社会。"恕"则是以自己的仁爱之心，去推度别人的心，从而正确地处理人际关系，谅解别人的不周不妥之处，己所不欲，勿施于人。可见儒家"恕"道的基本内容就是不愿意加在自己身上的，也就不要去加在别人身上。在管理中，存在着管理者与被管理者、各级管理人员之间、员工与员工之间的矛盾，如果每个人能多从"恕"道出发，检查自己，多为对方考虑，以达到相互间求得共识，相互理解、宽容，那么人与人之间的关系也就趋于和谐和融洽。

儒家"仁"学思想还主张"和"与"信"。"和"直接来自中国传统文化中的"和同"之辨。古人认为"和"与"同"是两个内涵不同的概念，应加以严格区别，"和"是指把不同的事物结合到一起，达到平稳、和谐、统一，这样就能产生新的事物。而"同"是指无差别地绝对等同，是相同事物的叠加，这不可能产生新的事物。只有用不同的乐器，彼此配合得当，才能形成悦耳动听的音乐，这是"和"，如只用一种乐器，这就是"同"。儒家继承发展了传统的"和同"之辨，主张"和"，反对"同"，认为"君子和而不同，小人同而不和"，并把"和"的思想与"信""忠""恕"等思想联结在一起，共同构成了其"仁"学思想的内核。其"和为贵"的思想在管理中有着积极的促进协调、融合、合作的作用。"信"也就是诚实不欺。具体包含两方面的内容：一是强调组织内部各成员之间应相互信任，内部各成员自身，尤其是管理者自己要信实。儒家所宣扬的"信"在今天已成为组织内部人与人之间进行协作与交往，各种管理得以顺利进行的一项基本准则。二是企业对外部的信用，如对顾客的信用、对公众的信用、对协作单位的信用等，这是企业立足于市场并兴旺发达的前提。

（二）西方的人学理论

在西方，人学中某些理论围绕对人的假设展开，对人的假设不同，其主张的管理方法也不同。

1. X—Y 理论

美国社会心理学家道格拉斯·麦格雷戈在 1957 年 11 月美国的《管理评论》上发表了《企业的人性方面》一文，把人性恶的行为理论称之为 X 理论，而把人性善的行为理论称之为 Y 理论。

X 理论认为，人生来就是懒惰的，只要有可能就会逃避工作；由于人生来不喜欢工作，对绝大多数人必须加以强迫、控制、指挥，以惩罚相威胁，使他们为实现组织目标而付出适当的努力；人生来就以自我为中心，漠视组织的需要；人习惯于守旧，反对变革，把个人安全看得高于一切；只有极少数人，才具有解决组织问题所需要的想象力和创造力；人缺乏理性，容易受外界或他人的影响，做出一些不适宜的行为。由科学管理之父泰罗开创的科学管理理论，将人看成经济人，管理上强调严密监督、控制和物质刺激，无疑是典型的 X 理论。

Y 理论则认为，人并非生来就是懒惰的，要求工作是人的本能；在适当的条件下，人们不但愿意而且能够主动承担责任；人们有追求满足欲望的需要，与组织需要没有矛盾；只要管理得当，人们就会把个人目标与组织目标统一起来；人并非必然会对组织目标产生抵触和采取消极态度，形成这种情况的原因，主要是由组织的压力造成的；人对于自己所参与的工作目标，能实行自我指挥与自我控制，人对企业目标的参与程度，同获得成就的报酬直接相关；大多数人都具有解决组织问题的想象力和创造力，在现代工业社会里，人的智力还没有得到充分发挥。由梅奥的"霍桑试验"所开创的行为科学学派，将人看成"社会人""自我实现人"，管理上更加强调参与、调动和激励，无疑是典型的 Y 理论。

2. 超 Y 理论

1970 年，美国管理学家洛希在权变管理思想的基础上提出了超 Y 理论。他认为，现实生活中既没有绝对的 X 理论，也没有绝对的 Y 理论，应根据组织的目标、工作的性质、员工的素质等决定是采用 X 理论的管理方式，还是采用 Y 理论的管理方式。他的观点是：人们是抱着各种各样的愿望和需要加入企业组织的，这种愿望和需要可以分成不同的类型。有的人愿意在正规化的、有严格规章制度的组织中工作，但不想参与决策和承担责任。而有的人却愿意有更多的自治权和充分发挥个人创造性的机会。不同的人对管理方式的要求是不一样的。同时，组织目标、工作性质、员工素质等对组织结构和管理方式有很大的影响。主张当一个目标达成以后，企业应激发员工的胜任感和满足感，使之为达到更高的目标而努力。

以中西方的人学、人性理论为基础，经过综合提炼和提升，便形成了现代人本管理理论。这种理论引入了社会学、组织行为学和心理学的某些基本原理，从人性的本质和人类的行为方式出发，为人类提供一个全面发展的空间，最大限度地发挥出人的积极性与创造性。现代人本管理理论强调：员工是企业的主体；有效管理的关键是确保员工的参与，并使人性得到最完善的发展。这些思想为企业文化理论的形成奠定了重要的理论基础。

二、团体动力理论

团体动力理论是第二次世界大战后西方行为科学进一步发展的产物。科学管理之父泰罗在对企业进行实验的时候，曾隐隐约约地感受到工人中非正式组织的存在。后来，梅奥在霍桑实验中，证实了工人中确实存在非正式组织。团体动力理论解释了处于集体生活中的个体是如何同他人进行联系的，也回答了通过怎样的方式才能使员工个体融于集体生活，从而形成集体合力的问题。

（一）团体要素论

美国心理学家霍曼斯在 20 世纪 50 年代提出了团体组成四要素理论。他认为，任何一个团体都是由活动、相互作用（信息沟通和行为响应）、思想情绪（团体成员的态度、感受、意见、信念、思维过程）和团体规范四种要素组成的系统。此后，有些行为科学家还提出八要素理论，认为有八种要素影响到团体，包括成员的共同性——共同目标和共同利益、团体规模、团体与外部的关系、成员对团体的依赖性、团体的地位、目标的达成、信息的沟通、领导的要求与压力等。团体要素论的主要观点是分析影响团体合力的各种因素以及影响程度，探析通过改善某些要素或强化某些要素，达到提高组织凝聚力和组织效率的目的。

（二）团体动力论

团体动力论是美籍德国人库尔特·卢因提出的。他认为一个人的行为（B）是个体内在需要（P）和环境外力（E）相互作用的结果，可以用函数式 B=f（P，E）来表示。团体动力论的本质就是论述团体中的各种力量对个体的作用和影响。团体动力论的主要观点是：

（1）团体的领导方式不同，其成员的行为表现也不同。卢因把团体的领导方式分为专制型、民主型、自由放任型三种。他对若干名 10 岁左右的男孩所做的实验表明：在专制型团体中，成员普遍表现出攻击性言行，引人注目的出风头行为，使用"我"而不是"我们"，推卸责任、对团体活动缺乏满足感等人格特征。而在民主型团体中，成员的表现则正好相反。卢因的实验还表明，同一个成员一旦从专制型团体调入民主型团体，他的行为也将起变化。

（2）团体的组织形式不同，其成员的行为表现也不同。卢因及其追随者发现，在欧洲战场上被德军俘虏的美国士兵，反抗情绪和逃跑率都很高；而在朝鲜战场上被中国人民志愿军俘虏的美国士兵，反抗情绪和逃跑率都很低。心理学家薛恩的研究表明，这种行为反差是由于团体组织形式的不同造成的。他发现在中国战俘营中，看守人员与战俘的伙食、医疗条件平等，战俘经常被调动而组成新的战俘群，有意识地让被俘士兵管理被俘军官，战俘被提审后不再回原来的战俘群。而在纳粹德国的战俘营中，组织管理方法与中国正好相反。战俘营的组织形式不同，导致了战俘行为的不同，这一现象对团体行为研究无疑有很大的启迪意义。

（3）团体结构性质不同，其成员的行为表现也不同。美国学者威尔逊等将 36 名大学生分成两组进行实验，甲组成员都是安全需要较强、自尊需要较低的学生。乙组则是自尊需要较强、安全需要较低的学生。结果表明，甲组在平等型团体中的生产率较低，而在科层型团体中的生产率较高；乙组的表现则正好相反。可见，成员行为取决于个人需要类型和团体领导方式如何搭配。

（4）团体规则不同，其成员的行为表现也不同。卢因在 20 世纪 40 年代曾就团体规则对人们行为的影响做过一系列实验，如怎样改变美国家庭主妇不喜欢用动物内脏做菜的习惯等。实验结果表明，团体的规则比一般性的宣传说服更能改变团体成员的行为，这从另外一个方面再次说明了在企业管理领域进行价值观建设的极端重要性。

（5）团体多数压力不同，其成员的行为表现也不同。社会心理学家阿奇于 20 世纪 50 年代通过多次实验证明：对于用来做实验的"问题"，如团体中只有一个成员故意给出错误回答，就会产生团体压力，被试者接受错误答案的次数达 13.6%；若有 3 个成员故意答错，被试者接受错误答案的比率就上升为 31.8%。

此外，还有一些行为科学家就团体凝聚力和生产率的关系进行了研究，他们指出，团体凝聚力与生产率受控于团体目标和组织目标是否一致。如果一致，团体凝聚力高，自然会使生产率有极大提高；即使团体凝聚力低，也能提高生产率。如果不一致，则团体凝聚力高反而会使生产率下降，团体凝聚力低则对生产率不会产生明显的影响。

怎样使团体目标和组织目标一致呢？美国学者利兰·布雷德福提出了敏感性训练理论。他认为，可以在类似实际工作环境的实验室中组成训练团体，通过训练提高受训者对于自己的感情和情绪的控制能力，提高自己同别人的相互影响关系的敏感性，进而改变个人和团体的行为，达到提高工作效率和满足个人需要的目标。

三、领导理论

领导理论涉及的范围非常广泛，这里只介绍一些与文化的形成和演变有着密切关系的理论，如领导行为方式理论以及领导者的个性和风格对组织形成的影响等方面的理论。

（一）领导行为方式理论

对领导行为方式的研究多是从领导的职能出发进行的。

1. 双维理论

美国学者利克特提出双维理论，即把领导者区分为"以生产为中心"和"以员工为中心"两种类型。关心生产的领导者注重工作的组织与计划，明确工作职责、工作程序，注重严格监督等。这种领导者是工作导向型的。而关心员工的领导者则注重与下属的关系，关心员工的需要，注重人员的行为反应及问题，善于利用群体实现目标，给予组织成员较大的自由空间等，这种领导者是员工导向型的。据此，利克特主张员工集体参与管理。他认为，有效的领导者注重面向下属，善于向下属提出挑战性目标，并对他们能够达到目标表示出信心；有效的领导者能引导员工参与管理过程，依靠信息沟通使所有部门、所有人像一个整体那样行事；群体的所有成员是一种相互支持的关系，在这种关系中，他们感到在需求、愿望、价值追求和目标等方面有真正共同的利益。

2. 管理方格理论

美国学者布莱克和穆顿于 1964 年设计了一个巧妙的管理方格图，用横坐标和纵坐标分别表示对生产和对人的关心程度，两个要素以不同程度相结合就构成一种领导方式，典型的有 1.1 型——贫乏型管理；9.1 型——独裁的重任务型管理；1.9 型——乡村俱乐部型管理；5.5 型——中间道路型管理；9.9 型——战斗集体型管理。他们主张采用 9.9 型管理方式，这种管理方式能使组织的目标与个人的需求最有效地结合起来，既高度重视组织的各项工作，又能通过沟通和激励，使群体合作，使工作成为组织成员自觉自愿的行为，形成人人为组织目标而努力的生动活泼的局面。

3. 不成熟—成熟连续流理论

美国学者阿吉里斯提出不成熟—成熟连续流理论，主张有效的领导者应帮助人们从不成熟或依赖状态转变到成熟状态。人们不成熟的特点是被动，有依赖性，办事没有办法，兴趣淡漠，目光短浅，追求从属的职位，缺乏自知之明；而人们成熟的特点是有能动性、独立性，办事办法多，兴趣浓厚，目光长远，追求显要的职位，有自知之明并能自我控制。领导者的工作就是要帮助每个人由不成熟走向成熟。如果组织不为人们提供使他们成熟起来的机会，或不提供把他们作为成熟的个人对待的机会，人们就会变得忧虑、沮丧，并且将会以违背组织目标的方式行事。

除此以外，还有美国俄亥俄州州立大学的研究者提出的以"关怀"和"定规"为不同构面的"二维构面理论"；美国人雷定在此基础上提出任务导向、关系导向和领导效能的"三维构面理论"。这些理论都试图找到一种最好的领导方式，使员工主动、积极地参与组织目标实现的过程，创造最有效率的管理。

（二）情境理论

情境理论主张研究领导者的作用要注意人们的动机和态度，以及当时当地的环境。

1. 路径—目标理论

美国人豪斯提出的"路径—目标理论"认为，最富有成效的领导是采取种种方法设计一种环境，使群体成员潜在地或明显地受到动机的激励，并能对它做出有效的反应。从本质上讲，这种理论要求领导者应能帮助其下属实现组织目标和个人目标，特别是一些成就和报酬目标。为此，领导者就要明确规定职位和工作责任，消除障碍，在制定目标时谋求群体成员的帮助，促进群体成员协作，增进个人在工作中得到满足的机会，减少不必要的紧张与外部控制，使酬劳及其他期望得以实现。

2. 权变理论

美国人菲德勒提出的权变理论认为，领导是一个过程，在这个过程中，领导者施加影响的能力取决于群体的工作环境、领导者的个性和风格以及领导方法的适应性。制约领导工作的三个基本因素分别是职位权力、任务结构和领导者与下级的关系。根据这三个因素的情况，领导者所处的环境从最有利到最不利可分为多种类型。三个要素齐备是领导者最有利的工作环境，三个要素都缺乏则是领导者最不利的工作环境。领导者采取的领导方式与环境类型相适应，才能使领导最有成效。菲德勒在此谈到的环境只有三个要素，从扩展意义上讲，领导者面对的最大环境是文化环境，领导者既是文化环境的营造者，也是文化环境的受制约者，领导者只有在不断适应中逐步营造更好的文化环境，才能使领导更富有成效。

四、学习理论

团体内部总是会发生很多问题，一个团体是怎样通过学习认知，从而将矛盾冲突控制在一定范围，最大限度地统一员工的意志呢？在这方面，学习理论会给我们很多帮助。学习理论是有关揭示学习机制的心理学理论，学说众多，其中有关学习方法的理论有助于我们更好地理解企业文化问题。

人非生而知之者，人的知识到底是从哪里来的呢？唯有学习一种途径。在学习方面，必须掌握以下两种不同的学习方法。

（一）积极解决问题法

假若人们在遇到某种困难的时候，曾用某种办法成功渡过了难关，那么人们就会在心理上产生一种正强化，今后碰到类似问题，人们马上就会联想到这种方法，并积极加以应用。假若这种办法次次成功，人们就会对它产生一种强烈的信念，这就是积极解决问题法。例如，某家大型化学公司准备发展一种新产品，需要市场情报部门、生产技术部门和研究与发展部门之间的通力合作。在这家企业中，传统的文化假设是各个部门按部就班地工作。但是几种产品试制失败以后，这种工作方式的缺陷就很明显地暴露出来。因为研究与发展部并不了解市场的实际需求，但它却自以为是，因此并不真正重视市场销售资料。公司顾问们在讨论中，提出了一个"试验性"建议，即成立新产品开发"特别工作小组"，小组成员包括各个部门的资深人员。这种团体被称为"临时攻关系统"，意在防止对部门权力的威胁。这一特别工作小组同时考虑市场情报部门、生产技术部门和研究与发展部门的意见来研究开发新产品。该小组工作了 6 个月，通过良好的协作，非常成功地开发了几种新产品。这不仅强化了特别工作小组这种公开的活动方式，而且强化了这样一种"观念"或假设，各个部门能够有效地开展合作，而不会威胁彼此的权力或出现扯皮现象。因此这种方法成功地引入了一种新的管理观念："临时攻关系统"。它能有效解决企业中久拖不决的问题，合作与协作至关重要。

（二）避免焦虑法

假若人们碰到困难时，运用某种办法非但没有成功，反而遭到惨重的失败，那么人们就会在感情上产生强烈的逆反心理，明知它并不是那么坏，但就是不愿正视它，正所谓"一朝被蛇咬，十年怕井绳"。这样就有了一种如何正视现实、正视失败的又一种学习方法——避免焦虑法，这是一种回避学习法。也就是说，通过防止环境再次发生类似以前那样的变化，或者通过一种避免产生不确定性或认知负担而引起焦虑的方法，来认识环境，思考问题，增强体验和采取行动。

如何掌握这种学习方法呢？首先，要正确认识焦虑。焦虑是指受到已知或未知因素威胁产生的畏惧情绪以及对不明确的现状与将来所产生的问题的认识程度的模糊性，而不是明确的目标压力或要求实现目标的紧迫性。因此解决问题应把重点集中到现存的问题上，如果不明确引起焦虑的原因，就不可能有针对性地减少影响焦虑的因素。其次，避免焦虑法往往是一种一次性学习。一旦某种方法行之有效，即便导致痛苦的根源不再存在，那它也会无限期地重复下去。这种方法是很多恐惧产生的原因，因为人们可能只是学习避免产生焦虑的情境，而永远不可能认识实际的危险是否仍然存在。例如，某大型机电产品制造公司引进了一种新产品，但惨遭失败。不仅给公司造成了大量的经济损失，而且公司管理人员在感情上也经受了巨大的痛苦。以后每当有人建议生产类似的产品时，公司管理人员马上就会想起当年痛苦的一幕，而本能地拒绝生产。鉴于焦虑本身是痛苦的，减少焦虑的最好方法就是拒绝再次引进类似的产品。一旦掌握了这种认知反应，它就可以通过某种减少焦虑的产品的生产而自动得到强化，这种产品能使管理人员避免再次碰到失败。但如果企业不再尝试引进原来那种导致它失败的产品，它就不能证实原来的假设"我们在这方面没有优势"是否正确。实际上随着时光的流逝，企业的其他一些部门正在积累这方面的经验，并且市场也会发生变化。但只要那些受过创伤的管理人员仍然大权在握，就不可能重新讨论这个问题，因为这会直接勾起他们严重的焦虑。这种学习方法使人们的心理趋向于保守。一个企业可以利用它避免错误事件的发生和根治劣质文化；但在某种情形下，也要帮助员工克服焦虑心理，找到曾引起人们焦虑的某个问题的新的解决方法，促使人们积极变革与创新。

五、学习型组织理论

学习型组织最初的构想源自美国麻省理工大学斯隆管理学院的佛睿斯特教授创始发展的系统动力学。佛睿斯特在1965年发表了"一种新型的公司设计"的设想，他运用系统动力学的原理，非常具体地构想出未来企业的思想组织形态——层次扁平化、组织咨询化、系统开放化，逐渐由从属关系转向工作伙伴关系，不断学习，不断重新调整结构关系。彼得·圣吉博士作为佛睿斯特教授的学生，继续以组织系统动力学为基础来研究如何建立一种更理想的组织，除了进一步融入更多整体动态搭配的细节性的技术外，还将一些新的创造性管理技术结合起来，发展出一种新型的组织概念。学习型组织是一个能熟练地创造、获取和传递知识的组织，同时善于修正自身的行为，以适应新的知识和见解。1990年彼得·圣吉出版了《第五项修炼——学习型组织的艺术与实务》一书，使学习型组织理论得到发展和完善。

《第五项修炼——学习型组织的艺术与实务》一书把学习型组织的五项新技术即五项修炼汇聚在一起，使学习型组织演变成一种管理科学。五项修炼被管理界称为建立学习型组织的"圣吉模型"。这一模型包括以下内容。

（一）自我超越

自我超越的核心是实现心灵深处的渴望。自我超越首先是学习不断厘清并加深个人的真正愿望；其次是在不断的学习中，客观地观察现实，了解目前的真实情况。组织整体对于学习的愿望与能力，取决于个别成员对于学习的愿望与能力。对于学习型组织来讲，要设计出鼓励他们的成员不断成长的个人职业生涯计划。

（二）改善心智模式

改善心智模式的核心是用新眼睛看世界。心智模式根深蒂固于心中，它源于对过去事物的认识过程，但又参与对现实事物的认识。人的心智模式影响着人们看世界、对待事物的态度，有时直接决定人们的决策。学习如何将自己的心智模式摊开，并加以检视和改善，有助于改变心中对于周围世界如何运作的既有认识。改善心智模式，即把"镜子"转向自己，学会有效地表达自己的想法，并以开放的心灵容纳别人的想法。

（三）建立共同愿景

建立共同愿景的核心是打造生命共同体。共同愿景是指组织中人们共同愿望的景象。建立共同愿景即要求组织的全体成员拥有一个共同的目标、价值观与使命感，为了实现大家由衷渴望实现的目标，而主动地去努力学习、追求卓越。

（四）团体学习

团体学习的核心是激发群体智慧。团体学习是指发展团体成员整体协调能力和提高实现共同目标能力的过程。当团体真正在学习的时候，不仅整体产生出色的成果，成员成长的速度也比其他的学习方式更快。在现代组织中，学习的基本单位应是团体而不是个人。

（五）系统思考

系统思考的核心是既见树木又见森林。系统思考要求人们运用系统的观点看待组织的发展。它引导人们从看局部到纵观整体，从看事物的表面到洞察其变化背后的结构，以及从静态的分析到认识各种因素的相互影响，进而寻找一种动态的平衡。系统思考可以帮助我们认清整个变化形态，并了解应如何有效地掌握变化，开拓新局面。

第四节　基本学说

20世纪80年代初形成的企业文化理论，最初主要体现在几本经典的企业文化著作中。这些著作的作者，即理论开拓者——托马斯·彼得斯、小罗伯特·沃特曼、威廉·大内、理查德·帕斯卡尔、安东尼·阿索斯、特雷斯·迪尔、阿伦·肯尼迪等，从不同角度界定了企业文化的概念，阐述了企业文化的内容与结构。其中有代表性的学说有Z理论、7S模式、五要素说和八大原则等。

一、Z理论

Z理论是威廉·大内在《Z理论——美国企业界怎样迎接日本的挑战》一书中提出的。该书用比较的方法分析了企业管理与文化的关系，不仅证明以无形的信任、情感的微妙性和集体价值观为特征的日本管理方式更适应现代企业管理环境，能带来更高的生产率；而且进一步揭示了形成美、日管理模式差别的文化原因：日本管理模式根源于日本民族长期的"文化均质"，美国管理模式则根源于美国的"异质性"。一个公司的文化由其价值观、传统和风气所构成，它包括一整套象征、仪式和神话，给那些原本就稀少而又抽象的概念添上血肉，赋予它们以生命力。

威廉·大内对日本企业和美国企业进行了对比，两者之间的差异如表2-1所示。

威廉·大内把典型的美国企业称作A型组织，把典型的日本企业称作J型组织，主张美国应向日本学习，在两国成功经验有效结合的基础上建立Z型组织，形成Z型文化。

在上述比较的基础上，他提出Z型组织具有如下管理和文化上的特征。

第一，倾向于长期雇佣制，虽然没有说明是终身雇佣关系。

第二，评价和升级比A型公司来得慢一些，但有显著工作业绩的人会得到较快的升迁。

第三，雇员的职业途径常常在岗位和职务之间流动。

表 2-1 日本企业和美国企业的差异

日本企业特征	美国企业特征
终身雇佣制	短期雇佣
缓慢的评价与升级	迅速的评价与升级
非专业化的经历道路	专业化的经历道路
含蓄的控制	明确的控制
集体的决策过程	个人的决策过程
集体负责	个人负责
整体关系	局部关系

资料来源：威廉·大内.Z理论——美国企业界怎样迎接日本的挑战 [M] .孙耀君，王祖融，译.北京：中国社会科学出版社，1984：48-49.

第四，现代化的明确控制方法多用于获得情报，很少在重要决策中起决定作用。在 Z 型组织中，含蓄和明确之间似乎存在一种平衡状态。

第五，决策问题是一个多人参加并取得统一意见的过程；决策可能是集体作出的，但是最终要由一个人对这个决定负责。这种集体决策和个人负责的结合，要求组织中有相互信任的气氛。

第六，把对于下级和同事的广泛关切看做工作关系的自然组成部分。人与人之间的关系趋向于无拘无束，保持一种强烈的平等气氛，并且着重于全体人员在工作中相互打交道。

Z 型文化的核心就是信任、微妙性和人与人之间的亲密性。一家 Z 型组织的所有方面，从战略到人事，没有不为这种文化所涉及的，就连其产品也是由这些价值观所决定的。事实上，这种文化的人道化因素还扩展到组织之外。

二、"7S 模式"

"7S 模式"是理查德·帕斯卡尔、安东尼·阿索斯在《日本企业管理艺术》一书中提出的。作者认为企业管理既要注重"硬件"，更要重视"软件"；并且认为，企业管理不仅是一门科学，还应是一种文化，即具有自己的价值观、信仰、工具和语言的一种文化。

作者在书中提出，美日企业管理最基本的差异表现在企业价值观和对人的看法上。日本重视集体主义价值观，美国信奉个人主义价值观；日本企业管理人员认为人既是供使用的客体，也是应该给予尊重的主体，美国管理人员则只把员工看成被动受制的工具，是"可以互换的生产零部件"。正是这种差异导致两种不同的增长率。日本的管理方式代表了企业管理的发展方向。

为此，作者提出了著名的"7S 模式"[①]。他们认为，企业管理包含以下不可分割的七个要素。

战略（Strategy）；

[①] 关于这类研究，佩格尔斯于 1984 年在《日本与西方管理比较》一书中，还提出以"文化"为核心的 11C 模式：文化、观念、集中、竞争、协作、协商、控制、沟通、小组活动、关心和结合；小罗伯特·沃特曼于 1987 年在《创新经营》一书中提出以人的能力为核心的 7C 模式：能力、文化、机会与信息、交流沟通、控制、危机点、事业心与献身精神。

结构（Structure）；

制度（Systems）；

人员（Staff）；

作风（Style）；

技能（Skills）；

最高目标（Super Ordinate Goals）。

它们的相互关系形成网状结构，如图 2-1 所示。

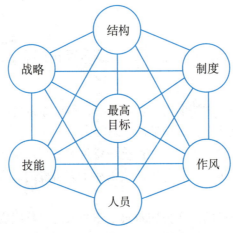

图 2-1　"7S 模式"结构

资料来源：理查德·帕斯卡尔，安东尼·阿索斯．日本企业管理艺术［M］．陈今淼，杨道南，陈今池，译．北京：中国科学技术翻译出版社，1984：201.

作者把这七个要素（企业管理分子）融合在一起，构成一个相互依靠的强有力的网络。在七个要素中，管理者只重视其中一两个"S"（例如战略和结构）是不够的，必须在所有的"S"上下功夫，并耐心地长期坚持下去，才会取得满意的效果。有些公司之所以优秀，是因为这些公司的 7S 要素健全且整个网络运行良好；有些公司软弱无力，是因为缺乏这个完整的网络，或是它内部之间相互抵触。

在 7S 要素中战略、结构和制度是硬性"S"，而技能、作风、人员和最高目标是软性"S"。作者以典型的美国公司和典型的日本公司进行对比，发现典型的美国公司更习惯于重视三个硬性"S"。理查德·帕斯卡尔、安东尼·阿索斯指出："也许概括了解一个企业的最好方法，就是计算它变更战略、结构和制度的次数。由于工作成果一再令人失望，所以就得一再进行变革。如果这个企业的经理人员对其他'S'的注意仅是断断续续或是风行一时，而一见到利润减少就改弦易辙，那么，这个公司就很可能存在典型的美国难题。"[①]而典型的日本公司，在重视战略、结构和制度三个硬性"S"的同时，非常重视四个软性"S"，在软性"S"上占上风，即重视企业共同信念和最高目标的确立，重视员工的尊严、价值，关心员工的生活，注重整体协作作风的培养和技能的提高。"日本企业管理方式的最大成果是让企业中的每一个人比美国人更积极主动，设法把工作做得更好，以每人微小的贡献帮助企业

① 理查德·帕斯卡尔，安东尼·阿索斯．日本企业管理艺术［M］．陈今淼，杨道南，陈今池，译．北京：中国科学技术翻译出版社，1984：203.

成功。这就像建造金字塔或是蚂蚁筑窝一样，成千上万的小人物抱着同一个目标做一些小事，最后就可以达到移山倒海的效果。"① 因此，作者提出要"以日本为镜子"，检查美国管理的弊端，改善美国企业在与日本企业竞争中的不利地位，指出："美国人的'敌人'不是日本人或西德人，而是我们企业管理'文化'的局限性。"②

理查德·帕斯卡尔、安东尼·阿索斯提出"7S 模式"的意图，虽只是为了找出分析企业复杂问题的"工具"，但这一模式远远超出"工具"的范畴，以它具有的系统性和实用性，成为企业文化理论的重要内容和分析企业管理模式的重要战略方法。

三、"五要素说"

"五要素说"是美国哈佛大学教授特雷斯·迪尔和麦肯锡咨询公司顾问阿伦·肯尼迪在其合著的《企业文化——现代企业的精神支柱》中提出来的。

特雷斯·迪尔和阿伦·肯尼迪通过对美国近 80 家公司的调查，得出一个重要的结论：一个强大的企业文化几乎一直是美国企业持续成功的幕后驱动力。因此，企业领导人应当区别和诊断自己的企业文化，把主要时间用来思考企业的价值观，并将协调不同价值观的冲突作为自己的主要职责。对企业的管理，首先是对企业文化的管理，企业领导者只有全力以赴，才能取得成功。他们指出，一个总经理的最终成功，在很大程度上取决于正确理解本公司的文化，以及对文化进行精雕细刻，并使它形成适应市场不断变化所需要的能力。

既然文化如此重要，那么构成一种"强文化"包括哪些要素呢？作者认为，企业文化的组成要素包括企业环境、价值、英雄、习俗和仪式以及文化网络，把它概括为"五要素说"。③

（一）企业环境

每个企业都因其产品、竞争者、顾客、技术、政府的影响以及其他条件而面临着不同的现实环境，这种环境是形成企业文化最大的影响因素。处于不同环境的企业，文化建设是有差异的。他们认为，依靠生产大众类产品而获得成功的企业，应该发展"拼命干、尽情玩"的文化，以保持销售人员旺盛的精力；而对于那些需要研发投入的企业而言，就要发展所谓"赌博文化"，确保在采取行动前对决策加以缜密的考虑。

（二）价值

价值是一个组织的基本概念和信仰，因而构成了企业文化的核心。价值为所有的员工提供了共同的方向，并指导着他们的日常工作。这些成功的准则决定了企业文化中的英雄、神话、仪式和习俗的类型，同时影响公司的所有方面，从设计什么样的组织，到制造什么产品，再到怎样对待员工。企业从共享价值中获得了强大的力量，成功的企业经常是因为他们的员工对组织价值的确认、信奉和实践。

（三）英雄

如果价值是文化的灵魂，那么英雄就是这些价值的化身和组织机构力量的集中体现，他

---

① 　理查德·帕斯卡尔，安东尼·阿索斯.日本企业管理艺术［M］.陈今淼，杨道南，陈今池，译.北京：中国科学技术翻译出版社，1984：187.
② 　同上书，200 页。
③ 　特雷斯·迪尔，阿伦·肯尼迪.企业文化：现代企业的精神支柱［M］.唐铁军，叶永青，徐旭，译.上海：上海科学技术文献出版社，1989：2-96.

们有着不可动摇的个性和作风，为员工提供了有形的可效仿的榜样。在强文化中，英雄是中流砥柱，是一个巨大的火车头、一个魔术师，是每个遇到困难的人都想依靠的对象。英雄是一种象征，他们的行为超乎寻常，但离我们并不遥远，成功是力所能及的。

（四）习俗和仪式

习俗和仪式是企业日常生活中系统的和规划好的一些惯例，包括庆典、社会仪式、工作仪式、管理仪式以及游戏等。习俗和仪式是企业文化的体现。"如果没有一定的表达方式，企业文化将会死亡。在缺乏仪式与庆典的地方，价值的重要性没有任何影响。庆典对文化来说，就像电影与剧本、音乐会与总谱，或是用任何方式都难以表达的舞蹈的价值。"[①] "一种企业文化，如果它走向繁荣的话，就必须有某些仪式活动来体现它的价值。"[②]

（五）文化网络

文化网络作为组织内部主要的（但是非正式的）沟通手段，是公司价值和英雄式神话的载体。每一个人在公司中都有一个正式职位，还有一个不印在名片上的非正式职位，例如好讲故事者（Story-tellers）、间谍（Spies）、牧师（Priests）、耳语者（Whisperers）、非正式团体（Cabal）等，这些人形成隐藏的权力阶层，组成了文化网络。这个网络能量很大，它们不仅相互传递信息，而且可以成为对企业具有极高价值的事件的解释者。在强文化中，不仅有强大的正式的组织网络，更有强大的非正式的文化网络。这个网络是文化传播与价值共享所不可缺少的。

上述五个要素相互结合构成企业文化体系，具有强文化的公司一定是这五个方面管理得都比较出色或相互结合得比较好的公司。

四、"八大原则"

美国学者托马斯·彼得斯、小罗伯特·沃特曼在《成功之路——美国最佳管理企业的经验》一书中，提出了著名的企业文化"八大原则"。[③] 这"八大原则"是作者在对43家优秀公司进行研究的基础上，通过大量生动的实例概括出来的。具体内容是：贵在行动、紧靠用户、自主创新、以人促产、价值驱动、不离本行、精兵简政、宽严并济。作者指出，企业文化包含为数不多的几个基本原则在公司中是必需的，要严肃对待。表面看来，这"八大原则"是美国43家优秀公司的成功经验，实际上，它揭示了美国企业文化的基本精神和主要特色。

（一）贵在行动

不纠缠于制订规划和计划，而是立即着手解决各种实际问题，奉行"干起来，再整顿，再试验"的哲学，以行动为导向，简化组织，集中精力，瞄准目标，在尝试中不断学习。

---

① 特雷斯·迪尔，阿伦·肯尼迪.企业文化：现代企业的精神支柱［M］.唐铁军，叶永青，徐旭，译.上海：上海科学技术文献出版社，1989：59.
② 同上书，55页。
③ 托马斯·彼得斯，小罗伯特·沃特曼.成功之路：美国最佳管理企业的经验［M］.余凯成，钱冬生，张湛，译.北京，中国对外翻译出版公司，1985.

（二）紧靠用户

变以我为中心为以用户为中心，坚持用户导向，倾听用户的意见，向用户学习，执著于质量和服务的改进，不断提升用户的满意度。

（三）自主创新

在管理上鼓励革新和竞争，宽容失败，充分调动员工的主动性、创造性，设计新工艺，开发新产品，开辟新市场。

（四）以人促产

坚持以人为本，关心每一个人，尊重和信任每一个人，激励每一个人；重视员工的参与，发掘人的最大潜力；把员工作为推动企业生产经营活动、提高生产率的根本源泉。

（五）价值驱动

一个企业要有一套健全而清晰的价值体系，并且一以贯之；领导者应带头践行这些价值和信念，深入现场，以身作则，用先进的价值影响和引导员工，使企业形成共同目标和团队凝聚力、向心力，降低管理成本，提高竞争力。

（六）不离本行

坚持企业经营的专业化，即使采取多样化的经营战略，也不能离开企业的核心能力，不能离开本行。扬长避短，发挥优势。

（七）精兵简政

推进组织变革，精简组织结构，善用简单组织形式和临时性组织形式，保持组织的灵活性；缩小编制，减少管理人员和员工，提高效率，降低成本。

（八）宽严并济

在管理过程中不仅要注重理性化的科学管理，同时也要注重人性化管理，集权与分权相结合，制度约束与价值驱动相结合，宽严有度，在提高作业效率的同时，保持员工的积极性与主动性。

"八大原则"就每一条来讲，并不是全新的理念，但《成功之路——美国最佳管理企业的经验》却把这八条原则构筑成一个体系，变成一种新的管理方式，这说明管理与文化并不是高深莫测的科学，只要把那些人们认为最寻常的事情做得最不寻常，企业就能做好了。"八大原则"从理论上开辟了一条研究企业管理的新道路，这条路沿着企业软管理，特别是企业文化管理的方向不断拓展，探索出很多新的东西。

无独有偶，美国管理学家劳伦斯·米勒同期出版了《美国企业精神——未来企业经营的八大原则》一书，作者发现，美国企业界正在出现一种新的文化，它并非只是建立在物质需求的基础之上，而是注入了新的价值观和新的精神。为此，作者提出了未来企业经营的八大原则，即目标原则、共识原则、一体原则、卓越原则、绩效原则、实证原则、亲密原则和正直原则。强调每一家企业都必须检讨其文化，这不仅是为了加强本身的竞争地位，还因为国家未来的财富要由企业的文化来决定。

劳伦斯·米勒提出的"八大原则"与托马斯·彼得斯、小罗伯特·沃特曼所提出的"八大原则"，尽管从具体内容到表述都不尽相同，但其精神实质却有异曲同工之妙，二者都强调一种独特、有效的企业文化之于企业的决定性意义，都强调共同价值和目标的力量，强调相信人、尊重人，靠文化信念和文化手段提高生产率和竞争力。

由此，由托马斯·彼得斯、小罗伯特·沃特曼与劳伦斯·米勒分别提出的两个"八大原则"，相互补充，相得益彰，共同构成了一种企业文化理论。

五、其他学者的贡献

除上述四种在企业文化理论形成过程中最具代表性的学说以外，还有一些人在企业文化理论形成过程中做出过卓越贡献。例如，美国麻省理工学院教授埃德加·沙因 1985 年出版的专著《企业文化与领导》，托马斯·彼得斯、小罗伯特·沃特曼等在《成功之路——美国最佳管理企业的经验》之后所创作的《志在成功——领导艺术纵横谈》《乱中取胜》，被誉为继《成功之路——美国最佳管理企业的经验》之后最引人注目的"企业研究力作"，美国斯坦福大学商学院学者吉姆·柯林斯和杰里·波拉斯合著的《基业长青》，以及吉姆·柯林斯的 21 人研究团队历时五年研究推出的力作《从优秀到卓越》，特雷斯·迪尔和阿伦·肯尼迪继《企业文化——现代企业精神支柱》出版之后，再次合作出版了《新企业文化》，哈佛商学院的终身教授约翰·科特等的《企业文化与经营业绩》，密西根大学工商管理学院的金·卡梅隆和罗伯特·奎因出版的《诊断和改变企业文化：基于竞争价值理论模型》，美国学者戴维·布雷德福和艾伦·科恩出版的《追求卓越的管理》，丹麦人杰斯帕·昆德出版的《公司精神》等。这些著作从企业文化内涵、体系、企业文化与领导、企业文化与经营业绩、企业文化评价等多角度，进一步丰富和发展了企业文化理论。

六、理论共识

在"管理的企业文化时代"，国外学者对企业文化的理解尽管有一定差别，但在以下几个方面是有共识的。

（一）以人为本的软性管理模式

企业文化是一种重视人、以人为中心的企业管理方式，比较以制度为核心的硬性管理，企业文化是一种软性管理模式，这种软性管理强调人的自觉与自律，强调共同价值的力量。企业文化管理理论代表着企业管理理论发展的新趋势。

（二）无形力量

企业文化是一个企业在长期的生产经营中形成的特定价值观、信念、道德规范、传统习惯和与此相联系的经营服务理念，它是一种无形的力量，优秀的企业正是善于利用这些无形的力量，组织内部各种有形力量，将其统一于共同的目标之下。

（三）全员文化

企业领导和英雄人物在企业文化形成过程中起着关键作用。但企业文化不是企业家文化和英雄文化，它是一种全员文化，只有把建构企业共同价值和员工团体意识作为企业文化管理的重点和核心，才能使企业成为人人都有责任感和使命感的命运共同体。

（四）文化与绩效的正相关性

企业文化决定企业的经营效率与经营绩效，企业文化与经营绩效有极大的正相关性。自然发展的企业文化容易导致不健康的文化，而提升绩效的文化需要管理者努力培育。

第五节　企业文化方格论

一、属性之辨

企业文化理论超越了泰罗制、行为科学和现代管理科学的理论认识，坚持以人为本，以文化人，重视价值观的作用，谋求企业与社会以及企业内部物质、制度和精神因素的和谐平衡。

企业文化理论属于企业管理学的范畴。但基于我国多数学者对企业经营与管理概念的界定，企业文化理论已经远远超越传统企业管理学的范畴，成为集经营与管理为一体的相对独立的边缘学科。企业文化形成与演变的规律，是受管理规律、市场规律与文化规律多重影响的。

企业文化理论倡导"以人为本"，这里的"人"是一个大写的"人"，即不仅包括企业员工，也包括顾客，甚至从更广义来说，包括所有社会公众。企业文化管理的目的不光是调动员工积极性，满足员工精神文化需求，提高企业凝聚力，而且要赢得顾客，扩大市场，取得效益，提升竞争力。

二、方格论的提出

企业文化作为一种微观文化现象，其核心价值观是企业的灵魂，是企业生命的基因。这种灵魂、基因不仅有"人本化"的内涵，也有"市场化"内涵；企业文化的优劣，不仅决定着企业的管理方式和风格，而且决定着企业的经营方式和风格，对企业经营管理活动起全方位的决定作用。

一个企业办得好坏，最终要看市场对它的认可程度。企业文化管理搞得好坏，其标准是什么？既要看员工的评价，更要看市场的评价，市场评价标准是最重要也是最终的标准。毫无疑问，从企业文化管理的角度看，其直接成效，无疑通过卓越的管理体现出来，通过激发员工个体的精神潜能和提高团队的战斗力，进而提高劳动生产率体现出来；同时，企业文化管理的成效还表现在对经营的推动上。如把企业倡导的以顾客为中心的先进文化理念和特有文化风格，渗透在经营战略中，凝聚在品牌和经营服务行为中，体现在企业形象和广告宣传中，最终，凸显企业的文化个性，提高企业商誉和顾客对企业的忠诚度，在市场上取得竞争优势。比如，中国双星和美国耐克两个运动鞋品牌，生产成本只差2～5美分，但是售价相差5～6倍。这里除了技术上的差异外，主要是运作品牌和蕴涵在品牌中的文化上的差异造成的。运作企业文化，既要关注到员工，又要关注顾客；既要运用于管理，也要运用到经营。

因此，企业文化是沿着"人本化"和"市场化"两条脉络发展的，企业文化管理既要关注"人"，也要关注"市场"，要坚持"两点论"，二者不可偏废。

三、方格矩阵

借助管理方格理论的原理，从企业文化管理"两点论"出发，建构一个"企业文化方格矩阵"。

企业文化的先进性与有效性，集中体现在"人本化"和"市场化"强度上。"人本化文化"和"市场化文化"不同强度的结合，能够形成多种类型的企业文化模式。这里所说的"人本化"，是指企业对经营中涉及的所有的人的需求、价值实现和发展的一种态度和理念。这种态度和理念，驱使着企业关心员工的报酬与工作环境、人际交往与自尊、精神需要与个人价值等；也驱使着企业关心顾客及相关社会公众的价值与满意度等。这里所说的"市场化"，是指企业对市场及竞争的一种态度和理念。这种态度和理念，驱使着企业关注市场需求与发展变化，关注产品与服务创新，关注经营效率与效益等。任何一家企业都会涉及这两个文化维度的发展方向和发展强度的高低。有的企业偏重于"人本化"，有的企业偏重于"市场化"，有的则兼顾二者。在发展强度上，由低到高也有相应的差别。根据不同的发展方向和发展强度，即可以建立了一个坐标体系——企业文化方格矩阵，作为研究企业文化模式的工具。

企业文化方格矩阵的横坐标表示"市场化文化强度"，纵坐标表示"人本化文化强度"。按照不同强度各分为 9 个档次，1 为最低，9 为最高，纵横交错，共构成具有 81 个方格的矩阵（见图 2-2）。其中有 5 个方格具有企业文化学上的典型意义。

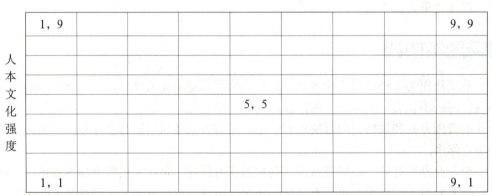

图 2-2 企业文化方格矩阵

（一）"1，1"沙漠型文化

沙漠型文化既不重视人，也不关注市场，企业是一片文化沙漠。这类企业人心涣散，效率低下，远离顾客。如果没有特殊的条件支撑与保护，早已被淘汰。

（二）"1，9"情感型文化

情感型文化关心人，重视人，企业人际和谐，像个快乐的大家族。但缺乏市场意识和竞争意识，没有目标，没有真正的发展动力，更谈不上效率与效益。这类企业如果处在竞争性行业中，孕育着较大危机和市场风险。

（三）"9，1"趋利型文化

趋利型文化高度关注市场，追逐利润，企业像个高效的赚钱机器。但缺乏人性，缺乏亲情，泯灭个性精神和个人价值，也缺乏社会责任感。那些知识型员工和脑力劳动者越多的企业，越面向最终消费者的企业，秉承这种文化失败的可能性越大。

（四）"5，5"平庸型文化

平庸型文化对人和市场都给予适度的关心与关注，中庸无创新，和谐无效率，企业稳定性和依赖性较强，像个不讲效率的政府机构。

（五）"9，9"理想型文化

理想型文化既重人，也重市场，是最为理想的双强文化模式。这类企业一定是一个有活力有效率的长寿公司。

四、"人本化"内涵

美国企业家玛丽·凯女士回顾她成功的经验时说过：对我来说，P 和 L 不仅代表利润（profit）和亏损（loss），同时也代表"人"（people）和"爱"（love）。优秀的企业文化超越机械的组织构架和狭隘的功利观，坚持人本化，重视员工和顾客，追求为员工和顾客创造幸福与快乐，把以员工为本和以顾客为本统一起来，牢牢植根于企业本位价值之中。

企业文化方格之"人本化"维度，从企业管理角度来说，就是坚持以人为中心，体现人在企业中的主体地位；以文化人，激励人的竞争心和进取心；培养协作精神，形成团队心灵契约，实现全员的价值共享；提高人的整体素质，促进人的全面发展，即一方面追求人力资本的最大回报，另一方面为社会培养高素质的社会公民。

从企业营销角度来说，人本化，就是坚持以顾客为中心，树立顾客至上的服务意识和为社会公众服务的社会责任意识，建立顾客满意系统和社会责任体系。

五、"市场化"内涵

企业文化方格之"市场化"维度，就是以市场为导向，提倡创新，追求效率，恪守信用，提升市场竞争能力。具体内涵为以下几点。

（一）市场中心论

直面市场，以市场为中心组织企业的经营活动。市场是恒星，企业是行星，行星永远围绕恒星来运行。

（二）创新与卓越意识

善于学习，敢于挑战自我，创新自我，视今天为落后，志在追求卓越，追求速度与效率，追求更高的目标；善于打破今天的平衡，创造新的平衡，使企业永远处于动态发展中。

（三）反危机理念

能够在平稳发展尤其是快速发展中迅速找到危机点，建立完善的危机防范机制和应急机制。

（四）适度冒险精神

敢于在市场博弈中承担经营风险，善于在风险中寻找更好的经营机会，并且善于行动，千方百计把好的想法变成现实。

（五）借力法则

树立大市场观和大资源观，充分利用和发挥自身的优势，从全球的视野去寻找合作伙伴，组合资源，借力发展；捕捉市场机会，建立虚拟供应链，改变大而全、小而全的经营理念与经营方式，提高灵活、柔性、合作、共享、快速反应、高效输出的素质和能力；注重培育品牌，开发无形资产价值，提升核心竞争力。

（六）诚信原则

筑牢诚信底线，改变农耕民族狭隘的以家族为中心的诚信观，树立与现代市场经济相适应的普遍主义平等诚信观，加强信用积累，提高信誉，在与全社会信用机制建设的互动中，不断提高信用管理水平。

六、建立"理想型文化"模式

从企业文化方格矩阵中我们可以看出，"人本化"和"市场化"两个维度，在实践中既相互独立，又相互交叉。在企业文化管理实践中是相互推动、共同发展的。

一方面，人的主体地位的体现，人的价值的最终实现，依赖于市场。市场经济造就独立人格，给人以独立意识，给人的价值实现提供最广阔的竞争平台。只有企业文化充分"市场化"，才能真正体现以人为本。

另一方面，企业作为营利性经济组织，在走"市场化"道路中，也必然依赖于"人本化"的。开发市场，要靠人的才智；赢得市场，要靠人的道德。只有把"人本化"思想融入"市场化"过程中，依靠员工，以顾客为本，关注社会公众利益，才能最终决胜于市场。

建立理想型的企业文化模式，避免企业文化的畸形发展，必须把"人本化"与"市场化"的文化建设结合起来。实现二者的结合和互动发展，以下观点是必须坚持并付诸实践的。

第一，企业具有双重性，首先具有经济性，追逐利润；同时企业也是一个生命，具有社会性，追求生命存在的社会价值与意义。企业经营的目的是获取双重的回报，既获得财富，又满足人的需要，培养人，实现人的价值，促进人的发展，而后者是终极目的，财富只是过程与手段。

第二，企业的"人本化"价值观，是建立在大写的人的基础上的。狭隘的"人本化"，单纯强调以员工为本，可能损害顾客利益和社会利益；片面强调以顾客和外部公众为本，可能直接或间接有损员工的利益。只有把二者统一起来，才是完整意义上的"人本化"。

第三，在当代，"市场化"是实现人的价值的最好途径。通过市场创新和市场竞争，为顾客提供最好的产品与服务，为社会创造最好的环境，实现顾客与社会价值的最大化；通过建立人才招聘与竞争的市场机制，激发员工的创造性，提高员工的素质，最终最大限度地实现员工的价值。

要点总结

（1）企业文化理论的提出是经济全球化在企业管理中的反映，是企业管理理论与实践发展到"人本化"阶段的必然结果。中国实行改革开放，实行社会主义市场经济体制，企业逐渐融入全球化的浪潮，人本化管理成为企业管理的主旋律，在这一背景下，企业文化理论的普及与应用，就显得十分迫切。

（2）在本章，我们把企业文化理论界定在管理科学的范畴。实际上，企业文化理论作为一门边缘学科，在其不断发展与建设实践推进中已经超越狭隘管理的范畴，对企业经营，包括市场开发、品牌塑造、资本运作、客户管理以及社会责任的履行等，也起到全方位的引领作用。加之企业文化理论很年轻，有很大的研究潜力和实践探索的潜力，因此，我们在学习研究企业文化理论时，应开阔视野，善于从各种相关学科中汲取营养，善于学习借鉴国际上优秀企业的经验，兼收并蓄，博采众长，融合提炼，不断创新。

（3）企业文化作为一个新的管理理论学派和一座新的管理科学里程碑。企业文化理论的核心是：以人为本，以文化人；团队之上，和谐共享；以文兴企，价值引领。

（4）企业文化理论是行为科学的延伸和发展，直接受益于中西方人学理论、团体动力理论、领导理论和学习理论与学习型组织理论。基本沿着"人—共享价值—软性管理"这样一个脉络而展开，Z理论、7S模式、"五要素说""八大原则"等基本学说构筑了企业文化理论大厦的框架。

（5）企业文化方格理论是企业文化理论的发展。主张"人本化"与"市场化"的协调互动发展。

练习与思考

一、解释概念

组织技术学派、行为科学学派、管理科学学派、人性理论、仁学理论、X—Y理论、超Y理论、Z理论、圣吉模型、7S模式、海尔定律、企业文化方格矩阵

二、简答题

1．企业文化理论形成的时代背景是什么？

2．第二次世界大战后流行的"以人为本"的管理有哪些特征？

3．企业文化的理论研究在中国主要经历了哪些阶段？

4．企业文化理论的性质是什么？

5．简述企业文化理论在管理科学中的地位。

6．简述企业文化理论的核心。

7．企业文化理论来源于哪些相关理论？

8．企业文化理论的基本学说有哪些，主要内容是什么？

9．X—Y理论、超Y理论和Z理论有什么区别？

10．企业文化方格理论的主要内容是什么？

三、思考题

1．如何认识经济全球化及经济与文化互动的发展趋势？

2．为什么说日本经济和企业管理的成功为企业文化理论的诞生提供了最直接的实践依据？

3．在经济全球化和知识经济不断发展的背景下，美国企业为什么一度成为赢家？

4．中国兴起"企业文化热"的原因是什么？

5．从海尔、联想和华为等案例分析中得到哪些启示？

6．为什么说企业文化理论是企业管理理论第四个里程碑？

7．试分析中国古代的人学思想与西方的人学理论有何不同。

8．企业文化方格理论提出的重要意义是什么？

9．在实践中如何处理好"人本化"与"市场化"的关系？

第三章　企业文化规律

学习提示

　　企业文化的演变具有规律性。企业文化的产生和发展过程，是在一定的时空条件下企业文化的积累、传播、冲突与选择、整合与变革的过程。这个过程是循环往复、周而复始的，在企业经营管理实践活动的推动和外部环境的影响下，不断地由低级向高级方向发展。弄清企业文化的发展过程和规律性，有助于我们在把握企业文化变化趋势的基础上，将企业文化管理推向更加自觉与科学的轨道。

　　本章共分三节，分别阐述企业文化的起源、积累与传播，企业文化的冲突、选择与创新，企业文化的整合与变革等内容。这三节的内容大体上是一个逻辑递进的关系。但从企业文化的实际演变过程来看，并不是一个过程结束，完成一次循环，再开始第二个过程，进行第二次循环。事实上，企业文化演变是一个错综复杂的过程，从起源、积累与传播，到冲突、选择与创新，再到整合与变革，往往是交错继起，相互影响、相互推动的。任其自然发展，其过程相对漫长无序，优秀文化可能成长缓慢；对其科学管理，尤其善用现代信息技术和互联网手段，通常能够缩短这一过程，使之有序，并促使优秀文化加速成长。

学习要求

　　1. 掌握：企业文化积累的含义和方向；企业文化传播的规律；企业文化整合的规律；企业文化变革的规律。

　　2. 熟悉：企业文化产生与发展的全过程以及每个阶段的相互关系。

　　3. 了解：互联网对企业文化产生与发展的影响。

CORPORATE CULTURE

第一节   起源、积累与传播

一、企业文化起源

企业文化与企业相伴而生，共同成长。自从企业创立那一天起，企业文化就开始在一定的环境中孕育、生长，其外部环境主要是各种经济、技术、社会人文环境；内部环境主要是具有各色文化背景的人物（这些人物有些文化背景相同、有些相斥）以及制度与管理等。企业文化是在企业外部环境与内部环境相互交融，内部各色人物不同文化背景相互融合过程中逐渐发展成型的。从内部环境看，创始人、员工及制度与管理的因素影响较大。

（一）创始人

企业文化的起源，首先与企业创始人的创业意识、经营思想、工作作风、管理风格，以及意志、胆量、魄力、品格等有着直接的关系，因为企业创始人的地位显赫，他们的行为方式和风格，往往通过他们的决策规划、领导指挥、组织协调以及待人接物等活动表现出来，容易被人感知、感受、体会和仿效，从而形成一种无形的导向，一种潜在的推动力。企业创始人的所作所为直接或潜移默化地影响着企业中的每一个人，有形或无形中向员工昭示着企业提倡什么，反对什么，推动什么。在工作实践中，员工会自觉不自觉地认同、顺从、模仿企业创始人的某种行事风格，会在自己的行为中把这种风格延续下来，这就是"上行下效"的倡导作用和示范作用。有个性的企业文化，总是在开始时受企业创始人的自觉提倡或推动的，是由他们埋下的种子生发出来的。我们看一看文化个性突出的企业，不管是日本的松下，美国的沃尔玛、苹果，还是中国的海尔、联想、华为与万科，没有一家企业没有留下创始人的深刻文化印迹或巨大影响。

案例 3-1

塞恩斯伯里公司

英国塞恩斯伯里公司的创始人是现任董事长的曾祖父约翰·姆斯·塞恩斯伯里，此人是典型的英国维多利亚时代的人物，工作作风严谨，讲究有条不紊、一丝不苟，并且很有主见，同时又信奉刻苦工作、节俭和自我约束。

1869 年，塞恩斯伯里开始经营奶制品，并形成了一套坚定不移的信念：高质量的东西也可以做到低价，而且不管一个家庭主妇多么贫穷，她仍应有机会尽可能买到最优质的食品。如果人们有条件的话，总是想要清洁和新鲜的食品。时至今日，低价和卫生仍然是塞恩斯伯里公司的首要准则，现任董事长和他的经理同僚们仍亲口品尝每一样新产品，然后才允许上架出售。为给顾客提供优质的食品，塞恩斯伯里坚持要求供应商提供详细而确切的有关质量管理和交货速度的信息，并不断地将有关顾客偏好的信息反馈给供应商。久而久之，这就变成一种企业传统，新上任的经理们总是自觉地照此办理。为保持企业卫生清洁的特色，塞恩斯伯里建起宽敞而通风良好的商店。他的临终遗言是："保持店堂灯火通明。"这一传统保持至今。

　　现任公司董事长这样评价他的曾祖父："现在，家族企业的影响小了，但创办人的影响仍然那样强大。"

　　资料来源：沃尔特·戈德史密斯，戴维·克拉特巴克．致胜之道：英国最佳公司成功秘诀[M]．上海：上海翻译出版公司，1987：158-159．

（二）员工

　　企业文化也起源于员工的共同理解，如共同的忧患意识、共同的目标追求、共同的行为方式等。这些共同理解除了受创始人的思想和行为的影响以外，往往与企业经营中发生的重大事件和关键事件有关。企业文化的形成是悄然无声的。但是，有一天企业文化是怎样被企业成员感知到的？企业的基本价值观是如何被揭示的？企业成员的相互理解是怎样产生的？企业的共同行为规范又是如何形成的？只要认真考察一下几家公司的历史，就会发现这些问题的解决都与公司历史上的几次重大事件或关键事件有关，这些事件就成为企业文化起源的标志。这类事件在企业成员中反应强烈，并有持续性，一旦被提及，就能抓住员工的心。企业管理者或员工常常把它用来作为解决目前问题的范例，用它来教育新的加盟者。全体员工正是通过几次或多次这样的事件取得了共同的理解，找到了共识。海尔集团企业文化的形成，其中就有如"砸电冰箱"等特殊事件起了"定格"作用。学习理论证实，文化的共识是通过学习得到的。其中，有两种学习的机制——对经验的总结与模仿和对错误的总结与规避。人们通过正面的事件学到了经验，从负面的事件学到了教训，在学习中取得了共同的理解，找到了共同的价值判断和行为标准。

（三）制度与管理

　　企业文化的形成，也与企业制度创新和管理思潮的变化有密切关系。一种新的企业制度和管理思潮形成后，便以极大的影响力和渗透力，对那些在这一时代诞生的企业文化产生重大影响。一种企业制度、组织形式和管理风格一经形成，犹如某种定式、范式一样，引导着企业文化的方向，决定着企业文化的主要特征。比如，在计划经济时代创立的国有企业，体制上政企不分，管理上惯用行政方法，其文化中的国家意识、大局意识和服从意识就比较强；在市场经济时代创立的企业，采用现代企业制度和管理模式，其文化中的市场意识、竞争意识、顾客意识等就比较强。一种微观文化的形成，离不开社会大文化环境的影响，这一点是毋庸置疑的。

（四）互联网的影响

　　互联网背景下诞生的企业，尤其是互联网企业，由于企业生产要素、生产流程的巨大变化，企业创始人和合伙人显然在企业文化起源中起着主导作用，但一线员工"被文化"的现象在减少，员工在文化起源中的作用相对增强。企业文化不再是企业"内部文化"，相反，企业客户文化加入其中，甚至成为企业文化起源的重要影响因子，决定着企业文化的特质与方向。

二、企业文化积累

　　任何一家企业的文化从雏形到成形都有一个发育、健全、完善的积累过程。尽管企业文化成长过程的各个阶段的积累倾向与偏好、积累速率与欲望以及积累的结果均有所不同，但只要企业在成长，企业文化积累就必定在进行，除非企业文化共同体寿终正寝。

（一）基本含义

企业文化积累是指企业文化特质的保存以及企业文化新特质不断增长的过程。企业文化不是某一时刻一下产生的，而是企业在长期的经营管理实践中连续传播、不断积累的产物。企业文化同人类其他文化一样，在传播过程中总是存在文化遗失的现象。有的遗失是自然选择的结果，即不再适合竞争的需要而自然消亡；有的遗失则是由于种种人为因素所致。但在企业文化的发展过程中，积累下来的优秀文化总比遗失的多，这是积累的大趋势。原有的企业文化特质经过积累不断沉淀下来，凝聚成适合企业发展的文化传统，内容越来越丰富，特色越来越鲜明。

企业文化新特质不断增加的过程也就是企业文化不断积累的过程。企业文化新特质既包括企业发展过程中形成的新文化，也包括通过文化交流吸收的异质文化中适合于企业自身发展需要的成分。企业文化新特质的创造是在原有特质积累的基础上进行的，这是一种更高层次的积累。这种积累，往往是与淘汰企业文化中的消极成分同时进行的，即"破旧立新"，使企业文化不断与时代要求和企业发展需要相适应。

企业文化积累是企业文化发展的基础。企业文化的进步、创新都离不开企业文化积累。随着企业文化积累在量上的增加，积累的形式日趋多样，企业文化日趋成熟，企业文化体系也逐渐形成。企业文化积累量及速度是与企业发展成正比的，企业发展越快，企业文化的积累量越大，积累速度也就越快。当人们没有意识到企业文化积累的重要性和没有自觉进行企业文化积累的时候，企业文化积累在自然地、缓慢地、无序地进行；相反，当人们既认识到企业文化积累的重要性，又能自觉地进行企业文化积累的时候，企业文化积累的速度可以加快。但企业文化积累毕竟与物质财富的积累不同，违背企业文化积累的规律性，不顾主观、客观条件，揠苗助长，制造很多"泡沫文化"，是不会收到好的效果的。一种优秀的企业文化的积累往往不能由一代企业家和企业员工完成，需要几代人甚至十几代人的共同努力。进一步说，企业文化积累也是无止境的，只要企业存在，就需要不断地进行积累。

（二）企业文化积累的方向

企业文化积累是在两个方向上进行的，即正向积累和反向积累。正向积累是健全的、优良的企业文化自我完善的过程；反向积累是病态企业文化不断恶化、衰亡的过程。研究企业文化的积累问题，一般是着眼于研究正向积累规律。

一般说来，正向的企业文化积累主要有以下几种情况。

1. 家族企业继承人对企业原有文化的继承和发展

虽然经济学上有所谓"布登布洛克定律"，即家族第一代由于生活环境艰苦，金钱的边际收益很高，因而有着很强的积累财富的欲望；家族第二代由于自幼在奢华生活环境中长大，金钱的边际收益递减，寻求声誉的动机强烈，因而转向追求权力和地位；家族第三代由于金钱和政治地位已经满足，造成他们追求精神生活的动机强烈，驱使他们注重慈善，关注艺术，因此一个家族只能维持三代，即"富不过三代"。根据这一定律，家族企业的家族继承人进行思想文化的继承是不可能的。但是，正如著名管理学家沃尔特·戈德史密斯和戴维·克拉特巴克在《致胜之道》一书中论证的那样，许多优秀的企业文化延续，均得益于家族企业继承人对企业文化传统的一脉相承和不断积累。[①] 像美国的福特、洛克菲勒等家族企业文化的不断丰富和发展，无疑得益于几代家族企业家的共同创造。事实上，由于市场逐渐成熟和竞争加剧，家族企业成员的竞争和危机意识也在不断增强，这有助于他们好好学习，谨慎经营，从而在一定程度上改变着"富不过三代"的规律。但家族成员由于环境的优越而不思进取的危险仍然存在，这是家族企业仍然需要铭记的。

2. 具有新文化背景的继任者对企业原有文化的创新与发展

作为企业文化主要发端者，企业创始人依据其认识、视野、经验、知识与思想境界，靠着他们的洞察力、想象力、创造力和崇高的威望，不断地推进企业文化的积累，使企业文化体系越来越丰富，个性也越来越突出。但这种积累在时间和内容上都有局限性。继任者或具有新文化背景的人进入企业后，通过创新和发展文化，使企业文化积累得以继续。例如，中国的乡镇企业最初靠几个乡下能人打天下，完成了原始资本积累和文化积累的过程。进入20世纪90年代后，随着市场竞争加剧，科技快速发展，一些乡镇企业家明显感到光靠一股艰苦创业、不怕吃苦的精神是不行的，因此开始大量招聘高级技术人才和专业管理人才，并使他们进入企业决策层，开发高新技术产品，提高管理水平，因而使这些企业在竞争中站稳了脚跟，推动着这些企业的文化积累向知识化、制度化和规范化的方向发展。欧美国家的一些有着悠久历史的老企业大多也经历了这样一个过程。20世纪30年代，休利特和帕卡德凭借在汽车库里发明生产一种音频振荡器起家，创立了美国硅谷一家著名企业——惠普公司。后来企业迫于市场环境的压力转向了新兴的高技术产业，企业决策者根据新兴产业知识密集的特点，修正了企业创业时某些过时的文化内容，适时发展了一套适应于白领阶层的劳动管理和高科技企业经营的文化。惠普为了彻底打破建立在大规模工业生产基础上的等级管理文化，使企业形成民主、平等、最宜于激发人的主动性及创造性的思想和文化环境，把以办公大厦和办公室分级分阶层安排的组织文化传统抛在一边，发展了一套用隔板间隔办公区域，使职员倍感平等和公平的办公方式。这就是一种新文化的积累，这种积累促使老企业重新充满活力。

3. 子公司对母公司企业文化的丰富和发展

伴随着大公司业务的拓展和规模的扩大，跨地域甚至跨国的分公司和子公司大量出现。在母公司文化发展过程中，子公司的文化开始出现。子公司创始人完成的子公司的文化积累，开始并不直接参与企业文化总积累，形成一种脱离旧有文化积累轨道的新的企业文化积累。但这种积累是受母公司文化影响的，时间长了，其文化积累中积极的文化因子也会影响母公司，进而逐渐加入到母公司企业文化总积累的过程。目前，跨国公司在其市场全球化过程中，一方面在世界各地的企业中积极推行母公司的文化和管理方式；另一方面也在推广本土化。各子公司有本土化特色的企业文化的积累，也直接或间接地影响母公司文化，逐渐加入到母公司企业文化积累中。在中国，如何处理总公司和异地子公司企业文化之间的关系，不少企业积累了经验。如青岛双星集团在坚持总公司企业文化基本特征的前提下，大量吸收当地文化中符合企业发展的因子，剔除其不符合企业发展的成分，从而建立了与总公司的企

① 沃尔特·戈德史密斯，戴维·克拉特巴克.致胜之道：英国最佳公司成功秘诀［M］.曹景行，等，译.上海：上海翻译出版公司，1987：160-163.

业文化既有联系又有区别的子公司企业文化，有效地推动了子公司文化的发展，反过来又丰富和发展了母公司企业文化的内涵，使母公司更具文化活力。

4. 企业文化成长过程中对外来文化的合理吸纳与改造

企业是一个开放系统，每时每刻都与其周围的环境，即企业生存的大系统交换信息和能量。企业文化积累不是在真空中进行的，而是在与社会文化的互动中完成的，企业文化积累的很多内容来自社会，企业通过学习、吸收和借鉴，最后融合成自己的文化传统。这种学习型的积累是一个缓慢的过程。不过，其中的某些重要的学习活动，某种文化迅速被企业所接受，并融入企业文化体系之中，会加速这种企业文化的积累过程。第二次世界大战后的日本企业，吸收了西方质量管理文化，并将其发展成全面质量管理文化，就属于这种文化积累。再如，20世纪80年代海尔集团在引进国外先进技术的同时，大量吸收欧美、日本先进的管理经验，并将其和自身具体实践相结合，发展出一套适应中国国情的企业管理理念和管理方法，也属于这种文化的积累。

（三）企业文化积累的新趋势

互联网条件下的企业文化积累，一是更多吸收了因新技术出现带来的新思想、新思维；二是更多吸收了因市场变化而带来的新观念、新时尚。因此这种积累多数属于文化新特质的积累。这种文化新特质的加速积累，也会伴随着加速遗失的现象。但加速积累总比加速遗失得多，且总是因循优胜劣汰原则，使企业文化越来越丰富，优势与特色越来越鲜明。这也就是说，传统企业较为漫长的文化积累过程，在互联网时代被大大压缩了。

陈年老酒，愈久弥香，文化亦然。企业文化加速积累，所形成的新鲜时尚文化，很有适应性，但往往根基不深，比较脆弱。因此，在互联网条件下，加强对企业文化积累的必要引导，既要注重通过文化交流吸收社会异质文化中适合于企业自身需要的成分，也要注重企业原有文化特质的巩固，筑牢根基，厚植传统，创新提升，这是一种更重要的积累。同时，要把控文化积累的方向和速度，避免负向积累或揠苗助长似的"泡沫文化"积累。

三、企业文化传播

（一）企业文化传播的基本含义和基本要素

1. 基本含义

文化具有交流、传播的属性，作为社会亚文化的企业文化自然也不例外。企业文化传播是指企业文化特质从一个群体或个体，传递、扩散到另一个群体或个体的过程。企业文化特质广泛而持续地传播、扩散和流动，就能为企业全体成员共同认可并享有。企业文化特质的传播只有通过企业全体成员的交往活动才能实现。企业中人与人的关系是动态的交往关系，在交往中，人们以各种形式和媒介沟通信息，交流观念和情感体验，这一活动过程是双向传播、相互作用的。企业成员正是在文化传播中使群体的行为得到协调，因而产生出共同的信念与目标。尽管新员工进入企业后会带来与企业主流文化不同的异质文化，但通过企业内的文化传播，多数新员工会与企业主流文化相融合，从而成为企业的真正一员。同时，企业主流文化也在不断吸纳新员工带来的异质文化中的先进因子，从而得以丰富和发展。

2. 基本要素

企业文化传播包括传播的共享符号、传播关系和传播媒介及方式等要素。

（1）传播的共享符号是指企业成员对企业文化的认同和理解所借助的共同识别的文化象征意义的符号，如企业的标志、企业内某一群体成员之间彼此心领神会的语言、手势、姿态等。一个具有优秀传统的企业都具有本企业员工所能理解的代表特殊意义的符号，外来者和新成员必须通过读解和诠释的过程才能完全理解。

（2）传播关系是指企业文化传播中发生在传播主体和传播客体之间的相互关系，传播关系是企业文化传播中最本质的要素。由传播关系形成社会关系网络，上下左右，纵横交错，共同对企业文化传播发生影响。

（3）传播媒介及方式是指通过一定的传播渠道联结传播主体与传播客体的物质方式。人既是企业文化传播的主体与客体，又是企业文化传播中最活跃、最本质的媒介要素；企业内部各类组织也是企业文化的传播媒介。人们通过各种正式组织关系或非正式组织关系而产生直接接触，在开会、聚会、闲谈中，利用口头语言、体态语言（如手势语言、表情语言）等形式相互传递具有本企业文化特质的信息。除此之外，企业文化传播媒介还有书信、电话、广播、报刊、影视节目和越来越发达的自媒体、新媒体等，这些传播媒介可以超越时空限制，进行广泛的、反复的传播。

（二）企业文化传播的种类

企业文化传播可以分为文化共同体内的传播和文化共同体间的传播两种，前者可称为企业文化内传播，后者可称为企业文化外传播。

1. 企业文化内传播

企业文化内传播具有辅助企业文化形成和确立的功能，又兼有使企业文化传统得以继承、发扬，从而激励员工意志的功能。事实上，企业文化的形成、发展、积累都与企业文化内传播有密切的关系。

一般来说，企业文化内传播的通道有以下几种：

（1）企业神话、企业英雄的种种神奇传说、奇闻轶事等内传播无形通道。这一通道在企业文化传统的继承过程中发挥着极为重要的作用。按照格式塔心理学的见解，人们内心都有将所见不完美、不完善的事物趋向于完善、完美的倾向。例如，人们见到有缺口的圆，会将对称破缺的东西在内心世界凭想象将其闭合，将其对称。推而广之，人们对所崇拜的英雄、尊敬的先哲、热爱的人物，在内心世界里都有将其进行无保留的想象加工的倾向。企业借助企业英雄的感召力和企业员工对英雄偶像崇拜的特殊心理，在企业中传播创始人或企业英雄的故事或轶事，可以达到企业文化内传播或内扩散的目的。

（2）将企业文化传统用语录、标语、口号、标记、雕塑等形式表达出来形成的内传播有形通道。企业文化博大精深，包含着诸如各种深层的信仰和价值理念等，其真正的含义和主旨不是所有企业共同体内的人都能一下看透、把握准的，也并非总是可以为他们立刻、全部接受的。从这个意义上说，员工理解、接受企业文化的过程，就是企业文化内传播的过程，这个过程渗透到企业文化成长过程的始终，企业把抽象的文化以标语、口号、标记、雕塑等形式表现出来，可以营造一种氛围，使企业成员耳濡目染，强化对主流文化的记忆与理解。

（3）企业家及管理者对下属的要求及个人行为、作风等形成内传播主要通道。在一个成熟的企业文化体系中，企业家（尤其是创始人）往往经过企业种种有意和无意的加工而成为英雄人物。因此，一些企业家在企业文化内传播过程中往往兼有双重角色，既以带有神话色彩的企业英雄的面目出现，又以现实世界里企业文化的示范者、传播者的面目出现，他们的每一个言行举止都在传递着一种文化信息，明示或暗示着企业成员应该怎么做。同时，企业各层管理者由于他们在管理中的地位和职责所决定，在继承和传播文化传统、传播新文化方面也发挥着重要作用。

（4）企业培训、选拔、考核、激励制度的制定与实施，形成内传播的重要通道。职业培训与再教育、师傅带徒弟，除了传授技术、训练技能外，主要是灌输企业文化；企业公开招聘选拔什么样的人，对员工实行考核采用什么样的标准，奖励或惩罚什么样的行为，实际上都是直接或间接地传播着企业所奉行的文化。

（5）企业举办的一系列仪式和流行的传统、习惯、习俗等，构成企业文化内传播不可缺少的形式和通道。这些形式和通道既可以传播企业文化，也可以固化企业文化。例如，美国大多数企业的鸡尾酒会，日本企业的忘年会、早训以及节假日野餐会，中国企业的厂庆、团拜会、联欢会等，都是企业文化内传播的重要通道。

（6）企业内部非正式群体通过自己的组织体系进行的文化传播，构成企业文化内传播的补充通道。这种传播多限于非正式组织内部传播，传播力极强，其传播内容既有企业主流文化，也有企业亚文化，即企业主流文化以外的小团体文化。企业管理者应善于利用、引导和适当控制这些文化传播通道，确保企业主流文化传播得以顺利进行。

2. 企业文化外传播

企业文化外传播具有树立企业形象、提高品牌忠诚度和竞争力的功能，兼有推动社会精神文明建设，促进社会文化进步的作用。事实上，企业文化的外传播不是单向的文化输出，而是一种文化交流。因此，企业文化外传播的过程，也是企业文化与外部文化相互推动、不断成长的过程。

企业文化外传播主要有以下通道：

（1）成熟、成型企业文化的主动输出式传播。这或是因某种企业文化的发端者、缔造者欲宣扬其制度、规范和经验的特殊心态所促成，或是由于接受过这种企业文化教化的人才的广泛流动所致。其中，因人才流动所造成的企业文化的外传播和外扩散影响是很大的，很多优秀企业往往成为培养经营管理人才的摇篮，也成为先进企业文化的输出者。例如，美国国际电话电报公司总裁吉宁训练了一批得力的经理人物，其中许多人后来离开了这家公司，参加或主持别的公司的事务，所以有人给美国国际电话电报公司起了一个外号，叫作"吉宁大学"——由于这些人的广泛影响，吉宁所倡导的企业文化和管理方法远远超出了对美国国际电话电报公司本身的影响，而对西方发达国家的管理革命产生了深刻而持久的影响。

（2）成熟、成型企业文化的示范传播。优秀的企业文化总是具有很大的示范效用，成为其他企业进行文化建设模仿和借鉴的对象。有些企业有一个错觉，以为企业出于商业竞争的需要，对其文化主旨应是秘而不宣或控制传播的。其实不然，企业值得保密并严格控制扩散的大多是商业机密和那些可以与技术诀窍相比拟的经营绝招。至于抽象状态的企业文化，成熟的企业对其传播不但是放任的，而且是采取支持态度的，它们愿意成为社会文化的楷模。例如，海尔文化的对外传播是海尔集团的一种主动行为。

（3）企业文化行为主体的攀比、模仿。在现实生活中，之所以会出现这种现象，主要是因为理性人追求利益最大化的动机在起作用。攀比、模仿作为人们自发的一种横向比较的倾向，既存在向积极方面看齐、学习的倾向，也存在向消极方面攀比、模仿的倾向，如在利益方面向上攀比，在工作方面向轻松方面攀比等。因此，要对这一文化传播进行合理引导和控制，发挥其积极有效的作用。

（4）企业文化行为主体之间的国际交流与合作。在经济全球化条件下，企业文化的国际传播越来越发达。企业在开发国际市场、建立国际联盟、开展国际经营技术合作、建立合资企业过程中都伴随着企业文化的交流，中外双方相互进行的商业考察、访问，相互委派经理人员和技术人员等也是企业文化国际传播的通道。另外，国际性的企业管理培训、研讨，新闻媒体的报道等，在企业文化的国际传播中也是不可忽视的因素。

（三）企业文化传播的规律

1. 同构易播规律

同构易播规律是指相同或相近企业结构的企业文化共同体，企业文化在其间的传播速度快，影响大，易于奏效。不论是整体同构或部分同构，这条规律均适用。例如，第二次世界大战以后，美国的企业管理文化在日本、西欧各国很快风行起来，其原因主要在于这些国家的企业有相同或相近的企业结构。推而广之，相同或相近的企业文化环境，如相同或相近的社会制度、经济体制、法律、宗教和民族文化传统，也利于企业文化的传播。例如，欧洲各国在大的文化背景上具有同一性，在市场上又有着千丝万缕的联系，其企业间的文化互动现象频频发生。

2. 异体或异构抗播规律

异体或异构抗播规律是指相异或者全然不同的企业文化体，文化在其间的传播速度慢，影响小，不易奏效。因为，企业作为一个生命体，在其自身精神调节过程中，存在一种自发的排异功能。企业文化体不论是局部的还是整体上的异构，这一规律都是适用的。要解决文化抗播问题，不能寄希望于改变规律，或是绕道而行，只能尽力设法改变企业文化共同体结构，才能促进企业文化的交流与传播。

3. 优胜劣汰规律

企业文化的传播过程，也是企业文化的交流、互动和竞争过程。企业文化传播的方向通常是由高到低、由强到弱，即从文化发达的高处传向文化不发达的低处；同时，在文化传播中也存在着互动和竞争现象，文化交流包含着对流、逆流，得到流传和扩散的未必是在各个接受方看来是相对发达、先进的企业文化特质，有时劣质的文化也会得到流传和扩散。但竞争的最终结果，必定是优胜劣汰，先进文化同化和改造落后文化。这就是优胜劣汰规律。

4. 整合增值规律

企业文化传播过程中不仅有同质文化的传播，也存在着异质文化的传播。具有不同文化特质的企业、群体或员工在文化传播中相互接触，彼此理解，结果使得不同特质的文化得到同化和整合，产生增值，这就是整合增值规律。如在企业文化内传播过程中，具有不同文化背景的企业成员学习到具有本企业特点的工作方法、生活方式、行为准则以及进行人际交往的态度和方式，从而抛弃自身不适应于本企业的观念、习俗，同时将自身适应于或有利于企业的观念、习俗融于企业文化之中，根据自身的经验和价值观念，重新认识、评价企业文化中的传统成分和特质，从而使企业文化增值。

（四）企业文化传播的新趋势

在互联网时代，因传播媒介和目的的变化，使企业更加开放，文化内传播渠道更多、范围更广、频次更高、内容更多样，特别是传播方向更加趋于网络化。互联网在员工生活现实空间基础上，增加了他们的虚拟空间，有形的非正式组织也拓展到无形的同学圈、邻居圈、亲属圈、朋友圈以及各种群聊、网上论坛等，形成了各种各样非正式网络组织。文化传播随时随地、随心所欲，工作、生活、政治、经济、文化，国内国外，大千世界，无所不及。更为重要的是，自媒体的发展，使企业每一个人都成为文化传播主体，因而打破了企业领导者文化传播主体的垄断地位；改变了自上而下的文化传播方向，增加了文化（信息）传播的对称性。

企业文化的外传播，同样发生了巨大变化，企业原有"文化围墙"被拆除，企业不管是主动还是被动，时时受到外来文化与信息的冲击，不管这些文化与信息对企业是有利的还是有害的，企业均没有更强的屏蔽能力。企业文化的对外输出，也变得更加难以控制。不过，企业文化的传播互动，亦遵循着文化优胜劣汰的规律。

有了互联网，企业文化传播真正成为双向、内外的网状传播和互动传播，这种文化传播对企业而言利弊并存，企业只有主动适应这种传播特点，改变文化管理的思维，既善于利用传统文化传播渠道，又善于利用互联网的互动性、共享性和社会性，发挥新媒体、自媒体的积极作用，讲好企业故事，树好文化标杆，定好企业规矩和礼仪，做好内外宣传，弘扬主脉文化，才能把互联网时代的企业文化建设好。

第二节　冲突、选择与创新

一、企业文化冲突

（一）企业文化冲突的含义

企业文化冲突是指企业发展过程中不同特质的文化在相互接触、交流时产生的撞击、对抗和竞争。企业文化冲突的产生主要是由不同文化体所持有的基本价值观之间的悬殊造成的。企业文化在传播过程中，冲突是不可避免的，而且正是由于企业文化冲突的存在，才推动了企业文化的进步；如果企业内部没有文化冲突，静如死水，文化多半已进入衰退期，这样的文化没有生命力，迟早要被淘汰。企业文化冲突的结果，或是融合不同质的文化，使文化得到丰富和发展，或是改变文化特质，使原有的文化完全为一种新文化所取代。企业文化冲突包含因不同类型、不同模式、不同行业、不同民族、不同国家和地区、不同历史阶段的企业文化体之间的差异而造成的跨文化冲突，也包含企业文化体内部的文化冲突。以下主要分析企业文化体内部的文化冲突。

（二）企业文化冲突的表现形式

企业文化冲突的表现形式主要有主流文化与亚文化的冲突、整体文化与个体文化的冲突两种。

1. 主流文化与亚文化的冲突

这种冲突是指企业居于核心地位的、正统的文化与处于非核心地位的、非正统的文化之间的冲突。这种文化冲突有两种性质或两种可能：价值观不同引起的正统与异端、新与旧之间的冲突与对立；整体与局部因利益、观念或其他原因所引起的文化摩擦。

企业内部主流文化与亚文化的冲突与对立，主要有以下几种情况：

（1）由于主要领导者的固执己见、刚愎自用，或者由于文化环境发生巨变，致使主流文化变成病态文化。此时，主流文化必然与企业自发出现或存在的代表健康、向上的亚文化发生冲突。主流文化往往拼命地压制亚文化，阻止亚文化对主流文化的替代可能。这种文化冲突的解决，很难依赖正常的文化沟通和交流，一般只能靠以下方法解决：一是像美国福特公司的第三代亨利·福特二世对其祖父亨利·福特这位意志、信念都十分坚强的创始人发动"宫廷政变"那样，通过迫使其"退位"，重建、重组企业文化，使企业亚文化转换为企业主流文化；二是像日本三菱企业第二代继承人对极富个性的创始人岩崎弥太郎那样，首先允诺遵守他的有关由家族领袖掌握公司全权的规定，但等他去世，则全面调整企业文化，重新确立主流文化；三是像德国西门子公司那样，在企业主要创始人去世后和企业陷入某种危机后，靠来自银行或外界其他方面的压力，来完成企业主、亚文化的转换；四是像中国某些企业那样，通过引进外资或吸收其他资本，改变企业股权结构的办法，来达到企业主、亚文化转换的目的。

（2）企业主流文化已发展到健全、高度成熟的阶段，具有较强的稳定性和排他性，但面对环境变化，这种文化正慢慢地失去优势；与此同时，有可能代表企业未来价值观、未来文化范式的亚文化却在一步步地发展壮大。这种新的企业亚文化的生长，不可避免地会受到仍旧具有强大统治力的企业主流文化的压制、阻挠。这种文化上的冲突会通过主流文化和亚文化的代言人及其阶层的语言、思想、行为上的交锋而表现出来。这种冲突的具体解决方式，除采取上述第一种冲突的四种解决方式外，也可以采取并不那么剧烈的方式。例如，通过领导层的和平调整，利用一些重大事件进行观念更新，采用各种形式的研讨沟通等方式，促使企业主流文化让位于企业亚文化。不少成功的企业在其成长的关键时期，都发生过或多次发生过这种调整，从而适时地变革了企业主流文化，使企业主流文化一直保持着先进状态。

（3）企业主流文化已演变成为过时的、陈旧的、衰败的文化，企业亚文化在企业陷入深深危机的情况下，仍旧没有适当的机会击败主流文化，因为企业整个大权仍旧掌握在旧有文化信奉者的手中。这种情况下的企业文化冲突往往直接通过企业的低效和衰败的加速而表现出来。解决冲突的办法往往是通过决策者的更迭或组织的变革，加速旧文化的解体和新文化的培植而实现的。当年美国克莱斯勒汽车公司作为美国排名第三的汽车大公司，曾有过值得骄傲的光荣历史，尤其在生产与设计新车方面，有着走在市场前面的文化传统。在雅科卡接管这家企业前，它不但丢掉了以往那些优良传统，而且出现了全面衰败以致崩溃的迹象。雅科卡到任后，经过大力整顿和一系列组织变革、管理创新，灌输新的理念，开发新的产品，才推动企业文化向好的方向转化，从而挽救了濒于倒闭的企业。

2. 整体文化与个体文化的冲突

优秀的或健康的企业文化是一种使企业整体意识与个体意识、整体道德与个体道德、整体行为与个体行为大体上保持和谐的文化。但这不等于说优秀的企业文化体从未有过整体文化与个体文化（指企业成员的文化信仰与行为方式）的冲突，也不等于说它们总是能够轻而易举地解决整体文化与个体文化间的冲突。事实上，无论是基于个人主义基础的西方企业文化，还是基于家族主义基础的东方企业文化，均不可避免地存在整体文化与个体文化之间的冲突。

为什么会出现整体文化与个体文化的冲突呢？企业整体意识不是个体意识的简单集合，企业整体行为也不是个体行为的简单集合。由于个体文化的差异，在个体文化被整体文化整合的过程中，个体文化既存在向整体文化趋近，放弃固有的不合整体规范习惯的倾向，同时又有保持旧有习惯、继续发展个性的倾向。即使在成熟的企业文化体中，整体文化与个体文化之间也不会高度和谐统一，也会有一定距离和冲突。企业整体与个体之间的文化冲突是不可避免的。

企业整体文化与个体文化之间的冲突有以下几种情况：

（1）由于企业与企业成员的文化背景不同或观念更新速度不同所造成的冲突。东方社会由于长期的农业文明的影响，所形成的文化体系的基点是强调个体的依附性，忽视个体的创造性；强调整体的"内聚"，忽视个体的"发散"；强调整体的至高无上，忽视个体的特殊价值；强调整体的权利，忽视个体的权利。这种文化传统使得企业主管早已习惯于采用以牺牲个人价值为代价换取企业价值最大化的方法。然而随着社会的进步，人的主体意识的觉醒，如果企业仍然坚守着传统的文化准则，个体文化与整体文化间潜存着的一些矛盾就会爆发出来；如果企业成员有与企业完全不同的文化背景或过多地接受另一种文化的熏陶，这种冲突会更加激烈。

伴随着经济全球化以及劳动力在世界各国流动速度的加快，东方社会的企业文化在面临挑战，企业主管们不得不思考通过变革企业文化和行为方式的途径，适应个体价值实现和充分自由发展的需要，从而找到企业整体文化和个体文化新的结合点。西方企业文化是在个人主义基础上形成的，随着时代的进步，它也面临着另一种企业整体文化与个体文化的冲突。尽管个人主义文化的最高境界是利己利人，最低境界是利己不损人，然而社会化大生产使人们越来越紧密地联系在一起，要做到利己不损人越来越难了，常见的情况是损人利己。在这种情况下，个人主义的价值观不得不向强调社会责任感的东方集体主义价值观靠拢。对它来说，企业文化变革的方向，是要放大整体价值，适度限制个体欲望的膨胀，在个体与整体之间找到一个适当的契合点。

（2）企业新员工在尚未熟悉企业整体文化、尚未被企业文化共同体认同时的文化冲突。一般说来，这种文化冲突只表现为新员工心理上的冲击和失衡，通常的解决办法多数是个体对整体的趋近和适应。但在下述情况下，冲突性质与解决方式是不同的。假若新员工代表更健康、更先进的文化，其个体文化与整体文化的冲突实际上是健康、先进的文化与病态、落后的文化的冲突，而且如果这个个体非常强大，并被授予足够权力的话，他完全可以从根本上彻底改造旧有的整体文化，如张瑞敏最初对青岛电冰箱厂的改造即是如此。

（3）在同一个企业文化共同体内，并非由于企业主导意识和观念所致，而是由于利益要求造成的个体文化与整体文化的冲突。这种文化冲突可能是由于整体文化过于忽视个体利益所致，也可能是由于个体自我意识过度膨胀所致。若是前者，企业理应调整其整体文化，给个体发展、自由并创造足够的余地，赋予他们足够的权利；若是后者，企业或是可以通过党、团、工会或其他正式组织和非正式组织积极沟通，通过有效的文化传播来解决这种冲突，或者干脆由个体重新选择（退职、流动），甚至采取必要的惩罚措施，借以强化企业整体文化。

（4）在同一个企业文化共同体内，并非由于利害关系和利益矛盾，而是由于思想观念和认识原因造成的个体文化与整体文化的冲突。每一个企业成员都有自己的认识角度和认识能力，他们的知识储备、知识结构、情报来源、信息处理与变换能力与企业整体不可能完全一致。由于这一认识上的差距，就可能导致两种文化之间的冲突。例如，企业在作重大经营决策或进行管理变革时，往往谨慎小心，这从个体文化角度看，往往显得保守，缺乏大刀阔斧、大胆开拓的创新精神。这种文化冲突应当通过尽可能的信息共享，增加企业决策透明度，吸收群众参与讨论等方法加以解决。

（5）企业整体文化落后、保守、陈旧，远远不能适应活跃的、先进的企业个体文化的需要，因而造成整体文化与个体文化的冲突。一般在社会剧烈变革、经济迅速上升阶段，企业会出现这种文化冲突。例如，当前中国不少企业都深深地陷入这种冲突状态：一方面，企业个体文化因社会前所未有的变革和迅猛发展而处于高度活跃状态，员工思想解放，观念超前；另一方面，企业整体文化仍旧因观念、体制等原因，处于相对落后、保守的状态。因此，员工不满、对立情绪到处存在。解决这种文化冲突的基本办法是重新构筑和确立企业整体文化，以适应迅速变化的个体文化发展的需要。例如，加强职业选择与流动性、改组企业组织结构、推行弹性工作时间、改革企业考核与分配制度等，都是改变整体文化较好的措施。

（6）企业成员完全基于个人意愿、偏好，无视企业整体利益、他人利益，从而形成个体文化与整体文化的对立与冲突。一般说来，自发的攀比和自发的文化吸收总是倾向于最有助于个人利益、最适合个人口味的那些方面，其结果必定是使得个体文化容易受到个人主义、无政府主义等文化思潮的影响，从而导致整体文化与个体文化的摩擦与对立。解决这种冲突的主要方法是在充分尊重个体价值的基础上，推崇整体价值，对错误的个体文化进行矫正和引导。

（7）企业成员因对企业代表人物或整体形象的不满和反感，引起对企业整体文化的反感和不满，导致个体文化与整体文化的冲突。这是一种由情感思维和直觉意识引发的文化冲突，冲突的背后不存在逻辑的、理性的力量。解决这种文化冲突的办法包括：强化整体文化代表人物的形象意识，改善行为，当好文化表率；强化企业个体的理性意识，帮助他们转变观念，学会正确看待事物的方法；撤换有不良形象的领导者，把那些从各个方面确能体现企业文化风范的人物推到企业领导岗位上来；提高企业领导艺术，加强企业管理层与员工的感情交流和各个方面的信息沟通；全面地推进和强化企业主流文化，允许那些无碍大局的文化冲突的存在，让它们自生自灭。这五种办法可以视文化冲突的具体情况，独立使用或配套使用。

（三）企业文化冲突的新变化

在互联网时代，企业文化加速积累与传播，冲突不但不可避免，而且处于常态，且冲突的范围更广，激烈程度不断升级，表现形式更加多样化。常态的文化冲突，总体看是好事，它能推动文化进步。

对于一些老企业（尤其是老国企），面对社会的迅速变革和市场的急剧变化，年轻人的加盟，消费者的参与，企业原有居于核心地位的经营理念不断受到冲击，尤其是处于转型过程中的企业和重组后的企业，企业内部原有文化与新质文化、重组中的不同企业文化以及内部主流文化与亚文化、群体文化和个体文化之间的冲突变得异常复杂，加之社会文化的影响，加剧了这类企业文化的冲突与对立，要求变革的呼声和创新的愿望均较为强烈。

对于一些年轻或较为年轻的企业，从总体上讲，它们的文化与社会文化大体保持同步，文化的冲突和对立表现相对弱一些。但是，这些企业员工较为年轻，"80后""90后"占主体地位，他们的人生观、价值观和工作观与"50后""60后"以及"70后"都有很大差异。"80后"和"90后"从小受到多元文化思潮的冲击，是处于中国社会价值观和行为方式转型期的一代。他们有理想更重现实，重精神也重物质，他们崇尚自由，个性张扬，喜欢无拘无束，对实现自我价值有比较强烈的渴望。尤其是，他们往往把工作与生活分得很开，其价值取向与传统崇尚的加班加点、无私奉献等价值是有冲突的。在这类企业，亚文化和个体文化中的民主意识、个人价值、物质主义在不断滋长和上升，与企业追求的整体价值和未来利益产生冲突。利用互联网，形成直接、快速的信息共享以及决策透明、民主参与机制，对解决这种直接、快速出现的文化冲突，是一种较好的选择。

二、企业文化选择与创新

（一）企业文化选择

1. 企业文化选择的含义

在企业文化的积累、传播过程中，积累原有的文化，创造新的文化，吸收异质文化，都需要选择。企业文化选择是企业文化运动的客观功能，它总是对同质文化中的历史成分和现实成分进行筛选，有选择地积累和储存适合企业发展需要的部分，摒弃不适合企业发展需要的部分；企业文化在发展中又对不同质的文化加以选择，这种选择不是简单机械地拿来，而是经过文化判断、分析、评价等活动择其精华加以吸收。

企业文化选择实质上与企业文化冲突是同一个过程。在新旧文化之间、不同质的文化之间冲突的结果是，优秀文化得到继承、弘扬或吸收，消极文化遭到淘汰或舍弃。因此，企业文化选择往往通过冲突来实现。需要指出的是，企业文化冲突是客观的，但选择则是主动行为。但当人们认识了企业文化发展的规律以后，是可以通过分析企业文化冲突的起因、性质、程度，从实际出发，从主观上明确企业文化的选择标准，从而有目的地、自觉地选择同质文化中的优秀部分及异质文化中具有适应性的部分，并且通过各种手段倡导、强化这些企业文化，进而缓解冲突，达成共识，并把企业倡导的价值观内化到群体意识中去。

2. 企业文化选择的标准

企业文化选择的标准就是企业的基本价值观。企业基本价值观是企业的灵魂和宗旨，是企业文化的深层特质。这种特质不易改变，因此符合企业价值观要求的文化特质就会很容易地被接受、积累和传播，而与企业基本价值观相悖的文化特质就会遭到抵制、拒绝，因而被淘汰、被舍弃。企业文化选择的总趋势是择善、择优。

但在社会、市场快速变革和互联网冲击下，简单地用企业已有的基本价值观作为文化选择的唯一标准是不可行的。首先要看企业基本价值观是否适用，适用者，继续坚守，并把它作为文化冲突中进行价值判断与选择的标准；部分适用者，就要吸收一些优秀文化特质，不断革新与完善原有价值观；不适用者，就要敢于淘汰、摒弃，及时用文化冲突中占主导地位的新质文化，替代已经落伍的价值观。当然，企业基本价值观的改变应是十分审慎的事，好的文化传统是企业的"传家宝"。多数情况下，企业文化选择是本着"尊古不泥古，创新不离宗"的原则进行的。

（二）企业文化创新

当企业新旧文化之间、不同质的文化之间发生冲突时，如何使优秀的企业文化得到继承、弘扬或吸收？必须从一切是否有利于企业创新的角度考虑企业文化的选择，因为在激烈竞争的市场环境中，只有坚持创新，企业才有前途，才能立于不败之地。

企业创新源于企业文化的创新。首先，任何创新行为，如新技术的发明、新产品的开发、新工艺的设计、新体制的构建、新制度的确立、新市场的开辟等，都从观念创新开始。因此，企业创新的原始推动和初始设计，都与企业文化所提供和创造的精神环境有关。其次，创新行为通常在起步阶段就表现出非常规性，意味着对正统、主流的"背离"，独辟蹊径，别出心裁。因此，创新行为不可避免地要遭到习惯行为、定式化规则的反对，甚至遭到种种非难。企业创新行为的成功，完全依赖于企业新文化的激励和支持。最后，创新意味着一定的风险，意味着从直接行为者到企业决策者要共担风险，这就要求企业摆脱保守僵化的文化，树立正确的"风险—收益"观，营造宽容失败的文化氛围。

企业创新推动企业文化创新。当企业创新没有先进企业文化的激励与支持，而病态、不良甚至恶劣的文化反而处处干扰、阻挠、破坏、延迟企业创新行为的时候，企业摆脱此种境地的唯一选择，只能是无情地抛弃现有的文化传统，代之以新的文化理念。在这种情况下，对于那些高层管理者，即病态、不良文化的代表者来说，个人悲剧是不可避免的。因此，对文化传统的抛弃，同时也往往意味着企业对那些"顽固不化"的人物的抛弃，而不是对他的改造和转变。

除了不良的、病态的文化及其传统以外，常态的、优良的文化及其传统也并非总是有助于企业创新，总是给创新以巨大推动和支持。因为文化信念一经转化为传统，它在确立了其权威地位和更广泛、更深刻、更持久地对企业文化共同体发生影响的同时，也在失去其创新属性，变得保守，从而对企业创新不再具有那种巨大的推动作用，有时甚至会形成一定的阻碍。之所以会产生这种情况，是因为创新的本质永远是无拘无束、试图冲破一切程式的，在较长的时期内是与传统相对立的。尤其是对那些在一定时期形成了较有影响的文化传统的企业而言，其文化传统常常成为企业前进的包袱。这些企业有可能在维护和继承这些文化传统的旗帜下，缓慢地葬送掉创新的活力，葬送掉企业的前途。

企业创新依赖于文化的创新，绝不意味着企业一味地去进行无穷尽的文化创新，全然不顾及对文化传统的坚守、继承和发扬。美国南卡罗来纳州有一个纺织厂，总裁曼逊先生在管理企业时，形成了亲近的感情文化，他同工人相处，和谐而默契，劳资关系完全建立在一种相互信任的基础上。曼逊就像个家长一样，员工的工作、生活，事无巨细都挂在心上，工厂的管理具有明显的家族主义特征。后来，曼逊的儿子接管了工厂，他一改父辈的管理文化，同工人相处，完全以财务数据为宗旨，生产的指标、成本和机器是他关心的主要问题。在小曼逊手里，工厂的文化完全变成了财务目标和企业家个人雄心所驱使的文化，亲近感荡然无存，人与人之间漠不关心，工人也不再关心企业，因而人心涣散，生产率下降。小曼逊面对这种局面，只感到同工人格格不入，但不知问题出在哪里。应该说，小曼逊较之其父的管理，更加科学化，他想打破旧有管理方式，更加依靠程序、形式和技术来经营企业，这也同现代企业发展方向合拍。但是，之所以事与愿违，是因为他在做管理的技术转型时，忽视或根本没有去花力气考虑文化的转型，就像一个毛头小伙子，热情有余，精力充沛，技术知识充足，唯文化头脑简单，他管企业，岂有不衰败之理。

企业文化具有相对稳定性，企业文化最深刻的冲突可能来自整个文化体系与其进一步创新行为的矛盾，当二者冲突非常尖锐时，就要求企业对原有文化进行重新选择，并适时地吸纳新的文化因子，实现企业文化的全面调整与创新。

第三节　整合与变革

一、企业文化整合

（一）企业文化整合的含义

企业文化整合是指企业内部或来源于企业外部的具有不同特质的文化，通过相互接触、交流进而相互吸收、渗透，融为一体的过程。当不同特质的企业文化共处于某一时空环境中，经过传播、冲突、选择的过程，必然发生内容、形式上的变化，以原有的文化特质为基础，吸收异质文化，构成新的体系。企业文化整合实际上就是不同文化的重新组合与融合。

企业文化整合的前提条件是企业文化传播，企业文化整合的直接条件是企业文化冲突与选择。没有异质文化之间的传播和相互冲突以及选择，就谈不上企业文化整合。企业文化整合不仅受企业内部不同特质文化本身因素的影响，而且还受社会环境，如社会政治、经济、科技、文化等若干因素的影响。

企业文化整合的过程是不同文化彼此协调、相互适应的过程，也就是企业占主导地位的文化与来自企业内部或外部的异质文化经过一定时期的接触、交流、传播而不断调整、修正原来的性质、内容和模式的过程。这个过程是双向运动的。经过整合，占主导地位的文化既失去了一些特质，又从某些异质文化中吸收了一些新的特质，从而融合为一种新的企业文化体系。这种经过整合以后的新文化体系在价值追求、传统、惯例、行为规范等方面都会表现出一些新的特征。一个企业文化体系融合的异质文化越多，其内容越丰富、体系越完善，也就越具有适应性和生命力。

（二）企业文化整合的方式

企业文化整合是在不同层次上展开和完成的，具体有以下五种方式。

1. 同化式整合

企业主流文化对企业内新生或外来的文化特质加以同化。例如，海尔通过对中国企业管理特点与传统、美国科学管理思想和日本团队精神的研究，根据社会化大生产的规律，成功地剔除外国管理学说和管理文化中不适应于中国企业实际的一面，吸收其有益的一面，创立了体现海尔文化特点、适合海尔生产需要的 OEC 管理法。

2. 综合式整合

企业对内生的或引进的文化特质进行重组、再造后，形成企业某一方面文化的综合。例如，日本第二次世界大战后在麦克阿瑟将军的参与和干预下，解散财团，分割大企业，引进西方的市场自由竞争文化和科学管理文化。但日本企业在引进这种文化时，并不是全盘照搬，而是进行了适于自身的改造，融进了家族精神和"和"的文化，因而形成了自身的团队文化特色。

3. 改造式整合

企业结合自身文化优势，对外来的趋于成熟的企业文化风格与规范进行的改造与加工完善。例如，企业质量管理文化源自美国，后迅速传入日本，经过日本企业的整合达到某种近乎至美至善的境界，然后开始在全球流行。

4. 变革式整合

企业伴随着管理革命，对企业文化特质进行较为彻底的吐故纳新、多方位的整治和变革。例如，19 世纪 40 年代美国铁路企业在不懂技术的老板管理下发生了列车对撞事件，从而引发了企业所有权和经营权分离的管理革命，推动了经理体制的诞生。从此，便开始了企业组织文化、决策文化、动力文化及管理文化的一系列新的文化变革与整合。

5. 创新式整合

企业内部剧烈的文化冲突与文化危机，促使企业根据新的背景和起点进行文化创新整合。例如，洛克菲勒在其合伙的石油企业正欲乘势扩大规模之时，原最高决策层的"三驾马车"之间出现了巨大的分歧，最后只好约定把企业卖给出价最高的人。老洛克菲勒与另一位合伙人买下了企业后，按其经营意向和宗旨对企业进行了改造，创新了经营哲学。

（三）企业文化整合的规律

企业文化整合既有具体地、个别地体现在企业各个层次上的文化整合，也有抽象地、一般地伴随着社会进步而发生的企业文化整体整合。前者表现出来的多是一种积极的、能动的、富有主观选择性的文化整合，后者本质上则更像一种无意识的社会自然历史过程。显然，无论是主动的企业文化整合，还是被动的企业文化整合，都遵循着择优趋善的规律，整合的总趋势是积极的、进步的，结果多半具有明显的进步色彩。

企业文化整合过程具有择优趋善规律，绝不意味着任何时期、任何层次、任何一次企业文化整合都具有进步意义。正像先进民族征服落后民族时所发生的民族文化的同化和整合总是包容一些落后的成分一样，企业先进文化与落后文化共处一体，在整合时也时常发生先进文化特质同落后文化特质拉平的现象。例如，中国有些企业从发达国家引进先进的目标管理和全面质量管理方法与文化，同自身长期奉行的计划思想和自上而下层层控制、监督的管理文化相结合，不但没有整合出一种更先进的文化，反而使引进的先进文化中有关参与管理、主动管理、结果管理等优秀文化成分黯然失色，甚至经过不正确的整合，被淘汰掉了。因此，在主动进行企业文化整合时，企业必须遵循择优趋善的规律和原则，避免拉平式整合现象的发生。

　　企业文化管理不只是表现在企业文化特质的创造上，更为重要的是通过有效途径，对各种异质的、不同形态的企业文化进行整合，达到合意的、理想的文化状态。随着人们劳动观、价值观的深刻变化，一些传统的文化特质不再具有新质文化属性，企业文化整合就愈加困难。福特汽车公司在亨利·福特时代，企业文化还普遍停留在对员工的管理依靠棍棒、饥饿加金钱引诱的水平上，当时公司吸收流水线作业规范这一先进性的企业技术与管理新质文化，对自身文化进行整合并不困难。但到了20世纪80年代末，企业文化背景、员工文化心态已远非从前，这时企业生产流水线作业建立在现代半自动化、自动化柔性生产体系和充满人情味、人性化的作业环境的基础之上，福特汽车公司这时进行企业文化整合就不那么顺利，企业成员提出了更高的要求，迫使企业在文化整合时吸收更为先进的文化特质。

　　企业文化整合的结果就是形成各个层次、各种类型的企业文化体系。如果把企业文化特质比作文化的原料、元素，那么企业文化整合的结果就是企业文化的成品、半成品，就是企业文化的组合件、系统件，甚至就是企业文化体系本身。然而，由于受各种条件的限制，绝大多数企业文化整合的结果，达不到上述的理想状态，仅仅具有局部意义。因此，企业文化整合就像企业文化特质的创造一样，需要遵循客观规律和正确的原则，需要智慧和技巧。同任何管理一样，企业文化整合既是科学又是艺术。

二、企业文化变革

（一）企业文化变革的含义

　　企业文化变革是指由企业文化特质改变所引起的企业文化整体结构的变化。它是企业文化运动的必然趋势和企业生存发展的必然要求。企业文化变革的根源在于企业生存、发展的客观条件发生了根本性变化，它是社会文化变革在企业内的反映。当企业经营环境改变，原有文化体系难以适应企业发展需要而陷入困境时，就必然通过文化变革，创建新的企业文化。因此，企业文化变革是企业文化产生飞跃的重要契机。一般情况下，企业文化变革对企业文化发展有着促进作用，而在某些特定条件下也有可能引起企业文化的逆转。

（二）企业文化变革的形式

1. 渐进性变革

　　渐进性变革是一种潜在的缓慢的变革，是企业文化内容在不知不觉之中所发生量变的积蓄过程。新的企业文化特质在缓慢的文化变革进程中取代旧有的企业文化特质，这种变革潜移默化地渗透在企业及其成员的常规行为之中。有时渐变到一定程度便难以控制，产生了意外的结果，从而改变了企业文化的整体结构。在这种企业文化的变革中，企业成员感受不到文化革新所带来的强烈冲击。

2. 突发性变革

　　突发性变革是企业文化非常态的文化特质的突然改变和飞跃，它常常使企业文化在较短时间内改变原有结构、风格和模式。突发性变革是在企业文化渐变的基础上出现的，当企业文化渐变积蓄到一定程度时，便会产生巨大突破，从而引起企业文化全局的变化。这种变化必然是企业文化深层结构的改变，即构成企业文化核心部分的价值观体系的改变，而不仅仅是人们生活方式、习惯及工作作风的表层变化。企业文化的突发性变革常常对企业成员的思想感情产生强烈的震撼和深刻的影响，迫使人们进行痛苦的选择。

（三）企业文化变革的规律

1. 由浅入深

企业文化变革的过程相当复杂，一般是由浅入深，从企业表层行为方式的改变开始，直到深层价值观念、思维习惯的改变，其变革过程对企业成员的心理和内部各种物质利益关系的冲击较大。因此，企业文化变革尤其是其中的突发性变革，会遭遇到原有文化的代表者和认同者的普遍阻挠，以致产生一些对抗举动。如果变革的主要倡导者缺乏思想准备，往往会给企业经营秩序带来混乱。

2. 由无序到有序

企业文化变革总是由无序状态过渡到有序状态，企业文化变革破坏了旧的文化体系，而新的文化体系尚未建立或建立之初，企业成员对其不适应、不接受时必然会呈现一种分散、无序状态，但分散和无序经过一段时间必然走向有序。

3. 由量变到质变

企业文化变革总是由量变到质变的，由一种文化到另一种文化的转变往往需要较长的时间，即使是由于企业外部环境发生巨大变化致使企业文化出现突发性变革，也是建立在量变积累基础之上的。

企业文化变革是企业文化发展的必然阶段。正确认识企业文化变革的本质特征和规律，对于促进企业文化的进步具有重要意义。企业应通过对其文化现状进行深刻剖析，进行有计划的变革，根据客观形势的变化，不失时机地推动企业文化的变革与发展。尤其是目前，随着经济进入"新常态"，社会变革和企业改革日益深化，企业的内外部环境都在发生剧变，企业文化表现出明显的冲突，这就需要企业进行合理选择，抓住这一良好契机，积极进行企业文化的整合甚至变革，以推动企业文化的进步。

在互联网时代，还应善于利用便捷的文化网络，及时发现文化冲突，渐进式推进文化革新，修复文化缺陷，尽量避免颠覆性的文化变革，降低文化变革所付出的代价。

（四）企业文化变革与企业危机的挽救

企业文化变革与企业危机紧密相连，企业重大危机的挽救往往离不开企业文化的深刻变革。举凡企业陷入重大危机之中，除极个别的不可抗力或偶然的重大决策失误等原因以外，多半是有着深刻根源的，多半是由过时的、僵化的文化传统造成的，企业危机无非是新旧文化冲突的最终表现。企业危机使得企业文化共同体处于最危险的境地，或者是解体、倒闭、完全失败，或者是设法起死回生，两者必居其一。企业危机的严重局面使得企业文化行为主体的心灵受到震撼，危机把文化冲突直接、可怕和灾难性的结果呈现在他们面前，使他们深深地懂得，企业选择什么样的文化，涉及企业群体和整个企业的命运与前途。企业危机中文化对峙、冲突的结果是，虽然有时新兴、进步的力量暂时失败了，旧有文化传统的一统天下未被打破，但旧有文化传统的全部弊端以及只能招致企业惨败的迹象却暴露无遗。这就为企业抛弃旧有文化传统，选择新的文化模式，提供了思想和舆论准备。所以，挽救企业危机最好的方法是组织的重大改组和文化的彻底变革。

福特汽车公司与通用汽车公司

美国汽车大王亨利·福特的兴起和衰落，以及他所创立的汽车帝国——福特汽车公司在他孙子手中得以复兴的事迹，是耐人寻味的。亨利·福特1905年白手起家，15年后建立起了世界上最大、盈利最多的汽车制造企业。福特汽车公司在20世纪初几乎垄断了整个美国汽车市场，在世界其他绝大多数主要汽车市场上也占据统治地位；但到了1927年，这个几乎是不可摧毁的汽车王国已经摇摇欲坠，一直到第二次世界大战期间都没有恢复其原有的竞争力。1944年，企业创始人的孙子亨利·福特二世，当时只有26岁，在没有受过任何训练也没有经验的情况下，接管了这家企业，两年后通过一次"政变"把他的祖父推下了宝座，引进了一套全新的管理班子，拯救了企业。福特汽车公司这次深刻的危机及其剧烈的文化冲突，引发了一次深刻的价值变革，企业文化完成了一次重大的突变。管理学家德鲁克指出："福特一世之所以失败是由于他坚信一个企业无须管理人员和管理。他认为，所需要的只是企业主兼企业家，以及他的一些'助手'。""他毫不妥协地坚持这一信念。他实现其信念的方式是，他的任何一个'助手'，如果敢于像一个'管理人员'那样行事、做决定或没有他的命令而采取行动，那么无论这个人多么能干，他都要把这个人开除。"由亨利·福特二世"政变"引发的文化变革，把企业主与管理班子分开，赋予管理班子更大责任与权力，使福特汽车公司彻底革除和抛弃了以企业创始人为代表和象征的独裁式的文化传统，重新恢复了企业的竞争力。

通用汽车公司与福特汽车公司不同。福特汽车公司是由企业内部危机引发了一场深刻的文化变革，文化变革的主要对象是企业创始人的信念体系和文化传统。通用汽车公司的压力同时来自内部和外部，文化变革所需革除的是来自部门、中间层的分散和无序。

小艾尔弗雷德·斯隆在接任通用汽车公司总经理时，通用汽车公司几乎被庞大的福特汽车公司压垮了，只能勉强地维持一个软弱的第二号的位置。它是由那些根本无法同福特汽车公司相匹敌的小汽车企业拼凑起来的，比临时凑起来的金融投机组织好不了多少。通用没有一种能胜过对手的汽车，没有经销商组织，财政上没有实力。面对内忧外患的局面，斯隆对企业进行了大胆的改组。他把那批不守纪律的独立诸侯改造成了一个管理班子，为新的"大企业"提出了一种组织原则——分权的原则，提出了企业目标、战略及规划的系统方法。因为斯隆推动的文化变革，使通用进入了一个大企业健康发展的轨道，5年后通用汽车公司成了美国汽车工业中的领先者，并一直保持至今。

资料来源：根据 www.boraid.com 和 www.news.inhe.net 中的相关资料整理而成。

（五）企业文化深层变革——价值革命

企业价值革命是企业最深层的文化变革，它可能是局部的也可能是整体的。企业价值革命一般由企业上层人物发动，通常涉及以下几个方面。

1. 企业价值观变革

企业价值观变革既涉及对企业整体文化的深层反思，也涉及对企业环境变化的重新认识。例如，20世纪80年代不少美国企业开始深刻地意识到美国企业价值观和美国企业管理方式已经让位于日本企业价值观和日本企业管理方式。阿纳齐教授经过对日本汽车企业巨大成功的原因进行分析，得出了美国企业常规逻辑所难以接受的事实：日本汽车企业拥有一支干劲冲天、乐于工作、乐于制造汽车的工作大军。而且把人当作天赋的资源，而不是当作金钱财富，不是当作一台台机器，也不是当作一个个机器管理员。这也许是一切问题的关键所在。这种对企业主体和核心资源的不同的价值判定，已经给两国企业业绩带来了巨大的差别。因此，美国企业开始认识到本身潜在的危机，迫使它们接受新的企业价值观。到了 20世纪 90 年代，美国经济增长势头强劲，美国企业员工创新精神所创造的劳动效率远远超过日本企业员工敬业精神所创造的劳动效率。因此，又使得日本人重新审视自己的价值观，自觉不自觉地接受来自美国企业创新价值观的挑战。又如，20 世纪 80 年代以前，计划经济体制及价值观制约了中国企业的活力与竞争力。改革开放以后，中国企业自觉不自觉地接受来自市场经济体制及价值观的挑战，20 多年来，一直在企业价值观层面进行着深刻变革。

2. 管理哲学与管理思想变革

管理表层（如管理方式、方法、手段和工作作风等）的改变，从局部看似乎并不难，但整体的、系统的变革就涉及管理哲学与管理思想的根本改变，这是一场企业管理的价值革命，是很困难的事。例如，中国不少国有企业长期习惯于采用行政型的管理方法，多数民营企业又习惯于家长式的管理方法，要想在这些企业推广科学管理和人性化管理，其阻力是相当大的。尤其是在企业家主导型企业文化体系和管理体系中，管理哲学与管理思想的变革往往是企业家灵魂深处的变革。人类社会的历史反复证明，要想使杰出的人物放弃他毕生的信念，修改他们的理想和观点，很难做到或几乎不可能做到。解决方法多半是或者依靠自然法则的力量，或者更换领导人，彻底推翻原有的文化体系。

3. 经营理念的变革

企业经营的变革每天都在发生，经营规模、经营范围、经营对象、经营手段、经营方式等的经常性调整毫不奇怪。但经营理念的改变，如涉及企业使命的调整、经营目的的改变、顾客利益与企业利益关系的处理、竞争模式和营利模式的选择等却是深层次的、不容易的。这种价值变革，有些是在某一企业里因某些重大经营决策和事件的触发逐步展开的，有些则是因外部环境的急剧变化同时在一批企业发生，而后迅速形成一股新的思潮。

当今世界，经济全球化、知识化、网络化、人性化的浪潮，使 20 世纪六七十年代风行世界的许多经营理念正在经受新的挑战和检验，促使企业挖掘新的经营智慧，改变经营思想。经营方面的价值变革不可避免。

案例 3-3

戴尔公司的文化变革之路

戴尔公司是时年 19 岁的迈克·戴尔于 1984 年成立的，当时的注册资本只有 1 000 美元，2005 年 2 月，戴尔公司的市值达 1 000 亿美元。戴尔公司的成功在于其自身的文化。总裁罗林斯自豪地说："……我们成功的秘诀就是我们年复一年地发展我们的 DNA。这样的 DNA 是其他公司运行不了的。"董事长戴尔也说："……文化起着至关重要的作用……我们的做法不同。"

戴尔公司的文化变革始于 2000 年。2000 年以前，戴尔文化中的核心因素主要是：

第一，追求资本的高收益。

戴尔公司强调资本回报率，因为他们相信只有压住成本，公司才能不倒。三星投入 1 美元，收入三四美元的利润，戴尔投入 1 美元，收回约 6 美元的利润。

第二，研发战略兼顾股东利益和顾客利益。

戴尔公司不追风，也不进行自卫性研发，而这些研发却是一般公司的一大笔投入。苦苦挣扎的公司是研发收入和研发投入比小于 1 ∶ 1，一般公司是 1 ∶ 1，成功的公司是大于 1 ∶ 1。

第三，在市场竞争中奉行达尔文主义。

戴尔公司和康柏（Compaq）公司在同一领域，戴尔比康柏早两年，注册资本是 1 000 美元，康柏注册资本是 1 亿美元。在力量对比非常悬殊的竞争环境中，戴尔公司奉行了达尔文主义，使公司得到了迅速发展。

第四，不接受任何借口的工作评价。

戴尔公司认为今天就是将来，人人都要有紧迫感，不能做不赚钱的生意。不讲借口要成为公司所有员工的行为规范并且要始终如一地奉守。

第五，坦率、真诚、求实的态度。

戴尔公司倡导坦率、真诚、求实的态度。各级管理人员要面对现实，有问题必须报告，寻找解决问题的办法，不能隐瞒，更不能谎报。公司里有一大批人是全才，他们通晓各个业务部门的情况，加上管理的高度透明性，谁想隐瞒也隐瞒不了。

第六，快速迅捷的决策模式。

戴尔公司的运作是数字化的，管理层的每次讲话都以数字为证，但是公司的决策原则是快捷，为了能迅速决策有时可以不等把所有的数据都收集完毕——但是要尽可能地利用数据，缺乏数据支撑的决策是违反规定的。公司有强烈的危机感，所以不能等待危机的真正发生。

第七，高付出高回报。

戴尔公司把管理指标量化到 n 种程度，很多令人称羡的事在戴尔则是必须做到的事。戴尔高管不断地往员工心中压这些概念，同时也不断地以事例展现。从产品的质量控制、投入成本到零库存、供应链等全面的业务中，谁做得好，谁就受奖励，谁做得不好，谁就受罚。

2000 年，市场大滑坡，公司成长连续两年止步不前。于是，戴尔公司做了"向戴尔直抒心意"员工调查。调查发现公司处境非常不妙——人们开始怀疑自己继续留在戴尔的理由，有 50% 被调查的人表示如果公司状况没有改观他们会离开公司另寻他处。根据戴尔公司传统的观点，在戴尔工作就是为了成为"戴尔富翁"，这里有一种思维定式："戴尔能为我做什么"，而不是"我能为戴尔做什么"。这种结果在很大程度上是表面的经济膨胀和丰厚的收入造成的。人们的预期直冲云霄，"致富太容易了"。但是，市场滑坡了，市值降低了，靠不住了。

戴尔公司领导人认识到依靠"付我足够的钱我就留，不付我足够的钱我就走"的员工是建不成伟大的企业的。于是，戴尔公司发起了创造"打得赢文化"的文化改革。

改革首先是昭示戴尔公司的灵魂——以顾客为中心、坦率沟通、做优秀的世界公民、赢得开心。这本来就是戴尔一贯的精神，只是以前从来没有昭示过。灵魂的昭示极大地鼓舞了企业员工的干劲。

改革的第二步是发起"领导方式大检查。"公司自上而下所有管理人员都接受属下的评议并根据评议结果改进管理。从大检查中，戴尔和罗林斯了解到员工需要有更多的认同，需要有更多的机会发展。10 年的历史中，他们只重视具体的财务目标的实现而忽略了下属事业的发展。同时，他们还了解到除了向他们报告问题之外，下属还需要与他们有更多的联系。人毕竟是人，而不是工作机器。从此，公司从上到下开始改进自己的工作。"领导方式大检查"也成了公司的一项评议制度，评议结果与收入挂钩。

改革的第三步是（在 2001 年）把创造"打得赢文化"写进公司的战略目标，与以往的 3 个目标——顾客体验、产品领先、全球化——一起成为公司的 4 大战略目标。4 大目标评价方法相同，而且同样成为奖金的依据。

改革的第四步，启动管理人员培训项目，追踪发展潜力好的员工在戴尔公司的工作生涯。培训分为两个层次。一个是全公司 10% 的上层管理人员的培训，由董事长戴尔或总裁罗林斯亲自授课，每季一次，这种培训是短训；另一个是一般管理人员的培训，是每期为期 10 天的高强度培训，其中 3 天由戴尔或罗林斯授课。培训取得了极其好的效果。一方面公司凝聚了公司的精英，这些人"属于"总裁，为公司储备了丰富的人才梯队；另一方面受训人员学到了很多东西——他们说这是他们参加过的最好的培训，同时还为自己受到重视而更加投入地工作。

戴尔公司的文化变革继承了戴尔传统的优势，弥补了文化的缺陷，使戴尔公司从一个世界著名的财务指标一流、员工工作就是为了钱的公司变成了一个人心所向、员工追求全方位发展的伟大的公司。改革不仅使戴尔避免了危机，还使戴尔的财务指标一路攀升。如今的戴尔已经是"打得赢文化"和良好的财务指标并驾齐驱，互为因果、良性互动的公司。

资料来源：李桂荣，秦立莉 . 企业文化变革之路：通用电器公司和戴尔公司企业文化变革的启迪（节选）[J] . 企业文明 .2005，212（7）：58-60.

要点总结

（1）企业文化的形成不是一蹴而就的，其形成和发展具有规律性；建设企业文化不能违背规律。

（2）在企业文化形成和发展过程中，企业创始人和继任者起着关键的作用。作为企业的创始人或继任者要有强烈的使命感和责任感，并且善于运用企业文化的传播、整合、变革等规律，审时度势，带动员工推进企业文化的发展。

（3）在企业文化形成和发展的全过程中，创新和变革是关键性的环节。无论一个企业具有多么优秀的文化，随着时间的推移，都会因为外部环境改变、员工结构变化、业务领域和发展战略转移而发生改变。因此，企业要不失时机地利用企业技术与市场调整、企业重组、制度创新、主要领导人更迭等机会，推动企业文化的创新和变革，才能保持企业文化的适应性和活力。

（4）在自觉推动企业文化发展中，除非原有主流文化严重阻碍生产力的发展，一般不宜全盘否定，应保持企业文化的传承性。对企业主流文化的否定与改变，或者成功，或者失败。即使成功也要付出难以估量的代价。当然，当企业主流文化腐朽没落，严重阻碍企业发展的时候，必须及时果断地进行变革与创新，促使企业凤凰涅槃，获得新生。

（5）在互联网时代，企业文化规律没有根本改变，但由于环境变化、人们思维方式和文化传播方式的变化，大大加速了企业文化的积累与传播速度，加大了文化冲突的范围和强度，这种新趋势、新变化，对企业文化管理与创新提出了更高的要求，这是值得关注和探索的。

练习与思考

一、解释概念

企业文化积累、企业文化传播、企业文化冲突、企业文化选择、企业文化整合、企业文化变革、渐进性变革、突发性变革

二、简答题

1. 影响企业文化起源的内部因素是什么？

2. 企业文化的正向积累主要有哪几种情况？

3. 简述企业文化传播的要素和主要通道。

4. 简述企业文化传播的规律。

5. 互联网时代企业文化传播的新趋势是什么？

6. 简述企业文化冲突的主要表现形式。

7. 简述企业文化选择的客观标准。

8. 简述企业文化整合的方式。

9. 简述企业文化整合的规律。

10. 简述企业文化变革的规律。

11. 企业价值革命涉及哪些方面？

三、思考题

1. 为什么说企业文化与企业相伴而生，共同成长？

2. 如何利用企业文化的传播规律，促进企业文化的快速发展？

3. 当企业群体文化与个体文化发生冲突时，如何使其朝着正确的方向发展？

4. 当一个企业的文化严重不适应形势发展时，如何通过文化变革重建一个健康的企业文化？

5. 如何利用企业文化规律对集团企业进行文化整合？

6. 如何利用企业文化规律对合资企业进行文化整合？

7. 如何利用企业文化规律对重组后的企业进行文化整合？

8. 试论互联网对企业文化规律的影响。

9. 从塞恩斯伯里、福特、通用、戴尔等公司的案例分析中得到了哪些启示？

第四章 企业文化结构

学习提示

　　企业文化是一个完整的结构体系，由企业价值观、企业精神、企业伦理道德和企业形象几个基本要素构成。企业价值观和企业精神处于企业文化系统的深层，企业伦理道德处于中层，企业形象处于表层。这几个要素以企业价值观和企业精神为核心，相互影响、相互制约，形成一个系统的同心圆结构。

　　本章是以企业文化结构中每一个要素为一节分别加以阐述的，但在学习中要整体把握，不能割裂各个要素之间的关系。

学习要求

　　1. 掌握：企业价值观、企业精神、企业伦理道德、企业形象的概念、内容、建设要点与方法；现代企业价值观的排序；先进企业的共同精神追求。

　　2. 熟悉：企业文化基本结构中的各要素在企业文化中的地位、作用。

　　3. 了解：企业伦理道德建设的内容；企业形象的构成要素。

CORPORATE CULTURE

第一节　企业价值观

一、价值观——企业文化的内核

（一）价值与价值观

界定价值和价值观是研究企业价值观的起点。马克思认为，价值这个普遍的概念是从人们对待满足他们需要的外界物的关系中产生的。也就是说，价值是一种关系范畴，是用来表示主体与客体之间需要与满足的关系的。对于主体而言，能够满足主体需要的客体属性，就是有价值的。

英国社会学家莫里斯认为价值为个人选择或选取行为的基础，基本上都有所偏好，且因状况不同而分成三项不同的价值，即：

（1）运作的（Operational）价值，选择行为时表现的实际偏好；

（2）设想的（Conceived）价值，对选择行为后果所作的判断；

（3）客体的（Objective）价值，根据客观条件选取对象的客观性质，与其实际运作价值不一定相同。

美国社会心理学家罗基奇把价值观分为两大类。

（1）目的性价值（又称终极价值）是对生命意义与生活目标的信念；

（2）工具性价值（又称手段价值）是对生活手段及行为方式的信念。

价值观是价值主体在长期的工作和生活中形成的对于价值客体的总的根本性的看法，是一个长期形成的价值观念体系，具有鲜明的评判特征。不管对价值观怎样划分，价值观一旦形成，就成为人们立身处世的抉择依据。价值观的主体可以是一个人、一个团体、一个民族，也可以是一个企业。

企业价值观就是指导企业有意识、有目的地选择某种行为去实现物质产品和精神产品的满足，去判定某种行为的好坏、对错以及是否具有价值或价值大小的总的看法和根本观点。特雷斯·迪尔和阿伦·肯尼迪指出：价值观贯串于人的整个活动过程的始终，也贯串于管理活动的始终。它构成人们对待客观现实的态度，评价和取舍事物的标准，选择对象的依据和推动人们实践和认识活动的动力。价值观的一致性、相容性，是管理活动中人们相互理解的基础，是组织所以成立、管理所以成功的必要前提。如果在经常接触的人们之间缺乏这种相容和一致，那么他们的社会交往就会发生困难，这个组织就会涣散、解体，当然也就无法进行正常的管理。托马斯·彼得斯、小罗伯特·沃特曼在对国际知名的成功企业深入考察后指出：他们研究的所有优秀公司都很清楚它们主张什么，并认真地建立和形成了公司的价值准则。事实上，如果一个公司缺乏明确的价值准则或价值观念不正确，我们很怀疑它是否有可能获得经营上的成功。特雷斯·迪尔和阿伦·肯尼迪也指出：对拥有共同价值观的那些公司来说，共同价值观决定了公司的基本特征，使其与众不同。同样，这些共同价值观为公司员工创造出实质意义，使他们感受到与众不同。更重要的是，价值观不仅在高级管理者的心目中，而且在公司绝大多数人的心目中，成为一种实实在在的东西，它是整个企业文化系统，乃至整个企业经营运作、调节、控制与实施日常操作的文化内核，既是企业生存的基础，也是企业追求成功的精神动力。

案例 4-1

三个砌砖工人的故事

一位记者到建筑工地采访，分别问了三个建筑工人同一个问题，即"你在干什么？"第一个工人头也不抬地回答："正在砌墙。"第二个工人回答："我正在盖房子。"第三个工人的回答是："我在为人们建造家园。"记者觉得三个建筑工人的回答很有趣，就将其写进了自己的报道。若干年后，记者在整理过去的采访记录时又看到了这三个回答，三个不同的回答让他产生了强烈的欲望，想去看看这三个工人现在的工作和生活怎么样。等他找到这三个工人的时候，结果令他大吃一惊：当年的第一个建筑工人现在还是一个建筑工人，仍然像从前一样砌着他的墙；而在施工现场拿着图纸的工程师竟然是当年的第二个工人；至于第三个工人，记者没费多少工夫就找到了，他现在成了一家房地产公司的老板，前两个人正在为他工作。

资料来源：bafuuk.bokee.com.

（二）企业价值观的特点

1. 制约人与人之间关系时的浓厚感情色彩

企业价值观是员工用来判断、区分事物的好与环、对与错的。因此，在判断的过程中，人们自然对那些好的和对的事物表示感情上的支持和赞扬，而对那些被认为是坏的和错的事物表示感情上的反对和厌恶。

2. 判定人与自然的关系时的审美倾向

企业的生产经营过程，既是人与人协作的过程，也是人与自然相互作用的过程。人们在改造自然、创造物质财富的过程中，每时每刻都存在对自身与自然关系的判断，进而作出相应的决策。如企业决策者在建设公司大楼、厂房时，思考坐落在什么位置，采用什么风格、什么色调，在选择产品包装、公司标志等方案时，也都受到价值观及审美观的影响。

3. 内容具有客观性并趋向于真理性

企业价值观从形式上看是主观的，但其内容是客观的。正确的企业价值观反映客观事物及其发展规律，而且经过实践的反复检验。企业价值观的威力根源于它的真理性。如果一个企业的价值观脱离了客观实际，没有反映客观事物及其发展规律，有害的错误的价值观任意泛滥，企业就会在吸取教训中不断地修正其价值观，直到步入正轨，趋向于真理；如果企业没有能力修正其错误的价值观，最终必然走向失败。

4. 对员工行为具有一定强制性

企业价值观的形成是一个不断一致化的认同过程，也是规范、约束企业全员行为的过程。在实践中，人们总是从实际出发，逐渐把那些有利于企业生存与发展的行为，定为好的、正确的或可行的，而把那些危及企业生存和发展的行为，定为坏的、错误的或不可行的，从而为员工的正当行为提供充足理由，鞭挞非正当行为。

（三）企业价值观的作用

企业价值观作为企业文化的内核，在企业经营管理中发挥着重要作用。

1. 为企业生存与发展提供精神支柱

企业价值观是企业领导者与员工据以判断事物的标准，一经确立，就成为全体成员的共识，成为长期尊奉的信念，对企业具有持久的精神支撑力。人既有生理、安全等低层次的基本需求，也有情感、自尊和自我实现等高层次的精神需求。高层次精神需求一般通过以价值观为基础的理想、信念、伦理道德等形式表现出来。当个体的价值观与企业价值观一致时，员工就会把为企业工作看作自己的理想奋斗。企业在发展过程中，总要遭遇顺境和坎坷，一个企业如果能使其价值观为全体员工所接受，并为之自豪，那么企业就具有克服各种困难的强大精神支柱。许多著名企业家认为：一个企业的长久生存，最重要的条件不是企业的资本或管理技能，而是正确的企业价值观。一般而言，企业的命运如何，最终是由价值观决定的。

2. 决定企业的基本特性和发展方向

在不同的社会或不同的历史时期，会存在一种被人们认为是最根本、最重要的价值，并以此作为价值判断的基础，其他价值可以通过一定的标准和方法"折算"成这种价值，这种价值被称为"本位价值"。历史上，金钱、权力等都曾充当过本位价值。由本位价值所派生的观念就是"本位价值观"。在现实生活中，价值观呈现多样化状态，不同的本位价值观可以通过人们的行为表现出相应的差异。企业在长期经营实践中必然会形成某种本位价值观，这种本位价值观既决定着企业的经营个性、管理特点，也决定着企业的发展方向。例如，一个把维护顾客利益和社会利益作为本位价值观的企业，当企业利润和顾客利益、社会利益发生矛盾和冲突时，它会很自然地选择后者；当它把追求企业利润作为本位价值观时，当二者发生矛盾和冲突时，其行为肯定是通过牺牲顾客利益和社会利益而获取企业利润最大化。

3. 对企业领导者及员工行为起导向和规范作用

企业价值观是企业中占主导地位的意识，能够规范企业领导者及员工的行为，使全体员工很容易在具体问题上达成共识。上级的决策易于为下级理解和执行，下级会自觉按企业整体目标调整自己的行为，从而大大节约企业运营成本，提高企业的经营效率。企业价值观对企业领导者和员工行为的导向和规范作用，既通过规章制度、管理标准等硬性管理手段（企业价值观的载体）加以实现，也通过群体氛围、传统习惯和舆论引导来实现。企业成员如果做出违反企业价值观的事，就会受到制度惩罚、舆论谴责，即使他人不知或不加责备，本人也会感到内疚，产生精神压力，因而进行自我调节，修正自己的行为和价值观。

4. 增强企业合力

企业的合力取决于员工对企业目标的认同度以及能否最大限度地发挥其精神潜能。从一些成功的企业来看，一个合力强大的企业，往往有这样的特征：合力来自企业内部的凝聚力，而不是源于外部压力；组织中相互对立的小团体倾向得到有效抑制；基层单位具有处理内部冲突、适应外部变化的能力；同事间具有一种较强的认同感；全体员工都了解企业的总体奋斗目标；决策层和执行层在工作上都有发自内心的支持态度；员工承认企业的外在价值并具有巩固和维护企业继续发展的愿望。

企业价值观类似于一种理性的黏合剂，把企业员工凝聚在同一信念目标下，以大量微妙的方式聚合员工的思想，创造一个共同协作的背景，把企业内部各种力量汇聚到一个共同的方向。

二、企业价值观的构成

（一）企业价值观的层次

企业价值观由多种因素复合而成，具有丰富的内容，若从纵向系统考察，可分为个人价值观、群体价值观和整体价值观三个层次。

1. 个人价值观

个人价值观是员工在生活、工作中形成的价值观念，包括人生意义、工作目的、个人与他人的关系、个人与企业的关系和个人与社会的关系等。比如，员工是把工作看作神圣的事业，还是谋生的手段？是否关心企业的发展？对企业的忠诚度如何？是否把为企业所做的创造、奉献，为企业所尽的责任看作自己人生的意义？是否把企业的成败荣辱视为自己的成败荣辱？能否像关心自己的荣誉一样关心企业的信誉？等等。对企业、对工作、对金钱荣誉的不同看法，形成了员工不同的价值选择和行为方式。

员工价值观的形成，受其年龄、个性特征、需求结构、生活经历、生活方式、学识、能力、兴趣爱好、人生理想和社会环境等多种因素的影响。

从员工的需求结构看，著名的行为科学家马斯洛把人的需求归纳为由低级到高级的五个层次。

第一层次是生理需要，包括维持生活所必需的各种物质需要，如衣、食、住、行等。

第二层次是安全需要，包括免除各种危险和威胁的需要，如医疗、养老保障等。

第三层次是感情和归属需要，包括与同事保持良好的关系，得到友爱等。

第四层次是地位和受尊重的需要，包括自尊心、名誉的满足，事业成就的认可等。

第五层次是自我实现的需要，包括发挥最大潜能，实现自身价值，成就其所能达到的最大目标的需要，这是最高层次的需要。

人通常是按照需要的层次等级去追求需要的满足的。就是说，只有在生理、安全等低层次需要得到满足后，才会产生追求地位、被尊重，乃至自我实现等高层次需要。在现代社会，人们追求低层次需要的满足一般来说不再是难题，他们更多地追求个性的发展、自我价值的实现。因此，企业员工价值观的多元化和复杂化不可避免。如何使员工感到企业是发挥自己才能、自我实现的"自由王国"，从而愿意把个人价值融进企业整体价值当中，是当代企业管理者需要探索的一项重要课题。

2. 群体价值观

群体价值观是指正式或非正式群体所拥有的价值观，它影响个人的行为和组织的行为。正式群体是指有计划设计的组织机构，它的价值观是管理者思想和信念的反应。非正式群体是指企业员工在共同工作过程中，由于共同的感情、利益等人际关系因素而自然结成的一种"联合体"。在"联合体"内部，各成员配合默契，自觉和不自觉地影响着企业组织的行为。

正式群体，尤其是科层化的正式群体，其本身就是一种体制，成员间关系明确，职务角色所包含的内容和价值也相当明确，其职权范围包含着互助关系、服从关系等，具有一定的等级色彩。正式群体最关心组织成员的忠诚与否，而易于忽略不同人的个性差异。企业是由若干小正式群体构成的，这些小正式群体的价值观与企业整体价值观总体是一致的，但由于"部门利益"的存在，有时也会发生一些摩擦或矛盾。管理者要善于把企业内部不同群体的目标融入企业整体目标之中，使群体成员认识到，只有实现了企业整体的目标，群体目标和个人目标才有可能实现。

非正式群体的形成多数基于血缘、利益或是情感等因素。其特点：一是它虽然没有明文规定和制度，但有共同的形成基础和联系纽带，自然地联合成一个系统，是配合默契的群体，具有整体性特征；二是它通过种种方式满足自己的需求，目的十分明确；三是在正常情况下，它通过人们习惯性的交往，自然而然地结合在一起，参与与否都是自由的，不存在任何的强制性色彩；四是它依据一定的主、客观条件而产生，条件改变就有可能解体，或依新出现的条件由一种类型转化为另一种类型，甚至可以转化为企业的正式群体。

企业中的非正式群体既然存在，就有其价值取向，发挥其特有功能。有人把正式群体与非正式群体比喻为"一把剪刀的两个部分"，剪刀两部分的夹角平分线构成群体运动的实际方向线。所以，非正式群体一旦形成，必然对企业员工的心理倾向和行为举止产生深刻的影响，对企业目标的实现产生深刻的影响。当非正式群体价值观与正式群体价值观一致时，必然促进企业管理和信息交流，促进企业整体素质的提高，加速企业目标的实现。当非正式群体的价值观与正式群体价值观不一致时，必然抵制企业正式群体，有碍企业正常运行。因此，企业的管理者必须正视非正式群体的作用，充分利用非正式群体的特点，把非正式群体价值观引导、升华到企业价值观。

3. 整体价值观

企业整体价值观具有综合性和高层次的特点，它是一种全员共有的价值理想，是符合企业长远利益和员工根本利益的。企业整体价值观是对企业经营目标、社会目标以及员工发展目标的一种综合追求，它全面地体现着员工发展、企业发展与社会发展的一致性。因此，整体价值观指导、制约和统率着个人价值观和群体价值观。员工和群体只要树立了整体价值观，就能树立起对企业发展的信念和实现整体目标的抱负，因而构筑出一种文化环境，使每一个员工超越自我，使企业成为追求生命价值的场所，从而引爆出惊人的创造力。

整体价值观建立在企业对外部环境的认识和态度的基础上。企业是现代社会大生产条件下商品生产和流通的主要承担者，是社会经济活动中的基本单位，它的经营活动既有相对独立性，又是整个社会生产活动的有机组成部分，与社会环境之间存在着密不可分的复杂联系。一方面，企业要从社会（市场）输入经营要素和各种社会服务；另一方面，企业要向社会输出产品、服务和税利等。正是在这种相互交换的基础上，企业与各环境要素之间结成了相互依存、共存共荣的互利关系，产生了企业对顾客、供应商、经销商、竞争者、金融机构、税务机关和政府职能机构等相关要素的看法和态度，成为价值观形成的基础。

4. 三个层次价值观之间的关系

综上所述，企业价值观体系中既包括企业在长期生产经营实践中形成的或领导者倡导并得到员工认同和践行的企业整体价值观，也包括异彩纷呈的个体价值观和群体价值观。整体价值观构成企业文化的主流，是个体价值观、群体价值观的最大公约数；个体价值观、群体价值观形成若干支脉，共存于企业文化的生态园中。

理想主义者主张，为纯洁企业文化，应张扬、放大整体价值观，限制个体价值观的生长，乃至完全取缔个体价值观；严格规范或制约群体价值观。在当代企业，这种想法是有害的。

首先，企业中的个体价值观客观存在。人的个性、教育背景、经历与经验等不同，受环境的影响不同，会产生不同的价值观，继而形成不同的处世态度、思维方式和行为方式；即使其本位价值观具有共同性，从属价值观也是千差万别的。列宁曾经指出，商品经济造就独立人格。在市场经济体制下，人们的个性得以解放、张扬和放大，价值追求和价值判断呈现多样化的趋势，尤其在脑力劳动群体中表现得更为明显。任何人为地想完全取缔个体价值观的想法均是幼稚的。

其次，群体价值观的存在也具有客观性。企业中的各种群体是人们协作、交往和满足情感需要的基础，各种群体的性质、目标不同，自然会产生不同的价值取向和价值判断。进一步分析，当整体价值观取得主流地位后，允许一定的个体价值观和群体价值观的自由成长，个体价值观和群体价值观与整体价值观在相互矛盾冲突中，会促进整体价值观得以提升。如果企业有足够的力量硬性地去做价值观整合，最大限度地放大整体价值观，限制个体价值观和群体价值观的实现，其结果肯定是破坏了企业价值观的生态，最终也就使整体价值观貌合神离，走向专断，最终窒息企业的生命。

因此，在企业文化管理中，要正确处理整体价值观与个体价值观、群体价值观之间的关系，塑造企业整体价值观时，要为个性发挥、个人成长，个体价值与群体价值的实现留下较大的空间。学会"砌石"而不是"砌砖"，千方百计找到个体价值、群体价值与企业整体价值的契合点，为实现个体价值和彰显群体价值搭建平台，达成不同层次价值观共同实现的"共赢"结果。

（二）企业价值观的取向

在西方企业的发展过程中，企业价值观的内容经历了多种形态的演变，其中最大利润价值观、经营管理价值观和企业—社会互利价值观是比较典型的企业价值观，分别代表了西方企业三个不同历史时期的基本信念和价值取向。最大利润价值观是指企业全部经营决策和行动都围绕如何获取最大利润这一目的进行，能否获得最大利润成为评价企业经营好坏的根本标准的价值观。经营管理价值观是指企业在组织规模大而复杂、投资大而投资者分散的条件下，管理者受投资者的委托，从事经营管理而形成的价值观。一般来说，除了尽可能地为投资者获利以外，还非常注重企业人员自身价值的实现。企业—社会互利价值观是 20 世纪 70 年代兴起的一种企业价值观，它要求在确定企业利润水平时，把员工、企业、社会的利益统筹起来考虑，不能偏颇。

企业价值观大体包括以下四种取向。

1. 经济价值取向

企业是一个经营共同体、投资实体。因此，其价值观中必定包含十分明确的经济价值取向。但这绝不意味着优秀企业在其经济价值取向中可以简单地重述一般工商业者对企业的这个定义，即企业是一种谋利组织，企业的全部经营管理在于谋取利润最大化。倘若一个企业就是一味地、不择手段地赚钱，必然成为一个不受社会欢迎的"经济动物"，必然终日被充满了算计和铜臭味的气氛所笼罩，那么，无论其一时何等繁荣，终会因内外环境的"恶化"

而走上绝路。进一步说，企业必须作为一个"社会器官"而在社会中存续，它的基本的、直接的目的是创造市场和需求，为人们带来幸福和快乐。正如管理大师彼得·德鲁克所说"企业的目的在于企业之外"。为了达到这一"企业之外"的目的，它必须进行市场营销和创新。利润只是市场营销和创新的补偿和报酬之一，而不是结果的全部。因此，企业具体经营项目、作业、组合、投向等的抉择绝不会完全从盈利出发，其原始诱惑力与驱动力也多半不直接来自利润率的高低和利润总量的多寡，它们只是事业抉择的限制条件。

2. 社会价值取向

企业是社会的一个细胞，是国家的一个集团公民，因此，它在改善自然与社会环境方面负有责任。在一个健康的、有效的现代企业价值观中，有关社会价值取向问题通常都发展到、升华到这样的高度：确认企业经营活动对自然环境和社会所造成的影响，正视并确定对这些影响负有改进的责任；确认社会问题的存在并积极参与社会问题的解决，把社会问题视为企业发展的机会。这样的企业社会价值取向使得企业既肩负起了多重社会责任，又获得了一个日益改善、日渐完美的自然环境与社会环境。

3. 伦理价值取向

企业伦理价值取向主要涉及企业所有者、经营者、员工、消费者之间重大关系的确立与维持的准则问题。经营企业如同做人，正直、善良、诚实与感恩等美德不但适用于个人，也适用于企业。优秀的公司都极为推崇正直、善良、诚实与感恩，并把它作为企业文化基础道德。每个企业都坚信，没有正直、善良、诚实与感恩，就无法经营下去。

4. 政治价值取向

企业是在一定的政治环境中生存的，经济问题、社会问题、伦理道德问题与政治问题从来都是密切相关的。一些问题在一定的社会条件下作为社会敏感问题而存在，只要稍稍激化，即刻就会转化为政治问题，酿成政治危机。现代企业的经济价值取向、社会价值取向和伦理价值取向，都规定了它在这些问题产生和发展时，不能袖手旁观。而对人权、种族、就业、福利、慈善等一系列问题的介入与解决，都会使企业价值观反映出明确的政治价值取向。中国企业具有明确的政治价值取向和政治责任感，在创造社会主义物质文明的过程中，建设社会主义精神文明，把培养"有理想、有道德、有文化、有纪律"的社会主义劳动者作为自己的使命。

以上四种取向是综合发挥作用的，在实践中体现为要正确处理好义与利、索取与奉献、集体本位与个人本位以及企业与社会、国家等方面的关系。

三、成功企业的价值观

（一）企业价值观的共性与个性

企业文化既有共性，也有个性。作为企业文化内核的企业价值观，其共性更为明显，它反映了企业发展的共有规律。基因理论研究证实，人与猿的基因98%是一样的，只有2%不一样；人与小白鼠的基因只有500对不同。这说明相近的生命体多半基因是相同的。以此推论，不同企业作为同一类生命体，其生命的基因——价值观，可能95%是共性，5%是个性。

在塑造企业价值观时，首先要关注共性。即要研究企业共处的自然、经济、人文、政治与法律环境，共同的体制对企业价值观的共同影响；研究市场经济规律、社会大生产规律、人类一般心理及行为规律对企业价值观的共同影响。研究企业价值观共性的目的，是要确定企业价值观中的共识和科学内涵，学习和借鉴他人的优秀经验。

只有民族的才是世界的，只有有个性的文化才有生命力。因此，研究企业价值观的个性也是十分重要的。企业价值观的个性虽然是少数，但却鲜亮、耀眼、作用强大，是企业文化的精华所在，也是企业的活力与源泉所在。在企业价值观中突出个性，让人过目不忘；把它渗透在企业经营行为中，使人充满激情，带来良好感受；在企业品牌、形象和广告推广中注入价值个性，会产生文化感召力、亲和力、吸引力与冲击力。

多数成功的企业价值观均是融共性和个性为一体的，既重共性塑造，又重个性培养，使企业价值观在反映共性规律的同时又富有个性的魅力。具有347年历史的同仁堂，始终遵循优秀企业共有的诚信文化，坚守"炮制虽繁必不敢省人工，品味虽贵必不敢减物力"的古训和"修合无人见，存心有天知"的信条；在市场经济条件下，又提炼出"同修仁德，济世养生"的精神，作为品牌的核心价值，使古老的同仁堂焕发青春，在市场上树立起鲜亮的品牌形象。

（二）现代企业价值观的排序

企业价值观必然要对人的价值与物的价值、个人价值与共同价值、社会价值与利润价值、用户价值与生产价值等一系列价值序列进行选择和排序。那么，现代正确的价值观应当遵循哪些排序原则呢？

美国兰德公司的专家们花了20多年的时间，跟踪了500多家世界大企业，最后发现，其中百年不衰的企业的一个共同特点是：它们不再以追求利润为唯一目标，而是有超越利润的社会目标。具体来说，它们一般遵循以下三条排序原则。

1. 人的价值高于物的价值

卓越的企业总是把人的价值放在首位，而物是第二位的。由人支配物，而不是由物支配人。人是企业最佳的不可替代的资产，是企业价值的源泉。日本松下公司的老板告诫自己的员工："如果有人问：'你们松下公司是生产什么的？'你应当这样回答他：'我们松下公司首先制造人才，兼而生产电器'。"

2. 共同价值高于个人价值

共同的协作优于独立单干，集体高于个人。卓越的企业所倡导的团队精神、团队文化，其本义就是倡导一种共同价值高于个人价值的企业价值观。1998年诺贝尔经济学奖得主、剑桥大学印裔经济学家阿玛蒂亚·森说，一个基于个人利益增进而缺乏合作价值观的社会，在文化意义上是没有吸引力的，这样的社会在经济上也是缺乏效率的，以各种形式出现的狭隘的个人利益增进，不会对我们的福利增加产生好处。他的这段话说明过分放大个体价值是有害的。当然，企业的基础是个人，没有个人能力的发挥，企业就不能成为一个有机的生命体，也就不能形成企业活力。因此，必须把个人的价值实现和企业价值成长有机地结合起来。

3. 社会价值高于利润价值，用户价值高于生产价值

印度尼西亚桑巴蒂航空公司承诺：该公司的飞机每延误1分钟，即向顾客返还1000印尼盾。新加坡奥迪公司承诺：如果顾客购买汽车1年之内不满意，可以按原价退款。亚太地

区的 40 家希尔顿饭店作出承诺：如果没有按照规定的条件提供食宿服务，饭店照原价退款。卓越的公司总是将顾客满意原则作为企业价值观不可或缺的内容。每个企业都有自己的价值目标，这些价值目标中有自身利润方面的，也有用户的，还有社会的，当自身利润目标与用户和社会目标发生矛盾时，优秀公司首先选择的是确保用户和社会价值目标的实现。

案例 4-2

"非典"流行时的同仁堂

2003 年春天，一场突如其来的疾病，袭击了中国大陆一些省份和香港、台湾地区。国内医学界称之为"非典"（非典型性肺炎），国际医学界将它定名为"沙斯"（SARS）。这是一种呼吸道传染疾病，传染性强，死亡率高，尤其是和病人接触密切的亲属和医护人员更容易被传染，因此对群众的心理影响很大。

因"非典"爆发突然，医学界一时来不及查出"真凶"，陷入了御敌乏术的境地。而"非典"的症状在中医的理论来看，是明显的"热毒"，可以用清热解毒、芳香化湿、补气生津的药物进行防治。北京中医药大学东直门医院的姜良铎大夫开了一副预防"非典"的药方，由苍术、藿香、银花、贯众、黄芪、沙参、防风、白术八味药组成，时称"姜八味"。

这个药方一公布，北京市即出现争购风潮。同仁堂各门市部从早晨四五点钟就排起了长龙。大栅栏的同仁堂药店，购药的队伍甚至排出了大栅栏东口。同仁堂的职工不顾劳累，加班加点。与此同时，他们还要千方百计地打消顾客的各种疑虑。有的顾客心急如焚地说："买药的人这么多，你们有那么多药吗？回头买不上了怎么办？我们家老老小小好几口，要是得了'非典'……"

"您放心，只要排队，准保能买上药。"同仁堂的职工宽慰他们说。

"你又不是同仁堂的经理、董事长，你说话能算数吗？"有的顾客心烦火旺，说话也就急不择言。

同仁堂的职工理解顾客的心情，和颜悦色地给他们解释："我虽然不是公司的头儿，可是我们同仁堂集团的领导说了，一定要保证供应，满足广大顾客的要求。"

经过同仁堂职工耐心的工作，加上供应充足，同仁堂的职工服务周到、效率高，顾客的情绪稳定下来了，购药的队伍秩序井然。

不过，也有人议论说："'非典'一闹，这药价哪怕涨一分、两分，同仁堂也赚足了。"

"这就叫'商机'，是个企业就得抓住了。"

可是他们说错了。

4 月 13 日，正在生产国公酒的同仁堂药酒厂突然被告知，集团决定，停产国公酒，改产防治"非典"的汤剂。原来，同仁堂为了方便广大顾客，除了卖"姜八味"的饮片外，更进一步把它们制成代煎液出售，以求药效更明显，服用更方便。这个任务就交给了同仁堂药酒厂。

有的职工不理解，一脸疑惑地说："这国公酒可是咱们的主打产品，市场好、效益高，一年就是上亿元的销售额，停了多可惜。"

同仁堂总经理梅群就开导他们说："现在是抗击'非典'时期，为老百姓排忧解难，防病治病，不就是'同修仁德，济世养生'吗？这可是咱们的企业精神。"

有的领导干部和老职工还回忆起了当年支援上海抗击"甲肝"的事情。那是1988年年初，由于有人食用被污染的毛蚶，在上海造成甲型肝炎大规模爆发。自1988年1月19日至3月18日，上海市"甲肝"累计发病292 301例，直接死亡11人。上海急需能防治"甲肝"的板蓝根冲剂"。为了支援上海人民抗击"甲肝"，同仁堂制药二厂的职工放弃了春节休假，日夜加班生产板蓝根冲剂。尽管如此，板蓝根仍然供不应求。在上海还出现了板蓝根的黑市交易，而且价格高得离谱：一箱板蓝根就能换一台当时很不易买到的21英寸彩电。那时，等着拉货的汽车在同仁堂制药二厂排成了长队。在某些人看来，这可是"千载难逢"的赚钱机会，可是同仁堂没有涨一分钱。与此相反，原料市场上板蓝根大青叶，却是呼呼地涨价，这样一来，同仁堂每卖出一包板蓝根冲剂就要亏七厘钱，最后同仁堂赔了17万元，但是同仁堂赢得了信誉，体现了自己的社会责任。

通过回忆这个事例，广大职工认识到，同仁堂当然要赚钱，可是作为一个国有民族品牌，更要有社会责任感，"以义为上，义利共生"。

为了抗击"非典"，同仁堂不仅停了股份公司药酒厂国公酒的生产线，还停了科技公司的"财源"——生脉饮，转而生产抗"非典"药物，而且一停就是两个月。

派到外地采购的人员急急火火地给集团领导打电话："现在抗'非典'的药材都涨疯了，金银花平常每千克不超过20元，现在涨到了300元。我们到一个县级市采购，就因为这里是抗'非典'药材的集散地，一天就出个百万元户。我们想请示一下，这药材咱们买还是不买？"

集团领导的回答斩钉截铁："买，涨价也买！咱们做过保证供应的承诺，就一定要兑现。"

"药材涨成这样，咱们的药是不是也得涨价？不然可就太亏了。"销售部门的负责人又来请示。

"不涨价，一分钱也不涨！"集团领导的回答同样斩钉截铁，同时还要求："不仅不能涨价，还要保证供应。"

尽管当时同仁堂的61个门市部都执行了"不涨价，保证供应"的承诺，可是在北京的某个门市部，还是出了"事"。

正当顾客有条不紊地排队买药时，经理忽然走到前面，对大家宣布说："对不起，现在这药不能卖了……"

话没有说完，顾客们就嚷起来了："为什么不卖了？"

"是啊，卖得好好的，怎么说不卖就不卖了？现在'非典'传染得这么厉害，要是耽误了时间，你们能负责吗？"

也有眼睛尖，心眼多，却有失稳重的顾客像是有了什么发现似的大喊："你们瞧，那不是药吗？为什么不卖了？"

此言一出，顾客情绪激动，各种各样的揣度、臆想都冒了出来。

"你们是想囤积居奇！"

"肯定是要巴结哪个当官的！"

"要不就是想倒卖给哪个大户，又赚钱又省事，还能拿回扣！"

更甚的是，有人竟说："我看啊，他们是近水楼台先得月，自己早吃了药了，就不管顾客的死活了。"

这话可是太冤枉同仁堂的职工了。虽然守着堆积如山的抗"非典"药，可是他们坚持优先满足顾客的需要，没有为家人买过一服药，自己也没有吃过一服药，照他们的话说，就是"先大家再小家"。

虽然这位顾客的话深深刺痛了同仁堂的职工，可是他们仍然坚持微笑服务，直到顾客的情绪缓和了一些，经理才解释："真是对不起大家，现在抗'非典'的药材供不应求，尤其是符合同仁堂质量要求的药材更难买到。有人给我们送来一批藿香，可是经过查验，不符合我们同仁堂的质量要求。藿香是抗'非典'的主药，不能缺少，也不能以次充好。我们集团领导有指示，不仅要保证供应，还要保证质量。不然，顾客花了钱又赔了时间，买的药还不顶事，那我们同仁堂就对不住大家了。因此，我们才决定停售。我们已经另外去调符合标准的药了，马上就能送到，耽误了大家的时间，我代表同仁堂的职工向各位道歉。同时我也再一次向大家保证，我们同仁堂保质保量供应抗'非典'的药，而且决不加价。"

听了这样的解释，顾客们才理解，原来同仁堂是为了保证质量才停售的。中国的老百姓是通情达理的，顾客的态度立刻就变了："您这么一解释，我们就明白了。"

"是啊，到底是同仁堂，保质保量，还不加价，如今是市场经济，能这么做可真不容易，到底是国有企业，又是老字号。"

当时北京有 1 500 家药店，同仁堂以 61 家门市，满足了北京市抗"非典"药物三分之一的需要。后来，为了稳定药价，政府发布了限价令，规定每服药只能卖 9 元。可是原料药材的采购价格却抑制不住，成倍地疯涨，一些实力不济的药店怕亏本，只好停售。同仁堂却坚持不加价，不停售。在整个抗"非典"时期，同仁堂一共卖出了 198 万服饮片，100 多万瓶代煎液。同仁堂每卖出一服抗"非典"方就要亏 2 元钱，仅此一项就亏 600 万元。如果加上停产、停售其他利润高的产品的亏损，还远不止这个数目。

资料来源：新浪读书，book.sina.com.cn，2010—02—26.

（三）现代企业价值观的核心——以人为本

现代企业价值观的一个最突出的特征就是坚持以人为本，以关心人、爱护人、发展人的人本思想为导向。过去，企业也把人才培养作为管理的重要内容，但目的仅限于挖掘人的潜力。西方的一些企业非常强调在员工技术训练和技能训练上投资，以此作为企业提高效率、获得更多利润的途径。这种做法，实际上是把人作为工具来看待。所谓的培养人才，不过是为了改进工具的性能，提高使用效率罢了。当代企业的发展趋势已经开始把人的发展视为目的，而不单纯是手段，这是企业价值观的根本性变化。企业能否给员工提供一个良好的发展环境，能否给人的发展创造一切可能的条件，成为衡量一个企业文化优劣的根本标志。德国思想家康德说过，在经历种种冲突、牺牲和曲折复杂的漫长路程之后，历史将走向一个充分发挥人的全部才智的美好社会。随着现代科学技术的发展，现代社会的真正财富，将越来越表现为人通过主体力量的发挥而实现对客观世界的支配。这就要求充分注意人的全面发展问题，研究人的全面发展，这无论对于企业中的人，还是对于全社会来说，都是极为重要的。

以人为本，其中的"人"是大写的人，包含股东、员工、顾客和公众。如何看待股东、员工、顾客和公众，如何处理与这些人之间的关系，在一定程度上反映着企业是否坚持了以人为本的企业价值观。股东对企业拥有所有权；企业家对企业经营有决策权和控制权；员工是企业经营的主体，通过参与企业管理行使自己的权利；顾客通过购买企业产品，最终拥有对企业的监督权和否决权，通过手中的"货币选票"行使他们的权利；公众通过"舆论"等形式行使他们的权利。股东有投资增值的需要；企业家和员工有权力、地位、成就感和与取得其贡献相适应的经济报酬的需要；顾客有获得质量高、价格低、方便快捷的产品和服务的需要；公众也希望企业承担社会责任。企业如果不能满足这些需要，股东就要抛售股票，管理者就要跳槽，顾客就会不买企业的产品，公众就会抨击企业无德或无能。企业只有坚持以人为本，不断开拓满足人的需要的新途径，才能不断创造更高的效率和效益。

在企业内部，以人为本的核心是解决员工和企业的关系问题，亦即如何看待员工的权力和需要的问题。德国通过"社会契约"和"共同决策"的监事会制度，在权力的平衡方面步子迈得最大，但从结果看，企业并没有获得应有的活力和竞争力，因为企业决策太慢。几十年来，日本企业通过文化和制度来造就一种心理上的权力平衡，但日本的终身雇佣制和年功序列工资制已经受到挑战。美国企业是通过工会来达到某种权力平衡的，但工会会员正在大量减少，工会面对近年来员工收益减少而管理者收益大增的趋势束手无策。

在信息时代，员工多元化的价值追求，已不仅仅是需求的满足问题，而且也越来越成为创造力的源泉。信息时代将给企业带来新的机会，快速、激烈的竞争将迫使企业越来越趋向民主化，因为这是取得竞争优势的唯一途径。在重新构建的企业文化中，人的自我实现的价值在于创造而不在于权力，在于工作而不在于等级。在开放的社会中，人们对级别、地位的看法将会发生根本性变化，知识和能力将构成企业新的价值基础，对级别和地位的竞争将渐渐淡化，这将净化企业内部的文化，净化企业内部人与人的关系。社会微观生产基础的变化必将最终影响全社会。现在，我们已经可以看出这样一种发展趋势：企业家们的开明、开放和包容程度正在超过政治家。在20世纪60年代以前，社会的明星是政治家，像罗斯福、艾森豪威尔和肯尼迪等；60年代以后，企业家成了社会的明星；进入90年代以后，这一趋势更为明显，像比尔·盖茨、沃尔顿、沃伦·巴菲特、罗斯·佩罗特和杰克·韦尔奇等，成了家喻户晓的人物。企业家通过个人奋斗所取得的成功，淡化了人们对社会科层、级别、地位的看法。企业创造的文化，正潜移默化地改变着世界。

信息时代的企业组织形式也要适应以人为本的价值观，这种组织形式和组织制度不仅要考虑到员工的职业，还要考虑到员工的兴趣、爱好、气质、秉性，以及他们可能的发展方向。组织的核心能力将可能不再是以业务能力为主要考察对象，而是以人际关系能力和善于把握方向为主要考察对象。同时，员工的报酬将不是根据职位，而是根据能力和贡献。企业里的各类人才能各尽其能、发挥所长，在自己选择的专业道路上不断地实现自我价值，不断地取得应有的经济地位、社会地位和自我心理需求的满足。

四、培养现代企业价值观

培养企业价值观是一项内容浩繁的系统工程，要求企业遵循员工和群体心理活动规律，正确处理企业内部因素与外部环境、企业整体与员工个人、企业与社会、传统文化与时代精神以及现实与未来等一系列关系，系统设计，精心施工。

（一）坚守社会主义核心价值观

在社会主义市场经济体制下，社会主义核心价值观决定着企业文化的主脉。培育企业价值观，首先要坚守中国社会主义核心价值观。从系统论角度看，企业本身是一个复杂的开放系统，是社会大系统的一部分，必然与社会大系统进行能量交换，在保持自身系统独立运转的同时，在大系统中获得资源与认可。因此，企业必须适应社会环境和价值要求，与社会大系统进行良性互动。从生态论角度看，社会是各利益相关者共同构建的一个生态圈，各个角色在其中相互竞争与合作，创造价值，分享利益。作为企业来说，处于社会这个生态圈中，与其他的成员共同创造，共同分享，但在创造与分享中必须遵守社会共同的规则与价值。从文化学视角看，企业文化作为亚文化，必定受到社会大文化制约，即必须把社会主义核心价值观这一社会大文化的内核，作为自己的信仰和追求，然后在外面加上自己的个性文化，形成既有共性又显独特的文化身份。

社会主义核心价值观的基本内涵包括三个层面，即在国家层面倡导"富强、民主、文明、和谐"；在社会层面倡导"自由、平等、公平、法治"；在公民层面倡导"爱国、敬业、诚信、友善"。在"三个倡导"中，国家层面与社会层面的核心价值观，是企业价值观形成的重要价值指南和价值源泉，公民层面的核心价值观直接影响并决定着企业价值观的形成。

爱国，是企业第一位的核心价值观，是企业民族性、国家性、政治性的体现，它源于企业家和全体员工的民族责任感和国家意识。尤其是国有企业，其属性、籍别，决定着自身必须将爱国、报国、强国作为神圣使命，把创造经济价值、满足市场需求、提高企业竞争力，进而提高国家竞争力作为神圣职责。诚信，是企业核心价值观的底线，是企业立业之本、兴业之道。敬业，即敬畏所从事的事业，崇敬、敬仰所从事的职业，热爱所从事的工作，这些员工的精神追求是形成企业价值观的基石。友善，作为中国优良的文化传统，是企业赢得顾客、赢得员工以及赢得各种利益相关者的支持与厚爱，创造企业和谐文化，保持企业健康发展的精神力量。在培育企业价值观过程中，要以社会主义核心价值观为指导，并从中吸收强大的精神能量。

（二）整合现有价值观

一般来说，具有一定历史的企业，其价值观总是客观存在的，但由于这种观念形态的东西往往不易被人们发现，因此它在企业发展中的地位和作用也就常常被人忽视。特雷斯·迪尔和阿伦·肯尼迪指出：价值观和信念主要得自经验，得自经济环境下各种尝试所积累的结果。企业员工在特定经济环境中进行尝试后知道什么可行，什么不可行，再加以概括和总结，这就是价值观念的理念化过程。任何企业组织无论是处在创业阶段，还是处在发展阶段或成熟阶段，都存在一个确定、恪守或转变价值观的问题。如果企业在实践中已经取得了一些经验，就必须对之加以提炼，使之升华到价值观层次。把经验提升到理念也就是对价值观整合与提炼的过程，这是塑造企业价值观的第一步。

在确认和进一步培育企业价值观时，要根据企业的性质、规模、类型、员工素质、经营的特殊性和环境要求来选择适当的价值标准，从而反映出企业的使命和特色；还要注意企业价值理想实现的可能性，使企业价值观有实在的存在基础和客观依据，与员工的心理承受能力相一致。同时，价值观来源于企业实际又高于企业实际，要有超前性，以充分体现企业的未来发展和长远的奋斗目标，成为员工行动的指南。

（三）传承基础上创新价值观

企业价值观是一个动态的体系，要随着客观环境和企业内在因素的变化，不断注入新的内容，切实保证企业价值观在内容上与企业经营管理实践一样充满活力。中外企业的价值观在其历史的演变中分别经历了不同的阶段，打上了不同时代的烙印。从其演变历程可以看出共同的趋势：超越企业直接功利、关注人的发展和社会责任的价值观越来越受到推崇。新的价值观的形成是对传统价值观的扬弃，是对传统价值观的继承与发展，是不断注入时代精神的创新。只有培育创新的价值观，才能时刻保持企业价值观的勃勃生机。

（四）凸显企业特色价值观

每个企业的经营管理都有鲜活的内容和个性化的价值追求，在总结与提升企业价值观时要突出这种特点。富有企业特色的价值观是企业成员对本企业价值观的高度个性化概括，如P&G的"做正确的事"，IBM的"IBM就是服务"，杜邦的"创造美好生活"等。有特色的价值观，一方面体现了企业人的自信，是企业自信力达到成熟阶段的标志，这种价值观不仅在高级管理人员心目中，而且在企业绝大多数人的心目中，都成为一种实实在在的东西，真正起着凝聚、支配人行为的作用；另一方面，可以使员工产生一种个性感，一种与众不同的自豪感，激励起企业成员的创造潜能和竞争取胜的信心。企业价值观的表述，既要具有特色，用与众不同的词语表示，避免雷同，又不要过于空泛，以致人们无法去识别和了解企业价值观，无法把不同企业的价值观区别开来。

（五）引导员工认同与践行价值观

提出价值观并非难事，难的是如何把组织倡导的价值观变为企业员工的共同信念，并为员工付诸实践。如果价值观仅是停留在口头上，没有融入员工的思想与行动中，价值观也就失去了存在的意义。没有转化为普通员工的信念与行动的价值观，不仅对企业没有任何裨益，还会扭曲、损伤企业的形象。企业价值观从确立到转化为全体成员的信念，是一个价值观内化的过程；再从信念转化为自觉行动，是一个价值观外化的过程。在企业价值观的内化与外化过程中，领导者处于主导地位，领导者持续不断地灌输，以身作则、率先垂范，并善于树立楷模，利用制度、典礼和仪式等形式去推展是很重要的。

第二节　企业精神

一、企业精神——文化的亮点

企业精神是企业文化中最富感染力的部分，是企业文化的亮点。

（一）企业精神的内涵

企业精神是企业基于自身性质、目标和经营特点，源于特定的历史过程和事件，精心培育而形成的员工正向心理定式、信念和精神追求。企业精神是时代意识与企业个性相结合的一种群体意识，是企业员工健康人格、积极心态的外化，是员工对企业的信任感、自豪感和荣誉感的集中表现。每个企业都有各具特色的企业精神，它往往以简洁而富有哲理的个性语言加以概括。例如，日本 3S 公司的"善的循环"、美国德尔塔航空公司的"亲如一家"等。

当然，企业精神源于企业经营实践，源于员工先进的群体意识，更集中反映了企业家的事业追求、理想目标和主导意识。企业提炼出带有经典意义的指导企业运作的企业精神，往往带有企业家个性与精神追求的影子，企业家也常常以各种形式在企业经营过程中全方位强有力地进行贯彻。企业精神又成为企业管理调节系统的基本准则和价值动力。

企业精神作为企业文化的组成部分，从形成角度看，它是企业文化发展到一定阶段的产物，是企业文化特质，即最富个性、最先进的内容的反映，而这种文化特质多数源于企业艰苦的创业经历或触目惊心的重大事件。

企业文化与企业精神的关系，不是简单的包含与被包含的关系。用一个形象比喻，二者好比土壤与鲜花，企业文化是土壤，企业精神是鲜花，只有在肥沃的企业文化土壤中，才能栽培和繁育出绚丽多彩的企业精神之花；否则，再好的企业精神表达形式，没有肥沃的企业文化土壤为之提供营养和水分，也只能是昙花一现。

企业精神决定于企业价值观，是对企业价值观的个性张扬，能够把抽象的企业价值观诠释、演绎为一种具体的信念，对增强企业向心力和凝聚力，将各方面的力量集中到企业经营目标上来起到重要的引导和激励作用。它能给人以理想与信心，给人以鼓励与荣誉，给人以引导与约束。企业精神的实践过程，即是员工共同意识的信念化过程，其信念化的结果，会大大提高员工主动承担责任和修正个人行为的自觉性，从而主动地关注企业的前途，维护企业的声誉，自觉为企业贡献力量。

（二）企业精神的基本特征

从企业精神的塑造和实践过程看，它具有以下基本特征。

1. 客观性

企业历史和生产力状况是企业精神产生的基础，企业历史和生产力水平及其由此带来的员工、企业家素质与追求对企业精神的内容有着根本的影响。很难想象在历时短暂、经营管理水平十分落后的企业，会产生出个性鲜明、具有巨大感召力的企业精神。企业精神的倡导可以适当超前，但不能脱离实际而成为"泡沫精神"。

2. 群体性

企业精神是员工共同坚守的信念。只有当一种精神经过培育成为企业内部成员的群体意识时，才是真正意义上的企业精神。当然，企业精神在产生的萌芽时期，可能只表现在少数文化楷模身上，只是企业领导者倡导的一种"口号"。如果这种萌芽不能生长，说明没有很好的文化土壤，企业精神不能形成；如果这种萌芽顺利生长，说明有良好的文化土壤，经过领导者精心倡导、培育和全体员工的体验和强化，企业精神就会发育，并逐渐走向成熟，成为群体意识和共同理想。企业的绩效不是来自企业精神的独特表述，而是取决于这种企业精神的普及和渗透程度，取决于员工是否自觉践行。

3. 动态性

企业精神的内容和表达形式，具有相对稳定性。但稳定并不是固定，企业精神是需要随着时代的变迁、企业内外环境的变化而不断发展的。首先，企业精神是时代精神的体现，是企业个性和时代精神相结合的产物。因此，企业精神的提炼应当能够让人从中把握时代的脉搏，感受到时代赋予企业的使命。20世纪五六十年代的艰苦奋斗，八九十年代的竞争创优，新世纪的顾客第一、智慧经营、共享共赢，不同时代造就的企业精神都有不同时代的精神烙印，体现不同时代的主旋律。其次，随着科技进步、市场变化，企业目标不断调整，经营观念不断更新、资产不断优化以及管理方式不断演进，都要求企业作出与之相适应的反应，不断充实、丰富或升华企业精神的内涵。

4. 卓越性

企业精神是企业最先进的意识和积极向上风貌的反映，其中必然内生有创新、进取、争创一流等文化基因。况且，企业家在企业精神培育中发挥着主导作用，自然要把自身创新和拼搏的主导意识注入其中，并加以强化。具有卓越特性的企业精神是企业活力和财富的源泉。管理者的卓越意识体现在战略决策、市场创新、科学管理和有效激励上；员工的卓越意识体现在工作争优、自我管理和自我控制上。任何企业经营的成功，无不是其积极创新、追求卓越的结果。追求卓越是企业精神的基本属性。

二、先进企业的共同精神追求

目前，世界各国先进的企业都非常重视企业精神的培育，如澳大利亚、美国、德国等超过70%的企业，日本几乎100%的企业都有比较明确的企业精神或类似用语的表述。从其内容来看，主张参与、协作、奉献、竞争和创新，已成为现代企业精神的主导意志，值得企业在提炼自身企业精神时作为参考。

（一）参与精神

强调参与，是企业兼顾满足员工各种需求和企业效率、效益要求的基本文化追求，是人本文化的体现。员工通过参与企业管理，发挥聪明才智，得到了价值认可与经济报酬，改善了人际关系，实现了自我价值。而企业则由于员工的参与，改进了工作，降低了成本，提高了效率。根据日本公司和美国公司的统计分析，实施参与精神和参与管理可以大大提高经济效益，一般提高幅度在50%以上，有的可以达到一倍至几倍。增加的效益一般有1/3作为奖励返给员工，2/3作为企业增加的资产投入再生产。

培育参与精神，使员工以企业文化主体的身份参与管理，企业要特别注意引导，要把企业当前的工作重点、市场形势和努力的主要方向传达给员工，使员工的参与具有明确的方向性。有些企业家对来自员工的潮水般的建议和意见不知如何处理，这主要是他们自己对企业的经营方向、管理目标缺乏目的性和计划性，不知道如何引导员工有计划、分阶段地实施重点突破。明确引导是保护员工参与的积极性、使员工参与管理能持续实施的重要手段。在员工参与管理的开始阶段，由于管理者和员工都没有经验，参与管理会显得有些杂乱无章，企业没有得到明显的效益，甚至出现效益下降。管理者应及时总结经验、肯定主流，把实情告诉员工，获得员工的理解，尽快提高参与管理的效率。

实施参与管理要根据员工知识化程度和参与管理的经验采取不同方式。第一种方式，针对员工知识化程度较低、参与管理经验不足的情况，采用控制型参与管理，其主要目标是希望员工在以往经验的基础上提出工作中的问题和局部建议，经过筛选后，由工程师和主管人员确定解决方案并组织实施。第二种方式，针对员工知识化程度较高，有相当参与管理经验的情况采用授权型参与，其主要目标是希望员工在现有知识和经验的基础上，不但提出工作中的问题和建议，而且制定具体实施方案，在得到批准后被授予组织实施的权力，以员工为主导完成参与和改革的全过程。第三种方式，不限于员工目前所从事的工作，员工可以根据自己的兴趣、爱好，对自己工作范围以外的其他工作提出建议和意见，实行全方位参与。企业提供一定的条件，帮助员工从事自己喜爱的工作并发挥创造力。这种模式是针对员工具有较广博的知识，管理部门又具有相当的宽容度，企业内部择业又有很大自由的情况而采用的。每个人都有自己的长处或短处，只要找到适合自己的工作并努力去做，每个人都将成为卓越的一员。企业管理者的责任就是帮助人们找到适合自己的工作岗位，并鼓励他们努力去做。盛田昭夫说过，企业家最重要的任务在于培育起与员工之间的健康关系，在公司中产生出一种大家族的整体观念。这种健康关系和整体观念表现为一种宽容的态度，让员工找到更适合自己的工作，允许员工在一定的时间内可以调换一次工作，创造毛遂自荐的机会，这成为发掘人才的重要途径。如果能让员工自由选择自己所爱好的工作，那么他们一旦成功，就会精力百倍地投入这项工作。

（二）协作精神

协作是大生产的基本要求，也是企业谋求创造整体效应的要求。协作不仅能够放大整体价值，也能更好地实现个体价值。因此，协作是现代企业精神中的基本要素。

培育协作精神的方法是多种多样的，可以通过确定明确的分工、制定清晰的岗位职责以及协作制度等，还可以利用工作后的聚餐、郊游等形式来增进同事之间的私人感情和协作的意愿。日本的企业界，很多经理几乎每天晚上都要和年轻的职员一起聚餐、聊天，直到深夜，这种聚餐已成为日本各公司的普遍做法。在美国，过去有工作后社交的习惯，但一般不涉及同事。近年来，这种社交活动逐渐向同事关系扩展。协作精神还可以通过非正式组织、团队（以班组、部门，或以临时任务组织、兴趣小组为基础）形式来促进企业员工的协作精神。团队在许多现代企业中已成为促进企业员工协作精神的有效手段和组织形式。美国管理学家哈默指出，团队是一个伟大的创造，是现代企业管理的基础，是重新构建公司的一个基本出发点，具有强大的生命力。

（三）奉献精神

奉献精神体现员工对企业的责任感。尽管在等价交换原则和劳动契约制度面前，不能硬性推行无私和无偿奉献，但企业倡导奉献精神，员工践行奉献精神，每个人都十分清楚这不仅于企业有益，于个人也有利，倡导奉献精神能够使企业找到企业价值最大化和个人价值最大化的平衡点。

奉献精神是与企业的社会责任相联系的。它体现在企业运营中关心整个社会的进步与发展、为社会多做贡献的境界。企业只有坚持公众利益至上，才能得到公众的好评，使自己获得更大的、更长远的利益。这就要求企业积极参加社会公益事业，支持文化、教育、社会福利、公共服务等事业，参与环保事业。通过这些活动，在社会公众中树立企业注重社会责任的形象，提高企业的美誉度。

比如，在美国，处于最激烈的市场竞争中的企业深知人才的重要，他们希望有更多的人才涌现，因为那里面就有公司的未来。因此，教育成为企业资助最多的领域。芝加哥商学院院长哈马达说，许多公司，无论大小都积极赞助像芝加哥商学院这样的学校，它们的出发点是为了振兴社区和经济，并不是出于一时的利润的动机。资助教育事业不仅对大学科研是重要的，对中小学校的教育同样也是重要的，特别是对那些贫困的孩子，给了他们以金钱买不到的精神成长，使他们一生受用。

（四）共享精神

共享，即把好东西给大家分享。从远古时起，同部族的人们总是一起共享捕猎获得的食物。因为原始先民面对凶猛的野兽，没有什么有力武器，只能采取群体捕猎的方式获得食物。由于食物来源不稳定，必须依靠所有人的力量才能不挨饿，所以养成了他们共享食物的习惯。尽管到了捕猎工具和耕种技术出现，逐渐开始尊重和保护私有财产，但是与人分享、互通有无的共享精神一直延续下来。爱心、知识、生产资料等方面的共享伴随了人类整个历史。

在农耕社会和工业社会，分享有很大局限性。当年孔子要把他的智慧和高论分享给他的学生、世人和开明的君主，需要历尽艰辛、周游列国。在读者文摘时代，分享也是不容易的。从发现一篇好文章到让读者看到它，整个过程很复杂，而且分享的面很小，成本也很高。

互联网时代的到来，让共享变得非常简单，只要敲打几下键盘和提供一个链接，就可以实现新知识、新思想、新的有价值的信息共享，让更多的人受益。人人帮我，我帮人人，互动互联，开放共享，推动无数人走向创新，加速了人类价值创造与分享过程。

大生产条件下的现代企业，本身就是靠协作形成的，不仅内部要形成良好的共享机制，即建立信息共享、利益共享、文化共享机制，与员工共享发展成果；而且要形成与外部共享机制，与环境友好，与客户、合作者互利双赢，在奉献社会中实现成长与进步。企业如果一味或无休止地追求利润，迟早会走上末路。互联网的发展，为企业建立和践行共享精神创造了最好的条件，充分利用它，自己受益，也给他人带来利益和幸福，何乐而不为。当一个企业，人人都愿意分享一些可以分享的东西时，共享精神就会渐进渐强。

案例 4-3

美酒变成水

　　一个村子每年都有一次大规模的聚会，村里的每家人都要把自家存放的美酒拿出来统一倒进一个大缸里，然后大家一起品尝美酒。一年，其中一个人想：我就是倒进去一些水，也不会有人发现。于是他就将水倒进大缸里。最后在品尝美酒的时候，大家发现自己喝的是水——原来每个人都是跟这个人想的一样。

　　资料来源：http://baike.baidu.com/link?url.

现代企业精神的内容远远不止这几个方面。在当代，创新精神、竞争精神、开拓精神、进取精神、拼搏精神、精细精神、卓越精神等都是现代企业精神的突出表现。这些精神从源泉上讲，多是市场经济和大生产条件下企业的内生精神。在市场经济条件下，这种内生精神应同现代企业所需要的参与精神、协作精神、奉献精神和共享精神同样加以倡导。

三、培育有个性的企业精神

（一）培育步骤

企业精神的培育是一项艰巨的工作。从过程上来讲，它一般经过确认、倡导和深化三个阶段，三个阶段密切关联，层层递进。

1. 确认阶段

确认阶段的任务是把企业精神认定下来，明确它的名称、内涵及其外延。第一步是进行企业文化、企业精神一般知识的宣传、普及，营造企业文化氛围，提高员工对企业文化、企业精神的理解和认识，奠定良好的思想基础。第二步是广泛发动群众，酝酿提炼企业精神，征集企业精神提案。力求把征集过程变成一个宣传教育过程。第三步是确认企业精神。一般采用上下结合，反复筛选的办法。可以组成一个包括专家和企业领导者在内的评审委员会，先从员工的企业精神提案中精选出若干提案，然后交全体员工投票评选，以员工投票情况为主要依据，最后经过加工润色确认企业精神。

2. 倡导阶段

倡导阶段的任务是广泛宣传企业精神，使员工从思想上了解它、接受它，从行动上开始实践它、体现它。企业精神确认后，要利用多种形式大力宣传，开展多种活动加以推广。企业领导者要带头实践企业精神，有意识地树立实践企业精神的典型人物，鼓励、引导员工深刻认识企业精神的内涵，增强实践企业精神的自觉性。

3. 深化阶段

深化阶段的任务是使员工从"要我做"变成"我要做"。把简练、抽象的企业精神具体化、形象化、人格化，并由群体精神内化为个体自觉意识，使员工成为具有企业精神的"企业人"，使企业精神成为员工的一种"本能"。

以上三个阶段，是人们对企业精神内涵的认识由低到高、由浅入深的过程，也是企业精神从实践中总结出来，又回到群众实践中去，并通过群众的实践不断丰富和发展的过程。

（二）个性表达

企业精神是企业员工的群体意识的精华，是企业价值观的精髓，它不能自发地产生，也不能由外界强加，它需要一个由分散到系统、从现象到本质，去伪存真，去粗取精，不断概括、升华的提炼过程。如果没有这个过程，企业群体意识和价值观将始终处于一种自发、散乱、不自觉、不系统的状态，无法升华为企业精神。

1. 表达原则

（1）准确而深刻。提炼企业精神应抓住企业群体意识的精华和企业价值观的核心，反映企业实质的、根本性的精神理念，既要准确无误，不使人产生歧义，又要富有深刻内涵，饱含理性与思辨色彩，不能让人一看就觉得平淡无味、苍白无力。北京百货大楼倡导的"一团火"精神，具体表述为："用我们的光和热，去照亮、去温暖每个顾客、每一颗心。"既准确地表达了源自企业文化楷模张秉贵全心全意为顾客服务的火热情感，又深刻地反映了"大楼人"在市场经济条件下正确处理义利关系，积极奉献社会的思想境界和经营宗旨。

（2）有个性特色。简单地说，企业精神提炼出来后，既不能与别的企业雷同，甚至不能相似、相近，也不能哪个企业都能搬用、套用，应具有专属性，"张冠"不可以"李戴"。这就要求在提炼企业精神时，要对企业的性质与规模、历史与未来、企业内外环境等作全面深刻的研究、分析，然后给予精辟的表述。企业精神的个性特色源自企业的行业特殊点、经营管理的成功点、优良传统的闪光点、领导人修养与风范的独特点、员工期望的共识点以及未来发展的目标点等。企业精神应是企业上述特点凝合、聚焦的结果。

（3）简洁而生动。表述企业精神不能冗长拖沓，干巴无味，必须简单明了，生动感人。在用词上要准确、达意，且富有哲理。企业精神的表述，可以利用员工或企业家的现成语言，这种表述土生土长、纯朴简洁、富有特色，有语境优势；也可以独立概括，这种表述往往用词讲究，内涵深刻。企业精神是一种实践精神，不管怎样表述，只要能够准确反映员工意识，激励员工士气即可。但有一点是最忌讳的，那就是试图在内容上面面俱到，好词堆砌，表达过长。企业精神是企业先进意识和精神风貌中的一个核心亮点，一般而言，其表述以不超过 10 个字为宜。要让人觉得既明快又自然，既深刻又亲切，易读，易懂，易记，朗朗上口，自然流畅。如日本电气公司"让一切充满活力"，住友银行"保持传统，更有创新"等企业精神的表述都是比较成功的。

2. 表述方式

（1）目标表述式。以企业的奋斗目标作为企业精神，富有号召力，让企业员工备受鼓舞，激发士气，调动积极性和创造性。如中国国际航空公司的企业精神"永不休止地追求一流"。

（2）经验荟萃式。对企业的成功经验进行总结提炼，即将企业创业与发展过程中久经磨砺而成的精神财富中最宝贵、最精华的经验提炼出来，形成企业精神。这种企业精神既继承了企业历史的精神财富，又为企业未来的发展提供精神动力。如亨通集团把"敢攀高峰，敢创大业，敢为人先，敢争一流"作为企业精神。

（3）特点聚焦式。对企业经营服务特点进行聚焦，提炼成企业精神。如北京邮政的"一封信、一颗心"；深圳邮政的"夸父逐日，风雨同舟"；中国联通的"让一切自由联通"等。

（4）传统继承式。以企业多年形成的优良传统为依据和核心，提炼企业精神。如老字号同仁堂的"同修仁德，济世养生"，既继承了历史上的诚信传统，又注入了体现时代人文关怀的"仁爱"新内涵。

（5）人格升华式。以企业英雄人物、先进典型为代表，将其精神品格和优秀事迹总结、升华为企业精神。如大庆油田的"铁人精神"。这种人格化的企业精神表述方法亲切、形象、生动，企业员工容易接受。但必须注意，企业精神所依托的英雄人物或先进典型必须有过硬的优秀事迹，为群众所公认、信服，有着很高的知名度和美誉度，经得起时间考验。

（6）名人名言式。即以名人名言作为企业精神的内容，并赋予本企业理念的内涵，如日本日产公司的企业精神是"品不良在于心不正"；也有企业用《孙子兵法》中的"上下同欲者胜"作企业精神。

（7）单一警句式。以反映企业特色、信念、追求的一两句话作为企业精神，这是最常见的表述方式。如波音公司的"我们每个人都代表公司"，百事可乐公司的"胜利最重要"，三星公司的"感受新境界"等。

（8）复合多句式。以几组语句并列表述企业精神，或以一组语句为主，几组语句为辅，综合表述企业精神。如湛江港的"爱港敬业，团结协作，真诚服务，勇立潮头"。

企业精神提炼出来后，还应该给其命名。有的企业精神十分简单明了，不另外命名也是正常的。命名的方式大致有以下几种。

（1）企业名称命名式。这种方法最普遍、最常见，一般以企业名称的简称命名企业精神。如"宝钢精神""一汽精神"等。这种命名方式明确了企业精神的归属，不致让人搞混。有些企业精神以企业名称命名，其名称本身就是企业精神内涵的浓缩。比如全聚德精神，浓缩了"全而无缺，聚而不散，仁德至上"①的内涵。

（2）产品商标命名式。如果企业产品的商标社会知名度较高，可采用这种命名方式。有些企业的商标与企业名称是一致的。如"康佳精神""蜜蜂精神"等。

（3）形象比喻命名式。以形象生动的比喻方式表达企业精神。如某燃料公司的"火炬精神"，纺织行业的"春蚕精神"，铁路系统的"火车头精神"和"铺路石精神"，港口的"缆桩精神"等。这种命名方式能突出企业或行业的属性，容易给人留下深刻的印象。

（4）内涵提炼命名式。将企业精神的内涵反复提炼，以其精髓命名，如台湾统一企业的"三好一道"，即信誉好、品质好、服务好和价格公道。这种命名法概括力强，能对企业精神的全部内涵做出直观的提纲挈领式的提示。

（5）人名命名式。以企业创始人、英雄人物的姓名命名企业精神。如"孟泰精神""松下精神"等。

案例 4-4

企业精神的表达

1. 同仁堂

347 年历史的老字号，具有深厚的文化底蕴，尤其是深受儒家文化的影响，形成儒商经营风范和诚信传统，因此取"同仁"加以诠释放大，以"仁"为核心概念，形成同仁堂企业精神："同修仁德，济世养生"。

2. 元隆丝绸

京城百年老字号企业，在长期丝绸经营实践中办事执著、认真，故把丝绸产品人格化，定格后的"元隆精神"为："一丝不苟，百折不挠"。

3. 蓝旗服饰

加拿大独资企业，努力投身于中国的现代化建设，在中国生产一流的"蓝旗"品牌服装，因此把昔日"白求恩精神"延伸至现代制衣企业，其企业精神表述是："精益求精，缝制世界品质"。

4. 东安市场

百年商业老字号，有品牌优势，形成了重商业道德、灵活经营的传统；改革开放以后又大胆探索，积极谋求经营创新。因此，"东安精神"定格为："厚德通达，敢为人先"。

---

① 有一次周恩来总理在宴请外宾时，一位外宾好奇地问起"全聚德"三个字的含义，周恩来总理机智而精辟地解释为"全而无缺，聚而不散，仁德至上"。从此，全聚德精神传承至今。

5. 翠微大厦

在原翠微百货店、副食店的基础上创立的大型零售集团，从总经理到员工都以真诚之心、精细的工作态度筹备大厦的开业及运营，并且立志做最好的零售店。其"翠微精神"为："心诚业精，志在非凡"。

6. 北辰房地产

其行业特点要求必须取得用户、银行和合作者的信赖，其项目多选在大城市，需珍惜每一寸土地，使其开发的项目产生最大的经济价值，因此其企业精神表述为："诚实守约，点地成金"。

7. 北开电气

国家生产高低压电器及成套装置的重点企业，有着较先进的制造技术和丰富的管理经验，独创"99+'1'=0"的质量管理理念和有影响力的"北开"品牌。面对竞争激烈的开关产品市场，敢于迎接来国内外同行的挑战，立志以开关制造业为轴心，以电气设备市场为半径，适时向高科技领域渗透，在国际化竞争中逐步发展成为中国电气制造领域的中坚力量。因此"北开精神"定格为："创新无界，敢问天高"。

8. 北京医药

全国著名医药流通企业，有诚信正直、崇德重义、追求卓越、追求完美的品格，科学管理、精益求精、雷厉风行、务实高效的工作作风以及开拓进取、科技领先、力创北京医药品牌的共同愿景。公司力求增强文化力，以文化优势占据市场先机和市场主导。从医药行业特点和该公司文化传统出发，在明确"在北药人的天平上，人品与药品同重"的价值取向的基础上，企业精神定格为："真诚，信实，唯新，卓越"。

9. 歌华集团

从事文化传播产业的大型企业，以"传承华夏文明，做优秀文化的创造者和传播者"为使命，以做"世界一流的文化服务供应商"为目标，谋求企业的永续发展。根据集团所从事的文化产业的特点和公司员工的素质、企业风格以及精神追求，"歌华精神"定格为："创业无涯，创造无限，敢为文化先"。

10. 北京二商集团

以食品仓储与制造加工业、食品贸易与物流服务业、种植养殖及远洋捕捞业为主导产业的食品产业集团。下属有"六必居""王致和""白玉""天源""宫颐府"等众多知名品牌。长期以来，坚守"提升民生品质，引领健康生活"，力争做"中国食品产业强势集团"，由其行业经营特点和企业优良传统所决定，形成了关注民生，专业、精细、精益求精的精神品质。其企业精神定格为："点滴之间，卓越无限"。

11. 三一重工

创始于1989年的三一重工，以报效祖国和"品质改变世界"的信念，秉承"创建一流企业，造就一流人才，做出一流贡献"的"三一"宗旨，仅用20多年时间，创造了工程机械行业的奇迹。"三一"人认为，企业可以无国界，但企业家和企业员工是有国籍的；"三一"有责任和义务，在用高新技术改造传统产业的道路上，在中国工业化革命的进程中，做出自己的贡献。因此，三一集团企业精神定格为："自强不息，产业报国"。

资料来源：作者根据若干企业进行文化策划的案例整理而成。

第三节　企业伦理道德

一、伦理道德——企业文化的无形规则

在企业中，引导或约束人们行为的力量，主要来自法律与制度、权力与命令、伦理道德。伦理道德作为无形规则，其力量往往渗透于法律与制度、权力与命令之中，又作用于法律与制度、权力与命令管不到的地方，弥补其不足；不仅如此，伦理道德的力量可以超越法律与制度、权力与命令，对企业和员工的行为起到强制性作用。

伦理道德作为企业文化的重要内容之一，是一种特殊的意识形态和行为规范，贯穿于企业经营活动的始终和管理活动的各个层面，对企业文化的其他因素以及整个企业运行质量都有深刻影响。

（一）伦理道德的本质

1. 伦理道德的概念与本质

厘清企业伦理道德的概念，应首先弄清什么是伦理、道德。在印欧语系中，伦理、道德两词分别源于希腊语和拉丁语，其原来含义都是"风尚""习俗"的意思。在中国，先哲以"道"表示事物运动变化的规律或规则，而把"道"对自己有所得的东西称之为"德"。而"伦理"一词中的"伦"是指人们之间的关系，"理"则是道德或规则，伦理即指人与人之间关系的道德和规则。当代人们常常把伦理和道德合并使用。伦理道德是指人类社会依据对自然、社会和个人的认识，以是非、善恶为标准，调整人们社会关系的行为规范和准则。

企业是一个小社会，企业内部存在着股东、管理者、普通员工相互之间的错综复杂的关系，企业对外与社会公众也有多方面复杂的社会关系。正确处理和协调好这些关系，促进企业的健康发展，就必须有相应的伦理道德。企业的伦理道德就是指调整股东、管理者、普通员工相互之间，企业与社会公众之间的关系的行为规范的总和。

伦理道德是由经济基础决定的，也受民族文化和社会文化的影响，具有历史性和具体性。不同历史时期、不同民族、不同的生产力发展水平、不同的社会政治条件，会有不同的伦理道德水平和具体的道德标准。就中国企业的伦理道德内容而言，根源于不够发达的小生产阶段，同时受儒家思想为主的民族文化、社会主义精神文明和现代市场经济伦理的多重影响。

2. 伦理道德的层次

伦理道德是有层次的，既有符合现实的一般道德，也有滞后于现实的落后道德，还有超越现实、与先进文化同步的高尚道德。要实现员工行为和企业倡导的价值观的统一，必须坚持高尚道德标准。只有通过伦理道德建设，把企业倡导的先进道德规范化为员工的自觉行为，变成员工的无意识或潜意识行为，企业的价值观才能得以贯彻。

有人提出，如果企业坚持高尚道德标准，必然影响企业利益，进而影响企业竞争力。坚持高尚道德标准究竟是否影响企业竞争力，就此问题，美国学者罗斯征求了1 000多名公司主管、高级职员、商学院的院长和国会议员的看法，有63%的调查对象认为坚持高尚道德标

准能增强其竞争地位，有 14% 的人认为坚持高尚道德标准的公司都是比较差的竞争者，23% 的人认为，道德标准对企业竞争地位有影响，但与企业成功没有必然关系。这说明多数人认为二者是统一关系，坚持高尚道德高标准会影响企业竞争力的说法得不到广泛认同。

不少学者认为，企业成功与道德形象并驾齐驱，坚持正直、诚实的竞争原则和高尚道德是有回报的，而且高尚道德标准高于法律标准。狄龙、夏伯铭在《竞争的道德准则的前景》[①] 一文中指出：信任、服务和尊敬是成功的企业关系的标志，但我们与此有关的历史标准确实是不协调的。如果我们把眼光移向法律，我们会变得更困惑，因为法律反映的是昨天的道德标准，而不是明天的社会期望。通常人们总是把"是否合法"作为道德准则检查的首要方面，这或许是一个基本的道德准则问题，但这不是起作用的竞争的道德准则。竞争的道德准则意味着始终领先于立法和诉讼过程，并且要比法律的要求更高，即要求能够在法庭之外执行。

如果仅仅顺从今天的规则，就不可能利用机会创造竞争的利益。事实上，这恰恰又是企业利益、社会利益和长远的最大利益之所在。规则每天都在变化，企业应对明天负责。一个真正希望出类拔萃的企业必须着眼于以舆论形式出现的社会演变趋势和发展哲学，这将形成明天的法律。没有超前的意识，跟不上时代的步伐，企业将被挤出商界。目前，美国企业每年因为不道德和不合法的行为而损失多达 3 000 多亿美元。多数人认为，这是美国企业界受到了道德问题困扰的缘故。

一个有竞争意识的企业，应保持企业行为和企业价值观的统一，应当为自己的所作所为负责，这是竞争的道德准则的关键。美国曼维尔公司曾销售过一种名叫弗莱克斯 II 型板材的产品。这是一种水泥建筑板材，这种新产品在安装后开始出现裂缝。该公司最后决定建立一个特别工作组，与在 125 个销售处购买过这种产品的 580 个客户联系，花了 2 000 万美元为客户调换板材，不管这些板材是否出了问题。虽说曼维尔公司在短期内付出了高昂的代价，但赢得了建筑商的信任。道德实践得出了这样一个结论：在短期内走捷径，后来通过诉讼损失会更大。因此，建立一种竞争的道德准则，需要始终如一的信念和行动。如果希望成为以做事正当著称的公司，就应相信，道德选择应是符合企业长远利益的。由此可以得出结论：企业行为、员工行为和企业价值观的统一，领先一步满足社会的需要和期望，不等立法和司法程序完善之前，以最高标准管理自己的生产流程和经营活动，并且一旦认识到错误就立即加以纠正，这样的企业才会有竞争优势。

坚守高尚道德标准是否得到更高回报，与市场发育状态、竞争环境和法制环境有关。在一个市场秩序混乱，竞争不公平和法制不够健全的环境里，失信失德的行为不但得不到应有的谴责和惩处，反而能够屡屡得手，即使偶有"失误"，失信失德行为的成本代价也较低。这种情况对坚守高尚道德的企业是一个很大的考验。随着市场的发育，有健全的竞争规则和法制体系，才能真正"善有善报"，坚守高尚道德才有根本保证。当然，即使在环境不够理想的情况下，企业坚守高尚道德标准，从长远看，也能通过取得社会信任和顾客忠诚，获取更高的回报，这是事实，也是规律。

---

① 狄龙，夏伯铭. 竞争的道德准则的前景 [J]. 国外社会科学文摘，1992（6）：20-23.

（二）企业伦理道德的特征

（1）企业伦理道德与社会伦理道德既有一致性，又有独特性。企业伦理道德与社会伦理道德的一致性是指企业伦理道德反映了社会伦理道德的基本精神和要求，是社会伦理道德的具体体现。但企业伦理道德产生于企业特定的经营活动过程，是企业处理各种经济关系时遵从的特定道德规范和道德要求，因此，又有自己鲜明的独特性。高尚的企业伦理道德是先于社会伦理道德而产生的，是社会伦理道德中的积极因子，显示着社会伦理道德的发展方向。

（2）企业伦理道德既与企业规章制度紧密相连，又具有独立性。企业伦理道德与企业规章制度都是企业中调节人们行为的力量。企业规章制度的内容体现着企业伦理道德的基本要求；企业伦理道德渗透在企业规章制度中，通过有关的"章程""条例""制度""守则""准则""规范""规程""流程"和"标准"等形式发挥作用，伦理道德与规章制度具有统一性。但必须看到，规章制度是最低要求，且规章制度再周密，对员工行为的约束也有鞭长莫及之处，伦理道德起到补充和引导作用。企业伦理道德与规章制度存在着职能上的区别，前者要求员工"应该怎样做"，但不是靠强制来实现的，后者要求员工"必须这样做"，它是一种对禁止性后果的确认，是靠强制力量实现的。企业不能对员工所有的行为均采用强制手段，需要强制的只是员工与企业生产经营正常秩序相联系的行为。而对于倡导的行为，一般要通过倡导某种先进的道德风尚来实现，这就是企业伦理道德的独立性。

（3）企业伦理道德具有稳定性。由于企业的经营特点、员工的职业性质和工作岗位保持相对稳定，因而在企业经营实践中，员工会形成比较稳定的职业心理、职业习惯和职业道德评价。这种心理、习惯和评价，就会铸成员工稳定的道德品质，从而决定了企业伦理道德的稳定性。企业伦理道德与社会伦理道德的一致性，也使其与员工所受的家庭和社会教育相一致，这也强化了企业伦理道德的稳定性特征。

二、企业伦理道德建设的原则与内容

（一）企业伦理道德建设的原则

我国实行社会主义市场经济体制，建立公有制为主体、多种所有制经济共同发展的基本经济制度，市场在资源配置中起决定性作用；实行按劳分配，以及资本、知识、技术、管理等由要素市场决定的报酬机制。在这样的历史条件下，全民范围的道德建设，应当肯定由此而来的人们在分配方面的合理差别，同时鼓励人们发扬国家利益、集体利益、个人利益相结合的社会主义集体主义精神，发扬顾全大局、诚实守信、互助友爱和扶贫济困的精神。

对于现代企业而言，伦理道德建设的主要原则为以下几方面。

1. 集体主义原则

企业是一个由出资者、经营者、管理者和员工组成的命运共同体。只有在坚持集体主义原则基础上，协调好个人目标与整体目标、个人利益与整体利益之间的关系，鼓励先进，兼顾公平，才能使企业在"一体化"愿景下，创造最高效率和最佳效益。

2. 诚实守信原则

办企业成功的第一要诀就是诚实守信。诚实守信是树木的根，如果没有根，树木就别想有生命了。对于企业而言，坚持诚实守信的道德原则主要包括：遵守口头的或书面的协议和合同；承认产品的缺陷，并尽可能予以纠正；为所得工资付出诚实的劳动；为劳动者付给适当的工资；在合理但不过高的利润限度内，规定诚实的价格；根据价值提供尽可能高质量的产品，尤其是关系人们健康和生命的产品更应如此；在同意提供劳务产品与付给报酬方面说实话；在雇主和雇员关系中不说谎；不对股东隐瞒企业状况；做广告时说实话；经常检查各级企业活动，确保及时发现并消除不诚实和不道德的现象。

3. 公平公正原则

温家宝直言："公平正义比太阳还要有光辉。"企业道德领域的公平公正主要有四种类型：交易公平公正、发展公平公正、分配公平公正和社会公平公正。交易公平公正是指涉及对所提供的劳务或生产、销售的产品做出的补偿要公平公正；发展公平公正指给员工提供的学习、工作、晋升机会应均等，在管理上公平公正；分配公平公正是指企业总利润在企业股东、经理、员工之间的分配要公平公正；社会公平公正是指企业及其成员对待消费者和全体社会公众要公平公正。

（二）企业伦理道德建设的内容

"爱国、敬业、诚信、友善"，是社会主义核心价值观对公民道德规范的基本要求。胡锦涛提出"八荣八耻"荣辱观，即"以热爱祖国为荣、以危害祖国为耻，以服务人民为荣、以背离人民为耻，以崇尚科学为荣、以愚昧无知为耻，以辛勤劳动为荣、以好逸恶劳为耻，以团结互助为荣、以损人利己为耻，以诚实守信为荣、以见利忘义为耻，以遵纪守法为荣、以违法乱纪为耻，以艰苦奋斗为荣、以骄奢淫逸为耻"，是企业伦理道德规范建设的指南。企业伦理道德规范建设的具体内容有如下五个方面。

1. 企业与员工之间的道德规范

企业与员工的关系，其实就是集体与个人之间的关系。一方面，集体要承认员工个体价值的存在，为个体价值的实现和全面发展服务。一个合格的企业应该有如下的道德观念和道德规范：一是确保员工职业安全，保护员工生命价值；二是承认个人利益，尽力满足员工合理的且有实现可能的要求；三是尊重员工的个性、专长、价值与尊严，为员工得到全面发展和聪明才智的充分发挥创造良好的环境条件；四是确保员工在企业中的主体地位和政治地位、人格地位的平等，为员工广泛参与管理创造条件。另一方面，员工个体也不能离开集体。员工要加强自我修养，自觉遵守符合集体主义要求的个人行为规范。这些行为规范包括爱国家、爱集体、爱公物、爱岗位、爱科学、爱劳动；讲诚信、讲责任、讲纪律、讲协作、讲勤俭、讲奉献。以主人翁精神，竭力为企业做出贡献，成为企业利益共同体、命运共同体、价值共同体和情感共同体中的合格一员。在现代企业制度下，构筑员工行为规范的理念基础：一是契约与忠诚，即只要与一个企业签订劳动合同，其行为就要符合企业利益的根本要求，不能背叛；二是承认差别，即承认能力、职务与权力差别，承认劳动报酬的差别。

资料 4-1

社会责任国际标准体系（SA8000）

社会责任国际标准体系（SA8000）是社会责任国际组织（SCI）1997 年发起并联合欧美跨国公司和其他国际组织制定的，现已颁布 2014 年版，它是全球首个道德规范国际标准，主要基于《国际劳工组织公约》《联合国儿童权利公约》和《世界人权宣言》的要求，旨在减少甚至消灭不公平、非人道的工作条件，主要针对企业的社会责任问题做出规定，以使劳工在多方面的权益获得保障，是全球第一个可用于第三方认证的社会责任国际标准。主要内容包括：

（1）禁止雇用童工。

（2）严禁强迫劳动。

（3）提供安全健康的工作环境。

（4）员工有结社自由及集体谈判的权利。

（5）禁止基于人种、社会阶层、出身、宗教、残疾、性别、性取向、社团、政治归属及年龄方面的歧视，禁止性骚扰。

（6）禁止体罚、精神或肉体的压迫或言语辱骂。

（7）在工时上每周不得超过 48 小时，每 7 天必有一天休息，所有加班工作应支付额外津贴，每周加班不得超过 12 小时且是自愿的。

（8）员工一个标准工作周的报酬必须达到法律和行业规定的标准，并且必须足够满足员工及其家庭基本的生活需要，不得因纪律惩罚而被削减。

（9）必须有一套管理系统并确保长期贯彻执行。这一政策必须公开和透明，是企业在处理与员工关系时应遵从的。

资料来源：百度文库，http://wenku.baidu.com.

2. 管理者与普通员工之间的道德规范

管理者和普通员工都是构成企业生产力的不可缺少的因素。管理者与普通员工的关系是否协调，直接影响到企业凝聚力的强弱。通过一定的道德规范调整彼此行为，协调相互关系十分必要。为此，首先要求管理者树立"以人为本"的管理与服务思想，以自己良好的品德、渊博的知识、超群的能力把员工聚合在自己的周围，率先垂范，科学管理，充分依靠员工和善于激发员工的劳动积极性、主动性和创造性。同时，要求普通员工对管理者的工作给予尊重、理解和支持，主动参与管理，做好本职工作。使管理者和普通员工在实现企业目标的轨道上保持一致，形成良好的相互支持和相互推动的关系。

3. 员工之间的道德规范

在企业内部，员工之间存在个性、气质、性格、能力上的差异，存在学历、经历、经验上的差别，所在的岗位、履行的职责不同，归属的群体也不同，因此，相互之间存在着复杂的工作协作关系和情感关系。要发挥企业整体效应，必须正确认识和处理企业内部错综复杂的人际关系，以"平等、团结、友爱、互助"为基本道德规范，使全体员工在集体主义原则和企业共同愿景的引导下，平等相处，协作互助，共创财富，共享物质与精神成果，共享和谐及工作与生活的快乐。

4. 企业与股东之间的道德规范

企业与股东的关系主要体现为出资人与经营者之间的关系。双方在处理相互关系时，要严格履行各自的义务，遵循各自的道德规范。资本是企业存续的基础，为了确保企业的注册和持续经营，股东承担着按公司章程规定的提供经营资本的责任，股东对自己所提供的经营资本只有转让或出售的权利，而不能随意抽回。股东应通过股东会和董事会等形式关心企业经营，支持经营者有效地进行资本运作和业务经营。作为经营者，必须有效地运用企业的资本，遵纪守法，创新经营，科学管理，正确处理好股东、企业和员工的利益关系，处理好企业眼前利益和长远利益的关系，防止"内部人控制"，努力为股东创造最大利润回报。

5. 企业与社会之间的道德规范

企业与社会公众的关系是否协调、和谐，关系到企业的生存与发展。企业在处理与社会公众关系时必须有道义上的自律，遵守职业道德。例如，企业在处理与客户、合作者、金融机构、媒体及国家税务机构、行政管理等部门关系的问题上，必须受一定的道德规范的约束和调节。正确处理企业与社会公众的关系，应坚持"平等、互助、互利"的伦理道德规范。例如，在处理与客户关系时，要始终坚持以客户为中心，讲质量，讲信誉，自觉维护客户利益；在处理与合作者关系时，要做到诚实守信、互利互惠；在处理同金融机构的关系时，坚持信用至上，绝不赖账；在处理与媒体的关系时，坚持实事求是，绝不作假；在处理与国家税务及行政管理部门的关系时，坚持照章纳税，服从法律、服从管理，主动承担责任，在爱国主义精神指导下，把国家利益与企业利益统一起来，维护企业的正当利益要以服从和服务于国家利益为前提。

三、建设新型的企业伦理道德

企业伦理道德建设是一个长期过程，需要企业将精神文明建设及思想政治工作创新相结合，做好长期规划，做出积极努力。

（一）确立正确的道德规范

企业进行伦理道德建设，应以社会主义核心价值观为指导，善于发掘和汲取传统道德观念和习俗中的精华，注入符合时代要求和本企业实际情况的新内容，建立完善的伦理道德体系和标准。要使员工明确哪些是对的，哪些是错的；哪些应当做，哪些不应当做。并且经过长期不懈的灌输、说服、示范、疏导，最终使这些抽象的伦理道德观念，转化为员工可操作的规则、规范和标准。

（二）企业伦理道德建设与员工教育相结合

良好道德的形成不是孤立的，它同员工的政治、文化素养和职业素质紧密相连。员工具备较高的政治、文化素养和职业素质，不仅是提高思想水平和业务技术水平及能力的前提，也是企业伦理道德建设的基础。因此，企业在伦理道德建设过程中必须坚持对员工进行理想信念教育、文化基础教育、科学技术教育和企业文化教育等，使员工能够自觉地意识到自己是企业伦理道德建设的主体，自觉地对自己的行为负责，逐步做到不管是否有外在的监督，自己都能不断战胜自身的非道德因素，不断提高自身的道德境界和道德层次。

（三）企业伦理道德建设与管理创新相结合

企业伦理道德建设的基本目的之一，就是规范员工的行为，使员工在良好的道德环境中积极工作，发挥主动性和创造精神。为此，企业的管理者应充分利用社会学、行为学、心理学等知识，不断进行管理理念与方法创新，在强化硬性管理的同时，注重发挥软性管理的作用。如改善管理者与员工的关系，尊重员工的意见与建议，扩大民主管理的范围，使员工有更多的机会参与管理与决策等。只要员工有了主体意识和主人翁责任感，就会表现出良好的敬业精神和道德风貌。

（四）企业伦理道德建设与规章制度建设相结合

企业伦理道德建设是一种心理建设，主要诉之于舆论与良心。从建设方法上看，一方面要通过对员工进行反复、系统的伦理道德教育，利用舆论进行引导，强化员工道德意识，使之形成道德自律，养成道德习惯；另一方面，当某种先进道德被多数人认同后，也需要适时通过规章制度的形式固化下来，成为硬性约束，起到严格规范员工行为的作用。

（五）个人示范与集体影响相结合

个人示范和集体影响是企业伦理道德建设中相辅相成、缺一不可的两个方面。个人示范有两种：一是企业管理者在经营管理过程中身先士卒，以身作则，以自己模范的道德行为成为员工的表率；二是先进人物的典型示范作用，也就是通过挖掘、培养、宣传道德楷模，以道德楷模的精神滋养企业风气，以典型的力量来引导员工自觉遵从企业的道德规范。重视集体影响，主要是利用各种集体活动、礼仪，形成良好的道德之风，使员工置身其中，通过整体氛围的熏陶和互相影响，促进员工整体道德水平的提高。

第四节　企业形象

一、企业形象——企业文化的外显形态

表面看来，企业形象是企业的一件"漂亮外衣"，不管企业内在文化如何，只要善于包装，就可以做到"金玉其外"，在市场上传播美名。实际上，经受市场长期考验的企业形象是包装不出来的。企业形象作为企业文化的外显形态，既是企业文化的一个组成部分，又是企业文化的载体。企业形象作为企业的无形资产，集中地表现在"文化资本积累"的价值上。从一个成功企业的形象上，不仅可以感受到该企业的文化，更可以感受到一个民族或国家的文化。随着经济全球化和信息化时代的到来，企业经营资源的重点已经由物质资本转向文化资本；在全球市场上的企业竞争本质上是文化的较量。企业形象建设成为企业谋求生存的重大战略问题。

（一）企业形象的内涵与特征

1. 企业形象的概念及内涵

解读企业形象的内涵，需从了解形象的概念入手。形象一般是指能够引起人们思想和感情活动的具体形状和姿态，进而说是人们对于特定人和事物的一种认识和评价。这包括两层含义：第一，形象是一种事物具体的形状和姿态，是具体的、客观的；第二，形象是事物具体形状和姿态在人们心目中的感受，反映了人们的一种认识和评价，是抽象的、主观的。形象是一个带有普遍意义的概念，无论是一个人、一个企业，还是一个城市或一个国家，都存在形象问题。确立形象的目的在于识别，就是通过具体可感的视觉或行为表现，象征性地显

示一种价值和意志在社会公众心目中引起思想和感情的反应，从而影响人们的行为趋向。

企业形象是一个企业在顾客及社会公众心目中的总体印象，进而说是顾客和社会公众（包括员工）对企业的整体认识与综合评价。

（1）企业形象是主客观的统一。从客观上讲，它反映的内容是企业自身的特征和运营状况，是一种客观存在；从主观上看，它反映消费者和社会公众（包括员工）对企业整体经营的认识和评价，属于观念形态。企业形象所表达的是一种关系，即企业与消费者之间的关系、企业与社会公众（包括员工）之间的关系。企业形象会影响消费者是否购买该企业的产品和服务，社会公众是否关注和支持该企业的发展，是否选择到该企业就职并愿意为该企业奉献等。良好的企业形象是企业与社会共同塑造的。所以，企业在塑造形象的过程中，既要充分展现自己的个性，在众多企业中脱颖而出，又要注意满足消费者和社会公众的心理需求和审美情趣，争取消费者和社会公众的认同。

（2）企业形象是具体和抽象的统一。说具体，企业形象是由企业环境、产品、经营、服务、公共关系形象以及管理者、员工形象等具体因素构成的；说抽象，企业形象不是上述因素的简单相加，它反映着企业一种整体的精神风貌，体现着企业具有远见性的经营意识和价值观念。因此，企业形象是体现了哲学抽象的形象。良好企业形象的形成非一朝一夕之功。

（3）企业形象内在与外在的统一。内在形象是企业在员工心目中的形象，它在很大程度上左右着员工对自己工作的选择以及对所从事工作的态度。内在形象的好坏是通过企业凝聚力、向心力和吸引力大小反映出来的。外在形象是企业在外部公众和消费者心目中的形象，它表示企业对外的知名度、美誉度及外部公众和消费者对企业的信赖度和忠诚度。内在形象和外在形象是相辅相成的，良好的企业形象是二者完美结合的产物。研究企业形象时多以外部形象为主。

2. 企业形象的特征

（1）整体性。企业形象包含的内容范围相当广，从物到人、从产品到服务、从经营到管理、从硬件到软件，无所不及，具有多方位、多角度、多层面、多因素的特点，它是一个复杂的系统。

（2）对象性。企业形象在不同的社会公众对象中有不同的理解和认识。企业要与方方面面的社会公众打交道，而公众自身的需要、动机、兴趣、爱好、价值观、文化素质等千差万别，导致他们在对企业形象的认识途径、认识方法上会有所不同。企业所作的主观努力与社会公众评价在大多数情况下是一致的，但也有不尽一致甚至矛盾的时候。因此，在塑造企业形象的过程中，企业要研究社会公众一般与个别的兴趣、爱好、需求等，尽可能取得社会公众广泛的认同。

（3）效用性。企业形象代表着企业的信誉、产品的质量、人员的素质、管理的效率、股票的价值等，既是企业重要的战略资源和无形资产，也是一种生产力。一个著名企业的形象价值有时高得令人难以置信，但却是真实存在的；而平庸、不良的企业形象，则得不到社会公众的支持，尤其得不到顾客的青睐，其价值在市场上一文不值，甚至是负值。因此，企业形象的塑造和建设是关系企业生存和发展的百年大计。

（4）稳定性。企业形象一旦在社会公众心目中形成某种心理定式后，一般很难改变，即俗话说的"先入为主"，表现出相对稳定的特征。即使企业某些方面发生一些变化，如果信息刺激较弱，也不会引起公众的足够重视。当然，稳定性并不意味着一成不变，只要企业变化的信息刺激足够大，且这些变化又正是公众所关注的，那么公众对企业的态度和评价就会发生改变。

（二）企业形象的功能

企业形象作为无形财富，在企业文化体系中具有重要的功能。

（1）赢得公众支持。良好的企业形象，使企业为社会所做的贡献被公众所肯定。社会公众一旦对企业产生信任感，就会发自内心地给予企业以厚爱与支持，使企业的生产经营活动得以顺利进行。

（2）创造消费信心。良好的企业形象，引导消费者认识企业，光顾企业，忠诚企业，争取消费者的青睐，创造消费信心，在市场上获得消费者更多的选票。

（3）增强筹资能力。良好的企业形象，能使企业在较短的时间内积聚资本，扩大经营规模，提高市场开拓能力和抗风险的能力，增强发展后劲。

（4）稳定供应链。良好的企业形象，可以吸引更多的合作伙伴，使企业建立稳定可靠的经销渠道，为建立稳定的供应链奠定信用基础。

（5）形成凝聚力。良好的企业形象，使全体员工产生与企业荣辱与共的思想，赋予企业员工自豪感和自信心，从而自觉地把自己的命运同企业命运联系起来，产生强烈的责任心，形成强大的企业凝聚力。

（6）广纳贤才。良好的企业形象，会像磁石一样产生人才磁场，吸引优秀人才的流入，增强企业人才优势，形成企业人才高地。

（7）强化核心竞争力。因为企业形象中包含的品牌价值可以作为无形资产进行评估，知名品牌的市场价值远远超过它的营业额或有形资产，使企业展示出雄厚的经济实力和核心竞争力。

二、构成要素

从企业形象的内容组合角度看，企业形象的构成要素包括：理念、产品、服务、员工、经营管理、公共关系、环境和作风形象等。

（一）理念形象

企业理念是企业的灵魂和精神支柱，是企业文化的个性体现，也是企业理想与追求在哲学境界的表现形式。企业理念形象是指顾客和社会公众对企业价值追求和文化品位的总体印象与评价。有清晰的理念形象才有鲜明的企业整体形象。理念形象的基本内容反映了企业的价值取向和经营主张，其形式往往通过向社会公开昭示的经营方针、经营宗旨、企业精神、品牌核心价值及主打广告语等反映出来，成功的企业理念传播能够为企业树立起一面鲜艳的旗帜，使企业形象深入人心。

（二）产品形象

产品形象是指顾客和社会公众对企业生产产品的品种、质量、性能、规格、款式、造型、设计、商标、包装、标志、价格等方面的总体印象与评价。产品形象是企业形象的物质基础，其优劣是企业形象好坏的集中体现。企业要塑造良好的企业形象，必须首先研究市场的需要，突出产品优异的质量和卓越的性能，突出产品的特色和文化魅力。

（三）服务形象

服务形象是指顾客和社会公众对企业服务方式、服务功能、服务态度、服务质量等方面的总体印象与评价。企业的服务功能越全，服务方式越广泛，服务态度越好，人们对企业的亲切感、依赖感越强，企业的知名度和美誉度越高。在"消费者是上帝"的市场经济社会，面对产品同质化越来越突出的现实，服务竞争成为继产品竞争后第二次竞争的焦点。以精湛周到的服务取胜，不失为激烈商战中塑造良好企业形象的关键一招，它既能弥补产品形象的不足，也能提升产品形象。服务形象是企业形象的活力所在。服务形象包含有形服务形象和无形服务形象，随着企业间服务竞争的加剧，竞争的重点逐渐由有形服务转移到无形服务上。鲜明的服务形象是以特色取胜的。

（四）员工形象

员工形象是顾客和社会公众对企业员工工作状态、效率及精神面貌等的总体印象与评价。员工形象具体包括管理者形象和一线员工形象。管理者形象主要通过管理者群体，尤其是企业主要领导人的知识、能力、魄力、品行、风格和业绩等方面反映出来；一线员工形象主要通过员工的职业道德、行为规范、精神风貌、文化水准、服务态度、业务技能和仪表仪容等方面反映出来。企业是人的集合体，员工的形象直接影响企业的形象。管理者形象好，可以增强企业的向心力和社会公众对企业的信任度；一线员工形象好，可以提高企业的服务力和竞争力。员工形象是决定企业形象的能动力量。

（五）经营管理形象

经营管理形象是指社会公众对企业的管理体制、管理制度、经营战略、经营方式以及经营成果与效益等方面的总体印象与评价。一个制度先进、经营有方、管理有序、效益突出的经营管理形象是企业实力的表现。

（六）公共关系形象

公共关系形象是指社会公众对企业在处理各种社会关系时的态度及行为的总体印象与评价。现代企业既是经济组织，也是社会组织，只有开展好各种维护信用、热心公益并且善于同社会友好交往的公共关系活动，争取公众的理解、信任与支持，才能求得生存与发展。公共关系已被现代企业视为与资金、技术和人才并列的影响企业发展的四大因素之一。成功的公共关系本身就是企业形象的重要内容。

（七）环境形象

环境形象是指社会公众对企业生产、生活条件状况的总体印象与评价。对企业来说，环境形象如同人的仪容仪表，好的环境形象不仅清新悦目，魅力十足，而且富含神韵，感染力极强。所以，树立环境形象应以企业理念与精神为基调，体现企业经济实力和经营管理特色，体现健康、美感和创造性，展现企业特色文化的风采。好的环境形象，对内能激发员工的积极性与创造性，渲染一种愉悦、审美的氛围；对外能吸引顾客和社会公众，获得意想不到的情感表述效果。

（八）作风形象

作风形象是指顾客和社会公众对企业风格和精神风貌等方面的总体印象与评价，是企业软性形象的综合反映。企业风格表现了企业行为方式的个性，如员工的工作风格、管理者的管理风格等；精神面貌是员工工作状况的表象特征，如勤奋敬业的工作状态、隆重热烈的典礼仪式、健康多彩的业余生活、浓烈的学习氛围和团结和睦的气氛等。

丰田汽车公司的创始人之一藤泽武夫在比较美、日企业的不同风格和管理特色后说：日本和美国的企业管理者有 95% 是相同的，但在一切重要的方面却不一样。这不相同的部分主要是文化与作风。良好的企业形象一定有好的作风相伴随。英特尔公司明确规定了自身的企业风格、管理作风。其内容大致为：

（1）员工有自己的个性和特点，但为实现组织目标，须遵循某些共同的管理方式。

（2）员工能作自我批评。

（3）鼓励员工坦率地、建设性地揭露问题。

（4）共同做出决定，决定一经作出，大家都要支持，鼓励低层组织单位参与做出决定。

（5）坦诚相处，信息充分交流。

（6）有严格的组织纪律。

（7）领导讲真话，重信义，对员工一视同仁。

（8）领导勇于对决策负责。

（9）直线经理负有培训雇员的职责。

上海嘉丰股份有限公司以"虚心好学，严细成风，一丝不苟，精益求精"的作风铸就了良好的企业形象；大庆石化公司也以"三老四严"的企业作风著称于世。影响作风形象形成的因素，除了企业家素质、个性作风这一导向因素外，还包括企业文化传统以及企业经济与人文环境因素、时代因素和传统文化因素等。

三、塑造鲜亮的企业形象

（一）企业形象的基础

企业形象是一种高层次、高品位的竞争手段。它的背后是质量、信誉及良好的顾客满意度。如果没有质量、信誉及良好的顾客满意度为基础，企业形象只能是无源之水和无本之木；靠"包装"塑造出来的企业形象，只能是金玉其外，败絮其中。

1. 质量

质量是企业的生命，既是企业形象的物质基础，也是企业产品形象和服务形象的本质属性。只有在保证质量的前提下，企业所提供的产品和服务才谈得上形象问题。质量是产品和服务进入市场的通行证。

需要指出，现代企业强调质量，不仅重视产品质量，更重视服务质量。市场越发达，服务的内涵和外延越大。传统企业为了扩大经营，增加利润，往往靠追加资金、降低成本、添置新设施等手段，现代企业的经营则更注重增加服务附加值。只有为顾客提供更多的服务附加值，才能赢得顾客的信赖与忠诚，在顾客心目中树立起代表着崇高价值的企业形象。从现代市场观念来看，服务不仅成为一种特殊的商品，而且还有着深厚的文化内涵，体现着"尊重人的价值，尊重人的需求"的现代理念。

通常，当顾客接受企业的产品和服务时，就会在心目中对该企业的"质量"形成一个基本的认识与评价，这种认识与评价，不管是好是坏，都会不同程度地得到传播，其中对企业不好的认识与评价的传播速度会更快，这就直接影响了企业的形象。因此，成功的企业深知，质量是企业形象的生命，并极力谋求产品质量和服务质量的提高，进而带动整个经营管理质量、环境质量的提高。提升质量也是更新企业形象的关键路径。

2. 信誉

信誉是企业长期诚信经营的必然结果，也是企业各种具体形象的综合反映。一个信誉良好的企业，必定视信用为生命，把践约守信作为企业经营的基本信条，在销售产品的同时，也在销售企业的信誉，树立企业的知名度、美誉度和可信赖度。

提升企业信誉，夯实企业形象的无形基础，企业就要在经营服务和管理活动中，在公共关系活动中，取信于顾客，取信于合作者，取信于社会公众。在企业内部，领导取信于员工；员工取信于企业。

3. 顾客满意度

无论是企业的产品质量还是信誉，都是以满足顾客需求的程度来衡量的。建立顾客满意的管理系统，显示以顾客利益为重的真诚，将顾客满意所引发的对企业的信任和忠诚作为企业最重要的资产，这是现代企业客户管理的基本理念。企业形象最终是由顾客评价的，企业若没有顾客支持，就无好形象可言。所以企业的一切生产经营活动都是为了最大限度地使顾客达到满意，即使再先进的技术、再优质的产品，如果不能满足顾客的意愿，不为顾客所需要，这样的企业及其产品也是无用的。可以说，使顾客满意是树立企业形象的根本目的和根本出发点，从企业理念的确立，到领导者、员工素质的提升和作风的改变，到产品、服务及经营管理质量的提高，到公共关系的开展，再到环境的改善，均应以顾客为轴心，以顾客满意为目标。

综上所述，企业的质量和信誉分别构成了企业形象的有形基础和无形基础，而这两个基础又是以顾客满意度为核心和灵魂的，所以塑造企业形象的过程实质上是处理企业与顾客、企业与社会公众关系的过程。可以这样说，塑造企业形象的基础，就是打好"群众"基础，就是要赢得顾客的心，进而赢得社会公众的心。在激烈的市场竞争中，唯有使顾客满意的企业才是不可战胜的。

（二）企业形象的塑造原则

塑造企业形象是科学，也是艺术。在实际运作中既要按照其内在的规律办事，又需要创造性地工作。在塑造企业形象的实践中应坚持以下三条原则。

1. 差别化原则

塑造企业形象要突出个性，强调差别化。企业既要从实际出发，又要坚持别具一格，勇于创新形象。具体来说，企业坚持差别化，要突出国家或地区特色、行业文化特色和企业文化特色；企业要根据客观需要，着力抓好突破口；企业要应用象征性标记，如商标、店徽等，通过视觉识别设计，使企业特征易于传播，便于记忆，使企业形象深入人心。

2. 整体性原则

企业形象的塑造，涉及企业的方方面面。首先，企业形象与企业价值观、企业精神和伦理道德密切相关，相互渗透，构成企业统一的整体文化。企业形象是企业价值观、企业精神和伦理道德的外在表现，而企业价值观、企业精神和伦理道德则是企业形象的精髓和灵魂，对企业形象有着决定性的影响。因此，塑造企业形象，不能离开企业价值观、企业精神和伦理道德的培育。其次，企业形象的塑造，有赖于全体员工的共同努力。企业的整体形象是企业生产经营每一个环节具体形象的凝结，员工优秀，必然给企业整体形象增辉。塑造企业形象绝不仅仅是领导者的事，更是是全员的事，因为企业形象构成要素中就包含"员工形象"。最后，企业形象的塑造必须与企业的技术创新、经营创新、市场开发结合起来，与企业管理的改善结合起来；同时，充分利用新闻媒体，做好宣传推广，才能收到较为理想的效果。

3. 战略性原则

塑造企业形象是企业对未来的投资，是一项长期的任务，需要企业投入较大的精力和费用，花费很长的时间，需要有目标、有计划、有步骤地实施。塑造企业形象，实际上包含着三种行为：挽救形象，即扭转不良的企业形象；维护形象，即避免现实良好的企业形象受损；更新形象，即根据客观形势的变化，及时改变形象定位，创造更受社会欢迎的形象。对一个具体企业而言，在不同的发展阶段，上述三种行为的侧重点虽不同，但都具有战略意义。不良的形象不能及时挽救，任其自然发展下去，企业就会失去顾客，失去公众，失去市场；现实良好的形象不注意随时精心维护，一旦受损，再想扭转，将会事倍功半，其损失难以估量；现有形象不能随环境改变而及时更新，企业形象就会落伍，时间长了就会被顾客和社会公众所遗忘。因此，企业必须审时度势、把握自身形象状态，把塑造形象作为一项战略任务抓紧抓好，通过挽救、维护或变革等措施，使企业形象经常保持良好状态。

案例 4-5

可口可乐更改配方

"就算可口可乐的全部工厂在一夜之间烧毁，也可以在第二天重现辉煌……可口可乐99.61%是碳酸、糖浆和水。如果没有在饮料瓶上打上'可口可乐'商标，还有谁会喝它呢？"可口可乐前总裁罗伯特·伍德罗夫如是说。世界第一品牌可口可乐的形象有太多内涵，而这些内涵中，不可或缺的就是其鲜明的文化特征。

1985年4月3日，当可口可乐宣布更换可口可乐配方，推荐"更圆润、更可口"的New Cole，借助媒体的广泛传播，在24小时之内，有81%的美国人知道了这一消息，其公众获悉率竟超过了1969年7月的阿波罗登月。在"新可乐"问世的当天，就有1.5亿人品尝到了它。新产品走进市场如此之快，几乎是绝无仅有的。但这并未因此而使"新可乐"代替"老可乐"的计划获得成功。面对铺天盖地的反对浪潮，甚至游行活动，可口可乐公司不得不在"新可乐"上市的79天后（1985年7月11日）恢复"老可乐"的生产。虽然可口可乐更换配方未能如愿，甚至被百事可乐公司美国业务部总裁罗杰尔·恩里克称为"80年代的Easel"（Easel是美国福特公司在20世纪50年代开发失败的车名），但是，人们（包括可口可乐公司）却从中发现了可口可乐品牌或产品深处隐含着的文化。这也是使可口可乐得以再度崛起的重要的原动力。

"可口可乐"不仅是一种碳酸饮料和享誉全球的饮料品牌，同时它也是美国文化的象征。正像怀特所说，可口可乐代表着美国精神。喝一口可口可乐，不仅可以感受到清凉，似乎还把整个的美国精神灌进了体内。一个品牌成为民族文化代表的时候，它几乎就是不可战胜的，除非这个民族已经失败。

　　资料来源：根据中国著名品牌网的相关资料整理而成。

要点总结

　　本章所阐述的企业文化基本结构问题，在整个企业文化理论研究中占有重要地位，在企业文化管理实践中也具有重要意义。

　　（1）企业文化是一个整体，企业价值观、企业精神、企业伦理道德和企业形象几个基本要素不可割裂。在管理实践中，只有整体考量和规划才能事半功倍。

　　（2）在企业文化基本结构中，企业价值观和企业精神是内核。整个结构由外向内，是由具体到抽象的。较具体的形象和行为规范，相对容易塑造；较抽象的价值观和企业精神，更多地反映企业文化的普遍规律和内在特质，塑造难度较大。企业文化结构的改变，最根本的是企业价值观和企业精神的改变。

　　（3）在管理实践中，往往是从改变企业形象和建立新的企业伦理道德入手，进而推动企业价值观和企业精神的进步和升华的。

练习与思考

一、解释概念

价值、价值观、企业价值观、本位价值观、企业精神、伦理道德、企业伦理道德、企业形象

二、简答题

1. 简述企业价值观的特点与作用。
2. 简述树立正确的企业价值观应当遵循的排序原则。
3. 简述企业精神的特征。
4. 先进企业的共同精神追求是什么？
5. 简述企业精神的表达原则和方式。
6. 简述企业伦理道德的本质和特征。
7. 简述企业伦理道德的基本原则和内容。
8. 简述企业形象的特征。
9. 简述企业形象的构成要素。

三、思考题

1. 如何理解企业文化结构各构成要素的地位、作用及相互关系？
2. 联系实际说明企业价值观的三个层次及其相互关系。
3. 树立企业价值观的难点在哪里？联系企业经营实际阐明如何正确处理好"义与利"的关系。

4．结合实际论述如何培养现代企业价值观。

5．企业精神是怎样形成的？结合实际论述如何培育有个性的企业精神。

6．怎样正确认识企业伦理道德与企业制度的关系？

7．结合实际论述如何建设新型的企业伦理道德。

8．企业形象的基础是什么？结合实际论述怎样塑造鲜亮的企业形象。

9．从同仁堂和可口可乐的案例分析中得到哪些启示？

第五章 企业文化管理主体

学习提示

　　企业文化即企业"人化"。人是文化的创造者，也是文化的载体。企业中的每一名成员都是一个文化因子，企业文化是由若干文化因子相互结合、互动而成的文化有机体，在企业文化有机体中，每个文化因子都以它特有的方式发挥作用。企业成员从普通员工、文化楷模到企业家，尽管在企业经营中的分工不同，责任和权利不同，但都是企业文化建设与管理的主体，靠自身的实践与创造，推动企业文化的进步与发展。

　　本章分三节，分别介绍企业员工、文化楷模和企业家这三类典型的企业文化因子在企业文化形成与发展过程中的地位与作用，以及如何提高这些文化因子的素质，进而推动企业文化的进步。

学习要求

　　1. 掌握：企业员工、文化楷模、企业家在企业文化建设与管理中的角色；以人为本的内涵。

　　2. 熟悉：培育名牌员工、造就文化楷模和建设高素质的企业家队伍的途径或方法。

第一节 企业员工

一、企业文化的创造者与实践者

毛泽东曾经说过，人民群众是创造历史的真正动力。企业员工既是推动企业生产力发展的最活跃的因素，也是企业文化建设与管理的基本力量。企业文化建设与管理的过程，本质上就是企业员工在生产经营活动中不断创造、不断实践文化的过程。

（一）企业文化的创造者

企业员工身处生产经营第一线，他们在用自己勤劳的双手创造物质文明的同时，也在用自己的智慧创造着精神文明。企业文化既体现着企业家的智慧，更体现着员工的智慧。在企业中，个别员工也许不是最有智慧的，不一定比得上高层管理者和企业家，但他们作为一个群体，集体的智慧是最强大的，正是靠着他们集体的聪明才智，不断丰富着企业文化的内容，推动着企业文化的革新与进步。比如，企业员工在新技术、新产品开发中，接触到大量的科技信息，迸发出很多先进思想的火花，这些信息和思想火花集中起来就可能成为一种新文化的材料，技术与产品的开发过程也就变成文化的变革过程，创新思想、宽容失败以及实事求是的文化观念可能由此而生。再如，员工从事生产活动，面对现代化大生产，分工细密，环环相扣，一个环节出现纰漏，就会影响整个生产过程，因此协作观念和集体精神应运而生；同时，现代化作业要求人们办事认真，遵守规范和标准，因此也会产生与之相适应的精益求精的工作精神和严谨、严格、严密、严明的工作作风。又比如，员工从事营销活动，与供应商、经销商、竞争者及顾客打交道，会使他们树立强烈的市场意识、竞争意识、危机意识、风险意识和先进的服务理念，并认清企业与供应商、经销商、竞争者、顾客相互依存的关系，认清竞争与合作、经济效益与社会效益、企业眼前利益与长期利益的辩证统一关系。

固然，企业文化离不开企业家的积极倡导和精心培育，这种倡导和培育加速了企业文化的新陈代谢，即摒弃旧文化、创造新文化的过程。但是，企业文化源于企业生产经营实践，源于员工在生产经营实践中产生的群体意识。可以说，新文化是由员工在生产经营实践中创造的，没有这种创造活动，企业文化就犹如无源之水、无本之木。

不可否认，在信息时代，文化的相互传播速度越来越快，就一个企业来讲，企业家可能从企业外部（如其他企业）捕捉到一种新的文化，在本企业加以倡导和推广，但这种新的文化从广义来讲也是员工（其他企业员工）创造的，即使移植到本企业也必须有现实基础；否则，远离企业实际，再好的文化也不会发挥作用。

（二）企业文化的实践者

员工不仅是企业文化的创造者，也是企业文化的"载体"，是企业文化的承载者和实践者。企业文化不仅是蕴藏在人们头脑中的一种意识、观念、思想和思维方式，从实践的角度看，它也是一种行为方式、办事规范、作风、传统习惯和精神风貌。如果企业文化只停留在精神层面，不能通过行为表现出来，就没有多大价值。在企业文化由精神向行为以及物质转化的过程中，员工是主要的实践者，正是靠全体员工在工作和生活中积极实践企业所倡导的主流文化，以一种正确的行为方式和行为规范，一种优良的工作作风和传统习惯，一种积极向上的精神风貌，爱岗敬业，做好本职工作，才能生产出好的产品，推出优质的服务，创造出最佳的经济效益，产生由精神变物质的巨大效应。

从这个角度看，企业文化管理过程就是在企业家的引导下，员工积极认同、自觉实践的过程。员工实践的好坏，直接决定了企业文化管理成果的大小。企业文化管理是需要一定的提炼、灌输和宣传推广等活动的，但这些活动都是手段，目的是实践。经过实践的企业文化才是真实的企业文化；否则，只能是可能的或泡沫的企业文化。

从上述企业文化的创造和实践两个环节看，企业员工都起到关键性作用。人创造文化，文化也培育人、改造人、支配人。员工创造并实践企业文化，企业文化作为员工成长和发展最重要的环境，反过来也改造并提高了员工的思想素质、道德素质和文化素质。企业文化与员工素质在相互推动中共同得以提高。也正是因为此，在企业文化管理中应充分贯彻"以人为本"的主旨。

绝不忽视小人物

有一年夏天，"六必居"里一个出门要账的伙计跟一个穷书生攀谈，知道他是一名候补盐大使，北上来"投供"，加捐，可惜的是"本钱"不够，落魄在此。

这个伙计一念怜才，决定拉这个书生一把。恰巧，这时这名伙计有笔款子可收，这笔款子不大不小，三百两，原是吃了"倒账"的，在店里来说，已经认赔出账，如果能够收到，完全是意外收入。

这个伙计把收来的那笔钱借给了那书生，还把自己攒的一点钱也给了他。他想，反正这笔款子在店里已经无法收回，如今借了给那书生，将来能还最好，不能还，店里也没有损失。这个想法也不能说没有道理，便自己做主了，而且自己写了一张书生出具的借据送到总管店务的"大伙"那里。

"大伙"如何能容小伙计这种"一厢情愿"的想法？念在他平日有功，也不追究，请他卷铺盖走人。

这件事被"六必居"的东家知道后，非但没责怪那小伙计，还认为他很讲义气。亲自上门找到他，要他回店工作，还嘉奖了他几句，不过交代了如果再遇到这样的事，应先和东家打个招呼。

众人对"六必居"东家的这一举动褒贬不一。

不久，书生终于捐官成功，并且在官场里疏通时，巧遇贵人，所以官捐的还不小。他不忘小伙计的恩情，天天打听，终于找到了。

书生身着官服，直赴"六必居"。

小伙计当然也欣喜万分，不仅他的不白之冤，可以洗刷干净，而且更彰显了"六必居"东家的用人策略和眼光的独到。

经过这桩事以后，"六必居"的名声更是响亮。

某日，一个名叫张夺标的青年来到"六必居"酱菜店，跟掌柜的说"自己想来店中当伙计"。

由于当时店内不需要增添人手，因此掌柜的便回绝了对方。哪知这一青年并没有就此甘休，却直接又去找东家。东家以礼相待，以同样的理由婉言回绝了对方，张夺标再次遭到拒绝后，没有灰心丧气却说道："贵店什么时候添伙计我再来。"东家见此人意志坚定，而且比较机敏，心想如此有恒心的人应该是一个很不错的苗子，便破例收张夺标当了店伙计。

1900 年，八国联军侵占北京，义和团出于义愤，在北京焚烧卖洋货的商店，旧历五月二十，大栅栏一家经销药的商店被烧，大火殃及"六必居"。

店伙计张夺标，冒着生命危险把"六必居"金字牌匾抢救出来。

事后，东家特意设宴款待张夺标，并表示要以重金酬谢张夺标。但张夺标没有接受东家的谢银，他对东家说："当初东家的知遇之恩，我今生无以报答，我身为'六必居'的一员，这样做是分内之事。"

资料来源：时代先锋网，nc.zjsdxf.cn/read.

二、"以人为本"的主旨

（一）人的本质

人为什么能够创造文化、承载文化和改造文化？我们需要对人的本质进行一些考察，从而也为确定以人为本的主旨找到理论依据。

在西方传统哲学那里，人是介于神与自然之间的第三者，既具有灵魂，又具有肉体，人区别于神是因为人有肉体和物质性，人区别于自然是因为人有灵魂和精神性。

在中国传统哲学看来，人总是处在与他人的相互关系中，人区别于动物的关键在于人有道德，学会修身养性、学会做人是人生的主要目标。

在此基础上，马克思主义强调从社会关系和实践活动中来理解和把握人，认为人是名副其实的社会动物，劳动创造了人本身，人是各种社会关系的总和。

从以上可以看出，人是具有自然属性、社会属性和精神属性的复合体，但本质是社会性和劳动性。依据这种观点，我们不难推出这样的结论：人作为社会环境和时代的产物，对集体（或社会）具有依赖性；同时，人是自己命运的主人，在适应环境的过程中改造环境，在承载文化的同时也创造文化。因此，现代企业只有坚持以人为本，确立员工在企业管理中的主体地位，相信群众和依靠群众，才能把企业办好。

在现代企业生产经营活动中，或者说在生产力的进步中，人是最积极、最活跃、最关键的因素，是创造力的源泉。人的主观能动性发挥得如何，直接关系到企业生产经营效率和经济效益的高低。尤其是在激烈的市场竞争环境里，在决策正确的前提下，哪个企业能够最大限度地调动员工的积极性，开发员工的潜力，哪个企业就能争取主动，获得长足发展。

（二）"以人为本"的内涵与实践途径

"以人为本"，即把人作为企业管理的根本出发点，把确立人的文化主体地位，满足人的需要，提高人的素质，充分调动人的积极性，作为企业文化管理的重要任务。也就是提倡尊重人，相信人，激励人，发展人，使人能动地发挥其无限的创造力。

坚持"以人为本"的主旨，其主要实践途径是解决好以下四个相互联系的问题。

1. 充分地重视人

充分地重视人，即视员工为企业的最佳资本，把管理的重心转移到做人的工作上来。长期以来，在企业中存在着重经营、轻管理的现象；在管理中又往往把侧重点放在建制度、定指标、搞考核上，忽视员工的主观能动性。实践证明，这种只见物不见人、重物轻人的做法，是无法实现管理的预期目的的；只有充分重视人，尊重员工的文化创造和民主参与行为，发挥人的主动性与积极性，才能确保企业的活力。

2. 正确地看待人

正确地看待人，即明确员工作为企业管理与文化主体的地位，处理好管理者与员工之间的关系。近一个世纪以来，围绕企业员工是什么人的问题，西方学者进行了大量探索，提出了"经济人""社会人""自我实现的人"和"复杂人"等多种假设。尽管随着管理实践的深入，这些假设一个比一个趋于合理，但都没有摆脱一个大的思维模式：管理者是管理主体，员工是管理客体；所谓科学管理就是谋求管理主体对管理客体的有效控制。用这一思维模式指导实践，不能解决管理者与员工之间固有的冲突与矛盾。从根本上讲，员工是企业管理与文化的主体。企业只有充分尊重、信任员工，确保其主体性，才能实现管理者与员工文化追求的一体化，企业共享型的文化才能建成。

3. 有效地激励人

有效地激励人，即在确保员工主体地位的基础上，充分调动员工的积极性，把蕴藏在员工中的聪明才智充分激发出来。为了达到这一目的，必须进一步完善企业的民主管理制度，保障员工的民主权益，使员工能够广泛地参与企业的各种经营管理活动；改变压制型的管理方式，推进组织扁平化，变高度集权式的管理为集权与分权相结合式的管理，变善于使用行政手段进行管理为多为下级提供帮助和服务，变自上而下的层层监督和控制为实行员工的自我监督和自我控制；为员工创造良好的工作条件和发挥个人才能、实现个人价值的平台，完善人才选拔、晋升、培养制度和激励机制，帮助员工进行个人职业生涯设计，满足员工物质和精神上的各种需求。

4. 全面地发展人

全面地发展人，即努力把员工培养成为有理想、有道德、有文化、有纪律的新型劳动者，这是企业文化管理的一种使命。好企业是一所好学校，它不光是人的使用者，而且也是人的培育者。企业只有重视对员工的培养，提高员工的道德修养、科学文化素质和各种能力，丰富员工的物质和精神生活，才能使员工得到全面发展，成为有高素养的文化人和关注自身与企业双重价值的现代企业人。企业员工全面发展、素质提升的过程，就是企业文化创造与创新的过程。

三、培养名牌员工

（一）培养名牌员工的必要性

在科学技术迅速发展、市场竞争日益激烈的今天，员工队伍的素质越来越成为企业能否生存和发展，能否成功地进行文化创新与变革的决定性因素，成为企业竞争力强弱的主要标志。美国经济学家莱斯特·瑟罗提出，企业提高竞争能力的关键，在于提高基层员工的能力，也就是要造就名牌员工。比尔·盖茨也说过：职员是微软公司的宝贵资产，只有智慧灵活的头脑，才能避免落后于人，永处高峰。微软公司成为世界软件业的先锋，得益于它拥有高智慧和灵活头脑的名牌员工。名牌员工是需要具备事业心、忠诚心和责任感的，是具有高超的技术、熟练的操作技能的，是守纪律、讲协作并具有创造性的。员工只有具备这些素质和能力，才能适应现代企业生产经营活动的需要，才能真正成为企业文化发展和创新的主体。因此，企业文化管理必须围绕提高员工的素质、培养名牌员工来进行。

（二）世界各国的经验

要培养一支高素质的企业名牌员工队伍，就要抓好员工的培训。员工培训是企业通过教学或实验等方法，促使员工在道德、品行、知识、技术等方面有所改进或提高，保证员工能够按照预期的标准，完成其承担的工作与任务。

培训相当于给员工进行能量输入，也就是我们常说的"充电"。据有关资料介绍，一个人一生中获得的知识，10% 来自学校，90% 来自社会。在知识和信息爆炸的时代，除了进行相应的岗位培训外，不断地进行智力投资，对员工进行知识更新和信息激励，是保持企业活力的关键。有的国家将企业培训部门称作最佳投资部门，就是说通过培训可以用最小的投入获得较大的利润。当然，做好员工培训，首先要根据企业的经营战略和人力资源开发的需求，制定科学可行的员工培养规划，包括企业自我培养和委托社会培养、脱产培养和岗位培养的计划等。

在员工培训方面，德、日、美等国的做法和经验值得我们借鉴。

1. 德国：完备的职业培训制度

德国实行"双轨制"的职业教育与培训，员工培训具有法律保证，实现了培训多层次、网络化，同时也有经费保障。除了政府投资外，主要的是企业投资。在德国培养一名合格工人需要 6 万～ 7 万马克。企业一般要拿出销售额的 1% ～ 2%，或投资额的 5% ～ 10% 用于员工培训。科学的培训机制和巨额的投入，造就了德国企业高素质高技能的工匠队伍，这为德国第二次世界大战后经济起飞和高质量的产品迅速占领世界市场创造了最好的条件。"奔驰"之所以质冠同侪，傲视全球，这与梅赛德斯—奔驰公司重视员工培养密不可分。公司管理人员认为，高品质与人员的高素质成正比。梅赛德斯—奔驰公司为培养员工不遗余力，在国内设有数百个培训中心，公司鼓励管理人员和技术人员到高等院校去学习、深造，不仅工资照发，还赞助学费，报销路费，甚至在住宿方面还给予补贴。梅赛德斯—奔驰公司在中国北京、广州、西安、成都和上海建有 5 家培训中心，其中 2014 年 7 月建成的梅赛德斯—奔驰上海培训中心，投资 1 900 万美元（约合 1.2 亿元人民币），占地 11 250 平方米，包括 20 个配备多功能应用程序的理论教室、10 个可提供技术维修以及车身维修培训的实操教室以及根据模拟经销网点实景标准设置的接待区、800 平方米的活动区等，成为奔驰乘用车全球规模最大的培训中心。西门子公司坚守"决不会为了短期利益而出卖未来""人的能力是可以通过教育和不断的培训而提高"的理念，对员工培训重视有加。整个公司拥有 11 个综合培训中心，700 名专业教师和近 3 000 名兼职教师，在 18 个国家设有 39 个培训中心，形成了庞大的企业"五级培训课程"教育系统。在中国，西门子与北京市国际技术合作中心合作，共同建立了北京技术培训中心，中心在合同期内负责为西门子在华建立的合资企业提供人员培训。正是西门子公司大力投入抓培训，才使其在德国乃至世界同行业中，保持着强大的人才优势和技术优势，产品质量一直保持着领先地位。

2. 日本：健全的能力开发系统

在日本，员工教育以企业为主体，企业内教育十分发达。20 世纪 80 年代以来，日本进入"没有样板的独立发展时代"，新就业的员工学历普遍提高，价值观也呈现多样化，日本的企业内教育也由单纯的学校教育的延伸或补充，偏重于知识传授和技能训练，向全面塑造"现代企业人"的方向转化。适应这种变化，新型的教育体系包括三个部分：一是系统教育，即就业前教育和就业后新职员教育、新职员集体住宿研修、普通职员研修、骨干职员研修、高级职员研修、指导层新任职研修等；二是现场教育，即可通过以老带新的指导员制度、自我申报制度（一种旨在让工作适应人，充分开发人的潜能的制度）、职务轮换制度等培养员工的实际能力；三是自我开发资助，即鼓励员工参加函授教育和外部研修班。松下公司以"造就人才的公司"而著称于世，该公司设置的教育训练中心下设 8 个研修所和一个高等职业学校，专门负责本公司各级员工的培养。同时，还通过自我申报、社内招聘、社内留学、海外留学等制度造就人才，从而使松下公司制造好产品的同时也不断造就着一批又一批优秀的人才，反过来，优秀的人才又不断创造着更好的产品。日本三洋电机公司把员工培训看成企业生死攸关的事，公司不仅有先进的教育设施和体系，而且每次培训开班，总经理都要与学员进行交谈，直接传授做人与做事之道。

3. 美国：教育的高度社会化与企业的高投入

在美国，教育的社会化程度很高，员工的整体素质也高，员工就业之前就已经有很高的专业技术素质。美国没有一个公司能保证职员终身雇佣。但多数企业仍然十分重视员工培训。以 1900—1959 年为例，美国用于改进机器设备的投资仅使利润增长 3.5 倍，而同一时期的教育投资却使利润增长了 17.5 倍。很多公司设有自己的大学和培训中心，它们一方面通过脱产的新工人培训班和在职工人听课、案例讨论和角色扮演等形式进行培训；另一方面也通过在岗指导、工作轮换和特殊委派等办法进行培训。近年来，美国公司的教育支出以每年 5% 的速度增长，用于教育培训的支出非常惊人。IBM 公司、得克萨斯设备公司、摩托罗拉公司等将其雇员工资总额的 5% ～ 10% 用于雇员培训活动；美国企业平均培训投资为工资总额的 2%。美国教育委员会已确认超过 7 000 家公司能够颁发自己的学位。有些公司的做法是与大学建立密切的合作关系，代替公司进行员工培训。美国通用电气公司把培训职员作为公司的重要使命，公司的培训中心每年培训人员可达 5 000 人，而且每年还要组织 5 000 人到国外接受各种培训。该公司对每年新录用的大学毕业生，规定必须经过 2 ～ 3 个月的工作和学习，才能转为正式雇员；对于其他公司跳槽转入的员工，也毫无例外地必须接受相应的专业培训；对于高级主管人员的培训，最长可达 4 个月。这是通用电气公司保持长盛不衰的重要原因。摩托罗拉公司有自己的摩托罗拉大学，设 14 个分校，用来培养各类员工。摩托罗拉的员工每年平均接受近百小时的培训，每年要花去超过 10 亿美元，但它们认为这是必须支出的。原总裁图克曾指出：鉴于知识老化的速度加快，除了花更多的钱办教育以外别无选择。

（三）中国企业的战略转变

值得欣慰的是，考察中国近十几年来崛起的知名企业，也开始由靠抓技术、打市场取胜，向不断重视员工培养、创造企业长期优势的战略转变，很多企业从中受益巨大。长虹公司领导者认为，高质量的产品是由高素质的人干出来的，1%的质量问题对用户来说就是100%；市场只承认功劳，不承认苦劳和疲劳，只有高素质的人才能建立功劳，才能被市场所承认。因此长虹公司斥巨资兴建培训中心，配备现代化的教学设备，对员工进行有计划的培训，培训员工数万人次。公司还采取走出去、请进来的方式，与日本、德国等大公司及学校建立合作关系，对本公司技术、管理人员定期进行知识更新的培训。同时，公司还非常重视员工道德培训，通过军训、岗前培训和班前培训等形式，让员工了解公司的文化，提高责任感、成就感、纪律性和奉献精神。实践证明，长虹产品畅销国内外，成为中国家电名牌，是长虹公司"既创一流产品，也创一流人才"战略得以顺利实施的结果。海尔集团30多年来迅速扩张，也得益于它的人才优势。海尔在"人人是人才"思想的指导下，除了重视一般人员培训外，尤其重视通过有效的管理，采用有效的激励机制，促使员工在不同的岗位中成才。他们把传统的"相马"机制变为"赛马"机制，创造了一个"公开、公平、公正"的干部竞争上岗机制，为管理人员和技术人员设立了海尔金、银、铜奖章，为工人设置海尔希望奖、合理化建议奖等，同时实行了"优秀工、合格工、适用工"三工并存的动态转换制度，大大推动了员工学技术、练本领的积极性。海尔大学和海尔国际培训中心能同时容纳1 100人接受培训。海尔集团还非常重视对青年科技人才的培养，不断给他们"输血"，送往国内和国外进行培训，提高他们的科研水平。海尔事业的成功，与其拥有一大批发明人才和掌握现代技术的高素质员工队伍是分不开的。

第二节   文化楷模

一、企业先进文化的体现者

（一）文化楷模的个性特征与作用

1.文化楷模的个性特征

文化楷模又称企业楷模或企业英雄，是指在企业生产经营活动中涌现出来的一批具有较高思想水平、业务技术能力和突出业绩的劳动模范、先进骨干分子和英雄人物。他们是集中体现企业主流文化、被企业推崇、被员工一致仿效的特殊员工。这些人在企业正常的生产经营活动中总是走在前面，成为企业先进文化的体现者和企业文化建设与管理的重要力量。

文化楷模是企业价值观的化身，他们的观念、品格、气质与行为特征都是企业特定价值观的具体体现。正像特雷斯·迪尔和阿伦·肯尼迪所说："如果价值是文化的灵魂，那么英雄就是这些价值的化身和组织结构力量的集中体现。在强文化中，英雄是中流砥柱……英雄是一个巨大的火车头、一个魔术师，是每个遇到困难的人都想依靠的对象，他们有着不可动摇的个性和作风，他们所做的事情是人人想做而不敢做的。英雄们是一种象征。他们的行为超乎寻常，但离我们并不遥远。他们常常是戏剧性地向人们显示，成功是在人们力所能及的范围之内的。"① 文化楷模之所以受人尊敬和崇拜，关键在于他们做了他人能做而没有勇气做的事情。

2. 文化楷模的作用

文化楷模对企业文化的形成和发展起着重要作用。文化楷模是振奋人心、鼓舞士气的导师，是人人仰慕的对象，他们的一言一行、一举一动都体现了企业的价值导向。他们在企业中也许不担任任何管理职务，也许算不上高技术人才，但他们德高望重，备受人们敬重。在他们身上体现出的企业追求的真谛，处于企业文化的中心位置。楷模们是人们心目中崇敬的偶像和有形的精神支柱。如果没有他们，企业文化就会由于缺乏凝聚力而涣散和支离破碎。只有懂得这种企业文化妙用的企业主管和领导人，才能很好地利用员工这种心理去塑造文化楷模，促进企业文化的发展。

文化楷模在企业文化形成中的具体作用是：

（1）榜样作用。文化楷模具有时代特点，体现现实文化的主导精神。他们能以其优秀的品德、模范的言行、生动感人的现实文化形象感染人们。他们的为人和功绩是一般员工直接体验的，容易使大家产生感情共鸣，因而乐意去仿效。

（2）聚合作用。文化楷模产生于群众之中，他们的理想、信念、追求具有广泛的群众基础，易于为群众所认同和敬佩，并产生独特的魅力，吸引着周围的员工，使整个组织同心同德，形成整体力量。

（3）舆论导向作用。在一个良好的组织文化环境中，文化楷模的公正主张和远见卓识，能够控制舆论导向，能够起到引导员工言行、强化企业核心价值的作用。

（4）调和作用。文化楷模以自身在企业中的地位和优势，在解决企业内部的各类矛盾、冲突时起着调和作用。如以公正的态度提出调停条件，判定是非，充分诠释企业处理冲突的立场、原则和手段，化解冲突。文化楷模的调节往往能够起到企业行政方法、法律方法和规章制度等所起不到的作用。

（5）创新作用。文化楷模着迷于把自己的幻想变成现实，其观念、言行常常突破惯例。文化楷模"就像古典文学作品中的英雄，每个英雄都有一条龙在等着他去搏斗，或是有些障碍需要他们去克服"。② 因此，文化楷模本身的创新之举，往往代表着积极的文化倾向。他们通过自身的榜样作用把先进的文化倾向传递给其他组织成员，点燃大家的创新激情，带动着企业整体文化的创新。

（二）文化楷模的类型

从不同角度划分，文化楷模有若干类型。

1. 群众楷模与领导楷模

从文化楷模的来源看，有群众楷模和领导楷模。即有的来源于生产经营第一线的普通群众，有的来源于企业管理层乃至最高领导层。基层的楷模身居群众之中，有广泛的群众基

---

① 特雷斯·迪尔，阿伦·肯尼迪.企业文化：现代企业的精神支柱［M］.唐铁军，叶永青，徐旭，译.上海：上海科学技术文献出版社，1989：35.
② 特雷斯·迪尔，阿伦·肯尼迪.企业文化：现代企业的精神支柱［M］.唐铁军，叶永青，徐旭，译.上海：上海科学技术文献出版社，1989：43.

础，容易使人产生认同感和亲近感。管理层和领导层的楷模集权力因素和非权力因素于一身，能够形成超越权力的人格感召力。

2. 共生楷模与情势楷模

从文化楷模的形成特点看，有共生楷模和情势楷模。这种划分方法源于特雷斯·迪尔和阿伦·肯尼迪所著的《企业文化——现代企业的精神支柱》一书。在书中，他们把文化楷模称为企业英雄。企业英雄分为"共生型"和"塑造型"两类。松下幸之助、爱迪生等皆属于具有传奇和神秘色彩的共生型英雄（即共生楷模）。共生楷模是与企业共同产生的，往往由企业的缔造者和创业者充当这一角色。这种楷模对企业创立与发展做出过巨大贡献，他们的事迹往往被"神化"，因而在企业员工心目中始终保持着完美的形象和持久的影响力。塑造性英雄（即情势楷模）是在企业发展的关键而难忘的时刻"塑造"出来的，与共生楷模相比，他们的事迹更现实、更具有可仿效性。[①]

3. 单项楷模与全能楷模

从文化楷模的事迹及特征看，有单项楷模和全能楷模。单项楷模的事迹及品行特征集中表现在某一方面；全能楷模则是在很多方面都有突出的业绩，表现出比较全面的优秀品质。也可以说，单项楷模从某一方面体现了企业的价值观，全能楷模比较全面地体现了企业的价值观。文化楷模如果能成为全面发展的固然很好，有利于员工和群众对企业文化的全面认识。但是，人的成长、发展受众多因素的影响和制约，成为超群、杰出的楷模者甚少，有的企业没有这样的人物，有的企业仅仅存在于历史人物中甚至是虚幻出来的。因此，企业成员只要具有某一方面或几方面独特的优势，在某些方面体现企业所倡导的价值观，就应成为文化楷模。况且，这类单项楷模个性突出、形象鲜明，更容易为群体成员所学习和效仿。

4. 历史楷模与现实楷模

从文化楷模形成的时期看，有历史楷模和现实楷模。如大庆的铁人王进喜即为历史楷模，新时期铁人王启民即为现实楷模。历史楷模往往是企业文化传统的创立者，他们的品格、行为、作风、形象往往被传为佳话，为企业后来者所仰慕、尊崇。他们所创造的企业文化传统具有比较鲜明的特色，作为企业优秀的文化遗产能够世代延续下去。现实楷模是能够继承企业优秀文化传统，又能在现实中创造新的业绩，体现和传播新的价值观念的文化楷模。历史楷模和现实楷模尽管形成的时期不同，但都能对企业文化的发展起到巨大的推动作用。

（三）文化楷模与企业家

在一个企业中，文化楷模与企业家的角色有时集中在一个人身上，有时表现在不同人的身上。表现在同一个人身上，固然有权力影响力和情感影响力合一的效应，但两种角色较难统一。多数情况下，两种角色是由不同的人担当的，他们以各自不同的行为方式和风格，在塑造企业文化中发挥作用。一般情况下，企业家目光远大，其重要的行为特征在于能当机立断；文化楷模直觉性很强，往往能立即辨认出某种做法合不合理；企业家时常忙于日常事务；文化楷模则总是以自己的思考方式去尝试他们认为能体现价值的事务，很少受别人的影

---

① 特雷斯·迪尔，阿伦·肯尼迪.企业文化：现代企业的精神支柱［M］.唐铁军，叶永青，徐旭，译.上海：上海科学技术文献出版社，1989：41-52.

响。企业固然需要企业家引领企业创新经营，也需要英雄人物良好的作风和精神状态在经营中起模范作用。

二、造就文化楷模

事实上，企业的共生楷模如凤毛麟角，并不多见。现代企业又比以往任何时候都更需要英雄楷模，如果英雄楷模不能随企业一起诞生的话，就必须因势利导来造就楷模。文化氛围比较浓厚的企业对于认识和创造那些情势楷模特别在行。企业的高级主管们知道，楷模之所以能成为楷模，是因为他们体现该企业文化成功的伦理。企业中必定有众多的候选楷模，关键在于如何去发现和培养他们。有一些人在企业里表现得很特别，他们性情"古怪"、行为"出格"、见解独特，常常不为常人所理解。注重企业文化的公司一般都十分看重这些人，认为他们的独特个性可以与公司的价值观交相辉映，因而尊重他们的个性，挖掘他们的创意，通常把他们放在具有创造性的工作岗位上，或委派他们负责研究创新和业务开发。

美国一家公司有一位年轻的发明家，他不喜欢在人声嘈杂的大办公室里工作，有时带着用具搬到避人的小房间里偷偷干，有时却在工作时间溜回家里躺在床上冥思苦想，到了晚上他又和伙伴们悄悄溜进厂里"偷"零件。这种怪僻的行为会令一般人嗤之以鼻，但他所在的公司是有意鼓励出格人物、反常举动，并从中物色对象、培育英雄的强文化公司，公司主管尽力满足他的各种"不正常"的要求。结果，四年之后在公司所生产出的新产品中，有一半以上是他研制出来的。尽管他被某些人视为古怪人物，但却是这家公司培育、造就出来的情势楷模。

文化楷模是在企业实践中逐步成长起来的，但最后真正成为为人所景仰的楷模又需要企业的精心培育，是典型人物良好的素质所形成的内在条件与企业"天时、地利、人和"的客观环境形成的催化力共同作用的结果。

企业在造就楷模时主要有三个方面工作，即善于发现"原型"、注意培养和着力塑造。

(一) 善于发现楷模"原型"

楷模在成长的初期往往没有惊人的事迹，但是他的价值取向和信仰的主流往往是进步的，是与企业倡导的价值观保持一致或更前卫的。企业的领导者应善于深入群众，善于通过个人言行、群体活动，及时发现具有楷模特征的"原型"。"有高山即有深谷"，对楷模"原型"不要求全，要善于发现"亮点"。

(二) 注意培养楷模

培养楷模就是为所发现的楷模"原型"的顺利成长创造必要的条件，增长其知识，开阔其视野，扩展其活动领域，为其提供更多的文化活动的参与机会，使其增强对企业环境的适应性，更深刻地了解企业文化的价值体系。培养楷模切忌脱离群众，应该使楷模具有广泛的群众基础。

(三) 着力塑造楷模

通过对楷模"原型"的言行给予必要的指导，使他们在经营管理活动或文化活动中担任一定的实际角色或象征角色，使其得到锻炼。当楷模基本定型，为部分员工所拥护以后，企业应该认真总结他们的经验，积极开展传播活动，提高其知名度和感染力，最终使之为企业绝大多数员工所认同。需要指出的是，在对楷模进行宣传过程中绝不能"拔高"。新闻媒体一般喜欢过分地宣扬、吹捧这些英雄楷模，无论是企业共生楷模还是情势楷模，都常常被渲染成超凡入圣的人物。其实，英雄并不是超人、神人，而是最脚踏实地的人物。企业在其发挥作用中应给予关心和爱护，使其能够在良好的环境中健康成长。文化楷模不一定都具备管理能力，不加区别地硬性把这些人"提拔"到管理或领导岗位，也不是明智之举。

培育、造就文化楷模的过程也是不断增强员工信心、鼓励员工成长，使其超越自我、创造非凡的过程。玫琳凯化妆品公司的创始人玫琳凯女士训练推销员不要简单模仿她，而要相信自己就是玫琳凯。为了鼓励他们，使他们具有与她一样的自信心和勇气，她用钻石野蜂针作为奖品奖励他们，并且解释说，按照空气动力学原理，野蜂弱小的翅膀是不可能使其笨重的躯体在空气中自由飞行的，然而野蜂并不知道这些，仍在四处飞翔。这里的含义很清楚：任何人都能成为英雄，只要他们有信心并且能坚持做下去。

文化楷模是强文化企业中强文化的化身，强文化公司一方面重视文化楷模的培育，鼓励人人成为英雄，并且不断造就英雄群体；另一方面又重视充分发挥英雄楷模作用。如果一般企业能像强文化公司那样，那么就会在员工中最终造就、培育出各种类型的楷模来，企业文化也就会跃上一个新的台阶。

案例 5-2

铁人王进喜

1959 年，王进喜作为石油战线的劳动模范到北京参加群英会，看到大街上的公共汽车，车顶上背个大气包，他奇怪地问别人："背那家伙干啥？"人们告诉他："因为没有汽油，烧的煤气。"这话像锥子一样刺痛了他。

1960 年春，石油战线传来喜讯——发现大庆油田，一场规模空前的石油大会战随即在大庆展开。王进喜从西北的玉门油田率领 1205 钻井队赶来，加入了这场石油大会战。一到大庆，呈现在王进喜面前的是许多难以想象的困难：没有公路，车辆不足，吃和住都成问题。但王进喜和他的同事下定决心，有天大的困难也要高速度、高水平地拿下大油田。钻机到了，吊车不够用，几十吨的设备怎么从车上卸下来？王进喜说："咱们一刻也不能等，就是人拉肩扛也要把钻机运到井场。有条件要上，没有条件创造条件也要上。"他们用滚杠加撬杠，靠双手和肩膀，奋战三天三夜，38 米高、22 吨重的井架迎着寒风矗立荒原。这就是会战史上著名的"人拉肩扛运钻机"。要开钻了，可水管还没有接通。王进喜振臂一呼，带领工人到附近水泡子里破冰取水，硬是用脸盆、水桶，一盆盆、一桶桶地往井场端了 50 吨水。经过艰苦奋战，仅用五天零四小时就钻完了大庆油田的第一口生产井。在重重困难面前，王进喜带领全队以"宁可少活二十年，拼命也要拿下大油田"的顽强意志和冲天干劲，苦干五天五夜，打出了大庆第一口喷油井。在随后的 10 个月里，王进喜率领 1205 钻井队和 1202 钻井队，在极端困苦的情况下，克服重重困难，双双达到了年进尺 10 万米的奇迹。在那些日子里，王进喜身患重病也顾不上去医院；几百斤重的钻杆砸伤了他的腿，他拄着双拐继续指挥。一天，突然出现井喷，当时没有压井用的重晶粉，王进喜当即决定用水泥代替。成袋的水泥倒入泥浆池却搅拌不开，王进喜就甩掉拐杖，奋不顾身地跳进齐腰深的泥浆池，用身体搅拌，井喷终于被制服，可是王进喜累得站不起来了。房东大娘心疼地说："王队长，你可真是铁人啊！""铁人"的名字就是这样传开的。王进喜身上体现出来的"铁人精神"，激励了一代代的石油工人。"铁人"是一个为国家分忧解难、为民族争光争气、顶天立地的民族英雄。

　　资料来源：news.xinhuanet.com.

第三节　企业家

一、企业文化的"旗手"

　　在市场经济环境里，企业家不但是市场舞台上的主角和企业的掌舵人，而且在建设企业文化中具有突出的地位与作用，是企业文化的"旗手"。

（一）企业家的市场角色定位与基本特征

1. 市场角色定位

　　企业家在现代社会经济发展中具有重要的地位和作用。综观世界，凡是经济发达的国家，都是企业家辈出并作为经济发展的主角活跃于市场舞台的。日本战后经济的腾飞，一个重要的原因是很快形成了一个庞大的企业家阶层，产生了像土光敏夫、松下幸之助、涩泽荣一那样一批"经营之神"。翻开美国200多年的经济发展史，从亨利·福特、洛克菲勒，到斯隆、亚科卡、韦尔奇、盖茨、乔布斯，企业家在其中所起的巨大推动作用更是不容忽视。

　　现代企业经营需要企业家。现代企业不同于作坊小店，它面对激烈竞争、变幻莫测的市场和复杂的社会政治经济环境，需要对企业的发展方向和众多经营战略问题做出决策；需要处理同社会公众复杂的经济、社会关系以及内部分工协作关系。如果没有一个能执掌全局，具有远见卓识和高超组织指挥才能的企业家——董事长、总裁、总经理或CEO，对企业进行创造性经营和科学的管理，企业正常运营和发展是很难想象的。

　　很显然，企业作为一个开放的系统，其经营要面向市场，在不确定性条件下配置资源。企业家的职责是带领企业驰骋市场，谋求发展。因此，企业家的市场角色十分清晰，即市场的领导者，是冒险家和创新家。

2. 基本特征

　　（1）企业家作为经商办实业的优秀人才，作为市场的主角，不是天生的，也不应该是靠哪一级政府任命的，而是在市场经济的竞技场上，遵循和服从优胜劣汰的市场规则，靠开拓经营事业锻炼出来的。

　　（2）企业家拥有现代科学技术和经营管理的知识和才能，不是投机商，而是经营管理的专家，是冒险精神和创新精神的积极体现者。

　　（3）企业家的行为自觉接受一定的商业文化的引导和制约。这种商业文化包括一套适应市场经济发展的价值观念及行为准则。比如，以增加利润为荣但不谋求暴利，诚实经营，以义取利，讲究商业信用；敢于承担巨大的经营风险，但又不盲目从事等。

（4）企业家能够通过自主地经营企业，通过本身的经营活动，开辟市场，满足社会需求，引导消费潮流；执行国家法规政策，承担社会责任和义务，关心和支持社会文化事业和公益事业，加强精神文明建设，推动社会进步；培养有理想、有道德、有文化、有纪律的员工队伍。

（二）企业家的文化角色定位

1. 企业精神的人格化代表

张瑞敏在对媒体记者谈到他个人在海尔充当的角色时指出：第一是设计师，在企业发展中如何使组织结构适应企业发展；第二是牧师，不断地布道，使员工接受海尔文化，把员工自身价值的体现和海尔目标的实现结合起来。"牧师"实际上就是企业家在企业中的文化角色定位，企业家在企业文化管理中的作用，主要是通过他扮演好这一角色体现出来的。

企业家作为企业精神的人格化代表，是企业文化管理的旗手和核心力量。

2. 具体文化角色定位

（1）企业文化的积极倡导者。企业文化是靠企业家倡导的，企业家的理想、主张、领导风格和领导艺术引导着企业文化的方向和特色。任何一个企业，如果没有具有超前文化意识的企业家，就不会有先进企业文化的产生；同样，几乎没有哪一个企业拥有的主流文化不是经过企业家倡导和培育的。海尔集团在短短的20多年间由一个当年亏空147万元的小厂变成年销售收入超过数千亿元的国际化大型企业集团，与张瑞敏积极倡导企业文化，率先建立企业文化中心，强化企业文化的功能密不可分。张瑞敏就是海尔文化的积极倡导者，在张瑞敏倡导的文化和精神引导下，海尔集团确定了自己明确的创造国际品牌的发展战略，创立了适合自己发展的 OEC 管理法，严格控制产品质量，积极开拓市场，真诚服务顾客。它亮出自己的品牌，许下"真诚到永远"的庄严承诺，把企业文化活动融入整个经营活动之中，并成功地运用企业文化激活了若干"休克鱼"，因而在短期内迅速扩张，成为一支巨大的"联合舰队"，显示了企业文化的真正威力。

（2）企业文化的精心培育者。企业家好比园丁，精心培育，勤劳耕作，才使得企业文化之花在企业的沃土上绽放。企业家在培育企业文化的时候，一般均充当着"医生"的角色，从问题入手，因地制宜地推进企业文化管理。

（3）企业文化管理方案的设计者。企业文化管理是一个系统工程，涉及很多内容，如制定企业文化战略，确定企业文化管理的目标；组织员工、专家对企业文化进行科学定格；通过组织有效的文化传播及设计实施各种文化活动、礼仪，提高员工对企业文化的认同度，营造良好的文化氛围；通过对机构和制度的文化整合与改造，使优秀文化渗透其中，强化文化的实践，促进文化的发展等。在这一系列工作中，企业家是灵魂人物，在萌发构思、提炼升华、形成方案中，起着企业文化管理方案总设计师的作用。在企业文化管理取得成功经验的企业中，企业文化管理一定有组织保证和规划保证，而企业家多是企业文化建设领导小组（或委员会）的领头人和企业文化规划制定的负责人。

（4）优秀企业文化的身体力行者。有了一个良好的企业文化的设计与构思，并不等于企业文化管理成功了，关键在于实施，在于落地生根和开花结果。员工往往不仅看领导者是怎么说的，更看领导者是怎么做的。尤其是当企业力推某种新文化或企业主流文化影响力弱的时候，更需要企业家在积极倡导、培育的同时，率先垂范，身体力行，用自己正确的言行、良好的工作作风和崭新的精神面貌影响企业员工的思想和行为，担负起引导企业文化方向的重任。只有领导者带头，才能带出一种生机勃勃的具有鲜明个性的企业文化。

（5）企业文化转换和革新的推动者。生产力在社会发展中是最活跃的因素，企业是现代生产力的集结点。企业家作为生产力的直接组织者，在带领员工应用先进科学技术进行创新性经营过程中，会成为新的价值观念、思维方式和行为方式的实践者和创造者。由于企业家的市场角色和在经营中的地位，容易发现企业现有文化存在的弊端和冲突。因此，他们就成为向旧文化挑战，推进新文化，转换企业文化形态的关键人物。正是企业家的这种角色功能，推动着企业文化的不断更新和进步，带动全企业思想的活跃，形成创新、进取的精神。

企业家是企业文化管理的"旗手"，但不能以企业家个识替代共识。在企业文化管理实践中应避免"一把手"依赖。

案例 5-3

阿里巴巴"诚信门"事件

阿里巴巴的供应商欺诈事件，在社会上引起了很大反响。阿里巴巴的 B2B 中吸纳了我国大量的对外出口商品的中小企业，这些企业通过阿里巴巴与外国人做生意。其中，有些不法供应商诈骗了国外的商人。国外买家说，我付了你钱，可你的商品不来，电话也打不通，失去了联系。阿里巴巴"诚信门"事件的直接原因，主要是对那些供应商的资质审查不严。其实这种事不是新出的，老早就有，只是后来发展到这种程度，令马云很震惊、很愤怒、很纠结。

阿里巴巴于 1999 年成立，它的远景是要成为一家持续发展 102 年的企业，要横跨三个世纪。为此，它提出的使命是：让天下没有难做的生意。诚信文化在它的价值体系里占有重要位置。

像阿里巴巴这样的企业，要讲诚信，首先就要对平台上的商户讲诚信，你承诺商户的事要做到，要公平对待每个商户。据网上评论，阿里巴巴对商户是不公平的，比如它做国内中小企业生意的"中国通"，同一笔业务收这家为 2 800 块钱，收另一家就是 2 300 块钱，它的承诺不一致，当然属于诚信问题。阿里巴巴的商户欺骗外国人，直接责任虽然不是阿里巴巴，但那些商户是在阿里巴巴的网站平台上开商店做生意的，这样，阿里巴巴就应该对最终客户讲诚信、负责任。

马云立志要把阿里巴巴做成 102 年的企业，从他内心来讲应该是讲诚信的，造成不诚信事件，是对整个团队的控制上出了问题。作为一名企业家，首先是要在价值观层面做到自我约束，其次是要通过控制等手段，让企业其他人也讲诚信。从现在的情况看，阿里巴巴没有完全解决对下属的不诚信行为的有效监督、有效控制、有效预防。阿里巴巴要取信天下，马云就要把他倡导的东西最终变成每一个员工信奉的东西才行。据说，马云现在请了世界最有名的资质鉴定公司，对阿里巴巴的商户进行鉴定，这说明以前的机制、方法、技术还不足以保证阿里巴巴诚信经营、健康发展。

客观看，阿里巴巴发展时间不长，还不是一个成熟的企业，也就是说，它的文化需要时间积累，如它的六脉文化，这可能是马云自己的一种价值主张，但这种价值主张要变成全员的价值主张是需要过程的，不是说我写在这里，我要求诚信，整个企业就诚信了。再正确的主张，也需要长期渗透，才能逐渐达成全员的一种价值共识。到那个时候，你的控制手段可能就不必那么严厉，因为企业的每个人都能坚守那个共同的价值观念和职业品德，企业就不至于出大的问题。

资料来源：根据黄志强《阿里巴巴"病"在哪里——访王成荣教授》（《中外企业文化》2011年第4期）缩写。

二、企业家精神与企业文化

（一）发扬企业家精神的重要性

任何一个国家、一个民族、一个企业都有自己的精神，处于市场经济主角地位的企业家阶层也有自己的精神。一般认为，企业家精神是建立在企业家阶层对市场经济本质的把握和对企业特征、价值的理解和认识基础上的，反映着企业家在整个经营活动中的价值观念、工作准则和他对事业的追求。企业家精神最本质的内容就是冒险精神和创新精神，这种精神是市场经济社会商业文化的主调，是最珍贵的文化资源。

熊彼特认为，企业家精神表现在其"不墨守成规、不死循经济循环轨道，常常是创造地变更其轨道"。德鲁克认为企业家精神是"在寻找变化，对变化做出反应，并把变化作为一个可供开发利用的机会"。企业家精神中这种创新、进取、敢冒风险的文化取向对企业文化的形成、发展或重塑起到导航作用，构成现代企业文化的核心内容。作为企业家精神的体现者，企业家在经营实践中通过自己的权力和感召力，把他所提倡的这种观念传导给组织成员，通过自身的"英雄"形象和强者形象，感染员工，使其产生对创新、进取与冒险精神的认同心理，从而提升企业文化的层次，为企业文化注入活力。当然，企业家精神不是企业文化的全部。企业家精神体现为企业家阶层的文化特征，是经营创新和事业开拓方面的指导思想和哲学。企业文化作为一个整体的组织文化，是一个企业从事经营管理、处理内外各种关系等所表现出来的价值观、行为准则，从文化外延上看要比企业家精神大一些，因此，发扬企业家精神不能代替企业文化管理。

（二）企业家精神的内涵

企业家精神既是企业家个人素质、信仰和行为的反映，又是企业家对企业生存、发展及未来命运所抱有的理想和信念。具体内涵主要包括以下几点。

1. 独具慧眼的创新精神

创新起源于拉丁语，有更新、创造新事物、改变三层含义。现代意义上，创新是指运用创造性思维方法，对旧事物的否定和对事物发展新途径、新方法、新技术、新手段的探索。企业家的创新精神主要表现在企业家对市场的敏锐观察和大胆突破，以及对技术和产品开发，对企业制度和组织的改造等方面。企业家的创新精神是企业活力的源泉，也是企业谋求改变现状和实现快速发展的原动力。

2. 敢担风险的开拓精神

这种精神是企业家的内在品质。在市场经济环境中，企业经营管理每时每刻都充满各种风险，如投资风险、市场风险、技术开发风险、财务风险、人事风险等，企业家正是靠这种精神驱动，才敢于面对和承担各种风险，善于在风险中寻找机会，抓住机遇，开拓前进。

3. 敢于拼搏的进取精神

企业家是永不满足于现状的，总是以高昂的士气积极进取，具有向更高目标挑战的雄心壮志，这是所有成功企业家的共同特质。企业家若缺乏或失去了这种精神，必然安于现状，畏首畏尾，在困难面前不敢拼搏，因而就不能使企业在市场上立足，更谈不到取得竞争优势，久而久之，必然危及企业的生存。对于在市场中刚刚学习游泳的中国企业家而言，敢于拼搏的进取精神是最为可贵的。

4. 科学理性的实效精神

企业家在组织生产经营过程中，往往表现出强烈的实效精神，讲究科学，实事求是，遵循经济规律，脚踏实地抓好经营管理，追求效益最佳化和效率最大化。如果一个企业家缺乏实效精神，只追求轰动效应，光讲投入不计产出，违背规律，必遭市场惩罚。企业家也就失去了其应有的理性特质。

5. 尊重人才的宽容精神

企业家在管理过程中具有强烈的人本观念，尊重人、相信人、依靠人，以宽容的精神及真诚、友善的态度对待员工、顾客、合作者和社会其他公众。宽容精神还表现在企业家对下属工作失误的宽容，以及对员工个性及缺点的宽容等。企业家的宽容精神是企业汇聚良才，产生内聚力和吸引力，实现事业创新的重要因素，也是企业赢得社会信赖不断走向成功的重要条件。

6. 面向世界的竞争精神

企业家在经营中敢于竞争，超越他人，这是天性。在经济全球化的环境里，企业资源配置远远冲破国别界限。优秀的企业家能以特有的世界目光，面向全球市场，积极投身于国际竞争舞台，扬长避短，发挥优势，在世界市场上争得一席之地。

7. 热爱祖国的奉献精神

企业家不仅对振兴民族经济和促进企业发展负有重大责任，而且对社会全面进步和人的全面发展负有社会责任；企业家不仅热爱企业，而且具有强烈的爱国情结并把它转化成一种奉献精神，愿意把自己的知识、智慧奉献给祖国。企业家的这种奉献精神，可以引导企业通过合法、诚实的经营获取正当的经济利益，正确处理好国家、集体和个人的关系，注重环境保护，热心公益事业，承担社会责任，促进社会文化进步。奉献精神是企业家精神的最高境界。

三、建设高素质的企业家队伍

企业家作为时代精英，是市场经济环境中最稀有的资源；企业家作为企业的掌舵人和文化的领航员，也是发育不成熟的企业最宝贵的资源。

（一）企业家的职业素质和能力

企业家素质是指企业家本来的品质、特征、知识素养以及在创新活动中表现出来的作风和能力的综合。企业家的职业是一种既需要一定天赋又需要一定专业修养的、具有高度创造力的职业。对于一名优秀的企业家来说，需要哲学家的思维、经济学家的头脑、政治家的气魄、外交家的纵横、军事家的果敢和战略家的眼光。企业家是一种不可多得的商业人才，对从事这一职业的人应有很高的职业素质和能力要求。

1. 各国对企业家职业素质和能力的总结

美国青年企业家马丁·J·格伦德通过对自己创业经历的叙述和成功经验的总结，撰写了《成功企业家的 9 大素质》一书。这九大素质是：

(1) 选择爱好；

(2) 制定目标；

(3) 拿着薪水学习；

(4) 与成功者为伍；

(5) 相信自己；

(6) 重点在以己之长发财致富；

(7) 敢于提问；

(8) 不循规蹈矩，不墨守成规；

(9) 工作越努力，运气就越好。[①]

美国企业管理协会曾经调查了 4 000 名职业经理人，从中选出成功的 1 800 人，总结出他们良好的素养与能力，主要表现在四个方面：

(1) 特征方面——工作效率高，有进取心；

(2) 才能方面——逻辑思维能力强，创造性强，判断力强；

(3) 人际关系方面——有较强的自信心，能指导他人的工作，以身作则，善于使用个人权力，组织动员力强，善于交际，善于建立密切的人群关系，乐观，和大家一起干；

(4) 成熟个性方面——有自制力，主动果敢，客观，有正确的自我批评，工作有灵活性。

日本对成功的企业家总结出十个方面的素质与精神特征：

(1) 使命感——完成任务要有不折不挠的坚强信念；

(2) 信赖感——同事、上下级都要信赖，相互支持；

(3) 诚实——在上下左右关系中都要以诚相待；

(4) 忍耐——不随意在群众面前发脾气；

(5) 热情——对工作热情，对下级体贴；

(6) 责任感——对工作高度负责；

(7) 积极性——工作主动，有主人翁态度；

(8) 进取心——事业上进，不满足现状；

(9) 公平——对人对事秉公处理，不徇私情；

(10) 勇气——有向困难挑战的勇气。

德国把优秀经理人的条件，归纳为以下六条：

(1) 受过良好教育，具有渊博的专业知识；

(2) 具有丰富的想象力、创造力；

(3) 仪表好，待人亲切、得体；

---

① 马丁·J·格伦德．成功企业家的 9 大素质［M］．张丽华，译．北京：中信出版社，2004.

（4）衣冠整洁；

（5）品质好；

（6）领导有方。

不少中国学者认为，企业家应具备的素质是"智、信、仁、勇、严"[①]五个方面。智是指智谋高超；信是指赏罚有信；仁是指爱护士卒；勇是指勇敢坚定；严是指明法审令。

2. 企业家的基本职业素质和能力

综上所述，本书认为，企业家应具备的基本素质和能力表现在以下五个方面：

（1）职业追求。即企业家经商办企业的志向和抱负。一个真正的企业家，其职业追求应该是把整个身心同实业、企业联系在一起，不为各种荣誉所动心，不为各种仕途所吸引，把走实业道路作为一生最高尚的追求。世界各国企业家的成长道路，大凡成功者都有这种抱负和秉性。如果一个人只把办企业当成一个台阶，一有机会就另走他途，或者从内心不喜欢这一职业，存在着应付差事的思想，他就不会有强烈的目标欲，也不会有强烈的责任感，这样的企业家尽管其本身的其他条件很好，也只能是徒有其名，无所作为。

案例 5-4

柳传志如是说

聊斋里有个故事，说一个叫叶天士的名中医，为其母亲治病时，为一味药拍不了板：这味药加对了，母亲的病会治好，用错了则会恶化。他犹豫不决，转而询问另外一位中医。那位中医坚决认为该加，因为治好了叶天士的妈，可以名扬天下；万一治不好，反正是你妈不是我妈。

企业家是什么？企业家就是把企业当作他的妈还敢下药，而且有能力把药下对了的人。在美国企业界这样的故事不计其数，一个企业出毛病了，就换 CEO，新 CEO 上来就大刀阔斧地改革，治好了病就是 IBM 的郭士纳，治不好病就是时代华纳的李文。这些CEO 是典型的经理人。他的特点是敢下药，病治好了名扬天下，名利双收；治不好，毕竟不是自己的妈。另一类经理人的典型是只考虑碗里的饭吃到嘴，不琢磨锅里的饭，更不用管地里的庄稼。只使用资源，而不考虑如何使用资源营造未来。西方规模大的企业多数都经营了不止一代了，而真正要办一个百年老店，其经营者必须是负有责任的、替企业长远考虑的企业家，而不能是只对任期内企业状况负责的经理人。

资料来源：hi.baidu.com.

（2）职业修养。即企业家胜任自身的职业所必需的思想水平、专业知识及由此决定的职业品质特征等，它是企业家素质的重要基础。中国企业家的职业修养应包括：其一，政治坚定。具有强烈的政治责任感和社会责任感，自觉遵纪守法；具有服务精神，热爱本职，廉洁自律，乐于奉献。其二，品德高尚。习近平说，一个人只有明大德、守公德、严私德，其才方能用得其所。对企业家而言，其优良品德主要是：深明大义，诚实，正直，襟怀坦白，作风正派，大公无私；言行一致，以身作则，团结和依靠群众，谦虚谨慎，有自我批评精神。其三，博才识广。善于博览群书，取百家之长，避诸士之短，做聪颖智明之

[①]《孙子兵法·始计篇》："将者，智、信、仁、勇、严也"。曹操作注说："将者，五德备也。"

人；在知识结构上愿做"杂家"，熟练掌握经济学、市场学、管理学、哲学、创造学、政治学、社会学、心理学及法律、金融、财会等方面的知识，做到博学多识，点金破石，善于提出新点子。其四，眼光敏锐。既富有人文社会科学工作者的想象力，又具备自然科学工作者的周密与严谨。面对市场种种挑战与考验，学会一手拿着望远镜，预见未来，以创造性和开放性的思维，高瞻远瞩，把握时机，推进经营；一手拿着显微镜，从纷繁复杂的事物中分辨出主流和支流，以敏锐的眼光和多方位的触角，准确地发现问题，总结经验，修正失败行为。其五，坚韧不拔。有远大的志向，认准一个目标、作出一项决策、选择一条道路就敢于坚持，有不达目的不罢休的气质，不怕风险，不怕挫折，不畏阻力，不怕吃苦。其六，身心健康。精力充沛，胜任繁重的脑力和体力劳动；具有高度的自制力，可以承受来自各个方面的压力甚至折磨，不会遇到一点困难就畏缩不前，不因一时得利而沾沾自喜，也不因一时失利而惊恐失策。既给人以认真、亲切、可信赖的感觉，又能给人以沉着老练、自信、有毅力的强者形象。

（3）职业意识。即企业家从事事业开拓和经营管理职业应具备的基本观念或指导思想。企业家的职业意识除了企业家精神中所蕴含的创新、冒险和竞争意识外，具体还包括：其一，发展意识。不像街头商贩和手工作坊那样单纯地追求一次性的眼前利益，而是具有强烈的谋求发展、扩张意识，立足长远，追求战略利益。其二，客户意识。即坚持客户第一的理念，把为客户提供优质产品和服务作为经营的最根本指导思想。其三，负债经营意识。即敢于承担风险，承担压力，追求多投入多产出。其四，盈利意识。即在依法经营的前提下，追求利润最大化。其五，信誉意识。即把信用作为自身道德的底线，视信誉为自身的最佳资产。

（4）职业能力。即企业家胜任复杂的经营管理工作的特殊本领。由于企业家从事的是一种比较特殊的社会实践活动，除了需要具备一般的如记忆、观察、想象、抽象概括和表达等能力外，还需要具备一些特殊的技能和本领。具体表现为：其一，预见能力。即作为一个出色的战略家，能洞察内外环境变化，眼光盯着未来，审时度势。其二，开拓能力。即在强烈的创新意识的推动下，广开思路，善于想象、假设，进而开创新局面，寻找制胜途径。其三，决断能力。即在明辨是非，准确分析判断的基础上，决策勇敢果断，不拖泥带水，不优柔寡断。其四，组织指挥能力。即善于用人，善用人的一技之长；善于激励人，挖掘每个人的聪明才智；善于统御、控制，以自身的权力和威信，把个人意志、决策变成广大员工的行动，以科学的管理实现既定的目标。其五，商业交往能力。即能协调，善表达，能说服人，在频繁的商业交往活动中，具备与不同的人相处的随机应变的艺术，善于发展同社会各界的关系，并能给人留下深刻而良好的印象。其六，反省能力。即对自身的所作所为能够反思、反省，及时总结经验教训，不断完善和提高自己。

（5）职业精神状态。即企业家在工作中表现出来的习惯、风格与精神面貌等。其一，充满激情的工作乐趣。热爱自己的工作，永远精神振奋，激情满怀。寓事业心于成就感之中，对公司业绩的追求、偏爱、向往，犹如政治家热心于"功名"与政绩，将军向往和醉心于辉煌的战例与战绩，明星热心于知名度和"爱出风头"，科学家追逐真理、热爱发明一样，甚至有过之而无不及。其二，理性的头脑与果敢的行动。处事冷静、思路开阔。当判定和审核投资机会、投资方向、投资项目时，可能理智得像个机器人；一旦下定了决心，瞄准了机会时，又会冲动、忘我地投入，勇敢地前行。其三，跳跃式的思维。善于摆脱日常琐事的干扰活动，能把注意力集中在那些战略问题上，经常提出出人意料的思路和见解。其四，幽默感与亲和力。善于以幽默感与亲和力赢得下属的好感，爱开玩笑，爱说俏皮话，以缓和紧张气氛，松弛思想，创造轻松、愉快的氛围。这种幽默感还能常常感染员工，从而使整个企业呈现出健康向上的精神状态。

案例 5-5

世界第一 CEO——韦尔奇

杰克·韦尔奇领导通用电气公司成功进行变革的故事，不断地在企业界传颂。他在 20 世纪 80 年代发动一连串的变革，将通用电气庞大的官僚企业，改造成在各领域都极有竞争力的企业集团。在他的领导下，通用电气的营收和获利都大幅增长，韦尔奇本人连续数次被《财富》杂志选为最受推崇的企业家，通用电气公司也被《财富》杂志选为最有竞争力的企业。

简单策略，打破官僚体系，效率用人以及集中焦点在核心事业上，是他坚持的最重要的几个基本原则。

在策略上，韦尔奇上台不久，就卖掉旧事业，集中焦点在服务业上，希望全心投入那些可能成为产业界第一名或第二名的企业；在组织改革方面，韦尔奇也进行了大刀阔斧的改革，尽量去除那些不必要的人事包袱，让整个组织重新找回灵活的精神。

任何一个经理人都常对自己面对的工作感到庞杂，觉得终日被时间追赶，但是韦尔奇同时经营 13 份事业，却似乎乐在其中。他的秘诀是，把事情简单化。他认为，一个好的管理者必须将生意简单化，设法建立一个"更快、更集中、更有目标"的企业。他常常问自己五个问题，快速做出清晰的决定。这五个问题就是：在全球市场上，你所处的产业环境如何？在过去三年中，你的竞争对手做了些什么？在同样的三年里，你又做了什么？未来，他们会如何攻击你？你又有什么计划可以超越他们？

许多企业家都知道，人才是最重要的资产，但是很少人切实执行。韦尔奇却把培养人才、让他们放手发挥，当作最重要的工作。"我没有经营通用电气，我领导通用电气。""管得少就是管得好。"韦尔奇如是说。

美国《商业周刊》杂志要求正在物色新总裁人选的公司挑选出它们最想招揽的企业领导人，并根据结果发布了一份排行榜。令人意外的是，在前 20 名最受青睐的人选当中，有五位竟然都任职于通用电气公司。

资料来源：blog.163.com.

案例 5-6

"一元年薪"

《汽车大亨自述》一书讲到：李·亚科卡原本在福特公司任总裁，被福特公司解聘后，接受了已经摇摇欲坠的克莱斯勒汽车公司的聘请，任该公司总裁。上任后，亚科卡发现，克莱斯勒机构臃肿，问题成堆，亏损严重，现金流出了大问题，正面临破产的境地。

在这种情况下，亚科卡认为要拯救克莱斯勒，其中一策，必须从自己开刀。他把原本已经谈好的 36 万美元的年薪自动降为 1 美元。凭借 1 美元的年薪，他去与工会谈判，希望员工也能够适当做一点牺牲。当时亚科卡有这样一段话："领导要做表率，因为大家的眼睛都看着你呢，这并不是说他们干涉了你的私事，不过，当领导的一说话，大家都洗耳恭听；当领导的一行动，大家都非常注意。所以，一言一行都要谨慎。"他还说："我拿一元钱一年，不是想自讨苦吃，而是不得已下的地狱，这样做了，我和工会主席杜•费雷泽见面的时候，就可以理直气壮地说：'我要你的人也做点牺牲。'""我这样做，完全有实际原因，而且是经过冷静考虑的，只有好处，没有坏处。我要让员工和供应商知道，跟着带这种头的人干没有错。"

在国外，拿"一元年薪"的案例还有很多，比如，苹果公司的史蒂夫•乔布斯、思科的约翰•钱伯斯、Google 公司 CEO 埃里克•施密特（Eric Schmidt）以及两位创始人、联合总裁拉里•佩奇（Larry Page）和塞吉•布林，等等，都拿过"一元年薪"。

在中国，三一重工的梁稳根是首个拿一元年薪的企业家。

"一元年薪"是企业家高尚道德和职业奉献精神的突出体现。当公司陷入困境、需要降低成本时，企业家带头降低工资，容易形成上下一心的共同体，有利于应对危机，克服困难。

资料来源：根据相关资料整理。

（二）培养企业家的有效机制

市场经济是企业家诞生和成长的摇篮。从根本上讲，提高企业家的素质与素养，强化企业家精神，造就职业企业家队伍，依赖于市场经济的充分发展。一个企业家没有经历过市场上你死我活的竞争洗礼，正像一个军人没有参加过实战就不能成为一名骁勇善战的将军一样，也不可能成为出色的企业家。当然，企业家自身的自觉学习、修炼以及实践锻炼是不可缺少的。此外，还需要创造以下条件和机制。

1. 加速制度创新与产权变革

现代企业制度与清晰、多元化的产权结构，是企业家成长的最好平台。在推进企业制度创新过程中，应厘清资本所有权与经营权的关系，使企业真正成为市场主体；加速产权的流动，推进股权多元化的进程；保证企业家能在遵守法规和市场规则的情况下自主决策、自主经营；积极探索企业家与管理层持股问题，强化企业家的长期战略行为和履行对企业资产保值增值的责任。

2. 完善形成与评价机制

伴随着企业家市场的不断发育，尽快实现企业家择业的市场化、流动的市场化、评价的市场化和收入的市场化。除少数国有独资企业以外，多数企业家的产生不能由国家任命，只能凭自己的能力从竞争中脱颖而出。企业家是否称职，在他不违法的前提下，在企业内部应主要由股东、董事会、监事会来评价，由员工来评价；在企业外部主要由市场来评价，由用户来评价，由合作伙伴来评价。

3. 建立激励与约束机制

企业家作为市场经济最稀有的资源，其收入应体现市场供求规律，与他们所处的地位、贡献和所承担的风险相结合，与企业的经济效益挂钩。企业搞好了，应通过股票期权等形式在物质利益上给予充分体现；企业没搞好，要使企业家承担责任，付出代价。要通过科学的治理结构，形成有效的约束机制，约束企业家的行为。

4. 营造社会文化氛围

在中国漫长的封建社会中，由于商品、货币处于枯萎状态，商人阶层十分脆弱，而且没有地位；"学而优则仕""官本位"和"轻商"思想根深蒂固，这些影响了中国人的职业选择和对企业家成就的评价。同时，受中庸思想影响，很多人在实业上不敢成就大业，这也不利于企业家的成长。为此，必须为企业家成长营造良好的社会文化氛围，在社会舆论上摒弃陈旧观念，倡导经商光荣、崇尚财富的社会风尚，使企业家这一职业得到全社会的尊重。要特别爱护企业家，热忱地支持企业家在改革中探索前进，不能因为一时失误，就一损俱损，挫伤他们的积极性。

5. 强化专业培训

企业家素质的提高离不开专业培训。大专院校和专门教育机构应积极引进发达国家培养MBA（工商管理硕士）、培训职业经理人的做法和经验，探索教育和培训规律，创造行之有效的教育和培训模式，使企业家在较短的时间内熟悉和掌握市场运行规则、法律法规及现代企业经营管理知识，掌握国际贸易规则、惯例等，为他们驾驭企业、参与国际竞争奠定良好的基础。

6. 发扬企业家精神

企业家精神是企业家基本素质的升华，是企业家群体赖以生存的价值取向和精神支柱。只有大力倡导这种精神，才能使企业家产生巨大的内驱力，自我激励，自我约束，自我完善，自我发展。同时，把这种精神传导给企业，有利于形成积极进取的企业文化；把这种精神传播到社会，可以促使整个社会价值观念与市场经济文化的融合，改变社会风气，促进商业文明的进步。

要点总结

（1）企业员工是企业文化建设与管理的基本力量。员工素质高，才能建构高层次的企业文化。因此，企业必须坚持"以人为本"的主旨，把提高员工素质作为企业文化管理的中心任务；反过来，依靠高素质的员工建设高层次的企业文化。

（2）文化楷模是企业先进文化的体现者。作为企业价值观的化身，文化楷模的观念、品格、气质与行为反映了企业文化的主脉与特定的文化价值，引领着企业文化的风尚。积极造就文化楷模，发挥文化楷模的作用，有利于在企业中形成文化正气和积极向上的精神风貌。

（3）企业家是企业文化管理的旗手。作为旗手，企业家积极倡导、培育和身体力行先进的企业文化，变革落后的企业文化，创造新的企业文化。企业家在企业文化管理中的地位和作用是其他主体不能替代的，他引领着企业文化管理的方向，影响着企业文化的内容与品位。尤其是在企业初创时期和变革时期，企业家的素质、价值观、精神追求、工作作风等对企业文化有着决定性影响。因此，提高企业家素质，强化企业家精神，促使企业家的文化自觉，在企业文化管理中是关键一举。

（4）企业员工、文化楷模和企业家三者因岗位角色、素质和理念等方面的差异，在企业文化管理中不可避免会产生一些冲突和摩擦，但在企业家正确文化理念的引导下，一般经过相互融合、感染以及同化、教化，最终会形成主脉比较突出的良性企业文化。

（5）企业员工、文化楷模和企业家是企业文化管理主体的典型代表，除此之外，各级管理人员也是企业文化管理中的骨干力量，他们既是企业文化的直接践行者，也是传播者，在企业文化体系中，起承上启下的桥梁作用，是领导与群众联系的纽带。

（6）企业文化管理主体是从企业本身而言，或者说，是从推动企业文化不断发展的内部动力而言的。实际上，企业文化形成与发展离不开消费者的参与，离不开股东及合作者的参与，离不开其他社会公众的参与，这些群体是企业文化管理的外部力量。优秀的企业文化多是在社会大环境的影响下，由企业与市场内外多种力量相互推动、共同铸就的。

练习与思考

一、解释概念

文化楷模、企业家、企业家精神

二、简答题

1．怎样理解人的本质？

2．简述文化楷模在企业文化形成中的作用。

3．简述企业家的市场角色定位与文化角色定位。

4．简述企业家的职业追求、职业意识、职业修养、职业能力与职业精神状态。

三、思考题

1．为什么说企业员工是企业文化建设与管理的基本力量？

2．为什么要坚持"以人为本"的企业文化管理的主旨？实践的途径是什么？

3．怎样造就高素质的员工队伍？

4．为什么说文化楷模是企业先进文化的体现者？

5．如何造就文化楷模？

6．为什么说企业家是企业先进文化的倡导者和培育者？

7．如何建立一支高素质的企业家队伍？

8．试对"企业文化就是企业家文化"这一观点进行辨析。

9．为什么说"优秀的企业文化多是在社会大环境的影响下，由企业与市场内外各种力量相互推动、共同铸就的"？

10．从"六必居"、阿里巴巴、王进喜及韦尔奇等案例分析中得到哪些启示？

第六章　企业文化管理原则与程序

学习提示

　　企业文化管理是一项复杂的管理活动，涉及因素多，周期长，见效缓慢。实施企业文化管理，既需要遵循企业文化规律，相对独立运作，又要与经营管理活动相结合，统筹推动；推进企业文化管理，必须加强领导，广泛吸收群众参与，选准启动时机与切入点，按照科学的原则、程序和方法办事。

　　这一章的内容具有较强的实践性。众所周知，企业千差万别，每一个企业启动企业文化管理工作时，基础起点、内外环境都不一样，从严格意义上讲，企业文化管理不但没有统一的模板，也没有类型模板，每一个企业都是个案，都得进行独立设计。这一章只是从企业文化管理的一般规律中，抽象出一些基本原则、程序与方法。

学习要求

　　1. 掌握：企业文化管理的基本程序与方法。
　　2. 熟悉：企业文化管理的基本原则。
　　3. 了解：企业文化管理启动时机与切入点的选择。

CORPORATE CULTURE

第一节　管理原则

一、目标原则

（一）有目标才有自觉

在管理学中，目标是指人们通过自觉的活动，在一定时期内所要达到的预期结果，即"工作内容＋达到程度"。目标管理是一种重要的管理思想和方法。目标管理（Management by Objects，简称MBO）的概念最早是由美国管理学大师彼得·德鲁克于1954年在《管理实践》一书中提出的，其核心是以人为中心，本质上是一种系统性管理、调动性管理、参与性管理和结果性管理。人们从事任何管理活动，都应该有设想，有目标，没有设想和目标的管理是盲目的管理，盲目的管理导致事倍功半，造成资源浪费，或者完全走到事物的反面，在短时期内给组织带来不可挽回的损失。企业文化管理作为高层次管理活动更不可缺少目标，有了目标，才能启发企业家和员工的文化自觉意识，促使企业文化的发展由自发变为自觉；有了企业文化目标管理，才能对企业文化管理过程进行有效的控制，以达成预期目的。

在企业文化管理中，坚持目标原则的直接目的在于：

（1）有效地引导企业员工的认识与行为。通过建立企业文化目标，明示人们工作应如何做、做成什么样，避免出现因强调个人价值、个人目标和眼前利益而忽视企业整体价值、整体目标和长期利益的倾向。

（2）激励人们的工作热情和创新精神。目标本身就具有激励性，更何况企业文化目标直接反映着企业全员的理想信念和价值追求，为人们展示着企业美好的发展前景，因此对员工会产生巨大的激励作用。

（3）为考核与评价企业员工的工作业绩和文化行为提供依据。使考核与评价过程成为总结经验、杜绝"第二次失误"、推进工作良性循环和文化进步的过程。

（二）目标原则的实践

坚持企业文化目标管理，必须坚持做到以下两点：

（1）科学合理地制定企业文化的发展目标，即明确企业的基本价值观目标。这些目标不同于具体经营目标那样可量化、可操作，它只是一种理念性目标，这种目标一旦确定下来，一般不会轻易改变，它决定着经营管理的方向，长期影响着人们的价值判断。

（2）采取有效的办法实现既定文化目标。一般来讲，一个企业的创始人或执掌企业帅印时间较长的企业家，往往是企业基本价值观的最初倡导者。开始时企业成员对此并未产生共识，只有经过企业创始人和企业家的长期灌输、精心培育，并使员工及时得到认同和实现这些目标的反馈，才能使他们的目标行为不断被强化，进而为实现目标而献身于事业之中。

二、共识原则

（一）创造共识是企业文化管理的本质

"共识"，是指共同的价值判断。创造共识是企业文化管理的本质。企业文化管理强调共识原则，是由以下三点所决定的：

（1）由企业文化的特性所决定。人是文化的创造者，每个人都有独立的思想和价值判断，都有自己的行为方式。如果在一个企业中，任由每个人按自己的意志和方式行事，企业就可能成为一盘散沙，不能形成整体合力。企业文化不是企业中哪个人的"文化"，而是全体成员的文化。因此，只有从多样化的群体及个人价值观中抽象出一些基本信念，然后再由企业在全体成员中强化这种信念，进而达成共识，才能使企业产生凝聚力。可以说，优秀的企业文化本身即是"共识"的结果。因此，建设企业文化必须不折不扣地贯彻这一原则。

（2）由现代企业发展的内外环境所决定。企业作为一个开放系统，其经营活动的成效如何，受企业内外多种复杂因素的影响与制约，尤其是在信息爆炸时代，企业所面临的科技环境、市场环境和管理环境都异常复杂且瞬息多变，单靠一个人的知识、智慧、经验和判断力，很难保证做出正确的决策，规避企业遇到的各种风险，也很难保证在经营管理中寻找到最佳的途径和办法，避免企业资源的浪费。因此，只有强调共识，全员参与，集思广益，使决策与管理都建立在全员智慧与经验的基点上，才能实现最科学的决策与管理。

（3）由人的心理规律所决定。在现代企业中，员工受教育的程度越来越高，脑力劳动者在全体劳动者中所占的比例越来越大，人们的主动精神和参与意识也越来越强。只有把握员工的这种心理需求特点，创造更多的使员工参与管理的机会和条件，才能激发人们把实现自我价值与奉献企业结合起来，促使全员共同信念的形成。

（二）共识原则的实践

在实践中，贯彻共识原则应坚持以下两点：

（1）充分发挥文化网络的作用。企业文化的形成过程，就是企业成员对企业所倡导的价值标准不断认同、内化和自觉实践的过程。而要加速这一过程，就需要发展文化网络。在特雷斯·迪尔和阿伦·肯尼迪的《企业文化——现代企业的精神支柱》一书中，"文化网络"被认为是企业文化的组成要素之一，它是企业内部主要的却是非正式的沟通手段，是公司价值和英雄式神话的"载体"。通过正式或非正式、表层或深层、大范围或小范围等各种网络系统，相互传递企业所倡导的这种价值标准和反映这种价值标准的各种趣闻、故事以及习俗、习惯等，做到信息共享，以利于全员共识的达成。

（2）逐渐摒弃权力主义的管理文化，建立参与型的管理文化。权力主义的管理文化过分强调行政权威的作用，动辄用命令、计划、制度、标准等手段对人们的行为实行硬性约束。在决策与管理中，往往用长官意志代替一切，这样做肯定不利于共识文化的生长。因此，打破权力至上的观念，实行必要的分权体制和授权机制，是充分体现群体意识，促使共识文化形成的重要途径。

三、一体化原则

（一）精神一体化是企业文化追求的至高境界

一体化原则，即坚持企业管理人员和一线员工之间的关系一体化，最终实现企业精神的一体化。在企业文化管理中，坚持一体化原则能够有效地建立起组织内部人与人之间相互信赖的关系，为实现价值体系的"一体化"创造条件。传统的管理模式人为地把管理人员与一线员工分割开来，企业就像一座金字塔，从上到下实行严格的等级管理。这种管理模式的前提是，把管理人员视为管理主体，把一线员工视为管理客体，管理的含义即管理主体如何去控制管理客体按照自己的意图和规划去行事。这种管理模式不但未能解决管理效率的最大化问题，而且造成了管理主体和管理客体的对立。尤其是在信息社会，随着科技进步以及生产自动化和现代化程度的提高，脑力劳动越来越占主导地位，脑体劳动之间、管理者和被管理者之间的界限越来越模糊。坚持按一体化原则建设企业文化，有助于打破管理人员和一线员工之间的人为"文化界限"，使二者融为一体，建立共同的目标和相互支持、相互信赖的关系，促进企业精神文化一体化的形成。

（二）一体化原则的实践

（1）在企业文化管理中实行一体化原则，最重要的是要弱化等级制度的影响，把原来"干部—工人""脑力劳动者—体力劳动者""管理者—被管理者"等带有浓厚等级文化色彩的关系，转变为一种带有人情色彩的分工协作关系，千方百计地赋予一线员工更大的权力与责任，建立内部一体化关系。实践证明，这样做的结果是，一线员工大多数希望负责任，希望接受富有挑战性的工作，希望参加各种竞赛并希望获胜。只有给他们创造了这种条件，他们才能减少不满情绪，主动思考如何把工作做得更好，更出色；企业管理方式才能由过去纯粹的外部控制和外部激励变成员工的自我控制和自我激励。

（2）从所有权的角度讲，应创造条件使员工持有部分股份，变名义所有为实际所有，这是实现"一体化"的物质基础。企业员工持股并非只是一种法律状态，它也是一种心理状态。如果一个人拥有一定的股权，他会认为自己的个人利益与企业休戚相关，愿意为企业整体的长期的利益而牺牲个人眼前的利益，愿意以实际行动保护企业，使其免受伤害。从情感上讲，个人所有权心理存在时，员工会为企业的成功而感到喜悦，为企业的失败而感到痛苦，为了公司的进步与繁荣愿意奉献自我，这恰恰是企业文化所追求的"价值一体"和"命运共同体"的理想境界。

四、卓越原则

（一）卓越是优秀文化的一种状态

卓越是一种心理状态，也是一种向上精神。追求卓越是优秀企业的共同品质与灵魂，成功的企业文化，肯定是一种卓越的状态。

竞争是激发人们卓越精神最重要的动力，一种竞争的环境，促使一个人或一个企业去努力学习，努力适应环境，努力创造事业上的佳绩。显而易见，坚持卓越原则是建设企业文化的内在要求，因为无论任何企业在竞争的环境里都不甘于做平庸者，构建企业文化的目的都是为了创造卓越的精神，营造卓越的氛围。

卓越是人的社会性的反映。人生活在社会上，相互之间比较、竞争，都有追求最佳的意愿，也可以说这是人的本性。但人的这种本性不一定在所有的情况下都能完全释放出来，这要取决于他所处环境给予他压力的大小，取决于有没有取得最好、最优的条件。企业文化管理的任务之一就在于创造一种机制、一种氛围，强化每个人追求卓越的内在动力，并把他们引导到一个正确的方向。

（二）卓越原则的实践

（1）善于建立卓越标准，建立反馈和激励机制。当人们知道什么是最好、最佳的标准并树立了相应的目标时，才能克服平庸和知足常乐的惰性心理，为实现组织倡导的目标而不懈努力；否则，尽管卓越文化的倡导者天天在喊口号，但缺乏对"卓越"应该达到的理想状态进行具体的描述，人们的行为像不知终点的赛跑，因此即使有一定的卓越意识也不会保持长久。当然，反馈与激励也非常重要，反馈时由组织告诉每个人：你在卓越的路上跑到什么地点，与别人的差距有多大；激励时应及时奖励领先者，鞭策后进者，这些都能够增强人们追求卓越的动力。

（2）造就英雄人物也是不可缺少的。企业英雄是体现卓越文化的典型代表，这些人物曾经或正在为实现企业理想目标而拼搏、奉献，他们取得过显著的工作业绩，并且得到企业在物质与精神上的奖赏。在具有这类英雄人物的企业中，人们自觉不自觉地受到英雄人物卓越精神的感染，进而仿效英雄人物的行为。

五、绩效原则

（一）企业文化管理重过程更重结果

绩效既是一项工作的结果，也是一项新工作的起点。在企业文化管理中坚持绩效原则，不光是要善于根据人们工作绩效大小进行奖励，来鼓励他们以更好的心理状态、更大的努力投入下一轮工作当中；其目的还在于促使人们重视"结果"，避免形式主义、教条主义。传统的管理与其说重视目标，不如说更重视实现目标的过程。这种管理把主要精力放在过程的标准化和规范化上，不仅告诉组织成员做什么，而且告诉他们"怎么做"，把工作程序和方法看得比什么都重要。这种管理的思维逻辑是"只要过程正确，结果就一定正确"。员工在工作中必须严格执行既定的规程、方法，接受自上而下的监督与控制，员工的工作个性和创新精神受到压抑。当然，需要说明的是，大生产的流水线，过程的标准化与规范化是非常重要的。确立绩效原则的最终目的不是不强调过程，而是要改变员工在管理中的被动性，增强其主动性及创造精神，追求过程与结果的统一。

（二）绩效原则的实践

在实践中贯彻绩效原则，应坚持做到以下两点：

（1）引入目标管理方法。改变传统管理的思维逻辑，建立起"只要结果正确，过程可以自主"的观念。在管理实践中应引入目标管理的体制，坚持以个人为主、自下而上协商制定目标的办法，执行目标过程中以自我控制为主，评价目标也以自我检查、自我评价为主。企业最终以目标执行结果——工作绩效为唯一尺度进行奖惩，并以此作为晋级、提升和调整工资的依据，鼓励人们积极探索、创新，谋求使用最好的方式与方法，走最佳捷径，完成工作任务，提高工作效率。实际上，这一过程既成为员工自我学习、提高的过程，也成为企业促进员工勤学向上和能力开发的过程。

（2）转变管理方式。减少发号施令和外部监督，多为下级实现目标创造条件、提供服务，帮助员工学会自主管理、自我控制、自我激励。

六、亲密原则

（一）亲密性带来和谐与效率

企业文化管理过程中坚持亲密原则，由以下因素所决定：

（1）由企业的人性化本质所决定。现代市场经济所奉行的等价交换原则以及科学管理所倡导的严密分工原则，带来的一个最大危害就是人与人之间关系淡漠，缺少和谐，缺乏人情味。企业作为人的集合体，不同于机器各部件之间的机械组合，它是一种有机组合。人是有思想、有感情的，人与人之间的关系在企业中除了在总体目标旗帜下进行分工协作，即处理工作关系外，还保持着感情联系，即体现"亲密性"。美国管理学家威廉·大内在《Z理论——美国企业界怎样迎接日本的挑战》一书中所提出的Z型管理模式，其关键词为"信任、微妙性和人与人之间的亲密性"。可以说，企业内部人与人保持亲密性，能够带来和谐与效率；企业与社会保持亲密性，能够相互推动，共同繁荣。倡导亲密性，是一切成功企业或者说是一切优秀企业文化所具备的共同特性。

（2）由人的社会属性所决定。人不同于动物就在于有社会性，人除了生理和安全上的需求外，还有社会交往、相互尊重的需求，即亲密性需求。对亲密性的需求是人类高层次的需求之一。亲密，意味着相互理解、相互关心，它是爱的给予与获得。企业有了亲密性，才能产生和谐的人际关系，员工在其中才能得到最大限度的精神满足。

（3）取决于现代企业对员工所承担的责任。现代企业除了合理使用人力资源和其他资源为市场制造产品、提供服务外，还有责任使员工在企业中受到教育、获得发展。实际上，企业依赖员工获得发展，员工也依赖企业获得发展，二者在相互依赖之中，关系也就愈加紧密。企业为员工发展铺设阳光大道，员工对企业才能产生归属感和忠诚感，进而产生敬业和献身精神。

（4）企业谋求融于社会，与社会同步发展的需要。企业作为一个开放的经济组织，每天都与供应商、经销商、顾客及其他社会公众打交道，企业文化即是在这种开放的环境中成长起来的。因此，企业文化管理客观上要求企业与社会公众之间保持亲密性，这不仅有助于企业经营活动的通达顺畅，而且有助于从社会文化中汲取营养，提升文化品位，提高文化竞争力。

（二）亲密性原则的实践

在企业文化管理中贯彻亲密性原则，应体现在物质、制度、精神各个层面，如建立健全关心员工物质生活的制度；开展丰富多彩的文化、娱乐活动；倾听员工的意见和建议，尊重员工的尊严和价值；使员工和管理者一起工作和思考，提高决策的透明度；在积极疏通企业正式沟通渠道的同时，鼓励员工进行各种非正式的交流，融洽感情。尤其是应注重弘扬民族文化传统和企业的优良作风，培养和强化员工"爱厂如家"的精神，在企业这一大家庭中，使员工与员工、员工与管理者、管理者与管理者之间的关系达到最佳和谐与亲密状态。应该说，这既是企业文化管理的目标，也是企业文化达到更高层次目标——价值一体化的手段。

第二节　启动时机与切入点

一、启动时机的选择

从企业的现实特点出发，推进企业文化管理，进行企业文化的微观再造和创新，必须选准启动时机。推进企业文化管理，特别是推进企业文化的创新和变革，主要是在企业生存发展的外部政治、经济、文化、科技环境发生了重大变化，企业经营方式、组织规模、制度等也产生了巨大变化，原有文化对企业发展已经产生阻碍作用的情况下进行的。从总体来看，当前中国经济进入"新常态"，创新驱动和"互联网＋"快速发展，这是经济增长方式转变和产业结构优化升级的重要时期，也是企业技术创新、经营创新和管理创新的加速期。这一时期、这一环境确实是企业培植新文化的最佳时机和切入点。

总结国内外成功企业的经验，一般在以下几种情况和征兆出现时，是启动企业文化管理方式的最佳时机。

（一）企业进入快速增长期

企业一旦进入快速增长期，一般表现出人员大量增加，组织规模迅速膨胀，分支机构如雨后春笋般涌现出来，资本迅速扩张，市场迅速扩大且占有率骤升，经营业绩直线上扬等现象。在这种情况下，人们往往沉湎于成功的喜悦之中，忽视文化的建设。实际上，企业经营迅速发展时，企业文化往往滞后，很难同企业经营发展保持同步，当二者的差距拉大到一定程度时，企业经营没有相应的文化支撑，就会降低发展速度，甚至急剧下滑。所以，当企业发展超常，进入快速增长期时，实际上就已开始孕育一定的文化危机，企业发展越迅速，潜伏的文化危机就越大。只有抓住适当时机，变革文化，推进文化创新与发展，才能保证企业经营稳定持续地发展下去。

（二）企业经营业绩平平或陷入困境

企业的发展不可能一帆风顺，会遇到困难或挫折。在这种情况下，多数企业往往在科技开发、市场开拓或组织调整上下功夫较多，很少检查自身的文化，这可能是一个误区。企业经营业绩的好坏，固然受众多因素的影响和制约，但从一个较长的时期来看，文化的优劣是起决定作用的。因此，当企业经营效益低下或陷入困境而找不到直接原因或明显原因时，就应该检查一下本身的文化是否滞后，是否阻碍了企业经营的发展。如果时机抓得准，及时变革文化是改善经营的根本举措。

（三）企业管理掣肘增多、效率低下

企业发展到一定阶段，出现了机构臃肿，职责不清，政令不畅，内部矛盾明显增多，人际关系异常复杂，管理效率下降的现象。此时，人们往往把注意力集中在机构改革上，即企图通过精简机构和人员，达到提高管理效率的目的。殊不知，这种做法往往不能如愿以偿，过不了多久，机构又开始膨胀起来，使企业陷入"精简—膨胀—再精简—再膨胀"的恶性循环之中。实际上，企业管理掣肘增多、效率低下的根本原因，一般是文化滞后造成的。如果只在机构上做文章，不去变革文化，就不可能从根本上解决问题。因此，当企业出现了上述不正常现象时，应配合机构变革，大力推进文化的革新，用一种新文化武装一个新机构，才能赋予它新的生命。

（四）企业面临的科学技术环境迅猛发展

一般来讲，科学技术的发展，必然带来企业产品的更新、技术设备的换代和经营模式的改变。尤其当涉及企业经营领域的技术大幅进步时，对企业的影响就会更直接。这种影响不仅表现在生产、经营的流程和模式上，而且会影响人们的思维方式和伦理道德、传统习惯，甚至给企业的价值观带来冲击。科学技术的进步同企业文化相比总是超前的，只有抓住时机，推动企业文化的进步，才能使之与科学技术的进步相适应。

（五）企业面对的市场环境发生巨大变化

市场瞬息万变，总是会给企业文化的发展带来这样或那样的影响。尤其是当企业直接面对的市场发生巨变，就会导致企业文化的重大变革。比如，原有的产销渠道被阻滞，竞争对手迅速崛起，传统产品的市场生命周期处于饱和或衰退阶段，亟须更新换代，而新开发的产品市场又是一个全新的领域，企业没有优势，或者企业对这类市场极不熟悉。这些情况的出现都说明市场发生了大的变化。这时，就需要企业审慎地研究一下传统的价值观是否适应市场变化的需要；否则，市场环境已经变化，而企业还在固守着旧的价值观，企业衰败是不可避免的。

（六）企业领导层和领导人调整

一任领导班子，尤其是一任主要决策人（如董事长、总经理、CEO 等）在任时，很难改变其倡导和信守的文化以及由这种文化决定的制度、行为方式和工作作风。不管这些文化是好的还是不好的。因此，当企业领导人更迭，新的领导人上任时，正是总结、传承前任的经验，创新和变革企业文化的极好时机。新人、新的工作思路、新的工作作风与倡导的新文化相得益彰，企业文化管理的效果会比较好。这里值得注意的是，不能陷入"只要领导层或领导人调整就要变革企业文化"的认识误区，一个企业形成的好的文化是一种财富，不应朝令夕改，应一以贯之。这里只是说当一个企业的文化需要变革时，企业领导层调整是抛弃旧文化、启动建设新文化的良好契机。

近年来，由于中国企业所面临的内外环境与条件急剧变化，一方面给企业经营带来了挑战与机会；另一方面也对企业传统文化提出了挑战，迫使企业激浊扬清，挣脱传统企业文化的束缚，树立与市场经济相适应的新的价值观、新的思维方式与行为方式。所以，企业必须抓住目前的极好时机，经过自身努力，并依靠或借助社会力量来推动企业改革的深化和企业文化的革命性进步。

二、切入点的选择

除了新创办企业外，多数企业建设自身的文化都是在原有"文化"的基础上进行的，即都是"非零起点"。所以，选择建设企业文化的切入点，必须从企业现有文化状况出发。

（一）解决企业面临的主要矛盾

企业在发展中面临的矛盾是多种多样的。如有些企业创新不足，没有后劲；有些企业体制僵化，缺乏活力；有些企业产品质量不高或服务水平较差，竞争能力不强；有些企业管理混乱，效率低下；有些企业员工素质较低，不能适应生产需要；有些企业人心涣散，士气低落；有些企业人际关系不协调，相互拆台，能量内耗等。企业应从解决企业面临的上述某一方面的主要矛盾入手，倡导某种正确的价值观，建立良好的企业行为方式，培养良好的企业风气，纠正偏离企业文化发展模式的思想和行为。这样做容易引起全员的共鸣和反响，增强企业文化的实用价值。

案例 6-1

海尔砸电冰箱

1985 年 7 月的一天，一位用户向海尔公司反映：工厂生产的电冰箱有质量问题。于是张瑞敏突击检查了仓库，发现仓库中不合格的冰箱还有 76 台。

当时研究处理办法时，有些干部提出建议：作为福利处理给本厂的员工。就在很多员工十分犹豫时，张瑞敏却做出了有悖"常理"的决定：开一个全体员工的现场会，把 76 台冰箱当众全部砸掉，而且，由生产这些冰箱的员工亲自来砸。

听闻此言，许多老工人当场就流泪了。要知道，那时候别说"毁"东西，企业就连开工资都十分困难。况且，在那个物资还紧缺的年代，别说正品，就是次品也要凭票购买的。如此"糟践"，大家心痛，甚至连海尔公司的上级主管部门都难以接受。

但张瑞敏明白：如果放行这些产品，就谈不上质量意识。企业不能用任何姑息的做法，来告诉大家可以生产这种带缺陷的冰箱，否则今天是 76 台，明天就可能是 760 台、7 600 台……所以必须实行强制，必须有震撼作用。因此，张瑞敏选择了不变初衷。"砸！"亲自带头将 76 台电冰箱当着 400 多名员工的面砸成废铁。

结果，就是一柄大锤，伴随着那阵阵巨响，真正砸醒了海尔人的质量意识，砸出了品牌文化，这件事在员工当中产生了巨大的震撼作用。从此，在家电行业，海尔人砸毁 76 台不合格冰箱的故事就传开了！至于那把著名的大锤，海尔人已把它摆在了展览厅里，让每一个新员工参观时都牢牢记住它。

1999 年 9 月 28 日，张瑞敏在上海《财富》论坛上说："这把大锤对海尔今天走向世界，是立了大功的！"可以说，这个举动在中国的企业改革中，等同于福特汽车流水线的改革。

资料来源：根据海尔集团网站的资料整理而成。

（二）总结和继承企业的优良传统

企业的优良传统是企业历史上形成的文化精华和闪光点，包括经营管理经验、习惯、风俗、传统和领导人的特殊工作作风及模范人物的先进事迹等。选准时机，总结这些优良传统，宣传模范人物的事迹，并在实际工作中把这些闪光的东西继承下来，容易抓住企业文化生长的根基，促进企业特色文化的形成。

（三）企业资产重组和制度的重大创新

随着产业结构在市场竞争中不断得到调整和优化，企业不断进行重组，原有企业有的迅速崛起，有的发展，有的转产，有的被淘汰，有的被兼并。在竞争中生存下来并得到发展的企业，其规模和内部结构发生了很大变化，配合企业重组和改革，是植入一种新文化或发展某种特色文化的极好切入点。

第三节　管理程序与方法

一种优秀的企业文化的构建不像制定一套制度、建立一个业务流程那样简单，它需要企业有意识、有目的、有组织地进行长期的总结、提炼、倡导、强化与践行。因此，依据企业文化管理的原则，确定科学的程序是非常必要的。

企业文化管理一般需要做好五个环节的工作，即对企业文化现状的"盘点"与分析，规划的制定，理念体系的定格设计，做好企业文化的传播、推展与实践巩固，以及企业文化的完善与创新。这五个环节构成企业文化管理的一个循环，它们在实践逻辑上并不是一个环节结束，另一个环节开始，它们是不断继起，相互交叉和渗透，从而促使企业文化不断升华和逐渐趋于成熟。

一、"盘点"与分析

建设一种新文化，必须对现有文化进行调查、清理、盘点分析，把握企业现有的文化状况及影响因素，对现有文化的优势、劣势及总体适应性做出客观的评价，为企业文化的科学定格做好准备。"盘点"分析的主要内容包括以下八个方面。

（一）企业的经营领域及竞争特点

由于企业的经营领域不同，带来企业经营特点、经营技术、市场风险及劳动特点和管理方法等方面的差别，这些差别往往决定着企业文化的行业特点，即决定着企业经营的理念和特色；同时，因为经营领域不同，企业所面对的市场竞争的激烈程度、表现形式也有较大差异。因此，明确企业的经营领域及竞争特点，进而了解由此引起的企业经营管理上的差别，对现有企业经营状况做出评价，就能够使企业文化管理具有针对性和可行性。

（二）消费者及社会公众对企业的评价和期望

一个企业面向市场，直接服务的对象是消费者，同时与社会公众打交道。企业做得好坏，企业经营中所秉承的经营宗旨是否适应市场，消费者及社会公众最有发言权。因此，企业必须深入了解顾客、供应商、经销商及各类公众对企业的评价，包括好的评价，也包括不好的评价，甚至包括一些抱怨以及很强烈的反对意见，了解他们对企业的期望。这些评价意见和期望是确定企业文化理念的重要参考因素。

（三）企业管理的成功经验及优良传统

企业管理的成功经验及优良传统是企业历史上形成的文化精华和闪光点，包括企业在长期的经营管理实践中形成的好制度、好做法、好传统、好风俗、好习惯及模范人物的先进事迹等。这些成功经验和优良传统体现着企业文化的特色，是建设未来企业文化的最好思想文化材料。企业文化中最闪光最有魅力的部分一般源于企业的成功经验和优良传统。当然，对企业过去形成的经验和传统也要客观地做出评价，对于确已成为"过去时"、不再适应企业发展需要的部分，要敢于大胆舍弃，避免成为企业建设新文化的障碍。

（四）企业家的个人修养和精神风范

企业家，尤其是企业的创始人，他们是企业文化的倡导者、培育者，也是身体力行者，他们个人的品德、知识修养和思想作风、工作作风、生活作风对企业文化有直接的影响。特别是在企业创办初期，企业家的个人修养和精神风范直接渗透在企业文化之中，决定企业文化的风格和面貌。因此，在进行企业文化的"盘点"评价中，必须认真研究企业家的个性特征，并做出评价。在新文化的定格中，要体现企业家的高尚思想境界和道德风范，尤其是要体现企业家所特有的企业家精神。带有一定的企业家个人优秀品格的企业文化容易推行，也容易形成特色。但是，如果企业家个人的思想、品行与作风已大大落伍，在采取组织手段之前，适时消除和减弱其对企业新文化的影响是非常重要的。

（五）企业员工的素质及需求特点

员工是企业文化的创造者，也是载体，员工素质的高低直接影响着企业文化的建立和发展。如员工所受传统文化影响的状况、社会经历状况就直接影响他们对改革的态度；员工文化、技术水平的高低，政治思想水平的高低，决定员工的思维方式及他们的理想和抱负；员工的需求特点不同，影响他们的心理期望、满足度以及行为方式。只有正确评价和把握员工素质状况以及需求特点，才能使企业文化的定格设计与其相适应，才能使员工对定格后的企业文化产生自觉认同。

（六）企业现有的"文化理念"及适应性

通过了解企业员工的基本价值取向、情感、期望和需要，如员工对企业的满意度、对自己工作的认识、工作动机、士气、人际关系倾向、变革意识和参与管理的愿望等，明确企业倡导的占主导地位的基本价值观和伦理道德观，以及这些基本价值观、伦理道德观所体现出来的经营思想、行为准则等是否与企业发展目标相适应，是否与外部环境相适应。通过对企业现有"文化理念"适应程度做出评价，决定企业文化定格时对现有"文化理念"的取舍。

（七）企业发展面临的主要问题

企业发展中面临的主要问题，往往是变革现有文化、建设新文化的突破口。要对企业目标、战略、技术创新能力、产品竞争能力、企业组织与管理等进行认真剖析，对上述方面在发展中的主要问题做出客观评价，并找出原因，然后从解决这些主要问题入手建设新文化，能够引起员工的共鸣，促使企业文化管理与生产经营的结合，增强企业文化的实用价值。

（八）企业所处地区的经济与人文环境

企业所处地区不同、市场不同、文化氛围不同，直接影响企业的经营思想和经营方式，也影响着员工的价值观念和追求。如地处沿海开放地域的企业就有较为典型的"海派文化"特征，开放、精明、创新、竞争、冒险精神较强；而内地企业往往有明显的"内陆文化"特征，勤勉、相互信任、重关系面子的特征较明显。当然，市场经济的发展可以冲破地域，沿海与内地可以联结为一个市场，但不同的地理、经济环境造就出来的文化基础和文化氛围毕竟各有特点和优势，这是企业在进行文化建设时必须考虑到的。

二、规划的制定

企业文化规划是企业对企业文化管理进行的整体谋划和战略设计，是企业文化管理的纲领性文件，也可以"企业文化发展纲要"和"企业文化发展战略"等名称发布。企业文化规划作为企业发展战略的重要组成部分，具有长期性、战略性和综合性的特征。企业文化规划期限一般为3~5年，可与企业发展战略在期限上保持一致。

（一）企业文化规划的主要内容

1. 企业文化管理的环境

在对企业文化进行认真"盘点"的基础上，进一步对企业文化发展的政治、经济及人文环境作系统分析，关键是要厘清自身的优势与劣势，找到外部环境带来的机会与威胁，以此判定企业文化的发展阶段，明晰企业文化管理的方向和切入点。

2. 企业文化管理的指导思想

企业文化管理的指导思想可从政治化内涵、科学化内涵、人本化内涵、市场化内涵四个方面进行概括，体现正确的政治导向和科学发展导向，体现以人为中心的现代管理主旨，体现创新与竞争的市场经济伦理。

3. 企业文化管理的目标

企业文化管理的目标是企业进行文化管理期望获得的成果，是企业文化规划内容的核心。确定企业文化管理的目标，主要是明确在规划期内企业文化管理所达到的层次、特征和效果。企业文化管理的目标从时间上可分解为年度计划目标；从内容上可分解为若干方面的分目标，如企业文化理念体系、行为体系和视觉体系的完善程度目标，企业团队凝聚力和创新力目标，企业文化软实力和品牌影响力目标等，分目标以下还可具体化为若干定性与定量的指标。

4. 企业文化管理的实施

主要明确在企业文化管理目标的指导下，采用什么策略、路径与方法，完成好企业文化理念的定格设计、企业文化的内外传播、企业文化的推展与实践巩固以及企业文化的完善与创新等，最终达到促进企业文化健康发展的目的。

5. 企业文化管理的组织领导与保障体系

首先，明确企业要建立健全企业文化管理的组织领导体系，成立由企业"一把手"为组长的企业文化管理领导小组以及执行机构，建立企业文化岗位职责与考核奖励标准。其次，明确设立企业文化管理专项经费并纳入企业预算，把企业文化培训纳入所有干部员工培训计划。

（二）企业文化规划的制定原则

企业文化规划的制定，决定着企业文化的发展方向和发展速度。具有较强文化意识的企业对此均给予高度重视。在实践中，企业文化管理涉及的因素多，而且复杂多变，因此，在制定企业文化规划时，应遵循企业文化发展规律，坚持如下原则：

（1）制定企业文化规划与制定企业经营战略相结合；

（2）企业文化创新设计与继承优良传统相结合；

（3）企业文化前瞻设计与解决现实问题相结合；

（4）企业文化系统建设与重点突破相结合；

（5）制定集团文化规划与制定所属公司企业文化规划相结合。

需要说明的是，企业文化规划同其他规划一样，随着内外环境的变化，其建设目标和实施策略、路径和方法等也必须因时而变，随机制宜。因此，企业文化规划宜按"滚动计划"的方式进行控制，一般一年左右进行一次滚动调整。

三、理念体系的定格设计

（一）理念体系定格设计的内容

企业文化理念体系的定格设计，是指根据企业文化规划的要求，在分析、总结和评价企业现有文化状况的基础上，充分考虑企业内外环境因素的影响、市场及科学技术等变化趋势，找准企业文化的原点、特点和生长点，用确切的文字语言，把主导的企业价值观、道德观和行为准则等表述出来，形成完整的文化理念体系的过程。

企业文化理念的定格设计大体包括以下内容：

（1）企业的事业领域及市场定位；

（2）企业使命与发展愿景；

（3）企业核心价值；

（4）企业伦理道德和职业道德；

（5）企业精神和企业风尚；

（6）企业经营理念和经营方针；

（7）企业管理理念和管理方针；

（8）企业服务理念和服务信条；

（9）企业人才、质量、安全、廉政等理念；

（10）领导层、管理层及员工层的基本行为准则；

（11）企业的主打宣传用语及文化形象定位等。

不同的企业因规模、性质、行业、历史、组织层次、作业集中度等不同，企业理念的内容（即条目）多少有很大差别，条目表述方法和形式也不一样。

案例 6-2

部分企业的文化理念

1. 中国移动通信集团公司的文化理念

核心价值观：正德厚生，臻于至善。

企业使命：创无限通信世界，做信息社会栋梁。

企业愿景：成为卓越品质的创造者。

2．同仁堂的文化理念

企业目标：以高科技含量、高文化附加值、高市场占有率的名牌绿色医药产品为支柱，建设具有强大国际竞争力的大型健康产业集团。

企业使命：弘扬中华医药文化，领导"绿色医药"潮流，提高人类生命与生活质量。

企业精神（品牌核心价值）：同修仁德，济世养生。

古训：炮制虽繁必不敢省人工，品味虽贵必不敢减物力。

堂训：同修仁德，亲和敬业；共献仁术，济世养生。求珍品，品味虽贵必不敢减物力；讲堂誉，炮制虽繁必不敢省人工。承同仁堂诚信传统，扬中华医药美名。拳拳仁心代代传，报国为民振堂风。

经营哲学：以义为上，义利共生。

管理信念：同心同德，仁术仁风。

服务铭：为了您的健康与幸福，尽心尽意，尽善尽美。

广告语：神州国药香，北京同仁堂。

生产现场标语：修合无人见，存心有天知。

3．三一集团的文化理念

企业使命：创建一流企业，造就一流人才，做出一流贡献。

企业精神：自强不息，产业报国。

核心价值观：先做人后做事，品质改变世界。

企业作风：嫉慢如仇，追求卓越。

经营理念：一切为了客户；一切源于创新。

企业信条：人类因梦想而伟大；金钱只有诱惑力，事业才有凝聚力。

企业伦理：公正信实，心存感激。

三请三问：今天心情好吗？今天工作好吗？今天与同事合作愉快吗？请别忘了留下好主意；请别忘了看书学习；请别忘了关爱家人。

资料来源：根据作者进行企业文化策划实践的案例及中国移动通信集团公司网站资料整理而成。

（二）企业文化理念定格设计的原则

（1）从实际出发，继承传统与积极创新相结合。企业文化理念的定格不能脱离实际，只有使定格后的文化理念与企业内外环境、员工现有的素质及心态相适应，体现企业的优良传统，才能被企业多数员工所认同和接受，才能逐渐扎根于群体意识之中。但定格后的文化理念不是对现有文化和传统的简单总结、归纳和凝练，而要充分考虑未来市场的竞争特点和发展趋势对企业的影响，适合企业未来发展和提升管理水平的需要，进行一定的升华和创新，反映一定的前瞻性，从而使企业文化保持先进性，体现新文化的导向力、牵引力和促进作用。

（2）体现共性与创造个性相结合。企业文化有个性而无共性不能融于社会，有共性而无个性缺乏生命活力。企业文化的定格无疑应该具有鲜明的个性特征，即反映企业独特的文化信仰和追求。具有个性才能具有针对性和指导性。但也应注意到，在一定的社会制度、市场条件和人文环境中发育成长的企业文化具有很多共性，如市场经济这个共同的大环境就塑造出企业共同的创新观念、竞争观念和顾客观念等；社会主义制度这一大环境就塑造出企业的社会责任感、集体主义精神和奉献意识等。因此，在创造个性的同时，应注重体现共性，注重从社会文化和其他企业文化中吸收有益的文化成分。

（3）领导组织、专家帮助与群众参与相结合。企业文化理念的定格一般由企业主要领导者发动，执行部门组织实施，经过广泛发动群众，自上而下、自下而上地反复酝酿、讨论，企业文化专家帮助进行提炼概括，然后经企业领导者和员工共同研讨确认，再最后确定下来。企业文化理念的定格过程既是员工参与讨论和决策的过程，也是员工自我启发、自我教育及对新文化认同的过程，还是企业领导者、外部专家、企业员工之间价值观念的沟通、融合的过程。所以，企业文化理念的定格设计不能由企业领导者个人完成，应在企业领导者组织与引导下，由企业全体干部员工参与及外部专家帮助共同完成。

（4）理念概括的系统性、科学性与表现形式的多样性相结合。好的企业文化理念，应该是内容完整、特色鲜明、含义明确、表述科学的；文字表达应力求严谨，有哲理，同时大气、时尚，符合潮流，对员工和社会公众具有理性感染力和亲和力。但对企业文化理念的定格形式没有严格的规范，既可以像多数企业那样分条目概括，最后形成一个完整体系，也可以像华为早期创造的"华为基本法"那样，用一种企业根本大法的形式加以概括。概括的内容和表述方式要力求有专属性，避免与其他企业雷同。同时也要注意，文化理念要能延展和细化，派生出具体可操作、可执行的任务、标准和规范等，避免空洞无物，好看而无用。

（三）企业文化理念体系建设中应该避免的问题

当前，我国企业文化理念体系建设还处在"初级阶段"，主要问题表现在以下几方面。

1. 企业文化理念的"老板化"

不少企业在建构企业文化理念体系时，以老板的个人意志、观念取代全员的意志、观念，用一个人的大脑代替所有人的大脑，把老板这一个特殊文化因子的作用无限放大，排斥其他文化因子的作用，企业文化完全变成了"老板文化"，变为老板个人的价值观、追求、素质、能力、作风以及个性和品格等的体现。这种现象在民营企业比较普遍地存在。

2. 企业文化理念的"任期化"

在我国目前体制下，国有企业领导者有任期，频繁更迭，三五年换一任，多数企业领导者又不太注重文化的传承，铁路警察各管一段，各说各话，各唱各调，导致企业文化理念随着企业领导者的更迭而变轨，导致优秀文化流失、中断，不能持续积累并一以贯之。企业文化理念体系呈现明显的"任期化"短视症。

3. 企业文化理念体系的"普适化"

在企业文化理念体系建设实践中，部分企业只关注文化共性，忽视个性，企业文化理念不能反映企业特有的历史、传统、经验、价值，千篇一律，甲企业的文化理念搬到乙企业照样适用，企业文化理念成了普适的"真理"，缺乏特色，没有感召力、亲和力、吸引力和冲击力。

4. 企业文化理念体系的"口号化"

不少企业请了专业公司或文人墨客精心策划、提炼，所推出的文化理念，从表面上看非常富有哲理，文辞也很考究，不乏华丽，但仔细考量，没有实在的内涵，不能延伸成具体的目标、任务，不能变为制度、规范加以执行，也就是人们通常所说的不能"落地"，口号似的企业文化理念仅仅是一件漂亮的外衣，给企业一个好看的包装，企业文化成了一种装饰文化，企业文化理念体系建设自然流于形式。

5. 企业文化理念体系的"一元化"

有些规模很大的集团公司，在企业文化理念体系建设中，出于一种良好的愿望，试图把全集团几十甚至上百家下属企业，几万甚至十几万员工的思想全部统一起来，用一套文化理念体系和行为准则规范大家的行动，忽视了下属企业的经营管理特点和成千上万人的不同需求。这种"一元化"的企业文化理念体系，一枝独秀，不仅压抑了个性，而且也使企业文化理念体系僵硬化，窒息了基层企业的创新精神与竞争活力。

6. 企业文化理念体系的"CI 化"

有些企业把企业文化理念体系建设混同于企业推广 CI 中的 MI 导入，多从营销的角度和塑造企业外在形象的角度加以设计与传播，忽视企业灵魂——以人为本价值体系的完善与提升，企业文化理念体系成了宣传广告语。

企业文化理念体系建设中出现的上述问题，究其原因，既与企业管理体制有关，不少国有企业建设企业文化是做面子工程和政绩工程，或是应付差事，应付考核，缺乏加强企业文化理念体系建设的内在动力；更与企业对企业文化的认识有关，尽管企业文化理论盛行多年，也出现不少企业文化管理的典型，时至今日，仍有不少企业的主要领导者对企业文化管理的地位与作用认识不到位，或认为经营是实的文化是虚的，或认为企业文化管理只能锦上添花，不能雪中送炭，或认为企业文化管理是慢功夫，远水不解近渴，或认为企业文化管理的作用只限于管理范畴，只是领导者的一种管理手段。凡此种种，这些认识问题成为企业文化理念体系建设的重要障碍。当然，出现的上述问题也与管理不得力，投入不到位和缺乏经验有关。因此，在实践中亟须纠正认识上的偏差，把企业文化理念体系建设推入健康发展的轨道。

四、文化传播、推展与实践巩固

企业文化理念是企业未来发展的生命线和企业命运共同体的精神纽带。企业文化理念定格后，就要积极推展，创造条件付诸实践，并巩固下来。即把企业文化理念全面地体现在企业的一切经济活动和员工行为之中，尤其是采取必要的手段，强化其中新的理念，使员工在实践中进一步认同。

（一）企业文化的灌输与传播

要使业已定格的企业文化理念能够在较短的时间内得到员工的认同，并付诸实践，积极地灌输和有效地传播是必不可少的。

1. 企业文化手册

企业文化理念定格完成后，一般要通过编制企业文化手册的形式固定下来。企业文化手册既是企业全体员工的精神指南，也是企业文化传播的载体和培训的教材，具有较强的稳定性。企业文化手册的内容主要包括企业主要领导人所撰写的前言、企业文化理念及释义、企业员工的行为规范及准则、企业标志及含义等，也可以把体现企业主流文化的典型案例、故事、照片、漫画等穿插其中。企业文化手册的设计可以多样化，但设计风格应力求高雅、精致、有品位。

2. 企业文化启动仪式

在企业文化理念定格完成并编成企业文化手册后，企业应举办隆重热烈的启动仪式，请全体员工（或代表）参加，同时邀请上级领导、重要客户、专家及新闻媒体参加。在企业文化启动仪式上颁发企业文化手册，并进行首次企业文化理念内容的发布，启动新文化传播和建设工程。

3. 精神灌输与文化训导

企业主要领导人应联系实际，通过理念报告会等形式向全体管理人员和一线员工阐释企业文化理念的内在含义；企业宣传或培训部门应以企业文化手册为蓝本编写培训教材，对新员工和在职员工进行培训；同时，企业要举办各种文化讲座，向员工介绍企业文化的知识，争取在较短的时间内使员工对企业文化理念产生认同，进而像信奉某种教义那样信奉它。

4. 文化演讲与传播

在企业文化理念发布以后，企业应适时举办员工文化演讲活动，使员工结合工作实际和切身体会，现身说法，畅谈对企业文化理念的理解和感受，介绍文化楷模的经验与事迹，营造感人和催人向上的氛围。同时，企业应积极组织文化传播，即利用企业网站、内部刊物、广播、电视、会议、宣传栏、简报以及各种新媒体，通过新闻、广告、理论文章等形式，广泛持续地传播企业文化理念，培养强势文化。

5. 重大事件

企业应积极利用企业发展或对外交往中出现的重大事件，如重大技术发明事件，生产、经营、管理成功事件（或责任事故），质量评比获奖事件（或消费者投诉事件），新闻报道中的表彰事件（或批评事件），参与社会公益活动事件等，或以这些事件为基础，有意"制造"事件的影响，大力渲染，强调某一事件的积极意义或给企业带来的重大损失，借以给员工带来心理震撼和震动，使员工产生强烈的印象，无形之中受到教育和启发，从而接受正确的价值观和行为方式。

6. 文化网络

企业应利用企业有形与无形的文化网络，定期向全员报告生产经营的基本情况和公司的重大事件；高级主管应定期深入一线与员工进行恳谈；并建立总经理和高级管理人员接待日制度。以此增加企业管理的透明度，形成上下畅通的文化沟通渠道。

7. 文化氛围

文化氛围是指笼罩在企业整体环境中，体现企业所推崇的特定传统、习惯及行为方式的精神格调，它虽无形，但以其潜在运动形态使企业全体成员受到感染，体验到企业的整体精神追求，对于企业成员的精神境界、行为方式的形成具有十分重要的影响。在企业文化的灌输、传播以至各个阶段中，企业都要力图营造良好的文化氛围，在重视营造物质氛围和制度氛围的基础上，关心员工的事业与成长，做好思想沟通与感情投资，创造学习环境，倡导员工之间的相互尊重，信任与默契配合，营造良好的感情氛围，使企业成员产生对企业的归属感，在亲和的文化氛围中，顺利地接受企业倡导的新文化。

8. 文化故事

故事是文化的特殊载体，好的故事具体、感人、容易传播，是传承和传播企业文化的有效形式。企业应以自身创业或变革过程中发生的特殊事件或感人的事例为基础，编写或演绎文化故事，形成像"海尔砸电冰箱的故事""IBM 公司为新泽西用户修机器的故事"和"麦当劳赔偿顾客数十万美元的故事"等传播效应，对内教育员工，对外传播企业良好的形象。

（二）企业文化的推展与实践巩固

在营造良好的文化环境的基础上，企业应通过有效的途径，强化和固化文化理念，使先进的文化理念变成员工可遵从的价值准则，可执行的规范，积极践行，由精神转化为物质。具体措施有下述七种。

1. 创造适应新的企业文化运行的机制和条件

企业应做到深化企业管理改革，推行科学管理；推进思想政治工作创新，加强员工的政治、道德、业务培训，提高员工队伍的整体素质；加强民主管理，创造民主和谐的文化环境，建设牢固的企业精神共同体。

2. 利用制度、行为准则、规范等进行强化

要巩固无形的企业价值观念，必须寓无形于有形之中，把它渗透到企业的每一项规章制度、政策、工作规范、标准和行为准则当中，使员工从事每一项工作、参与每一项活动都能够感受到企业文化在其中的引导和约束作用。

3. 以各种活动为载体推展企业文化

如赋予科技攻关、劳动竞赛、技术竞赛、主体营销与服务等活动以文化主题，开展如英模报告会、读书会、经验交流会、表彰会、合理化建议评奖会以及文艺晚会、运动会等文化、文娱、体育活动，让员工潜移默化地接受企业新的价值观。

4. 领导者率先示范

企业领导者在企业文化管理中既要积极倡导，更要身体力行，当好表率，让员工看到企业提倡什么，反对什么，以及应以什么样的规范和作风从事工作。如果领导者不去身体力行，企业文化在员工心目中就不会得到强化，久而久之，只能流于形式，陷入空谈，经过精心设计的先进文化理念也会成为泡影。成功企业往往通过制定诸如"领导者行为准则和形象准则"等形式，规范领导者的文化行为。

5. 塑造文化楷模

要使企业文化得以快速推展，离不开文化楷模的模范带头作用。文化楷模是先进文化的集中体现者，他们的言行对周围的员工有着很大的影响。塑造文化楷模有利于形成企业文化的模仿效应。

6. 建立激励机制

企业价值观的最终形成是一种认识的积累过程，这一过程需要不断地强化。当人的正确行为受到鼓励以后，这种行为才能再现，进而成为习惯稳定下来，并逐渐渗透到人们的深层观念之中。不仅如此，对先进人物以及正确的行为进行鼓励，也会给其他人树立实际的仿效榜样。因此，对符合企业价值标准的行为不断地给予鼓励和激励，如物质奖励、表扬、授予荣誉称号、晋升职务等，是巩固企业文化不可或缺的一环。

7. 塑造品牌与形象

企业文化最终要转化为生产力。通过把企业文化管理与企业形象识别系统、顾客满意等战略方法的导入相结合的运作方式，把企业抽象的文化理念注入有形的品牌和形象当中，既能够提高企业及品牌的文化含量，增加企业的无形资产价值，使社会进一步认可企业；同时也是对企业文化理念的检验和考验，使企业产生压力，自觉改进不足，推动企业文化健康发展。

企业文化的推展与实践巩固，也就是人们常说的企业文化要"落地"。严格地讲，企业文化"落地"这个表述在多数情况下是不够准确的。因为企业文化管理源于企业长期而深厚的文化积淀，在企业核心价值观上全员有较高的共识，文化是内生的，文化深深植根于企业群体意识中，体现在群体活动中。企业文化管理是促进人们增强这种文化自觉和自律。企业文化"落地"仅限于以下三种特殊情况：一是新企业，没有文化积淀时要导入一种新文化；二是现有企业文化已经落伍要更新文化；三是领导者倡导的文化与员工认识有较大的差距要推广新文化。这三种情况的一个共同点，就是要实施的新文化与现有文化有较大的落差，因此才谈"落地"问题。我们不反对企业制定的文化理念有一定超前性，但不能与现有文化落差太大，否则，企业文化只能是空中楼阁，不但不能完全落到实处，还容易引起员工的抵抗情绪，欲速则不达，最终影响企业文化管理的效果。

在企业文化推展与实践巩固中，要善于抓住重点，在每一个重点上措施到位，形成文化面和文化场。同时要注意有主线，体现经营特色、传统文化特色。每一个点像一颗颗珍珠，用线串起来，并把每一点放大，点、面、线结合、互动，企业文化管理才能取得更大成效。

五、完善与创新

企业文化在实践中得到推展和巩固以后，尽管其核心的和有特色的内容不易改变，但随着企业经营管理实践的发展、内外环境的变化，企业文化还是需要不断充实、完善和发展的。企业领导者要依靠群众，积极推进企业文化管理，及时吸收社会文化和外来文化中的精华，剔除本企业文化沉淀中的消极成分，不断对现有文化进行提炼、升华和提高，从而更好地适应企业变革与发展的需要。

企业文化的完善与创新寓于企业经营管理活动之中，市场突变的一个信息、客户提出的一次重大投诉、生产中的一次严重质量事故和员工提出的一条尖锐的批评意见等来自企业内外的各种信息和人们经历的各种例外事件，都会使人们的心灵受到某种冲击，自觉不自觉地审视和检验企业的文化理念，尤其是企业如果发现所奉行的价值观、经营理念、管理理念和服务理念的某些内容已经落伍，不适应企业发展的需要，就会产生完善、变革企业文化的意愿和冲动。企业适时地通过组织企业文化研究会进行研讨，组织各种民主管理会、总结会、演讲会等进行交流，组织员工献计献策、开展合理化建议活动等，就可以接收到来自各个方面的新思维、新思想、新观点、新建议，从而促进企业对原有的文化进行完善和变革，修改原有文化理念的表述，推动文化的创新。

案例 6-3

通用电器公司（GE）的文化创新方法

1981 年 4 月，45 岁的杰克·韦尔奇（Jack Welch）正式成为 GE 总裁以后，开始向每个听他说话的人喊"失火了"：他向 GE120 位高管人员讲话，严厉抨击 GE 存在的问题：官僚制度所造成的浪费、不实报告、逃避困难的决策等。他说："看看 1981 年你们身处何地？想象 1985 年时又会在哪儿？更重要的是，1990 年时又会在哪儿？你们能够保持市场上的第一第二赢家吗？"他警告大家，任何企业如果不能维持第一第二，都将会被踢出 GE。韦尔奇的话意思很明白：GE 要革命了，不愿意改变的高层将无法久留 GE 了。一个有着 100 多年（1879—1981 年）历史、居当年《财富》500 强之前列的 GE 的高管们都是经验丰富、见过不少人事更迭、在创新变革中工作保障和升迁机会都有可能受到威胁的人，他们大部分人的反应可想而知——不理解、无动于衷甚至抗拒。

完成 GE 改革，建立 GE 新文化，韦尔奇采取了两条腿走路的方法。一方面是强有力地根植新 GE 价值观的沟通攻势，一方面是百无禁忌地企业整顿。

根植 GE 价值观的攻势主要在三个方面：克罗顿维尔（Crotonwill）管理学院的培训、各种媒体上的演讲、GE 内部的清白检查。韦尔奇清楚，要改造企业文化，他必须使他的价值观深入人心。于是，他有效地利用每年能提供 10 000 名 GE 管理人员进修训练的克罗顿维尔训练中心，阐述 GE 的价值观。他把克罗顿维尔办成了向 GE 管理人员灌输 GE 价值观的圣地，使其像传播福音的修道院，赋予每个在此进修的主管传播 GE 观念到整个 GE 的任务。韦尔奇亲自年复一年地到克罗顿维尔演讲和聆听，探测整个组织的脉动。他以此为据点，创造了 GE 内部现实、直接、坦率、"解决问题"的双向沟通环境，使克罗顿维尔的训练成为改造 GE 文化的重要基地。

媒体是内外宣传的直接渠道，韦尔奇很会利用媒体。为了表达的一致性和增强演讲效果，他总是自己撰写演讲稿。他的演讲具有强烈的说服力和强烈的激励能力。

尽管施加了沉重的利润压力，韦尔奇强调"利润损失胜于抄捷径或是违反规则"。1985 年，韦尔奇利用政府指控 GE 中级主管篡改一项计划的工作时间卡造成政府超额付款的丑闻，推行了他的清白检查——每个人每天面对镜子反省自己，要求每个 GE 人都严格检查自己行为的正直性。从 1985 年起，严守清白被纳入了绩效评估。直到今天，"正直"还一直是 GE 的核心价值观之一。

与强大的沟通攻势相配套，使新的 GE 价值观生根发芽的是百无禁忌的企业整顿。没有强大的沟通攻势，企业文化的变革根本无法进行，因为人们会不理解、会抗拒；没有"真刀真枪"的新的价值观指导下的企业整顿和制度运行，也产生不了新的文化，因为人们不会把新的价值观化为自己的思想和行动。

韦尔奇在哈佛大学的一次演讲中说："我们用了两三年的时间发展价值观……我们辛苦地实践每一个价值观……我们正在以这些价值观衡量我们的人，我们正处于转型的过程。"

资料来源：李桂荣，秦立莉. 企业文化变革之路：通用电器公司和戴尔公司企业文化变革的启迪（节选）[J]. 企业文明，2005，212（7）：58-60.

　　企业文化的完善提高，既是企业文化管理一个过程的结束，又是下一个过程的开始，是一个承上启下的阶段。企业文化管理与企业文化规律相适应，是一个不断积累、传播、冲突、选择、整合、变革的过程，循环往复，永无休止。企业文化管理不是经过一两次循环就能完成的，是没有止境的。但需要说明的是，一种积极的企业文化体系和模式一旦构塑完成，就会在一个较长的时期内发挥作用。企业文化管理的任务在更多的情况下是积极地积累、传播、充实、完善，只有当企业内外环境发生了急剧变化，企业文化产生了激烈冲突，需要选择、整合和变迁的时候，企业文化管理的任务才是对原有文化实行彻底的扬弃，实现文化的全面创新。

要点总结

　　（1）企业文化管理是一项特殊管理活动，要想做得好，必须有好的设计思想。企业文化管理应遵循目标、共识、一体化、卓越、绩效和亲密六个基本原则，这六个原则虽然比较抽象，但影响着企业文化管理的方向，能否正确贯彻这些原则，决定企业文化管理的绩效。

　　（2）如把企业文化管理比作一项工程的话，它只有"开工"之日，没有"竣工"之时，它是一项循环工程和成长工程。因此，不能靠运动式的办法抓企业文化管理，必须持之以恒，坚持不懈。

　　（3）经验表明，启动企业文化管理，有些关键时机不能错过，切入点也应选择好，这样会事半功倍，加快建设进度。

　　（4）企业文化管理的过程是相当复杂的。为确保成效，以下几点必须坚持：

　　第一，领导重视，把企业文化管理作为"一把手工程"来抓。

　　第二，组织保证，成立必要的领导机构和推进机构。

　　第三，制定规划，确保实施。

　　第四，群众参与，共建共享。

　　第五，创新运作，力求实效。在具体进行企业文化管理时，每一个企业必须从实际出发，因地制宜，突出特色，创新运作。

练习与思考

一、解释概念

目标管理、文化网络、企业文化规划、文化氛围

二、简答题

1.简述企业文化管理应遵循的原则。

2.简述企业文化管理启动的最佳时机。

3.简述企业文化管理的切入点。

4.简述企业文化"盘点"与分析的主要内容。

5.简述企业文化规划的主要内容。

6.简述企业文化理念定格设计的内容和原则。

7．简述企业文化的传播、推展与实践巩固的措施。

三、思考题

1．怎样正确认识企业文化管理的性质？

2．为什么说企业文化管理是"一把手工程"？

3．在企业文化管理中，为什么要强调一体化和群众参与？

4．联系实际，论述如何创新推进企业文化管理。

5．从海尔和 IBM 的案例分析中得到哪些启示？

第七章 企业文化保障体系与评价

学习提示

为确保企业文化管理的顺利实施，不仅需要全员的参与，还需要从物质条件、组织制度、教育培训到文化礼仪等一系列保障性措施，企业文化保障体系的建设是企业文化管理的重要组成部分。本章将从物质保障、组织制度保障、教育保障、礼仪设立与固化四个方面的企业文化保障体系进行阐述。

企业文化评价构成企业文化管理的一个环节，没有科学的评价，搞不清企业文化的现状，企业文化目标难以科学确定；企业文化管理的效果也难以测量。企业文化评价从理论到实践都是十分复杂且带有开创性的，涉及评价标准的确定、评价方法的选择以及评价指标体系的建立等。本章将从分析企业文化投入与产出的特点入手，介绍企业文化的评价标准、评价方法以及评价指标体系与评价模型等。

这一章的内容既具有实践性，也具有探索性。建立企业文化保障体系应紧密结合企业实际，因地制宜；对企业文化进行评价，在确定指标体系，选用评价模型及方法时，更要从实际特点和需要出发，探索创新，避免生搬硬套。

学习要求

1. 掌握：企业文化的保障体系；企业文化的评价标准、方法、指标体系及评价模型等。
2. 熟悉：企业文化投入产出的特点。

第一节　保障体系

企业文化保障体系，是指企业以保持和发展优良企业文化为目标，运用系统观点，坚持以人为中心，优化企业内外环境，构建强化与固化企业文化的有效机制和制度。企业文化不仅需要构塑成形，更需要巩固和发扬，即使其转化为精神动力和物质生产力。因此，建设一种积极、健康、向上的企业文化，必须从物质、组织制度、教育、礼仪等方面采取相应的保障性措施，以便巩固它、强化它，使优良的企业文化在员工中内化于心、外化于行。

一、物质保障

企业文化的物质保障，是指通过改善企业的物质基础和生活条件，扩大生产经营成果，完善企业的文化设施，来物化企业的价值观，以增强企业的凝聚力和员工的归属感。这是企业文化保障体系的"硬件"，是基础保障。为了把企业文化管理落到实处，企业必须建设好企业的生产环境、福利环境和文化环境。

（一）生产环境

企业生产经营的物质条件（如厂房、设施、机器设备等）和物质产品既是企业文化赖以形成和发展的基础和土壤，也是企业精神文化的物质体现和外在表现。建设良好的企业生产环境，就是要逐步改善企业生产经营的物质条件，生产出最优秀的产品。企业文化的发展水平同生产环境建设的优劣成正比。

1.技术创新与技术改造

推进技术创新与技术改造，一是要通过自主开发和引进、嫁接的形式积极推动技术进步和设备的更新改造，提高设备的性能和效率。二是促进生产工艺的改革，发动群众开展挖潜、革新、改造和提合理化建议活动，以较先进的工艺，减少劳动消耗，提高生产效率和产品质量。三是加速产品的更新换代，做到"生产第一代、试制第二代、设计第三代、研究第四代"，不断研制、开发出适合市场需要的新产品。四是在资源相对稀缺的情况下，通过改进设备和工艺，降低能源和原材料消耗，并大力开发新能源、新材料和代用品，开展综合利用，提高经济效益。五是要加强厂房、生产性建筑物、公用工程的改造和环保设施设备的建设，适应环境保护、技术安全的要求，体现企业物质基础的文化风格。

2.质量保证与品牌管理

企业生产环境建设最终将表现在生产出质量优良、功能卓越、用户满意的产品上。质量是企业的生命，品牌是企业的实力与竞争力；质量与品牌反映着企业的整体素质，代表着企业的文化形象。为此，企业要强化全员的质量和品牌意识，建立完备的质量保证体系和品牌管理制度；努力提高劳动者自身的素质和劳动技能，尊重知识、尊重人才，激发蕴藏在员工中无限的创造力；通过革新技术，严格按照国家标准、国际标准组织生产；依靠科技进步和文化资源开发，增加产品的科技含量和文化含量；加大营销推广的力度，树立良好的产品形象，扩大市场占有率。

3. 生产现场管理

生产现场管理，就是用科学的管理制度、流程、工艺、标准和方法，对生产现场的各个方面进行有效的计划、组织、协调和控制，使其处于良好状态，达到优质、高效、低耗、均衡、安全生产的目的。搞好生产现场管理，主要是从整顿生产现场的秩序着手，治理脏、乱、差现象，建立现场管理规范，创造一个文明、清洁的生产环境。为此，要抓好定置管理，处理好生产、作业现场人与物、物与环境的关系，使生产现场井然有序，工作区布置合理，工位器具齐全，人、机、物高度契合，从而改善工作质量，提高生产效率；抓好物流管理，促使工艺流程合理化，加强生产组织、计划的科学性，严格原始记录和交接检验制度，协调好物流与信息流、资金流之间的关系，提高物料利用效率；抓好班组建设，实施严格的岗位责任制，鼓励班组开展创优活动，激发员工搞好现场管理的积极性。

4. 生产经营的外部环境

良好的、有特色的生产外部环境是企业文化风貌的表现，能够使员工心情舒畅，给公众以特有的感染力。美化生产经营的外部环境，要使生产经营的建筑群的设计美观协调、独树一帜，给人以秩序井然、生气蓬勃的感觉；要搞好企业环境绿化，经过园艺设计，建设一个常年绿树成荫、繁花似锦的花园式企业，使人置身其中，就会精神振奋。

（二）福利环境

企业福利环境建设是企业为满足员工的基本生产生活需要而进行的非生产性投资建设。建设企业福利环境，就是要逐步改善企业的生产和生活条件，为员工的工作和生活提供一个安全稳定、丰富多彩的环境，满足员工的物质文化生活的需要。企业福利环境建设得好，使员工亲身感受到企业有靠头、有盼头、有奔头，才能强化员工的归属感，激发广大员工的工作热情。

1. 工资制度和奖励机制

在企业生产发展、经济效益不断提高的基础上，本着劳动绩效同收入挂钩的原则，完善工资制度和奖励机制，不断提高员工的收入水平。

2. 生活设施

改善生活设施，如办好食堂、哺乳室、浴池和理发室等，为员工提供上下班班车，办好员工医疗卫生事业等，解决好员工的生活问题。伴随着企业改革的深化，员工生活设施逐渐趋于社会化、市场化。企业仍应十分重视这方面的建设，以满足员工工作中的物质生活需要，创造"家庭式"的生活文化氛围。

3. 劳动保护与职业安全

企业应坚持以人为本的方针，依照有关法律法规，强化员工的劳动保护与职业安全措施，确保员工有十分安全且能保护健康的作业环境。

（三）文化环境

企业文化环境，主要是指企业的各种文化设施和文化展示等，是企业文化管理的物质载体和外在标志。

1. 文化设施

企业应建设和完善文化设施，包括教育、科技、文艺、新闻、体育、图书等方面的设备和设施，如培训学校、科技馆、俱乐部、影剧院、文艺社团、体育场馆、广播站、电视台、图书馆、阅览室等。企业文化设施建设受到企业所处环境、企业规模、经济实力的影响。企业文化设施投入的"产出"只是员工活跃的精神文化生活，不会直接给企业带来经济效益，因此容易被忽视。尤其当企业经营膨胀、资金紧张的时候更容易削减在文化设施上的投入。为此，企业领导者应端正认识，从建设企业精神家园的高度，明确精神变物质、文化力促进生产力的基本道理，加大投入，尽力把文化设施建设好，以满足员工日益提高的精神文化需求。

2. 文化环境

营造文化环境，即把文化理念注入环境。如把抽象的文化信条、警句"装饰"在环境中，使人们耳濡目染，强化记忆与理解。在厂区、车间或办公场所设立企业文化的景观（如雕塑、壁画），推广使用传达企业文化信息的视觉识别系统，设立企业文化展览室、厂史展览室、产品展示厅，以及赋予建筑设计以文化内涵或对建筑进行文化诠释等。例如，天士力集团建造的"归心坛"，高13米，由一个直径6米的地球和三条支架构成。归心坛正面为太阳升起的方向，"丹心日日照汗青"，表达了天士力"百川归海，天下归心"的博大人才理念；一座大型花岗岩浮雕——中华医药图，长150米，高1.8米，不但成为企业一景，更把企业传承中华医药文化的理念融入其中，与归心坛、医药之光、东方醒狮、天东紫瀑、悬壶济世、三阳开泰等景观相呼应，成功地构筑成"天士力的文化表征"。走进北京同仁堂大堂，人们看到老祖宗留下的"人体针灸穴位模型""老药柜"以及门两侧悬挂着的"炮制虽繁必不敢省人工，品味虽贵必不敢减物力"的古训。这会使人感受到同仁堂"仁德仁术"的高尚追求。企业通过这些，使员工置身于一个有明确的文化提示或暗示，能强化人们记忆，引起人们思考的文化环境之中，既有利于员工对文化的认同，并引以为自豪，也有利于发挥企业文化的约束、引导、激励和展示作用。

二、组织制度保障

组织制度是文化理念的重要载体。企业文化的组织制度保障，是指通过建立和完善企业治理结构、组织管理制度、责任制度、民主制度等，使企业所倡导的价值观念和行为方式规范化、制度化，使员工的行为更趋合理化、科学化，从而保障企业文化的形成和巩固。在企业文化建设初期，组织制度保障是关键性保障措施。企业文化的建设在各个方面，如企业目标的实现、企业价值观的形成、企业精神的发扬、企业风尚的保持等，都离不开企业组织制度的保障。

（一）企业治理结构及管理组织结构

企业治理结构及管理组织结构，既是确保企业所有权、经营权合理安排、企业经营管理系统正常运行的根本保障，也是企业文化管理的根本组织保障。

1. 企业治理结构

依据《中华人民共和国公司法》的要求，在中国境内设立的有限责任公司和股份有限公司，其治理机构由股东会（国有独资公司除外）、董事会（或执行董事）、监事会和总经理组成，实行董事会领导下的总经理负责制。股东会是会议性的权力机构；监事会是监督机构；

董事会作为常设的权力机构和决策机构，实行集体领导；总经理在董事会的领导下主持公司的日常事务。在新的企业治理机构中，企业党组织搞好自身建设，依照法定程序发挥政治核心作用；公司员工或通过参加董事会、监事会，或通过参加职工代表大会（国有公司）的形式，参与企业管理。这种新的企业治理结构，适应市场经济发展的需要，机构各个部分职责明确，相互制约，有利于新时期的企业文化管理。

2. 管理组织结构

企业管理组织结构就像一架机器，设计合理、"部件"齐全、动力强劲，运转效率就高；否则，就不会产生高效率。尤其是企业组织机构作为企业文化管理的实际推动者和操作者，它的功能发挥得如何，将会直接影响企业文化管理的成效。

设置有效的管理组织结构，应遵循以下原则：

（1）以企业事业领域、市场定位、经营战略、目标和任务为主要依据；

（2）管理组织结构的划分、业务的归口应当兼顾专业分工及协作配合；

（3）实行统一领导、分级管理，强化横向沟通，确保高效灵活；

（4）按照管理层次建立统一命令、统一指挥的系统；

（5）坚持权责对等，避免有权无责、滥用权力或有责无权、难以尽责的现象；

（6）坚持精干高效。

从适应企业市场经营需要并有利于企业文化管理的角度出发，企业在变革或完善组织机构时，特别要加强信息、战略与政策研究、科研开发、营销推广、员工培训和公共关系等部门的建设。

面对互联网和现代信息技术的挑战，从发展趋势来看，为强化企业的应变能力，提高管理效率，大中型企业的管理组织结构形式越来越趋向于扁平化，经营管理下沉，基层经营者拥有越来越大的自主创新与经营的权力。

3. 企业文化管理的领导与推进机构

根据中国多数公司企业文化管理的经验，应建立一个由公司主要领导人，如董事长、党委书记或总经理挂帅的领导机构——企业文化领导小组或企业文化管理委员会，职责是确定企业文化的发展方向和文化理念系统，制定与企业经营战略相适应的企业文化发展规划，决策企业文化管理过程中的重大问题，推进企业文化的全面创新与变革。领导机构下设办事机构，如企业文化部、企业文化办公室，或独立设置，或与相关部门合署办公，职责是贯彻企业文化发展规划，落实领导机构的各项决策，组织、协调整个企业的文化建设。有条件的企业，还可以组织一些学术团体，如企业文化研究会或研究小组等，吸收员工参与，深化企业文化研究，推动企业文化健康发展。经验证明，只有建立强有力的组织体系，按照科学的规划实施，才能确保企业文化管理的成效。

4. 群众文化组织

群众文化组织是一种有效的文化网络，它不仅能加强人际交流，传递文化信息，提升员工文化，而且能弥补企业正式组织的不足，为各层次的员工发挥聪明才智提供广阔的天地。群众文化组织的重要特点是员工在其中直接表现自己的价值观，而这种价值观往往是企业员工共同的价值观，是在企业中占有重要地位的意识，是一种自发的企业文化。群众文化组织之间以及它们与正式组织之间的沟通和联系，是通过感情逻辑进行的，正式组织的规章制度和管理程序与群众文化组织的感情逻辑纵横交错，形成企业内部庞大的沟通网络，使企业内部不同价值观的沟通与协调成为可能，这就为企业文化管理提供了更为广阔的基础。企业可以支持员工自发成立的各种研究会，如书画、戏曲、棋牌、演讲、体育以及质量管理小组等"小组织"，开展各式各样的"小活动"，这对加强员工文化和企业文化建设，增强员工的群体意识具有重要作用。

企业的群众文化组织有不同的文化倾向，企业应重视利用和引导。重视人的因素，尊重人的价值，调动人的积极性。

（二）生产技术和管理制度

没有规矩，不成方圆。建立企业生产技术和管理制度，既是生产经营秩序和工作质量与效率的保障，也是企业文化管理的重要保障措施。尤其是在企业文化较弱、未成为引导员工行为的主导力量时，这些制度是载体，对企业文化起强化作用。当然，当一个企业的文化较强时，这些制度慢慢变为形式，甚至成为"空壳"。一个具有积极的强文化的企业可能实际起作用的制度越来越少。制度多少不是衡量企业管理优劣的唯一标志。

1. 生产技术制度或规程

生产技术制度或规程是指按照生产技术规律，对产品设计、生产操作、设备与仪器的使用和维修、安全技术和质量检验等方面所作的规定，它是指导员工进行生产技术活动的规范和准则。生产技术制度对员工是一种"硬约束"，具有严肃性、权威性、稳定性和强制性，要求员工严格遵守和执行，这是现代企业组织社会化大生产的客观需要。科学的生产技术制度，有助于企业建立良好的生产技术工作程序，可使员工用最少的时间和最科学的方法，生产出更多更好的产品，创造更多的经济效益。

2. 管理制度

管理制度是指按照企业管理规律的要求，对各项管理工作的范围、内容、程序和方法等所作的规定，是指导员工从事各项工作的规范和准则。企业的主要管理制度有：信息情报管理、计划管理、生产管理、物流管理、营销管理、客户管理、信用管理、资本运营及财务管理、人力资源管理、行政管理和生活福利事业管理等制度。建立一套科学的管理制度，可使管理人员和一线员工有章可循，使企业的各个职能部门分工明确，职责清楚，有效协作。

（三）岗位责任制度

企业的岗位责任制度是以工作岗位为核心建立的责任制度。它具体规定了每个岗位的职责和权限，是一项基础性制度。企业只有建立健全岗位责任制度，才能使其他各项生产技术、管理制度更好地贯彻执行。通过岗位责任制度的实施，可以把工作任务和工作方法、职责和权力、专业管理和群众管理、工作和学习有机地结合起来，充分调动员工的积极性，保障企业各项工作任务的完成，使企业所倡导的价值观得以体现和贯彻。

岗位责任制包括生产工人岗位责任制、专业技术人员和管理人员岗位责任制、领导人员岗位责任制。生产工人岗位责任制是岗位责任制的基础和主要形式，它包括岗位专责制、交接班制、巡回检查制、设备维护保养制、质量负责制、岗位练兵制、安全生产制和岗位核算制等。这些制度的基本点就是要把日常生产中的各项工作具体落实到每一个生产岗位。专业技术人员和管理人员岗位责任制、领导人员岗位责任制，通常以职责条例、办事细则的形式明确其任务、职责和权限。各级各类人员的岗位责任制都可以通过制定规范的"职位说明书"的办法加以落实。

资料 7-1

职位说明书

职位说明书一般用表单形式编制，通常分九个部分设计表单：

(1) 基本信息：职位名称、部门、直接上级、所属下级、职责分析日期、编写日期等；

(2) 职位目的：对职位概述；

(3) 工作内容与职责：工作范围、任务，职责与负责程度，衡量标准等。

(4) 工作权限：与完成主要职责和相关职责所匹配的财务权限和行政审批权限；

(5) 工作关系：分内部关系和外部关系，包括联系部门、人员；

(6) 任职资格：包括教育水平、工作经验、技能和水平、个性和品质等；

(7) 考核指标，权重，薪资等级，职位发展方向；

(8) 工作环境；

(9) 职业生涯发展规划：直接可晋升的职位、相关转换的职位以及学习和培训所达到的相关要求等。

资料来源：根据相关资料整理。

（四）民主制度

在企业中实行民主管理，切实保障员工参与管理的地位和权力，是中国企业管理的优良传统。加强企业民主制度建设，本身就是为培育企业文化创造条件和环境。企业要建立自己的文化模式，不仅需要让员工充分认识到建设这种文化的重要意义，而且要让他们真正感到自己就是这种文化的建设者，这样他们才有可能积极地参与企业文化的建设与管理。优秀的企业文化必然是"以人为中心"的文化，如果不重视员工的民主权利及民主制度建设，企业文化管理就缺乏内在驱动力。

企业民主制度建设，除了在国有企业中继续以职工代表大会的形式，在其他类型的企业中通过董事会、监事会等形式吸收员工参加管理外，还可以加强各类民主小组的建设，开展技术革新、岗位练兵，提合理化建议等活动；通过建立对话制度、领导接待日制度等来保障员工的民主权利。另外，积极推进民主评议领导干部，发挥对干部的监督、促进作用也是民主制度建设的一条重要途径。加强企业民主制度建设应注重把员工的民主权利落实在本职岗位上。一般说来，让每个员工都直接参与每项重大决策是有困难的，但创造条件让每个员工做本岗位的主人，在岗位上充分发挥其才能，则是可以做到的。应该说，让员工在本岗位上自主管理、发挥创造性，是民主制度建设的重要内容。

案例 7-1

海尔的 SBU

1998 年，张瑞敏提出海尔内部市场链的说法，开启了海尔内部又一轮的管理革命。2001 年起，海尔革命进入"全员参与市场链并成为创新的 SBU"的变革第二阶段，即以扁平化、信息化、网络化为原则，以订单为中心，实行全员市场链工资。

SBU（Strategical Business Unit）即战略事业单位。它强调每个人都是老板；人人都是创新主体。 SBU 的四个要素是：市场目标、市场订单、市场效果和市场报酬。海尔把每个员工看成一个 SBU，把企业速度和创新的目标量化到每个员工头上，人单合一，速战速决，保证企业战略的实现。日本能率协会富坂先生认为这种做法是对经营管理学的新贡献；沃顿商学院的马歇尔教授说，如果海尔能做到全员 SBU，海尔将是世界上独一无二的。

资料来源：根据海尔集团网站的资料整理而成。

三、教育保障

企业文化的教育保障，是指通过各种培训手段，提高员工的素质（包括政治素质、道德修养、文化水平和业务技术水平等），启发员工的觉悟，开发员工的潜能，使之能够成为承载和建设企业文化的主力军。员工的素质与企业文化的层次呈正相关关系。很难想象，在一个整体素质极其低下的员工群体中能够孕育或承载高品位的企业文化。因此，发展企业文化必须有良好的教育保障体系，始终把搞好员工培训、提高员工素质作为企业一项战略任务。企业培训按对象划分包括领导人员培训、专业技术人员和管理人员培训以及一线员工培训三个层次。

（一）领导人员的培训

企业领导人员一般包括董事长及执行董事、党委书记、总经理（CEO）及副总经理、总工程师（GE/CE）、首席财务官（CFO）和首席信息官（CIO）等高层管理人员。他们的道德、文化、业务素质的高低，既是企业经营成败的关键，也是良好的企业文化能否培育起来并得到继承和发扬的关键。对企业领导人员的培训可采取多种形式，如到高等院校、培训中心进修学习，出国考察、参观，参加各种研讨会与论坛，在企业内部进行职位轮换，请专家学者到企业来咨询诊断、作专题报告等。对领导人员的培训，重点是战略思维、政治思想水平、政策水平、领导能力、创新能力和相关专业能力等，通过培训，提高他们的职业素质与领导水平，使他们成为经营管理的专家和内行，成为优秀企业文化的主导力量。

（二）专业技术人员和管理人员的培训

专业技术人员和管理人员作为企业专业技术工作和管理工作的中坚，是企业文化管理的骨干力量，因为大量的、具体的文化推广工作要靠他们来做。对专业技术人员和管理人员的培训，可通过国内外进修、参加专业培训、岗位轮换以及学术交流等途径进行，主要是使他们掌握科学技术和现代管理知识，提高专业水平和科学文化素养，提高专业技术和实际管理能力；同时掌握企业文化的精髓，提高主动实践、传播、建设企业文化的自觉性和实际能力。

（三）一线员工的培训

一线员工是企业物质财富的创造者，也是巩固和创新企业文化的基本力量。他们好的意见、建议、看法、发明创造都是企业文化的营养来源，直接滋润着企业文化。对一线员工的培训，可通过专门的入厂教育、业务技术培训、企业文化教育等专题培训班形式进行，也可通过开展岗位培训、岗位训练、师傅带徒弟等途径进行，还可以将他们送到各类学校深造以及开展演讲、研讨、知识竞赛活动等。目的是使他们树立职业理想，坚守职业道德，遵守职业纪律，掌握职业技能，促使他们实现自我价值、奉献企业，成为创造、实践、传播企业文化的重要力量。

四、文化礼仪的设立与固化

企业文化礼仪是指企业在长期的文化活动中所形成的交往行为模式、交往规范性礼节和固定的典礼仪式，礼仪是文化的展示形式，更是重要的固化形式。正像军队礼仪、宗教礼仪对军人和教徒的约束一样，企业文化礼仪规定了在特定文化场合，企业成员所必须遵守的行为规范、语言规范、着装规范，若有悖礼节，便被视为"无教养"的行为。企业文化礼仪根据不同的文化活动内容具体规定了活动的规格、规模、场合、程序和气氛。这种礼仪往往有固定的周期性。不同企业的文化礼仪，体现了不同企业文化的个性及传统。

（一）企业文化礼仪的作用

企业文化礼仪在企业文化管理中的保障作用有以下三点。

1. 约束力量

企业文化礼仪能够使企业理性上的价值观转化为对其成员行为的约束力量。文化礼仪是价值观的具体外显形式，通过规范文化礼仪，实际上也就使人们潜移默化地接受和认同企业价值观，文化礼仪客观上成为指导企业各项活动和约束员工各项行为的准则。

2. 文化传播

企业文化礼仪是文化传播最现实的形式。企业通过文化礼仪，使难解、难悟的价值体系、管理哲学等显得通俗易懂，易于理解和接受；同时，由于企业文化礼仪或隆重，或生动活泼，具有庄严性或趣味性，其中所包含的文化特质更易于在企业全体成员之间进行广泛传播。

3. 情感体验和人格体验

企业文化礼仪是企业成员的情感体验和人格体验的最佳形式。在企业各类文化礼仪中，每个企业成员都具有一定角色，他能够身临其境，受到礼仪活动现场气氛的感染，经历情感体验，产生新的态度。

（二）企业文化礼仪的种类

企业文化礼仪是丰富多彩的，企业文化的个性往往通过不同的文化礼仪来表现。

1. 工作惯例礼仪

工作惯例礼仪是指与企业生产经营、管理活动相关的带有常规性的工作礼仪。一般包括早训（朝会）、升旗仪式、动员会、总结会、表彰会、庆功会、拜师会和攻关誓师会等。

工作惯例礼仪的特点包括：一是气氛庄严、热烈；二是直观性强，直接体现所进行文化活动的价值和意义；三是与常规工作直接相关，成为工作禁忌和工作惯例；四是规范性和激励性，直接规范人们的工作行为，强化人们的工作动机。

2. 生活惯例礼仪

生活惯例礼仪是指与员工个人及群体生活方式、习惯直接相关的礼仪。实践这类礼仪的目的是增进友谊、培养感情、协调人际关系。生活惯例礼仪一般在联谊会、欢迎会、欢送会、运动会、庆婚会、祝寿会、文艺会演及团拜活动中运用。

生活惯例礼仪的特点包括：一是气氛轻松、自然、和谐；二是具有民俗性、自发性和随意性；三是具有禁忌性，能避免矛盾和冲突，抑制不良情绪，要求人们友好和睦相处；四是具有强烈的社会性，有些礼仪直接由社会移植而来，又常常是由非正式组织推行，并在企业中广泛传播。

3. 纪念性礼仪

纪念性礼仪主要是指对企业具有重要意义的纪念活动中的礼仪。实践这类礼仪的目的是对内使员工产生强烈的自豪感、归属感，增强自我约束力，对外展示企业的实力和形象。纪念性礼仪主要在厂庆、店庆及其他具有纪念意义的活动中运用。企业庆典活动不宜频繁，按照中国传统，逢五、逢十、逢百的纪念日要庆祝。

纪念性礼仪的特点包括：一是突出宣传纪念活动的价值；二是烘托节日欢快气氛；三是强化统一标志，一般要求着统一服装，挂企业徽记，举行升旗仪式，唱企业歌曲等。

4. 服务性礼仪

服务性礼仪是指在营销服务中接待顾客的礼仪。规定这类礼仪的目的主要是提高企业服务质量和服务品位，满足顾客精神需要。服务性礼仪主要有企业营业场所开门礼仪、关门礼仪、主题营销礼仪、接待顾客的程序规范和语言规范、企业上门服务的礼仪规范等。

服务性礼仪的特点包括：一是具有规范性，服务性礼仪的执行不能走样；二是具有展示性，即对外展示企业良好的精神风采，有特色的服务礼仪能够成为企业文化的一景；三是直接反映企业营销活动的内容和特点，礼仪执行得好坏直接或间接影响企业的声誉和效益。

5. 交往性礼仪

交往性礼仪是指企业员工与社会公众联系、交际过程中的礼仪。中国是礼仪之邦，企业在对外交往中应在遵循国际惯例的基础上，特别注意发扬民族传统。规定这类礼仪的目的主要是，对内创造文明、庄重的工作氛围，对外树立企业良好的形象。交往性礼仪包括接待礼仪、出访礼仪、会见礼仪、谈判礼仪、宴请礼仪以及送礼、打电话、写信、发邮件礼仪等。

交往性礼仪的特点是既有通用性，又有独创性。通用性是指企业要遵循世界上各国各民族通用的交际礼仪，不遵守这些礼仪会被交往对方看不起，遭到轻视；独创性是指企业自身在与公众交往实践中创造的交往礼仪，这类礼仪往往有特殊的场景和程序，带有鲜明的企业个性和文化魅力，交往对方置身于这种礼仪之中，能感受到友情、友爱，有强烈的被尊重感。

企业在创立具有自身特色的上述企业文化礼仪体系时，应赋予各种礼仪以文化灵魂，将企业倡导的价值观渗透其中；应重视弘扬企业的优良传统，使用具有独特价值的文化活动素材，采用传统的习惯与做法；应认真组织、精心设计企业文化礼仪的场景，善于制造良好的气氛，使员工通过参加礼仪受到熏陶和教育，使顾客和社会公众受到感染；应积极吸收员工参与创造礼仪，增强礼仪的生命力。只有这样，才能有效地发挥企业文化礼仪在建设、强化、传播企业文化中的积极作用，避免浮于表层，流于形式。

企业文化礼仪的设立也可以与民族文化传统礼仪相结合。

第二节　评　价

企业文化的评价是一项十分复杂且带有开创性的工作，涉及评价标准的确定、评价方法的选择以及评价指标体系的建立等。

一、企业文化投入与产出的特点

为了更好地研究企业文化的评价标准、方法与指标体系，有必要首先对企业文化投入与产出的特点做一简要分析。

（一）投入与产出比特点

企业文化管理需要投入，自然也会有产出，而且这种投入与产出比在所有的非物质项目投入与产出比中是最大的。

以前很多人认为企业文化管理的投入是成本，是一种管理成本。本书认为，企业文化管理的投入不是成本，而是投资。投资与成本的概念不一样，投资是追求回报的，是讲效益的；而成本是要压缩的，是需要节省的。从成本观出发，企业文化管理投入越少越好，不花钱才好；但从投资观出发，为了加强企业文化管理，应当加大投资，在特殊时期，当企业文化严重滞后于企业发展需要时，还要追加投资。当然，在企业文化管理上的投资，不光是物质方面的，更重要的是精神方面的，如情感、智慧的投入等。

（二）投资回报周期特点

在企业文化管理上的投资，其产出（回报）不是立竿见影的。这种产出具有间接性、模糊性和长期性的特点。这些特点往往影响人们对企业文化管理价值的正确判断。有些人说，抓经营管理是实的，马上能见成效；抓企业文化是虚的，无法衡量其具体效果，因此没有建设企业文化的积极性，不少企业只是在宣传部门挂一块牌子，企业文化管理成为一种部门职能，不把企业文化管理放到应有的"一把手工程"的战略地位上。

（三）产品特点

企业文化管理的投入，其产出包括两部分：一是精神产品，如正确的价值观、坚定的信仰、高尚的追求、良好的道德风尚、快捷有效的工作作风和积极向上的精神风貌等。二是物质产品，即经济效益。通过企业文化管理带来的经济效益，需要通过一定的通道。比如，促使企业按经济规律办事，提高经营效率；调动人的工作积极性，产生精神变物质的效应；提高企业商誉，增加品牌价值等。但这种周期往往比较长，且较难测量。美国管理学家约翰·科特所著的《企业文化与经营业绩》一书，通过对大量企业文化成功案例的分析论证，使人们坚信文化就是生产力，文化就是无形资产，文化就是财富。在企业文化管理上舍得投入，加上对这种投资进行科学管理，一定会获得理想的产出。

二、评价标准

企业文化的评价分为两类，一是对企业文化发育和成长客观状态的评价，二是对企业文化管理工作的评价。本书所阐述的主要是对企业文化发育和成长客观状态的评价。

从根本上讲，评价企业文化优劣的标准很简单，就是看企业文化与企业所从事的事业及市场环境是否相适应，是否有助于形成企业的竞争力，是否有助于推动企业的长远发展。但具体来说，评价一个企业的文化优劣，要看企业文化的引导力、教化力、维系力和激励力这四种力量的大小。

（一）引导力

企业文化无形中发挥着引导作用，引导企业的行为，引导员工的行为。优秀的企业文化在人们心目中是一座灯塔，照亮着人们前进的方向，把人们引向光明之途。当企业制定一项营销决策时，它会提示决策人不能为一时的销售盈利而丧失企业的商誉，应处理好企业利益与消费利益的关系，处理好眼前利益与长远利益的关系；当企业推出一项新的分配制度时，它会告诫管理者，分配制度的精神不在于惩罚，而在于正面激励；当员工早晨走上工作岗位，它会提醒他们以高度的责任感和专业精神做好每一件事，不能把工作当成负担和赚钱的手段，而应从中寻求创造和奉献的乐趣。毫无疑问，劣质的企业文化一定会把人们引向迷途和黑暗。只要看企业主流文化能否对企业和员工起到正面引导作用，或引导力大小，即可对企业文化的优劣状况给出一个大体评价。

（二）教化力

一个企业的文化是否有成效，首先要看它能不能提供对企业从上到下各种角色的教化与训练。企业文化的教化力，往往不只是能提供保证企业业务经营正常运转的职业训练和角色训练，即不只是一种纯粹的职业技能、技术和专业素质训练，也不只是常规的社会道德教育，而是能造就特有的"企业人"。健康、完美的企业文化，反映着企业看问题的独特的视角、价值观、思维方式和行为方式，给人以责任感、正义感，使人能够区分善恶美丑、是非曲直，引导员工做人以诚相待，做事负责，公私分明，工作进取，对"企业人"起着全方位的正面教化作用。而一种病态的企业文化，其教化作用则是负面的，它给予员工的必是人世间无公平可言，信誉、名声不值钱，做人要圆滑、老到，工作说得过去就行等。两种不同的企业文化，其教化作用是截然不同的。评价一种企业文化的优劣，只要看其教化作用的方向以及教化力的大小，便能得出较为正确的评价意见。

（三）维系力

维系企业共同体存续的核心和基本力量是企业文化。一个企业只要有了自己的文化传统，就有了价值支柱，就有了精神寄托，就有了追求和向往，就有了在逆境中求生存的勇气和力量。没有资金，可以用信用得到贷款，引进资金；没有技术，可以激发员工创新精神开发新技术，也可以引进人才与技术；陷入困境，可以全员同舟共济，共渡难关，遇到"外敌入侵"，大家可以"同仇敌忾"，协同作战。

企业文化维系力的大小主要通过以下几个方面得到检验：一是企业能否提供一种物质诱

因（或物质刺激）与员工贡献相平衡的机制，使员工在企业困难时期能够牺牲报酬，在景气时期能够分享收益；二是企业能否提供职业安全保障机制，满足员工职业安全感的需要；三是企业能否创造一种团体认同感，使员工有归属感，形成一种靠对共同事业的认同而不是靠血缘关系或物质利益带来的团体凝聚力；四是企业能否通过创造一种成就感与机会均等感，让员工看到有实现理想的可能；五是企业能否通过对员工自我价值与企业经营目标的协调，使员工找到二者的最佳结合点和最大的发展空间。

（四）激励力

企业文化的激励力，也就是企业文化对文化行为主体能够产生激发、动员、鼓动、推进的力量。激励的结果往往具有某种放大效应。事实上，依照马斯洛需求层次理论，能够满足企业员工各个层次需要的企业文化，在其发挥维系作用的同时，又具有激励力。一种优秀的企业文化，给人以明确的目标，在企业主导价值观念的引导下，鼓励人们坚持个性，不断创新，为人们提供崭露头角的广阔天地。一种优秀的企业文化，为每一个人提供一种积极向上的价值动力，鼓励每一个人恪尽职守，超越自我，创造佳绩。一种不良的企业文化肯定没有这种力量和功效。因此，从企业文化对组织成员是否具有激励作用和激励力的大小，可以对企业文化的优劣程度做出一个大体的评价。

三、评价方法

判定一种企业文化是促进企业发展的、健的、常态的优秀文化，还是一种阻碍企业发展的、不健全的、病态的不良文化，其主要方法有比较评价法、生命周期评价法和实际观测评价法等。

（一）比较评价法

威廉·大内在《Z 理论——美国企业界怎样迎接日本的挑战》一书中比较分析了他所归纳和概括的两种企业文化——Z 型文化和 A 型文化，采用的是一种典型的比较评价法。

1. 从一般统计数据和现象上看两种文化的特征

（1）Z 型企业中的雇员一般比 A 型企业中职位相当的雇员在企业中工作的时间要长。

（2）A 型企业每年更换其副总经理的 25%，而且至少 20 年没有改变这种做法；而 Z 型企业每年只更换其副总经理的 4%，而且主要是由于退休。

（3）Z 型企业各级雇员比起 A 型企业职位相当的雇员来说，往往在更多的位置上干过。

（4）在工作生活同个人生活的混合方面，A 型企业同 Z 型企业并没有什么差别。雇员们都宁愿把工作同家庭区分开来，他们都没感到有压力，企业让他们大量参加午餐会或鸡尾酒会这样一些以企业为基础的社会活动。但在同事间接触的广度方面，Z 型企业的雇员比 A 型企业的雇员要广泛得多，他们相互了解得更多，谈论的问题更广泛，参与的活动更多。

2. 从价值观、心理感受、职员情绪和心态角度看两种文化的特征

（1）A 型、Z 型企业的雇员同样地具有进取心和独立思想，但在 Z 型企业中的员工远比在 A 型企业的雇员更相信集体的责任。

（2）Z 型企业雇员都认为他们的企业有一种独特的宗旨，运用着微妙而含蓄的控制形式；而 A 型企业的雇员却感觉不到这种独特性和微妙性。

（3）Z 型企业中较低级的雇员认为企业不会解雇他们，而且他们通常也不会自动离职；而 A 型企业中的雇员则认为自己在不久的将来不是被解雇，就是自动离职。

（4）在决策方面，两类企业的副总经理一级的管理者都有高度的参与意识和积极的工作态度，而在较低级别的雇员方面，Z 型企业的雇员有高度的参与感，A 型企业的雇员则相反。

（5）Z 型企业中的雇员表现出比 A 型企业雇员好得多的感情状况，虽然两类企业的雇员在家庭生活和婚姻关系方面没有什么明显差别，但他们的配偶则认为，Z 型企业较 A 型企业在这方面更令人满意。

（6）就雇员心理素质和情绪状态而言，Z 型企业的雇员表现出镇静、有条理和能控制感情，而 A 型企业的雇员则表现出匆忙、烦躁不安。

经过上述的比较，威廉·大内对这两类企业作出这样的结论：Z 型企业同 A 型企业几乎在同一时间进入营业，以类似的速度增长，而且两者都被列在美国的 1 000 家工业企业中，但在过去 5 年中，Z 型企业比 A 型企业更为成功，提供了更多的职位，获得了更多的利润，以更高的速度增长。从社会各方面和经济方面来讲，Z 型企业都比 A 型企业成功得多。

显然，这是一种依据对同类企业的文化的不同表现及结果进行比较，来评价企业文化优劣的方法。它的优点是简捷，易操作，评价结果直观；不足是比较对象或参照系难以选择，影响评价结果的科学性。

（二）生命周期评价法

正如任何事物都有自己的生命周期一样，一家公司的企业文化也有自己的生命周期。要判定一种企业文化是否先进，要看这种企业文化处在生命周期的哪个阶段。

企业文化生命周期与企业生命周期相适应，包括创业期文化、成熟期文化和衰败期文化三个阶段。

1. 创业期文化

创业期文化，是指企业创业期孕育、形成的企业文化。其特点是：企业文化的主旨、内容、基本结构与文化形式、文化体系呈不均衡、不等比发展。创新有余，冒险有余，注重未来，无所顾忌，不背包袱，义无反顾，勇往直前；易于共同对外，精诚团结，而不是把目光盯在内部的权力、利益的分割上。但文化积累不足，理性较少。

2. 成熟期文化

成熟期文化，是指公司进入稳态发展的成熟期的企业文化。这个时期的企业文化无疑已成为一种成熟的、完备的、系统的团体文化。与创业期文化相比，成熟期文化多了平衡、稳重和理性等特点。成熟期文化还可分为守成文化与守业文化。守成文化指的是全面继承创业期文化，并发扬光大，使之走向企业文化的鼎盛，形成企业文化最为繁荣的风貌和格局；守业文化指的是单纯维系、保持公司业绩，以求稳怕乱、得过且过为基调，呈现出企业文化走下坡路、趋于衰败的迹象，企业文化中已失去了创新的动力。

3. 衰败期文化

衰败期文化，是指企业进入衰败期表现出来的企业文化。这种文化以不思进取、坐吃山空、谨小慎微、明争暗斗为特点。这种企业文化标志着企业走到了尽头，走向没落，走向解体，走向消亡。当然，企业衰败期文化，绝不是从企业进入衰败期开始的，多是从企业成熟期就滋生，以致形成一种企业文化暗流，最终导致企业文化的衰败。在企业鼎盛时期，企业主流文化居于绝对优势和统治地位，人们容易对那些腐败、堕落的文化支流视而不见，顺其自然；或简单地认为其存在无碍大局，终必为正义的主流文化所淹没，因而，使某种劣质文化得以蔓延，导致企业文化走向衰败。

对企业领导者而言，难点不在于大致有一个企业文化生命周期概念，而在于凭借着直觉、职业判断和某些科学依据，正确地判定企业文化生命周期各阶段的特征和临界点，并制定出一整套管理对策，当企业文化陷于危机之时，能够力挽狂澜，挽救企业文化共同体，通过创新、变革或再造，使企业文化重获新生。

生命周期评价法是一种较宏观的整体判断企业文化优劣的方法，或者说只提供了一种评价企业文化优劣的思路，需要与其他方法配合使用，所得出的结论才更有说服力。

（三）实际观测评价法

实际观测评价法是通过比较完整地考察企业文化的状况，进而对企业文化优劣做出客观评价的方法。其考察与测度的内容主要有以下三个方面。

1. 企业的物质环境

企业的物质环境好坏是企业文化优劣最直观的反映。

（1）建筑装潢、生产经营环境。一个企业的建筑，如公司的办公大楼、工厂的厂房、商店的购物店堂以及周围的环境、卫生状况，往往反映出企业的不同风格，反映出企业领导人的追求、企业对员工及员工对企业的不同态度。特雷斯·迪尔和阿伦·肯尼迪说过："尽管公司花在自己办公大楼上的投资与其经营毫不相干，但毫无疑问，它与文化有关。""他们试图创造一种环境，向世界展示他们的公司是深谋远虑和久经世故的。""对其自身及文化感到自豪的公司会通过环境把这种自豪感反映出来。"[①]可以想象，装饰一新的公司办公楼和工厂厂房、高雅的商店店堂可以成为一种清新向上文化的明显外在标志。那么，一个整洁有序的车间，反映着企业的规范管理及工人积极的劳动态度；精心设计的企业建筑装潢和内部工作场所，反映一个企业较高的文化品位。

（2）产品。产品是企业形象的缩影，也是企业文化的载体。一个企业能否不断开发出新产品，表明企业是否具有创新意识、市场意识和科技进步意识；一个企业生产经销的产品质量如何，反映企业的质量观；一个企业生产产品的品牌，反映一个企业的实力和知名度、美誉度；甚至企业设计的产品包装装潢、广告词和广告画面，也无不展示着企业的性格魅力与文化追求。产品凝聚着丰富的文化内涵，要了解企业文化，先了解一下企业生产、经销的产品是十分必要的。

（3）生活设施和文化设施。企业生活设施是否完备及运营好坏，反映企业对员工物质生活的关心程度；企业在文化设施方面有多少投入，如有没有职工学校或培训中心，是否设立了图书馆、阅览室、广播站（或电视台），有没有文化娱乐场所和体育运动场所等，反映企业对员工精神生活的重视程度和对员工精神潜能的开发状况。

总之，从企业生活设施及文化设施多少、好坏中能直接或间接看出企业是否奉行以人为本的管理宗旨，反映出企业与员工的关系以及员工是否有"爱厂如家"的精神的基础。

---

① 特雷斯·迪尔，阿伦·肯尼迪.企业文化：现代企业的精神支柱[M].唐铁军，叶永青，徐旭，译.上海：上海科学技术文献出版社，1989：119-120.

2. 企业的规章制度与员工的行为方式

企业规章制度的执行情况如何，员工在工作中采取什么样的行为方式，也表现着企业文化的优劣。

（1）规章制度。考察企业文化的优劣，不光要看企业有没有比较健全、合理的规章制度，还要看执行情况。在优秀的企业文化氛围中，人们往往能够自觉、严肃地执行各项规章制度，把规章制度视为企业法规，不管有没有检查、有没有监督都同样认真，不打折扣。如果企业员工只有在企业严密控制下才会遵守守纪，缺乏自觉性，管理层不能以身作则，或在执行中以人治为主，漠视制度的严肃性，那么，这个企业就不可能有较好的秩序、整齐的步伐，从而就不能形成一体化的追求，也不会有一种融洽的人际关系氛围和协调的工作氛围，由此也就不难得出企业制度文化不良的结论。

（2）惯例、习俗和传统。企业在人与人的相互交往和工作过程中会形成若干惯例、习俗和传统，这些惯例、习俗和传统尽管是不成文的，也并不像规章制度那样强制人们遵守，但却以一种情感氛围和舆论力量对人们的行为起到引导和软约束作用。具有优秀文化的企业，除了有较健全的成文制度外，更突出的特色是有很多不成文的好惯例、好习俗、好传统，并且被人们以轶事、故事的形式传诵，代代相传；反之，没有优秀文化的企业，不可能产生这些好惯例、好习俗、好传统。

（3）员工的工作态度和精神面貌。直观地看，一个企业的员工流动率低、出勤率高且工作认真、效率高、精神饱满，表明企业文化处于良好状态；相反，员工流动率高、缺勤严重，工作中消极懒散、潦草塞责、精神不振，则是企业文化退化的征兆。可以说，员工的工作态度和精神面貌是企业文化的"晴雨表"。

3. 企业的价值观

直接探究企业价值观并非易事，只有通过各种相关事物进行研究，如上述分析物质环境、规章制度和行为方式等，就是测度企业价值观的重要途径。此外，分析企业价值观体系（如企业目标、企业精神等）的表述以及企业培养的英雄人物的特征，也能够使我们对企业价值观有进一步的认识。

（1）企业目标。有些企业的目标局限于企业自身短期的产值、销售和利润上，有些企业则放眼未来，能够把企业的市场目标、利益目标同企业的发展目标、对社会的贡献目标结合起来。两种不同的目标，反映着两种不同的价值观。

（2）企业精神。企业精神的表述反映了企业价值观的主流。北京歌华集团"创业无涯，创造无限，敢为文化先"的精神，反映了一个文化型企业的特有精神追求；王府井百货大楼的"一团火"精神体现着"大楼人"全心全意为人民服务的思想和追求"真、善、美、和、爱"的高尚人生价值。

（3）英雄人物。英雄人物作为文化楷模是企业价值观的化身。一种优秀的企业文化必然会孕育出一个或几个英雄人物。如鞍山钢铁公司的孟泰，成为鞍钢人爱厂如家价值观的化身；大庆石化公司的王进喜，成为大庆人艰苦奋斗、勇于拼搏奉献价值观的代表。只要分析一下一个企业树立了什么样的英雄人物，英雄人物的主要事迹是什么，有什么样的品格特征，英雄人物是否受到多数员工的爱戴和仿效，就能在一定程度上分析出企业的主导价值观和整体企业文化的特点。

（4）经营管理。主要是看企业执行的营销战略与策略、服务满意系统、环保措施，履行社会责任状况以及处理与顾客、社会关系时的态度和做法，是否体现出以顾客为本的思想和社会责任感；看企业内部的管理方式和激励机制，是否坚持了以员工为本的思想。实际上这些是研究企业价值观最重要的方法。

实际观测评价法是一种系统直观的评价企业文化的方法，同上述两种方法一样都属于定性方法。

四、评价指标体系与评价模型

（一）国外研究成果 [①]

1. 奎因模型

美国密西根大学商学院的罗伯特·奎因教授和西保留地大学商学院的金·卡梅隆教授，用了多年时间，构建了一个评价组织有效性的量表，在建立两个成对维度（灵活性与稳定性、关注内部与关注外部）的基础上，将指标分成四个主要群类，分别代表不同特征的组织文化，即团队型、灵活型、层级型和市场型。该量表概括出六个指标来评价组织文化，即主导特征、领导风格、员工管理、组织凝聚、战略重点和成功标准，使之分别对应四种类型的组织文化，如图 7-1 所示。该量表对企业文化评价的深入研究具有重要价值。

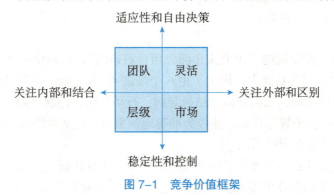

图 7-1 竞争价值框架

2. 丹尼森模型

先后任美国密西根大学商学院教授和瑞士洛桑国际管理学院教授的丹尼森（Daniel Denison）构建了一个能够描述有效组织的文化特质模型，认为适应性、使命、参与性和一致性四种特质与组织有效性相关，在此基础上，又在每种特质下面开发出三个子维度，如图 7-2 所示。这个模型经过多年试验，获得较高的社会认可度。

3. OCP 量表

美国加州大学的查特曼教授为了从契合度的途径研究人与组织契合和个体结果变量（如组织承诺和离职）之间的关系，构建了组织价值观的 OCP（Organizational Culture Profile，即组织文化概评）量表。完整的 OCP 量表由 54 个测量项目组成七个维度，分别是革新性、稳定性、尊重员工、结果导向、注重细节、进取性和团队导向。

---

① 国外以及国内最新有关评价指标体系与评价模型研究的总结，参见刘孝全《中外企业文化测评工具简析》一文载。中国企业文化研究会.中国企业文化年鉴：2004［M］.北京：中国大百科全书出版社，2004：243-245.

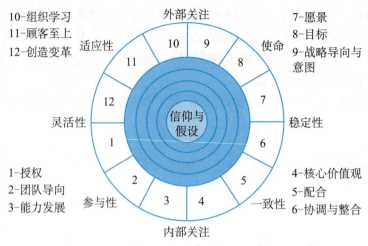

图7-2　丹尼森组织文化模型

（二）国内最新研究成果

1. 北大模型

北京大学光华管理学院因循国外企业文化量化研究的思路，根据案例实证分析的结果，确定了由七个维度组成的测评量表：即人际和谐、公平奖惩、规范整合、社会责任、顾客导向、勇于创新和关心员工成长。

2. 清华模型

清华大学经济管理学院的"企业文化测评项目科研组"，在对中外企业文化的量化管理进行了较为系统的研究的基础上，提出了由八个维度40多个测试项目组成的测评量表。八个维度分别为：客户导向、长期导向、结果导向、行动导向、控制导向、创新导向、和谐导向和员工导向。这一量表较为详细，能较为准确地测量出企业文化的优势所在。

3. 中国企业文化综合测量系统

中国企业文化测评中心在吸收了国外成熟的企业文化量化研究和国内相关研究成果的基础上，经过数百家中国企业的实践检验后建立了"中国企业文化综合测量系统"。该系统由企业文化类型评价、企业文化核心价值观评价和企业文化环境评价等部分组成，分别从组织和员工个人的角度，测评出企业文化状况及运动方向和规律。

（三）中央企业企业文化建设评价体系

2010年4月，国务院国资委宣传局在组织课题研究、企业试点基础上，发布了关于开展企业文化建设评价工作的通知，下发了《企业文化建设评价体系及操作要求》，计划在中央企业集团公司（总公司）一级开展评价工作，目的是总结企业文化建设的成绩与经验，查找差距与不足，进一步推动企业文化建设深入发展。

中央企业《企业文化建设评价体系及操作要求》的主要内容是：

（1）企业文化建设评价指标体系由企业文化建设工作评价、企业文化建设状况评价和企业文化建设效果评价三部分构成。每部分均包括评价指标、分值、计分方法和评价方法等内容。

（2）企业文化建设评价依据企业文化建设评价体系，实行定量评价与定性评价相结合对指标进行评价打分。

企业文化建设评价总分为1 000分。其中，企业文化建设工作评价部分300分，企业文化建设状况评价部分300分、企业文化建设效果评价部分400分。对可以直接量化打分的指标，通过查阅资料和实地考察的方法，直接进行评判打分。对不能直接量化打分的指标，通过问卷调查的方法，进行定性评价，再将定性评价结果转化为量化分值。评价结果分为四个等级如"好、较好、一般、差"与之对应的是四个等级分值。问卷调查中评价"好"占90%及以上的记一等级分值；80%～89%的记二等级分值；60%～79%的记三等级分值；60%以下的记四等级分值。

（3）问卷调查的要求。一是合理确定调查样本数量。员工问卷调查，调查样本不少于员工总数5%，调查样本的选取由企业根据员工构成比例合理确定。客户问卷调查样本数量由企业根据实际情况确定。调查采用无记名方式。二是问卷调查按照统一设计的调查问卷进行。各企业也可在确保获得相关指标评价信息的前提下，根据自身实际进行适当调整。三是如企业近年内开展了相关问题的调查，为减少工作量，有关调查结果可作为本次评价的依据。

（4）企业文化建设评价最终得分为企业文化建设工作评价，企业文化建设状况评价，企业文化建设效果评价三部分实际得分之和。

（5）各企业可根据本企业实际需要，适当增加评价指标，一并调查，分开统计。

该评价体系内容完备，逻辑严谨，方法科学，可操作性强，具有较高的实践应用价值。

附：中央企业企业文化建设评价体系指标（问卷）

一、企业文化建设工作评价体系（总分300分）

1. 组织保障100分，其中：

①明确企业文化建设领导体制20分；

②企业领导定期听取工作汇报、研究解决有关重大问题20分；

③明确企业文化主管部门与人员20分；

④相关部门企业文化建设职责分工明确20分；

⑤对本系统企业文化工作人员进行业务培训10分；

⑥广泛发动员工参与企业文化建设10分。

2. 工作指导与载体支撑150分，其中：

①企业文化建设纳入企业发展战略20分；

②制定企业文化建设规划纲要15分；

③年度工作有计划、有落实、有检查15分；

④组织开展课题研究和专题研讨10分；

⑤开展企业文化主题活动15分；

⑥开展员工企业文化培训、专题教育20分；

⑦充分利用企业媒体，包括报刊、电视、网络传播企业文化15分；

⑧完善企业文化设施，如传统教育基地、企业文化展室、职工文体活动场所等10分；

⑨开展子文化建设，如廉洁文化、服务文化、质量文化、安全文化等20分；

⑩经费有保障并纳入预算管理 10 分。

3. 考核评价与激励措施 50 分，其中：

①对企业文化建设工作有考核 15 分；

②总结推广企业文化典型经验 15 分；

③开展企业文化建设评优表彰活动 20 分。

二、企业文化建设状况评价体系（总分 300 分）

1. 精神文化 100 分，其中：

①确立企业使命或企业宗旨 25 分；

②确立企业愿景或企业战略目标 25 分；

③确立企业价值观或核心价值观、经营理念 25 分；

④确立企业精神 25 分。

2. 制度文化 100 分，其中：

①企业规章制度健全 20 分；

②企业文化理念融入企业规章制度 20 分；

③建立员工岗位责任制 20 分；

④印发员工手册或企业文化手册 20 分；

⑤制定新闻危机处理应急预案 10 分；

⑥建立新闻发布制度 10 分。

3. 物质文化 100 分，其中：

①建立视觉识别系统企业标识、标准色、标准字、司旗和司歌 20 分；

②制定视觉识别系统的使用规定 15 分；

③全系统企业标识使用规范 20 分；

④制定员工行为规范 15 分；

⑤在本系统开展文明单位创建活动 20 分；

⑥发布企业社会责任报告 10 分。

三、企业文化建设效果评价体系（总分 400 分）

1. 凝聚力 110 分，其中：

①员工对企业价值理念的认同度 20 分；

②员工对企业发展战略的认知度 20 分；

③员工对与本职工作相关的企业规章制度的认可度 20 分；

④企业维护员工合法权益情况 15 分；

⑤员工对在企业中实现自身价值的满意度 15 分；

⑥近三年企业职工到上级机关上访等群体性事件情况 20 分。

2. 企业执行力 90 分，其中：

①员工遵守企业规章制度情况 20 分；

②员工在工作中形成良好行为习惯 20 分；

③员工爱岗敬业的精神状态 20 分；

④近三年企业领导班子成员中违规违纪情况 30 分。

3. 企业形象 95 分，其中：

①客户对企业产品或服务的满意度 30 分；

②近三年企业在"四好班子"建设、党的建设、思想政治工作、企业文化和精神文明建设方面获得党政机关授予的全国或省部级荣誉称号 35 分；

③近三年企业先进典型情况，包括集体和个人先进典型 30 分。

4. 生产经营 105 分，其中：

①近三年企业守法、诚信经营情况 30 分；

②近三年企业经营业绩情况 75 分。

四、员工调查问卷（分别给出 4 种答案供选择）

1. 企业价值理念主要包括企业使命、企业宗旨、企业愿景、企业精神、企业核心价值观、企业价值观或经营理念。您对本单位的价值理念是否认同？

2. 您是否了解本单位的发展战略？

3. 您认为企业的规章制度是否健全？

4. 您认为企业文化理念是否在企业规章制度中得到了较好体现？

5. 您是否认可与您本职工作相关的企业规章制度？

6. 您认为企业在维护员工合法权益方面做得怎样？

7. 您对在本企业实现自身价值是否满意？

8. 您认为员工在自觉遵守企业规章制度方面做得怎样？

9. 您认为员工在工作中形成行为习惯与其岗位责任要求的适应度？

10. 您认为本企业员工爱岗敬业的精神状态如何？

11. 您认为企业在充分利用企业媒体，包括报刊、电视、网络等宣传企业文化方面做得怎样？

12. 您认为企业在加强文化设施建设，如传统教育基地、企业文化展室、职工文体活动场所等方面做得怎样？

五、客户调查问卷（分别给出 4 种答案供选择）

1. 您是否了解我们企业的产品或服务？

2. 对我们企业的产品是否满意？

3. 您对我们企业的服务是否满意？

企业文化评价指标体系的研究具有重大意义，指标体系科学，评价标准和评价方法也就会进入科学化轨道。企业文化评价指标体系具有很大的研究潜力，其实用化和市场化的前景十分广阔，可以预期，长期困扰理论界和企业界的企业文化的量化问题不久将会有重大突破。

要点总结

（1）企业文化管理，既依赖于企业的物质条件、设施、组织制度、教育培训的保障，依赖于礼仪的固化；同时，其管理过程又以物质条件、设施、组织制度、教育培训和礼仪等为载体，体现文化成果，发挥文化作用。

（2）在企业中，文化无时不有、无处不在，凡人凡事皆受其影响。因此，搞好企业文化管理，既要强调人人参与，又要把它与企业各项工作结合起来，使其有载体、有保障。

（3）企业文化评价体系的建设，是一个具有重大实践意义的新课题，目前理论研究和实践模式还不够完善，还有深入研究的潜力。理论界与企业界结合，共同开发、联合试验，才可能有更大的突破。关于企业文化评价问题，主要涉及两个具体问题需要解决：一是需要确认评价的主体，即明确由谁来评价；二是选择评价方法，即确保更科学地评价。到底谁是评价企业文化优劣的主体？传统做法是以自我内向型评价为主，这是不科学的。企业文化优劣最终要看是否符合市场需要，因此应以市场评价为主体，即让顾客评价，让供应商、经销商评价，甚至让竞争者评价，让社会公众评价。即使需要一些自我评价也应面向市场，以企业的市场表现为评价的主要因素。

（4）对于企业文化的评价方法，本书认为不能一味追求量化分析。评价量化是必要的，它可以提高评价的规范性和科学性。但由于企业文化具有效应滞后性和作用反馈周期较长的特点，对企业最终经济效益的贡献率很难准确测量，因此可以辅以一些专家经验判断的方法，有些来自市场的评价，可能只是一些零散的"感觉"或"感受"，却是十分重要的评价信息。只有选好评价因子，采用定量与定性相结合的方法，才能确保评价结果的可信度和有效性。

练习与思考

一、概念解释

企业文化保障体系、企业文化的物质保障、企业文化的组织制度保障、企业文化的教育保障、企业文化礼仪、奎因模型、丹尼森模型、OCP量表、北大模型、清华模型

二、简单题

1. 简述企业文化的保障体系。

2. 简述企业文化礼仪。

3. 简述企业文化投入与产出的特点。

4. 简述企业文化的评价标准。

5. 简述实际观测评价法的内容。

6. 简述中央企业企业文化建设评价体系的内容。

三、思考题

1. 联系实际，论述如何建立有力的企业文化保障体系。

2. 联系实际，论述如何建立科学的企业文化评价体系。

3. 从海尔案例分析中得到哪些启示？

第八章　CI 与 CS 战略

学习提示

　　企业文化管理与 CI 战略、CS 战略相互结合、相得益彰，可以推动经营与管理的结合，放大企业文化的效用。

　　本章第一节在阐述 CI 与企业文化关系的基础上，分别介绍了 CI 的三大组成部分，即理念识别系统、行为识别系统、视觉识别系统，以及 CI 延伸等相关内容。要理解 CI 既是企业文化的表现手段，也是企业文化的一部分。

　　本章第二节主要介绍 CS 与企业文化的关系，以及 CS 的内容与实施等。强调实施 CS 战略不仅能推动传统企业文化的变革，而且能丰富企业文化管理的内涵和外延。阐明 CS 与 CI 是两种不同的营销战略，反映的是不同的企业营销文化。

学习要求

　　1. 掌握：CI 和 CS 对企业文化的推动作用；CI 延伸的主要内容；互联网时代 CI 的创新。

　　2. 熟悉：CI 和 CS 的内容及联系与区别；顾客满意度的调查与评估方法。

第一节 CI 战略

一、CI 与企业文化的关系

（一）CI 与 CI 战略

CI（也称 CIS）是英文 Corporate Identity System 的简称，直译为企业形象识别系统。CI 是一种形象传播，一种可视的文化，也是一种经营战略。其内容包括理念识别系统（Mind Identity System，简称 MI）、行为识别系统（Behavior Identity System，简称 BI）和视觉识别系统（Visual Identity System，简称 VI）三个方面。

CI 战略是指利用 CI 手段，把企业及产品形象中的个性、特点有效地传达给消费者，使其对企业及产品产生统一的认同感和价值偏好，从而达到促进销售、提升企业品牌价值目的的一种营销战略。

人们常称 CI 战略是现代企业有效掌握与开拓市场的一只"魔手"。据估计，企业在形象设计中每投入 1 美元，可以获得 227 美元的收益。20 世纪 90 年代以后，企业形象广告支出年平均增长率为 22.4%，比广告总支出的年平均增长率高出了 9%。这充分说明，CI 作为提高企业经营水平的行之有效的战略手段，受到各国企业界的普遍重视。

（二）CI 的起源与盛行

1. 早期实践

早在 1851 年，美国宝龄公司董事长威廉·宝特发现：一些不识字的码头工人在蜡烛包装箱上画上黑色的"X"，以区别于肥皂包装箱；后来又有人用星星和月亮的图案来代替黑色的"X"，并成了蜡烛包装箱的固定标志。威廉·宝特曾用自行设计的一种新标志来取代码头工人发明的星星与月亮的图案，谁知新奥尔良的一位经销商竟把采用这种新标志包装的蜡烛视为冒牌货，认为只有在包装箱上画了星星与月亮的产品才是真品。这使威廉·宝特认识到固定标志的真正价值，于是向政府提出申请注册商标专利。后来随着商品经济的发展和人们认知水平的提高，这种产品标志便逐渐演变为企业识别标志。这可视为 CI 的早期实践。

2. 正式诞生

1956 年，美国国际商用机器公司请艾略特·诺伊斯将公司的全称"International Business Machines"设计为蓝色的富有美感（由八道条纹线构成）的标准字造型"IBM"，以体现"深邃、前卫、精密和科技"的开拓精神和独特的企业文化。"IBM"企业标志的设计具有革命性的意义：它兼具了标准字、标准色、标志等具有识别性、代表性、说明性和象征性的 CI 要素，因而标志着 CI 的正式诞生。

3. 蓬勃发展

继 IBM 公司成功进行 CI 设计之后，CI 得到迅速发展，美国许多大公司纷纷群起仿效。如美国西北航空公司、通用汽车公司、克莱斯勒汽车公司和 3M 公司等，这些公司实施 CI 策划后，企业的知名度和经营绩效大大提高。20 世纪 60 年代以后，欧美企业导入 CI 进入了全盛时期，美国可口可乐公司引入了视觉强烈震撼的红色与充满运动条纹所构成的 Coca-

Cola 标志，在全球消费者心目中成功地塑造了老少皆爱、风靡世界的品牌形象，被誉为"美国国民共有财产"。

20 世纪 70 年代后日本企业仿效欧美企业，开始创立自己的 CI。以东洋工业公司引入 CI 并更名为马自达（MAZDA）公司为标志，涌现了一大批导入 CI 获得成功的企业，如日本第一劝业银行、富士胶卷、丰田汽车等。进入 20 世纪 90 年代后，以三菱重工、精工电子、凌志汽车为代表的日本制造业和开发型产业使企业标志由过去复杂的图案演变为简洁、明快、雄健的几何造型，更使 CI 策划有了长足发展。

中国台湾地区的台塑、味全等大公司在 20 世纪 60 年代末期即率先导入 CI，从此 CI 便在中国大地生根、开花、结果。1982 年 CI 被介绍到中国大陆，1988 年广东太阳神集团公司正式导入 CI，获得极大成功，随后亚细亚、美的、健力宝、东大、科龙、海尔、长虹等一大批企业相继导入 CI，从而使中国的 CI 在 20 世纪 90 年代后进入旺盛时期。

4. 盛行原因

CI 之所以在世界上盛行，最根本的原因是它适应了市场经济不断发展的需要。企业在日益激烈的竞争中取得优势，光靠质量和口碑是不够的，需要企业从表层视觉到深层理念进行洗心革面的规划与变革，进而以鲜明的个性形象赢得消费者的关注和偏爱。CI 适应了这种需求，为企业塑造和传播良好的形象提供了一种新的理念和战略方法，因此，受到越来越多的企业的欢迎。

中国的 CI 之所以能盛行起来，既与市场经济发展的需求有关，也与传统文化有关。中国历代王朝都非常重视朝廷印鉴、旗帜，甚至家族徽记的设计与保护。北宋时的商人开始将标志广泛应用于招牌、商品包装和宣传品上。新中国成立之前在上海赫赫有名的"出租汽车大王"祥生公司，曾成功地运用标准色（墨绿色）、公司标志和口号等要素齐全的形象识别系统。新中国成立之后许多系统的徽标，如铁路、邮政、航空、海关等系统的标志，均称得上是 CI 中 VI 之杰作。适逢改革开放，企业的市场意识不断增强，加之体制转轨，文化转型，迫切需要以一种全新的营销战略表现出来，CI 恰好适应了这种需求，因此 CI 在中国迅速发展是很自然的事。

（三）CI 对企业文化的推动

尽管因地域和文化传统不同，导致人们对 CI 的认识不尽相同。美国侧重于把 CI 视为沟通企业与社会的工具；日本的 CI 则是一种明确的认知企业理念与企业文化的活动；中国的 CI 则注重在开发企业视觉识别系统时，赋予文化内涵和文化功能。CI 对企业文化是有推动作用的。实施 CI 战略，可以有效地积累、传播企业文化，使企业文化视觉化、规范化、具体化，它是实现企业理想与市场现实需求之间有效沟通，强化企业市场竞争理念的重要战略手段。

1. CI 是一种"文化资本积累"

在经济文化一体化发展的时代，企业在越来越多地创造物质财富的同时，也为自身积累了越来越多的精神文化财富。CI 导入则成为一种"文化资本积累"的形式。如麦当劳以品质、服务、清洁和价值四个方面为核心内容形成的经营理念和快餐文化，就通过它个性鲜明的 CI 系统表现出来，金色的"M"成为麦当劳文化的象征和重要载体。人们常说通过 CI 树立起的企业形象是一种无形资产，这种无形资产的内核就是企业文化。也就是说，CI 导入的核心目的在于固化、传达企业文化；而企业文化的不断发展，又赋予 CI 真正的灵魂。

2. CI 是企业文化的外显形式

通过 CI 活动可以使企业文化这一抽象的理念看得见，摸得着，具体化为可以操作的标准和规范。每个企业都有一种文化存在，且不管这些文化是优是劣，都会潜移默化地对企业目标、决策方式、管理方式、经营服务方式等产生深刻影响。通过 CI 战略的实施，把优秀的企业文化整合、提升，成功地转换为一种完整的被员工认同、社会认同的经营理念、行为规范和符号系统。导入和运行这一系统的过程实际上就是优秀企业文化发挥作用的过程，即对内提高员工士气、增强企业凝聚力，对外"推销"自我，促进社会认识、认同企业的过程。很多 CI 专家将企业文化与 CI 战略视为同质的东西，认为二者之间只是有形与无形、形式与内容的关系，这是有道理的。

3. CI 促使企业文化市场化

企业文化管理往往以管理文化为重点，忽视经营文化的建设，企业文化中包含的价值观、道德观、盈利观等可能偏离市场需要，得不到顾客认同。通过 CI 活动，实现企业与市场的文化沟通，既可以使现有文化得到市场的检验，也可以强化企业文化的市场内涵。如可以通过 CI 对企业文化再次定位，解决企业经营目的、经营方向等根本问题；可以通过 CI 调整或强化企业的某种理念和行为，改善企业与社会的关系。

总之，CI 战略在企业文化管理中发挥着识别功能、代表功能、解释功能和象征功能，它是企业进入现代社会的一张"绿卡"，是企业宝贵的无形资产。一项完整的 CI 战略实施过程，也是一种新文化的营造过程；CI 设计得好，不仅使企业声名鹊起、信誉度大增，而且推动企业文化的升华，促进企业经济效益的上升和社会地位的提高。

二、CI 的基本内容

如前所述，完整的 CI 包含 MI、BI 和 VI 三个组成部分。MI 犹如企业的"心"，BI 好比企业的"手"，VI 就像企业的"脸"，三者构成一个生动的企业形象肌体。

（一）MI

1. MI 的本质、内容与功能

MI 在 CI 中处于核心地位，是 CI 的基本精神所在，也是 CI 运作的原动力。MI 作为企业文化理念的重要组成部分，本质上反映的是企业在发展过程中形成的一种指导企业整体营销行为的特殊精神文化，体现企业对经营本质与规律的认识与理解。企业设计和实施 MI，就是更新、完善、统一自己的理念。

MI 的内容包含企业使命、企业哲学、企业价值观和企业目标等。经过高度提炼和个性化概括的 MI，既是企业有效地分配经营资源和经营能量的方针，也是员工从事经营服务活动的思想指南。MI 对企业经营的主导与提携作用为世界众多成功企业的实践所证明。如通用电气公司主张"进步乃是我们最重要的产品"，诺基亚公司倡导"科技以人为本"，这些经营理念不断引导它们创新经营，走向辉煌。美国哈佛大学几位教授对 80 多家日本企业的研究发现，这些成功的企业中，1/3 具有清晰的经营理念。根据托马斯·彼得斯、小罗伯特·沃特曼对美国多家优秀企业的调查研究，证实那些经营好的公司，都有一套非常明确的

指导信念；而经营不善的企业，要么缺乏首尾一致的理念，要么只有一些别出心裁和隔靴搔痒的目标。

2. MI 的分类

企业的差别首先来自企业理念的不同，企业不同的理念定位决定了企业不同的形象定位。因此，MI 的差别化是企业差别的根源。从目前 CI 战略的实施情况看，MI 有以下几种类型：

（1）企业使命型。即反映企业经营的根本目的和超越自我的社会价值。如 IBM 公司的"无论一小步，还是一大步，总是带动世界的脚步"，杜邦公司的"创造美好生活"，劳斯公司的"为人类创造最佳环境"等。

（2）经营目标型。即反映企业追求的理想境界或战略目标。如日本电信电话公司的"着眼于未来的人间企业"，雷欧·伯纳特广告公司的"创造伟大的广告"等。

（3）技术质量型。即反映企业开发技术，提高质量，为顾客创造最好产品的理念。如佳能公司的"忘记了技术开发，就不配称为佳能"，丰田汽车公司的"好产品，好主意"，日产公司的"用眼、用心去创造"，胡庆余堂药业公司的"药业关乎性命，尤为万不可欺""采办务真，修制务精"等。

（4）市场经营型。即反映企业开拓市场，勇于竞争，力创一流的理念。如日本卡西欧公司的"开发就是经营"，百事可乐公司的"新一代的选择""胜利是最重要的"等。

（5）服务制胜型。即反映为顾客、为社会服务的意识。例如，美国假日旅馆公司的"为旅客提供最经济、最方便、最令人舒畅的住宿条件"，波音公司的"以服务顾客为经营目标"，美国电报电话公司的"普及的服务"，海尔集团的"真诚到永远"等。

3. MI 的设计与导入

MI 的设计往往以三个问题为主轴：一是本企业从事什么事业？二是本企业从事的事业对社会有什么价值？三是本企业的事业目标是什么，怎样实现？

对这些问题反复认真地认识与思考，企业就自然能概括出自己的 MI。企业是一个开放性的社会性组织，因而在设计 MI 时，决不能忽视市场环境和社会文化的影响。MI 的设计必须反映企业经营个性和文化特色，体现时代感和民族风格。否则，千篇一律的空洞口号不会有感染力和冲击力。如海尔集团提出的"人单合一——共创共赢生态圈"等理念口号，就充分体现了企业的独特性和时代感。

一般出现以下五种情况时，是企业重新导入 MI 的最佳时机：

（1）当企业原有的经营理念因环境发生根本性改变出现不适应时；

（2）当行业处于高度竞争之中，本企业竞争地位发生变化时；

（3）当企业经营业绩不佳或出现迅速滑坡时；

（4）当企业刚刚成为大公司时；

（5）当企业有大批新的员工进入，企业文化原有理念发生变化时。

MI 的导入过程，也就是 MI 的实施过程。这一过程实质上是使新的理念渗入企业经营的各个方面，使之成为全体员工共有的经营价值观，并通过企业与员工行为及企业视觉系统表现出来，传递给社会。

（二）BI

1. BI 的主要内容及功能

BI 是以 MI 为核心，表现为企业的各种活动识别。建立 BI，就是统合行为，展现理念，根据不同时期的不同要求，设计合适的员工行为模式和企业经营模式。

BI 的主要内容包括内外两个方面：对内包括生产经营环境、组织机构、员工教育、工资福利、生产流程、制度规范、研究发展和公害对策等活动识别。建立内部活动识别系统的目的是达成员工行为的一体化和工作方式的合理化。对外包括市场研究、产品规划、促销、公共关系以及社会公益事业和文化事业等活动识别。建立对外活动识别系统的目的是宣传企业形象，获得社会公众的认同和好感。

BI 的功能就在于它是整体 CI 的动态表现。BI 的策划倾向于通过各种有利于社会大众以及消费者认知、识别企业的有特色的活动，与 MI、BI 相互交融、相互作用，树立起企业的动态形象。发挥 BI 的功能，既要坚持统一性，又要讲求独特性。坚持统一性，即 BI 从设计到实施，必须统一到 MI 上来，对企业的所有经营管理行为，不论涉及哪个部门、哪个层次、哪个岗位，都有同样的标准和要求；讲求独特性，即企业各项活动的策划与运作，必须显示出与其他企业不同的个性，而不是追赶潮流、模仿和照搬，这正是社会公众识别企业的基础。

2. BI 的设计与实施

建立 BI 是一项长期工程。在设计与实施时，企业应坚持做好以下五个方面工作：

（1）条件分析。明确现有行为规范的基础和活动状况；分析企业财务状况，制订可行的经费预算。

（2）目标设定。设定可以考评的目标与量化标准，建立制度、规范和活动安排的标准及衡量其效果的标准等。

（3）培训计划。制订以 BI 实施为主体的员工培训计划，将 BI 规范中一些具体执行细节落到实处，反复演练，确保 BI 的有效实施。

（4）检查督导。在 BI 实施中，通过检查，发现问题，督导改进行为或改善规划，加强薄弱环节，形成合理的反馈调节机制。

（5）及时奖惩。建立科学合理的奖惩机制，调动员工的积极性，使 BI 规范更富有成效。

BI 的设计推广必须具备创新性及适应性，才能引发公众的兴趣与认同。麦当劳公司可称得上这方面的典范。一方面，无论你走进哪一家分店，你都能得到大小相同的份额、同样口味的食品，看到一样的餐饮服饰，享受到一样的服务，其行动统一性达到了惊人的程度；另一方面，它本土化的市场定位和公关、促销活动设计，又极富创新性。在中国，麦当劳公司成功的 BI 运作，赢得了儿童和年轻消费者。

在 BI 实施中，必须坚持以人为本的方针，即依靠全体员工，加强培训，提高员工的素质和执行制度规范的主动性和自觉性。企业员工的行为举止构成并直接影响企业的动态形象，如果员工的态度、举止不佳，即使企业有很好的理念和视觉设计，有很好的广告宣传，也无法在社会公众心目中留下良好的印象。美国迪斯尼公司在 BI 实施中有关对雇员培训的经验是值得借鉴的。

案例 8-1

迪斯尼公司对雇员的培训

迪斯尼公司对新的雇员给予特殊的欢迎。新雇员及时得到要求他们做什么的书面指示，在哪里报到，穿什么服装，以及每个项目培训阶段有多长。新雇员向迪斯尼大学报到并参加一整天的导向性小组会。他们 4 个人围坐一张桌子，每个人都有姓名牌。他们一边品尝咖啡、果汁和糕点，一边自我介绍，相互熟悉。大家很快熟悉起来，并感到每个人都是这一集体中的一个不可缺少的成员。公司通过放映录像，向雇员介绍公司的经营思想和工作规程。雇员认识到了他们的角色，了解到他们的职责就是热情，有知识，专门为公司的客人服务。放映的录像对服务的每一个部分都有描绘，使新雇员学会在编导的"演出"中，如何扮演好各自的角色。新雇员到指定的工作岗位报到后，每个人还得接受几天附加的培训，一旦他们认识到各自的作用，就认真地进入到各自的角色。新雇员要知道如何回答客人经常提及的有关问题，如新雇员不知道该如何回答，可以打电话给自动交换台的工作人员进行咨询。雇员都会收到一份名为《眼睛和耳朵》的报纸，该报以报道公司各种活动的新闻、就业机会、特殊利益、教育资料等为特色。公司要求经理每年要花一个星期的时间到第一线与员工一起工作。所有离开公司的雇员都要填一张问卷表，回答在为公司工作中有何感受，是否有任何不满意之处，公司管理部门可以通过问卷表了解雇员满意度和最终使顾客满意方面是否已取得成功。这种细致周到、人性化的培训，使迪斯尼公司在游客中树立了亲切、刺激、生动活泼的美好形象，同时也使游客在欢快的游玩中接受了迪斯尼的娱乐文化。

资料来源：根据 www.lantianyu.net 等网站中的资料整理而成。

（三）VI

1. VI 的主要内容与功能

VI 是 CI 的静态识别符号，是具体化、视觉化的传达形式。即借助视觉传播媒体，将企业理念、规范等抽象语意，转换为社会公众可以识别和记忆的具体符号，进而强化其对企业理念、规范的认识与理解。VI 既是 MI 的表现形式，也是 BI 的表现形式，是企业物质文化和精神文化的统一。

VI 包括基础要素和应用要素两大部分。基础要素主要包括：企业标志、企业标准字、企业标准色及企业象征造型与图案、企业宣传标语等。应用要素主要包括：建筑外观与环境、内部装饰、事务用品、办公设备及器具、招牌、旗帜、服装服饰、交通工具、包装用品、广告、传播展示等。完整的 VI，是把基础要素创造性地应用到所有应用要素上，形成鲜亮且统一的企业整体视觉形象。在所有 VI 的内容中，企业标志、标准字、标准色是 VI 的核心内容，是企业地位、规模、力量、尊严、理念等内涵的外在集中表现，构成了企业的第一特征及基本气质。同时，这三者也是通过广泛传播取得大众认同的统一符号。VI 中的其他要素都由此繁衍而来。由于 VI 负载着传达企业理念的使命，因此要求企业标志、标准字、标准色必须具有寓意性、直观性、表达性和传播性。

VI 的功能在于它以经营理念和经营活动为基础，透过整体而统一的视觉形象，尤其是采用具有强烈冲击力的视觉符号，将具体可见的外在形象与内在的观念结合为一体。换句话说，如果没有 VI 的具体而富有感染力的表现，企业的经营理念将无法有效地表达。在 CI 中，MI 是一种抽象思维，是 VI 的精神内涵；BI 是 VI 的基本前提条件和 MI 的动态体现。如果没有 MI 和 BI，VI 也只是简单空洞的装饰。这就像树如果没有"根"与"枝干"就不可能有漂亮的"花"与"叶"，人如果没有良好的素质与修养，就不可能有高雅的气质和优良的外在表现一样。所以企业 VI 只有在 MI 和 BI 的基础上去发挥它展现、传递的功能，将企业经营的内容、产品特性以及企业的精神追求，通过 VI 的信息传递系统最快速地传达到消费者心目中，使消费者一目了然地掌握其中传达的信息情报，快速地识别与认知。

2. VI 设计的原则

为了使企业形象的视觉识别特征更突出，以更好地表达企业的经营理念，VI 设计必须遵循以下原则：

（1）以 MI 为中心。即视觉形象中的标志设计要素一定要准确地传达企业理念。脱离了企业理念的符号，只能称作普通的商标，不会有企业个性和持久的生命力。

（2）瞄准形象目标。VI 设计必须根据对企业的理解，以追求不同时期的外部形象目标为原则。如一个企业在创业伊始，需要有一个强有力的"创新形象"来冲击消费者的视觉；企业进入全面上升阶段，需要有一个蓬勃向上、充满生机的"发展形象"来扩大自身影响力；企业到稳定阶段时，一个成熟的企业需要有一个富有号召力、感染力的"竞争形象"来强化本企业的市场地位，稳定本企业已拥有的消费群，争取竞争对手的消费群。

（3）具有审美追求。由于 VI 设计是一种视觉艺术创作活动，而公众进行识别的过程同时也是审美的过程，因此要求设计者把握统一与变化、对称与均衡、节奏与韵律、调和与对比等美学基本原则，使视觉符合人类对美的共同感知，唤起公众的美感冲动；同时"违反规则被作为规则固定下来"这一艺术创造的基本规律，又要求设计有个性、新意和独创性，使公众获得具有冲击力的审美享受。

（4）坚持民族化。不同民族的文化传统、思维模式、宗教信仰、风俗习惯不同，对形象有不同的解释，同时有不同的图案及色彩禁忌，在美感、素材、语言沟通上也存在差异。只有坚持 VI 设计的民族性，才能保持其在市场上的生命力。

（5）体现人性化。现代 VI 设计要求充满人性和人情味，具有亲和力，使人产生被尊重、被关爱的感受。过于理性、强硬的 VI 表达，传播力度再大，社会公众也不会喜欢。

（6）实现 3E 结合。指在 VI 设计中应具备工程学（Engineering）、经济学（Economics）和美学（Ethics）三个学科方面的知识及工作开发与作业能力。把独特的美学意识、创造独特市场价值的能力与发现以及创造企业个性的系统开发能力结合起来。

（7）从现实性出发。指视觉形象设计过程必须基于对企业和行业文化的确切了解与把握，不可脱离企业和行业实际而进行"理想化"设计。

（8）遵从法律。由于 VI 符号多用于商业活动，为保护生产者、经营者以及消费者的利益，各国政府和国际组织通常制定相关法律，对 VI 符号的设计与使用规则加以强制性的规定，如我国的《中华人民共和国知识产权法》和《中华人民共和国商标法》，国际上的《巴黎公约》和《国际广告从业准则》等，企业和设计者都必须遵守。

3.VI 设计与实施的程序

（1）确立设计理念。要求做好资料搜集和实态调研。调研的内容主要是大众对企业的总体印象，企业与同行比较的优劣势，不同地区、不同消费群体对企业形象评价的好坏及其理由，本企业未来应塑造何种目标形象等。然后根据调查资料确定设计的主导理念，拟定企业未来出现在大众面前的形象概念。

（2）设计开发。把上一阶段确定的设计理念转换成系统化的视觉传达形式。在设计制作时，需要不断进行模拟调查、测试，直到设计出表现符合创意的形象概念为止。

（3）反馈再加工。对设计符号进行检查、调查、听取意见、修正等，直至最终寻求到最能符合企业实态与代表企业精神和形象的视觉符号为止。

（4）编制指导手册。要求对 VI 设计、制作的所有内容编印成册，达到使用上的规范化、视觉化、系统化，便于企业使用和查阅。

在 VI 的设计过程中，除了应重视基础要素的设计开发外，还要重视其应用要素的设计开发，并且需要将两种要素的设计开发有机地结合起来，融会贯通在上述四个阶段之中。

三、CI 的延伸

（一）CI 延伸的必要性

现代企业经营与服务越来越丰富多彩，企业与消费者、社会公众之间沟通交流的手段、形式、途径也越来越多，传统的 MI、BI、VI 已不能完全涵盖企业 CI 的全部内容。消费者对企业的识别，除了理念识别、行为识别和视觉识别外，还有感觉识别、情感识别、战略识别和环境识别等，而且这些识别正在成为一种区别各竞争对手的有效识别体系，对企业营销传播、公关战略和顾客满意系统产生越来越广泛的影响。基于 CI 延伸的必要性，有条件的企业可在 CI 导入时，统筹安排，延伸导入感觉识别、情感识别、战略识别和环境识别等内容；有些企业在导入 CI 之后，也可根据需要追加导入相关内容，对 CI 进行合理延伸，扩大 CI 的整体功效。北京燕莎友谊商城以一句"购物是享受，享受到燕莎"的理念广告，准确地表达了自身的经营战略定位，向目标顾客传递了提供高品位服务的经营宗旨和愿望。在此基础上，它们在商品组合上尊重顾客的选择，根据自身的经营定位和目标顾客的意见，不断优化商品结构，优化品牌；在购物环境上，从店堂设计和商品布局、陈列，到视听系统以及文化氛围的营造上，以顾客的感觉和愿望为转移；在具体的服务过程中，体现"尊重、理解、体贴入微"，主动热情地为顾客当好参谋和提供具体服务，让顾客感受到尊重、美感以及知识上和精神上的满足，成功地进行了 CI 的延伸。

（二）CI 延伸的主要内容

1. 感觉识别（FI）

感觉识别（Feeling Identity，简称 FI）是企业通过对消费者或社会公众进行视觉、听觉、嗅觉、味觉、触觉等综合的感官刺激，有效地传递企业各种信息，树立企业或产品品牌形象的系统识别。企业进行感觉识别的设计，应针对自己的目标市场，选择恰当的方式，给消费者带来美妙的感觉享受，同时让这种感觉能够有效地区别于其他同类竞争者。

在感觉识别中，除了视觉识别（VI），听觉识别也是非常重要的。听觉识别是企业通过对消费者或社会公众进行听觉刺激，传达企业理念和品牌形象的系统识别。听觉刺激在公众头脑中产生的记忆与视觉具有同样的强度，而且一旦和视觉识别相结合，将会产生更持久有效的记忆。例如，很多企业或产品的电视广告片，其鲜明的主题音乐或背景音乐，甚至语音、语调、语感、语速都能给人留下深刻的印象。人们只要一听到这种音乐或者话语，不必看画面，就会想到某企业或商品。

听觉识别设计主要从以下几个方面入手：

（1）设计主题音乐。主题音乐是听觉识别的基础，包括企业歌曲、工作背景音乐、服务场所背景音乐等。这些主题音乐对内有振奋员工精神、舒缓工作压力，增强企业凝聚力，对外向公众展示企业精神格调、传递特色声音美感的作用。

（2）设计标志音乐和扩展音乐。标志音乐是用于广告和宣传中的音乐，一般是从企业主题音乐中摘录出的片段，即有特色的音乐高潮部分。这种标志音乐具有与商标同样的功效。扩展音乐是通过交响乐、民族器乐、轻音乐等更高层次的音乐展示企业形象。

（3）设计企业名称和广告导语。具有特定含义并且顺口的企业名称传播的渠道很广，设计得好，能有效体现企业理念。广告导语是在广告语中的浓缩部分，即主打广告语，简洁并富有感染力的一句话，能很好地传达企业的精神和个性。

在感觉识别中，还有嗅觉和味觉等其他识别。通过嗅觉、味觉传递形象识别，可能很抽象，但其实这些因素对品牌形象的影响却非常大。一个盲人或听力有障碍的人，可以通过嗅觉、味觉，识别麦当劳与肯德基的区别；一个不善饮酒的人，也会轻易识别出"茅台"与"香槟""白兰地"的不同。

2. 情感识别（SI）

情感识别（Sensation Identity，简称SI）是指企业以"情"为纽带，感动消费者和社会公众，从而树立企业形象的识别系统。

企业及产品或服务被赋予各种精神或情感价值后，对目标受众的影响是很大的。市场上有很多著名品牌，之所以有很高的顾客忠诚度，有些老品牌甚至百年不衰，其重要原因是它们与消费者有牢不可破的情感链接，其情感价值高于或区别于其他同行业竞争对手。美国著名管理学家托马斯·彼得斯先生来北京做过一次学术报告，笔者曾经当面向他请教一个问题："能否用一句话概括成功企业的标志是什么"，托马斯·彼得斯先生对这个问题给出了与众不同的答案，他说可以，并且只有两个字，即"感受"。在他看来，成功的企业就是使你的顾客有一种良好的心理感受。使顾客有良好的心理感受不是空洞、抽象的，它等于成百上千种具体服务所产生的效果的总和。比如，顾客购物，不光感受优雅的环境、琳琅满目的商品陈列和程序化的服务，还要透过环境、商品和服务，得到愉悦的美好的体验；顾客旅居饭店，不光去感受富丽堂皇的建筑，还想获得亲切和体贴入微的服务；顾客乘飞机，不光去感受飞机的发动机质量如何，还要乘坐得舒适、安全、准时，良好的感受还产生于空中小姐服务时的音容笑貌和送上一份可口的点心时给人留下的深刻印象。实际上，这些良好的感受与企业情感识别系统有直接的关系。

情感识别设计在手段和方法上与VI及其他相关延伸识别有共同之处，不过诉求点是不同的。情感诉求赋予企业及产品和服务以个性化、人性化，或者通过举办社会公益活动、赞助社会公益事业、发布社会公益广告等形式，与社会公众和消费者进行心灵上的沟通，引起他们情感上的共鸣。情感识别在消费者心目中唤起的认知具有持久性和连续性，有利于品牌忠诚度的建立，是现代企业广泛采用的树立企业与产品品牌形象的方式。

3. 战略识别（TI）

战略识别（Tactic Identity，简称 TI）是指企业向社会传达发展愿景和战略目标，以赢得公众和消费者的认可和信赖，从而提升企业形象的识别系统。

战略识别设计包括两个方面：一方面表现为企业在设计与实施 CI 方案时，始终贯彻企业的战略思想，以一种整体的、长远的思路来进行，即把所有的活动和方案都集中到企业战略的主线上来，展现给消费者和社会公众的是一个整体形象；另一方面，配合 CI 的导入，独立地进行战略识别系统的设计与实施。如通过各种媒体和各种社会活动，发布和宣传企业的发展战略，传播战略实施可能带来的经济与社会价值的信息等。这样做，不仅增强企业员工的信心、自豪感和责任感，而且引起社会公众的关注与好感，尤其是在消费者面前，使企业更有感召力、吸引力。

4. 环境识别（EI）

环境识别（Environment Identity，简称 EI）是指企业通过创造良好的环境，改变公众认知和评价的识别系统。环境影响人，环境引导人。企业是否具有同 CI 精神与格调一致的环境，对公众和消费者的情感、态度和看法有直接的影响。

环境识别依据不同的公众对象，包括企业内部环境识别、面向消费者的服务环境识别以及展现给社会公众的环境识别。同时，也可把环境识别划分为硬环境识别与软环境识别。

环境识别设计也不是孤立进行的，要以 MI 为灵魂，其品位和风格特色应与 VI、FI、SI、TI 及企业整体经营服务特点相协调。

（三）互联网时代 CI 的创新

在互联网时代，企业 CI 战略以及广告策略发生了较大变化，传统报刊、杂志、电视等媒体受到较大冲击。CI 与互联网结合，能迅速提升流量带来的价值转化率。网络作为一种新媒体，具有独特的优势，可以随时随地不间断地传递企业的信息，提高企业知名度，塑造企业形象。如企业通过网站推广，整合运用多种媒体、多种推广工具，吸引公众和消费者的注意力，可以使企业在短期内脱颖而出，成为行业佼佼者。特别是如能利用或制造具有一定新闻价值或社会影响力的事件，通过互联网发布造成轰动效应，这种效应集新闻效应、广告效应、公共关系、形象传播等于一体，可为新产品推广、企业展示创造机会，可以迅速形成企业高强度 CI 识别和品牌识别。

传统的 CI 是企业单向传播，不太了解公众和消费者的所思所想，难以全面真实收集到公众和消费者的意见和建议；而互联网能够实现企业与公众、消费者适时沟通互动，快速了解公众和消费者的真实想法和需求信息。互联网时代，用户好评成为企业最重要的资产和竞争力。利用新媒体和 O2O、APP 等商业模式和信息技术，借助大数据，企业可以对用户评价与行为进行精准分析，实现准确定位；也可以吸收消费者参与产品设计与营销，使企业做到更好地满足用户的需求、为用户提供个性化服务的同时，树立企业产品和服务质量的良好形象，强化用户的品牌意识，培养和建立忠诚用户群体。宝洁公司创建了一个叫作"消费者脉搏"的东西，称他们设计的尿不湿，凭借建模与模拟技术，利用大数据，每日接触用户超过 40 亿，在 80 多个国家生产，产品销往几乎所有国家。2013 年夏天，可口可乐创新推出了一个名为"分享快乐，快乐昵称瓶"的夏日营销计划，短时间内用户浏览过亿，评论超过160万，依据数据和用户的响应，他们推出的这个计划获得巨大成功。小米把高规格的硬件配置、MIUI 操作系统、米聊等要素整合在一起，与金山软件、优视科技、多玩、拉卡拉、凡客诚品、乐淘等公司实现服务对接，靠足够多的用户和用户的意见反馈，创造了一种神奇的力量，实现了低成本、高效率、整合速度快和双向推动的优势。小米从未做过广告，但数十万米粉成为口碑营销的主要力量。

互联网时代，企业 CI 的策划、设计与推广，应有全新的策略。首先，从指导思想上必须彻底转向以公众和消费者为中心，不是千方百计把企业的意志、思想、形象强加给公众和消费者，而是通过了解公众和消费者、与公众和消费者互动，找到企业优势与公众和消费者的意志、需要的契合点，引发公众和消费者的情感共鸣，使公众和消费者真正参与 CI，成为 CI 的设计者与推广者，从而实现企业 CI 的战略目标。其次，CI 推广应与市场营销紧密结合，与广告传播紧密结合，且应把传统的广告传播与各种新媒体的广告传播紧密结合起来，千方百计区隔竞争者，寻找用户的痛点、痒点和兴奋点，通过采用有力措施，吸引用户，贴近用户，让用户了解企业的真心，喜欢企业的产品、形象与文化。最后，要时刻关注公众和消费者的情绪、体验和感受，发现不好的苗头，及时化解，善于做好危机公关。互联网可以成就企业，也可以摧毁企业。企业做好网络危机管理是十分必要的。

第二节　CS 战略

CS 与 CI 是近些年来相继流行的两种营销战略。在具体阐述 CS 之前，有必要先了解 CS 与 CI 的差别。从表象上看，CS 与 CI 都是占领市场、提高竞争力的战略方法，但从本质上讲，二者反映的是不同的企业营销文化。

CI 与 CS 的本质差别并不在于手段。因为从手段上看，CI 强调以 MI 为核心，通过 BI、VI 展示传播企业特有的形象与风格，最终使顾客依赖企业；CS 也强调通过建立理念、行为、视听、产品、服务等满意系统，达到顾客对企业的认可与忠诚。CI 与 CS 的本质差别主要表现在出发点和战略重点上。CI 是以"企业中心论"为出发点和战略重点的，它通过规划、设计与有效的 CI 表达，推销产品与服务，创造企业营销的差别，推展个性形象，千方百计让顾客识别企业，喜欢企业，追求的结果是企业市场占有率和利润最大化，反映的是企业价值。CS 是以"顾客中心论"为出发点和战略重点的，它把顾客满意不满意作为衡量各项经营管理活动的标准，追求的结果是贡献，通过为顾客创造价值而实现企业价值。在企业文化管理实践中 CS 不能替代 CI，二者具有不同的作用。因此，本书主张应把 CS 与 CI 结合起来，实际上在互联网经济下也只能结合起来，实现优势互补，共同成为企业文化管理的重要战略方法。

一、CS 与企业文化的关系

（一）CS 的起源及本质

CS 出于英文"Total Customer Satisfaction"的缩写，意为"顾客完全满意""顾客满意"或"顾客满意战略"。

1. CS 的起源与盛行

CS 始于 1986 年一位美国心理学家的创造。当年，一家美国市场调查公司以 CS 理论为指导公布顾客对汽车满意程度的排行榜；1989 年瑞典据此建立了"CSI（Customer Satisfaction Index）"，即顾客满意指标。后来，日本丰田、日产两大汽车公司分别导入 CS 战略，拉开日本 CS 战略流行的序幕。东日本旅客铁路公司、日立公司、高岛屋百货公司等很多企业先后成为本行业 CS 战略的先锋和旗帜。1991 年美国营销学会召开了第一次 CS 会议，讨论如何以 CS 营销战略来应付竞争日益激烈的市场变化。自此以后，CS 在全球发达国家流行开来，在企业界演绎出一场 CS 革命。

CS 战略适应市场的变化而产生。随着时代的变迁，顾客的需求也随之变化并逐步提高。日本学者武田哲男认为，就消费者需求而言，它已逐渐从"战后物质缺乏时代"—"追求数量的时代"—"追求品质的时代"—"追求感情的时代"，进一步转变为今天"因高附加值所附带的满足感、充实感"的时代。现代消费者的需求，往往是"舒适、便利、安全、安心、速度、跃动、开朗、清洁、愉快、有趣"等等，而很少出现对商品本身的要求。换句话说，今天人们所追求的是具有"心的满足感与充实感"的商品，是高附加价值的商品，追求无形的满足感的时代已经来临。

就我国的情况而言，随着市场经济的飞速发展，我们已经迅速跨越了"物质缺乏时代"和"追求数量的时代"，而"追求品质的时代"和"追求感情的时代"几乎同时到来。商品的设计与形象的好坏已成为企业间竞争的焦点，越来越多的企业在努力提升商品质量之外，大幅度改善商品的设计与品位以及企业的形象。随着美、日、欧等发达国家的企业如麦当劳、摩托罗拉、索尼、诺基亚、奔驰和 XO 等品牌大举进入中国，它们带来了以"心的满足感与充实感"为诉求的高附加价值的商品，给中国市场带来了巨大的冲击。可以预见，激烈的市场竞争将不可避免地把中国带入"顾客满意"时代。

2. CS 的本质

CS 从本质上讲是一种有效的经营战略。它以"顾客为尊""顾客为始"和"顾客为中心"的理念为指导，从顾客满意的角度对企业的经营进行彻底检视与整合，形成"顾客满意经营"的特殊经营模式。它要求企业通过发掘自身经营范围内产品和服务能够达到顾客满意的潜力，使其产品和服务的设计向顾客满意的标准逼近，实现其经营个性化，做到让顾客在接受该产品和服务后达到满意状态。可以说，CS 能够使企业经营彻底走向顾客导向，它构成企业竞争力的实质内容。因为在企业竞争力的要素中，经营实力和市场占有率都是一时的，而以顾客导向策略所创造的"忠诚顾客"则是永久的。

（二）CS 对企业文化的推动

1. 引导企业走向"顾客中心论"

CS 战略推动传统企业文化的变革，引导企业从"企业中心论"走向"顾客中心论"。对于一个老企业而言，企业文化是多年传统的积淀，其中有它成功的经验、既定的思维方式和行为方式。这种文化往往以自我为中心，对市场的变化不敏感，同时也不愿意自我变革。CI 虽然在促使企业文化市场化方面起了很大作用，但未能冲破"企业中心论"的窠臼。CS 的兴起，适应了市场变化的趋势，倡导以"顾客中心论"为出发点和战略重点，把顾客满意不满意作为衡量各项经营活动和管理活动的唯一尺度，围绕顾客进行产品开发、生产、销售、服务。这种立足于顾客的营销战略与策略，追求的结果是贡献，反映的是顾客价值，通过为顾客创造价值，实现企业价值。另外，CS 也强调在满足顾客全方位的需要的同时，满足社会需要，强调维护社会利益、社会道德价值、政治价值和生态价值。这些理念都是与具有高文化属性的市场经济相适应的，反映的是一种完全顾客导向型的企业文化。CS 既推动了企业文化的变革，又引导企业走向"顾客中心论"。

案例 8-2

"芬克斯"酒吧两次拒绝基辛格

耶路撒冷有一个"芬克斯"西餐酒吧，它曾连续 3 年被美国《每周新闻》杂志选入世界最佳酒吧的前 15 名。"芬克斯"酒吧一跃而成为世界著名酒吧，在很大程度上与美国著名政治家、前国务卿基辛格有关。

20 世纪 70 年代，为中东和平而四处穿梭的基辛格，来到了耶路撒冷。听说"芬克斯"酒吧名声不错，也想去造访造访。他亲自打电话到"芬克斯"预约，接电话的正好是店主罗斯恰尔斯先生。

基辛格做了自我介绍。那时，在约旦和巴勒斯坦地区，无人不知基辛格的大名，因为从某种意义上说，他掌握着约旦和巴勒斯坦的命运。然而，罗斯恰尔斯没有接受基辛格的预约，因为基辛格提出的额外要求深深刺痛了他那根职业道德的敏感神经。

基辛格这样说："我有 10 个随从，他们将和我一起前往贵店，到时希望贵店谢绝其他顾客。"基辛格认为这个要求肯定能被接受，因为自己是有名的政治家，光顾那家酒店，会提升它的形象。不料，罗斯恰尔斯给了他一个意想不到的回答。他非常客气地说："您能光顾本店，我感到莫大荣幸。但因此而谢绝其他客人，我实在做不到，他们都是我的老顾客，也是支撑我这个店的人，我无论如何也不会将他们拒之门外。"

听到这一回答，基辛格很不高兴地挂断了电话。

第二天傍晚，基辛格又一次打来电话。基辛格真不愧是外交家，他首先对自己昨天的失礼表示道歉，接着，他告诉店主人，这一次他只带 3 个随从，只订一张桌子，店方也不必谢绝其他客人。这对基辛格来说算是最大的让步了，但结果还是让他失望。

"非常感谢您的诚意，基辛格先生，但我还是不能接受您明天的预约。"罗斯恰尔斯回答。

"为什么？"基辛格大惑不解。

"因为明天是星期六，本店的例休日。"

"但我后天就要离开此地，你不能为我破一次例吗？"

"那不行，作为犹太后裔的您也应该知道，对我们犹太人来说，星期六是一个神圣的日子，在星期六营业，是对神的亵渎。"

基辛格听后什么也没说，就挂断了电话。

这则轶闻被美国记者知道后，写成了《基辛格和芬克斯》的新闻，在美国报纸上大加炒作，这无意中提高了"芬克斯"的知名度。

资料来源：史鸿轩. 芬克斯酒吧：两次将基辛格拒之门外 [N]. 环球时报，2004-11-18.

2. 丰富企业文化管理的内涵和外延

企业文化管理是围绕人本管理展开的，企业文化管理的最初动机是调动员工的积极性，增强企业凝聚力；而就其最终目的来说无疑应该是使顾客满意。因为只有让顾客满意，企业才能长久地保持顾客，也才能实现对利润增长的追求，并始终保持员工对企业的忠诚。CS 战略的实施，推动企业文化理论研究和实践逐渐由管理领域向经营领域扩展，人本管理之"人"，也由员工扩展到顾客，以顾客为本和以员工为本同样成为企业文化的主旨，这也意味着企业文化管理必须紧紧围绕既让员工满意又让顾客满意来进行。从这个意义上讲，CS 战略的实施本身就构成了企业文化管理的重要手段和途径，围绕"顾客满意"所做的每一件事情，都是在进行以人为本的文化建设。

二、CS 的基本内容

（一）CS 战略的逻辑起点

"顾客"和"顾客满意"两个概念是全部 CS 理论的基石。

1. CS 的顾客观

CS 把顾客分成内部顾客和外部顾客。内部顾客不仅包括员工，也把股东视为企业的基本顾客，把生产部门视为采购部门的顾客，甚至把企业各职能部门之间、工序之间的关系也视为顾客关系。至于外部顾客，除了从广义上把经销商和供应商作为顾客外，也把狭义的"外部顾客"（消费者）具体分为三个层次，即忠诚顾客、游离顾客和潜在顾客，并主张把重点放在巩固忠诚顾客上，并不断吸引游离顾客和潜在顾客，确保企业对顾客研究的细化和服务的针对性。

2. CS 的顾客满意观

顾客满意是指顾客接受有形产品或无形产品后，感到需求满足的状态。CS 的顾客满意观具有如下含义：

（1）顾客的满足状态主要来自于顾客消费了企业提供的产品和服务之后，它是一种心理体验。

（2）顾客满意是建立在道德、法律和社会责任基础之上的，有悖于道德、法律和社会责任的"满意"不是顾客满意的本意。

（3）顾客满意有鲜明的个性差异，甲满意，乙未必满意，企业应在追求顾客总体满意的基础上，不拘泥于统一的服务模式，因人而异，为顾客提供有差异的满意服务。

（4）顾客满意是相对的，很难达到绝对满意，因此，企业应不懈地努力，向绝对满意方向努力。顾客满意包括三个层次，即物质满意、精神满意和社会满意，使直接顾客在物质与精神方面满意，也使间接顾客——社会满意，才是顾客满意的最高境界。

摩托罗拉公司对 CS 的解释比较准确地界定了 CS 的基本内涵。

摩托罗拉公司对"Total""Customer""Satisfaction"这三个英文单词做的解释是：

Total：100%。具体包括两重含义，一是指使顾客感到 100% 的满意；二是指全员参与（Total Involvement），即顾客满意是全体员工的共同目标和行为准则，顾客满意需要通过全体员工的共同努力来达成。

Customer：不是单纯指"消费者"（Consumer）。Customer 包括外部顾客（Exterior Customer）和内部顾客（Internal Customer）。

Satisfaction：即满意，甚至超过顾客期望。

在摩托罗拉公司几乎所有的重要文件上，都在醒目位置标明这样一段话："我们的基本目标（Fundamental Objective）——使顾客完全满意。"这是摩托罗拉公司从 1928 年走到今天，不断沉淀下来的独特公司文化的核心。从总经理到员工，公司上下身体力行"顾客满意"的原则，其结果是公司得到了丰厚的回报：在 20 世纪 90 年代初期美国经济衰退、多数公司经营业绩不佳的阴影下，摩托罗拉公司曾连续数年实现大幅度增长，成为美国经济中璀璨的"企业之星"，迅速跻身世界经济前 50 名。

（二）CS 系统

CS 系统由理念、行为、视听、产品、服务与网络等要素，相互联系、相互制约、相互推动而形成。完整的 CS 系统包含以下子系统。

1. 理念满意系统

建立理念满意系统，主要是把体现以顾客满意为中心的理念，如企业宗旨、经营哲学、质量观、服务观、环保观、责任观、法律观、创新观和盈利观等定格下来，并向社会传播，接受顾客的检验。

CS 的理念基于以下认识：

（1）顾客养活了企业，企业应心存感激；

（2）顾客向企业支付了使企业满意的钱，企业有义务和责任向顾客提供令顾客满意的产品和服务；

（3）顾客的需求就是企业的机会，企业对机会的把握，不仅是为了更多的盈利，更是为了更好地满足顾客；

（4）顾客永远是正确的，即使个别顾客偶有错误，也在所难免，只要企业以诚相待，终究可以感动顾客，使其纠正错误；

（5）顾客是有理性、有情感、有个性的人，每个人都应受到尊重；

（6）企业只能引导顾客，而不能误导顾客，可以创造顾客而不能教育顾客，更不要企图改造顾客；

（7）企业只能认同顾客的价值观，而不能要求顾客必须接受企业的价值观；

（8）顾客满意是鉴定企业一切行为的唯一标准，企业只能适应顾客，而不能让顾客适应企业；

（9）在外部顾客与内部顾客发生矛盾时，以外部顾客的满意为主导；

（10）顾客满意作为企业的无形资产，它可以随时间向有形资产转化，多一个满意顾客，多一份无形资产。

2. 行为满意系统

行为满意系统具体包含感觉系统（对顾客信息的感知机制）、传入系统（把顾客信息传向运行中枢的机制）和决策系统（对顾客信息进行分析、加工和处理的机制）、效应系统（全面执行决策的机制）和反馈系统（对行为后果带给顾客满意度进行全面调查、修正和信息反馈的机制），构成一个封闭的环路。行为满意系统的目标是给顾客带来最高级度的行为满意，保证企业取得最佳经济效益和社会效益。为确保这一系统的正常运行，企业必须确定合理的管理行为模式、经营行为模式和服务行为模式，制定科学的生产管理规程、人事管理规程、财务管理规程和事务管理规程等。同时，必须使全体员工认同系统，认真履行职责并按制度规范办事。

3. 视听满意系统

视听满意系统具体包含企业或品牌名称满意、标志与标准字满意、色彩满意、环境满意、服装服饰及事物用品等视觉整合满意、公司歌曲满意、广告和展示陈列满意等。视听满意系统与 CI 中的 VI 和 FI 相近，所不同的是，它强调给予顾客更直接、更亲切的视听综合感受，帮助顾客认识和监督企业，提高顾客满意度。如正大集团有一首歌——《爱的奉献》，广为传唱，不仅使正大客户及社会公众了解了正大，而且对正大产生了一定的满意感。

4. 产品满意系统

产品满意系统的具体内容是：产品设计满意，即按照顾客满意要求进行开发和改良；产品质量满意，即按照建立在顾客满意基础之上的产品标准进行生产；产品功能满意，即适应顾客需求变化，在为顾客提供卓越的产品基本功能和辅助功能的基础上，强化美学功能，满足顾客的审美需要；产品包装满意，即以顾客满意的标准，尽力在合理的成本内使包装同时兼具保护、识别、美化、联想、衬托等更多功能；产品品位满意，即有针对性地满足顾客对产品艺术价值和文化价值的需求；产品价格满意，即以顾客满意的合理价格设计、生产和销售产品。

5. 服务满意系统

建立服务满意系统主要包括：确定科学合理的服务指标；强化服务意识和服务技能的训练；建立服务满意的考核办法；对达成服务满意的行为进行强化等。服务做得好可以弥补产品的一些缺陷，降低顾客在产品上的不满意程度。确保顾客对服务的满意，关键是要更新服务理念，使每个服务者明确服务优劣带来的结果：服务质量提高 1%，销售额就能提高 1%；一名满意顾客会带来 8 笔生意，其中至少有一笔会成交。对于服务者而言，良好的服务可以丰富自己的服务知识，锻炼才能，提高修养，受到尊重，获得优厚的报酬。而怠慢一名顾客，会影响 40 名潜在顾客，使企业丧失市场，也丧失信誉。对于服务者而言，冒犯顾客，使顾客产生了挫折情绪，对顾客是一种"犯罪"，自身会感到心里不安，也被别人看不起，收入还会下降。

6. 网络满意系统

这是互联网时代顾客满意系统的扩展。互联网时代，顾客了解企业、接触企业、购买企业产品与服务的渠道发生了巨大变化，企业通过互联网，尤其是移动互联网提供的信息、搭建的平台质量如何，成为影响顾客满意度的重要因素。建立网络满意系统主要包括：企业建立独立的网站，且信息及时更新，使顾客能够方便了解和查阅企业的信息；建立便捷的网上购物系统，有条件的企业实现 O2O 模式，利用 APP 技术等方便顾客，则更会受到顾客欢迎；通过网络搭建各种能够与顾客互动的平台，使消费者能够与企业保持便捷的沟通渠道等。

（三）CS 经营方式

企业按 CS 的要求调整过去的经营方式的结果，是形成一种崭新的经营方式，即 CS 经营，CS 经营实质上是要不断地提高顾客对于企业的满意度，化解那些表明不满的顾客的不满意感，从而使企业获得持续且稳定的发展。

1. "顾客满意型"组织形态

过去的企业组织，多数是围绕贯彻经营者意图，制造合格产品来设置组织，往往形成"金字塔"形的组织形态，只有最底层的执行者才与顾客相关，而他们的工作也仅仅是为了执行计划和完成上级的指令。CS 经营方式提出了全新的企业组织形态——"顾客满意型"组织形态，它以顾客的需求为核心，要求全员参与，以顾客接待者为行动主体，明确领导者职责，再以其他职位支持顾客接待者。其思考与运营方式直接体现了以顾客满意为中心的经营观念。未来企业组织模式，向以顾客为中心的扁平化模式改变的趋势，是十分明显的。

2. CS 营销策略创新

长期以来，多数企业采用的是竞争导向的营销策略，其焦点是保持或扩大市场占有率，因此营销策略的重心放在竞争者身上。CS 经营的营销策略认为真正重要的是先下工夫去了解顾客的真实需要，再设法予以满足，由此而获得优势。例如，日本的山叶钢琴公司一度陷入衰退之中，又面临韩国低价位产品的竞争，经营举步维艰。然而，山叶钢琴公司并未采用直截了当的竞争策略，如降低成本或增加产品品种等；与此相反，它使用最基本也是最有效的方法，即经过调研，以新眼光重新定位本身的产品和顾客需要间的关系，为其产品增设了一项特殊功能：结合数据和光学技术，将顾客自己喜欢的钢琴演奏录在磁碟片里（也可以直接购买这种磁碟片），插入公司提供的特殊装置中，即可带动键盘，并精确地弹奏出动人的乐曲来。这种产品上市以后，因能为顾客创造出令他们满意的价值，因此立即在市场上形成抢购狂潮，使停滞的钢琴市场重新活跃起来。探究山叶钢琴公司营销取得成功的秘诀，其实很简单，就是以追求给予顾客满意的产品为出发点，独辟蹊径，而不是与竞争者针锋相对，这实际上是一种"蓝海战略"。

3. CS 经营方式三原则

（1）重视与顾客的接触点。顾客随时随地都可以通过面对面及电话接触等对所得到的服务进行默默评价。如果"接触点"的工作做得好，超过顾客期望，则产生正面评价；低于顾客期望，则产生负面评价。CS 经营要求以企业与顾客的"接触点"及真实评价为经营的出发点和关键点，企业须站在顾客立场，努力使"接触点"的工作达到最优的状态。北欧航空公司总经理卡尔森非常重视与顾客的接触点。他的看法是：一线员工每天在顾客"接触点"上发生 5 万余次的接触，他们服务质量的好坏，关乎整个公司的经营。顾客满意不仅仅是在一个方面达到 100%，而应在 100 个方面同时提升。卡尔森的新观念改变了整个公司的经营观念，公司全方位改善了与顾客接触点的工作，使北欧航空公司在衰退中取得了良好的经营业绩。

（2）定期、定量、综合测定。要想使 CS 经营由观念转化为切实可行的经营方式，企业必须定期、定量地对顾客满意程度进行综合测定，只有在对现有的真实情况准确把握的基础上，才有可能客观地确定企业经营中与"顾客满意"目标有差距的重点领域，从而进一步改善企业的经营。

（3）由经营管理者主导，全公司共同推行。CS 经营须由掌握决定权的经营管理者以身作则，采取行动。因为要使 CS 真正成为企业经营的主线，企业经营管理者必须把握企业产品或服务的问题所在，并及时采取有效的对策。例如，日本丰田汽车公司决定推行 CS 经营方式时，以公司社长担任 CS 活动委员会的委员长，以社长无所不在的权威来支持 CS 工作的开展，从而大大提高了活动的成效。

（四）CS 价值链

哈佛大学的迈克尔·波特提出的价值链理论可以作为公司创造更多顾客价值，以便最终让顾客满意的一种重要方法。

每一个企业都是通过设计、生产、配送、销售等多个基本环节和辅助环节完成经营活动的。价值链可分为九种价值创造活动，其中包括五种基本活动和四种辅助活动。基本活动包括进货、生产、发货、经销和服务一系列活动；辅助活动发生在这些基本活动的全过程之中，包括采购、技术开发、人力资源管理和企业基础设施管理。由基本活动和辅助活动所衍生出来的还有计划、会计、法律和政府事务等。

企业管理的任务就是要检查每个价值创造活动中的成本和绩效，并寻求改进。企业应当研究并估计竞争者的成本和绩效，以作为超越的基准。如果企业能在某些活动方面超越竞争者，它就能获得竞争优势。企业的成功不仅依赖于每个部门的工作效果，还有赖于各部门之间协调的程度。人们经常看到公司各部门总是努力寻求部门利益的最大化，而不是公司和顾客利益的最大化。一个公司的信用部门可能会花很长的时间审核潜在顾客的信用情况，以免发生坏账，而此时，顾客却一直在无奈的等待之中，这在无形中筑造了一道阻碍提高顾客满意度的高墙。

解决这个问题的关键，就是要加强核心业务流程管理，强化各职能部门的投入与合作。核心业务流程包括新产品实现流程、存货管理流程、订货—汇兑流程和顾客服务流程。有竞争力的企业都是在管理这些核心流程中显示出卓越的才能，它们能够在降低成本、提高质量和提高顾客满意度之间找到最佳的结合点。当然，企业要赢得顾客的信赖和满意，除了完善自身的价值链外，还需要谋求与供应商、经销商的最佳合作，完善供应链，共同改进顾客价值让渡系统的绩效。

三、顾客满意度调查与评估

顾客满意是个体的一种心理体验，怎样得知这种心理体验，必须通过顾客满意度调查与评估。企业整个 CS 的推展是建立在顾客满意度调查与评估基础上，并以顾客满意度的提高为最终结果的。

（一）顾客满意度的内涵

顾客在购买商品或服务之前都会有所期待，不管这种期待是顾客心中清晰的意念，还是潜意识的期望，但"事前期待"总是客观存在的。当顾客从企业那里实际购买了商品和服务之后，会产生一个评价，如果这一评价超过了事前期待，结果就是满意，反之则会不满意；当事前期待与实际获得大体一致时，其结果可能是满意或者是不确定的。这样看来，顾客满意与否实际上主要取决于顾客的事前期待与实际获得之间的比较，其差距大小的程度就是顾客满意度。也就是说，顾客满意度是由企业所提供的商品或服务水准与顾客事前期待的关系所决定的。企业的商品或服务越能超越顾客需求，就越能有效提高顾客满意度。

顾客的期望来自于以往的购买经验、朋友的意见、同事的影响以及经营者和竞争者的信息与承诺。因此，企业必须从顾客需要出发，仔细地研究其各方面的状况，推断一个顾客满意的期望标准。企业只有按照这一标准，最好超越这一标准提供产品和服务，才能给顾客带来较高的满意度。但是，随着科技进步，经济发展，信息爆炸，顾客需求的急剧变化，"事前期待"呈现多样性、多变性和不断提高的趋势，要想超越顾客期待并不是一件容易的事。在这种情况下，能否提高顾客满意，正是对实施 CS 战略效果的一个检验。

（二）顾客满意度调查与评估

1. 顾客满意度调查

做好顾客满意度调查，主要包括以下三项工作：

（1）制订调查方案。包括确定调查对象和目标；编制题目；进行项目测试、分析与合成；拟定指导语和评分标准；进行信度和效度检验等。

（2）确定调查内容。完整的 CS 调查包括顾客需求、预期调查，顾客对企业理念、产品、行为、视听、服务等分项满意度调查和整合满意度调查等。

（3）按照科学的调查方法进行实地调查。依据调查对象，可进行全面调查、典型调查、抽样调查；从资料收集的角度，可采用问卷法、试验法、访谈法和观察法进行调查。从实践来看，使用较多的是用问卷法对顾客进行抽样调查。

2. 顾客满意度评估指标

顾客满意度评估指标应依据全面性、代表性、效用性和可操作性原则进行设定。

（1）产品的顾客满意度主要指标：设计、品质、品位、价格、包装、服务、时间等。

（2）服务业顾客满意度主要指标：效率、保证、完整性、便于使用、情绪、环境等。

（3）员工满意度主要指标：生理、安全、社交、尊重、自我实现等方面。

（4）管理人员满意度主要指标：薪金与退休制度、个人生涯与晋升机会、公司文化状况、学习机会、自我表现的机会与实现成就的可能性、被上司赏识与重用状况与机会、公司及个人的发展前景、自由发挥个人潜力的条件、同事间合作状况、公司的形象和社会地位、目前的工作对未来个人事业发展的帮助、管理制度的建设和授权程度等。

（5）股东满意度主要指标：年终盈余与分红状况、企业成长的稳定性、劳资关系、社会责任履行情况、从企业发展中获得的成就感等。

（6）顾客满意度主要综合指标：美誉度、知名度、回头率、抱怨率、销售力等。

3. 顾满意级度及表示

首先用顾客满意级度轴表示满意状态，如图 8-1 所示。

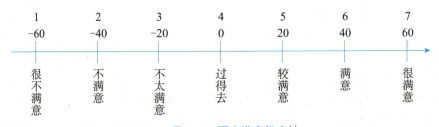

图 8-1　顾客满意级度轴

然后，在对调查资料进行统计的基础上，用顾客满意级度透射图直观地分析顾客对企业整体或某一方面的满意度。以某电视机厂对顾客满意度的抽样调查为例，调查结果如表 8-1 所示。

表 8-1　某电视机厂对顾客满意度的抽样调查结果

指标	满意状态	满意级度（用分数表示）
设计	不太满意	3 级（−20 分）
质量	满意	6 级（40 分）
功能	较满意	5 级（20 分）
包装	满意	6 级（40 分）
价格	很满意	7 级（60 分）
品位	过得去	4 级（0 分）

根据上述资料，画出顾客满意级度透射图，如图 8-2 所示。

图 8-2　顾客满意级度透射图

从图 8-2 中可以清楚地发现产品的"设计"存在缺陷，"品位"的满意度也只是"过得去"，因此导致顾客满意级度整体较低。如果与其他品牌进行比较，就会直观地发现自身的优势和劣势，从而有针对性地提出提高顾客满意度的措施。

4. 顾客满意度分析

通过顾客满意度分析，目的是发现顾客显在性和潜在性的满意与不满意。所谓显在性满意或不满意，指顾客直接表现出来的满意或不满意。例如顾客反映"这个产品的质量很好"或"服务的质量不好"等。相对地，顾客没有直接表现的满意或不满意，称为潜在性满意或不满意。顾客真正的满意或不满意，往往是潜意识的。为了了解顾客的真实感受，必须经过分析，洞悉顾客在哪些方面是"潜在性满意"或"潜在性不满意"。在顾客满意度调查中，常会发现顾客的满意度集中在"一般""普通"的水平，其背后可能隐含着潜在性不满意，由于它没有明确地表现出来，因而不像显在性不满意那样容易掌握，但无论是潜在性的满意还是潜在性的不满意，实际上都对顾客的行为产生着重大的影响。为了找出潜在性的满意或不满意，既可以分析从顾客抱怨与建议系统反馈的信息，也可以采取一些适当的方式进行补充调查，以便把问题揭示出来，探究原因，进行经营变革，最终提高顾客满意度。

要点总结

本章所阐述的内容，是企业文化管理不可缺少的组成部分。CI 战略、CS 战略二者相得益彰，对于企业文化的形成、传播、变革、提升及落实均具有重要的实践价值。

（1）从企业文化角度理解，CI 是一种"文化资本积累"，导入 CI 的核心目的在于固化、传达企业文化；CI 是企业文化的外显形式，CI 活动可以使企业文化抽象的理念看得见，摸得着，有助于企业对外"推销"自我，促进社会更有效地认识与认同企业；CI 可以促使企业文化市场化，通过导入 CI，实现企业与市场的文化沟通，能使企业现有文化得到市场检验，也可以强化企业文化的市场内涵。CI 战略在企业文化管理中发挥着识别功能、代表功能、解释功能和象征功能。一个完整的 CI 实施过程，也是一种新文化的营造过程。因此，在企业文化管理中，应注重利用 CI，使企业文化管理与 CI 导入相得益彰。

（2）在 CI 实践中，应克服单纯以扩大销售为目的的观念，注重 CI 的持久影响，在 CI 战略上下功夫；转变以"VI 设计"为中心的观念，树立整体 CI 观念，与企业文化管理结合好，把内在文化变革与外在形象塑造统一起来；摒弃以"我"为中心的观念，强调企业与社会的平等沟通，在为社会公众和消费者的服务中，展示企业优秀的文化和形象。

（3）在互联网时代，企业 CI 战略以及广告策略发生了较大变化，CI 与互联网结合，CI 由企业单向传播变成双向传播，能迅速提升流量带来的价值转化率。企业 CI 的策划、设计与推广，指导思想上必须彻底转向以公众和消费者为中心，CI 推广应与市场营销紧密结合，与广告传播紧密结合，要时刻关注公众和消费者的情绪、体验和感受，做好网络危机管理。

（4）CS 是企业文化的一种表现，同 CI 一样，发挥着一定的代表功能和解释功能。但是，CS 也是企业文化的一部分，CS 的理念推动和发展了企业文化，尤其是推动和发展了企业的营销文化，延展了"以人为本"的内涵，实现了以员工为本和以顾客为本的统一。

（5）从营销理念上讲，CS 是 CI 的一大进步。CS 以"顾客中心论"为出发点和战略重点，把顾客满意不满意作为衡量各项经营活动和管理活动的唯一尺度，追求的结果是贡献，通过为顾客创造价值进而实现企业价值。在 CS 中，顾客具有更广义的内涵，即包括外部顾客和内部顾客，强调外部顾客满意要通过内部顾客满意达成，内部顾客满意是外部顾客满意之前提。同时，CS 对"顾客满意"也有更深刻的认识，顾客满意不是指一时的满意，而是过程满意；不但是物质满意，还包括精神满意；不光是单一的顾客满意，还包括整体顾客（社会）满意等。

（6）完整的 CS 系统包含理念满意系统、行为满意系统、视听满意系统、产品满意系统、服务满意系统和网络满意系统等子系统。在 CS 运作中，各个子系统以理念满意系统为核心，相互配合，相互推动。顾客满意度是可以通过一定方法测定的。只有掌握和研究顾客满意度的真实状况，有针对性地完善 CS 系统，才能达成顾客满意的目标。实现顾客满意不光是一线员工的事，而是企业全员的事；不光是服务部门的事，也涉及产品开发、生产、销售、服务的每一个环节。因此，应学会价值链分析并做好 CS 训练，以使顾客得到更高的满意度。

练习与思考

一、解释概念

CI、MI、BI、VI、FI、SI、TI、EI、CS、顾客满意度

二、简答题

1. 简述 CI 盛行的原因及对企业文化的推动作用。

2. 简述 MI 的设计主轴及导入时机。

3. 简述 BI 的主要内容及功能。

4. 简述 VI 的主要内容、功能及设计原则。

5. 简析 CS 产生的原因及本质。

6. 简述 CS 对企业文化的推动作用。

7. 简述 CS 的顾客观和顾客满意观。

8. 简述 CS 系统的内容。

9. 简述 CS 经营的三项原则。

10. 简述顾客满意度调查与评估的方法。

三、思考题

1. 怎样理解 MI、BI、VI 三者在 CI 导入中的不同地位和功能?

2. 中国企业在导入 CI 过程中最容易陷入哪些误区? 如何克服?

3. 联系实际思考 CI 延伸的意义和功效。

4. 怎样理解企业文化与 CI 的关系? 在实践中如何使 CI 与企业文化有机结合, 相得益彰?

5. 试述 CS 经营方式与传统经营方式的区别。

6. 试分析 CS 与 CI 的联系与区别。

7. 联系实际说明如何实现导入 CS 与企业文化管理的有机结合。

8. 试论互联网时代企业 CI 战略的创新。

9. 从迪斯尼和芬克斯酒吧案例分析中得到哪些启示?

第九章 品牌文化战略

学习提示

　　品牌作为一种经济现象，已经备受社会各界的关注与推崇。品牌的产生与发展具有规律性，它是科学技术的结晶和人类智慧与情感的闪光点，是经过市场大浪淘沙、百般磨砺，最终被消费者挑选出来的精品。

　　我们必须看到，品牌也是某种文化和生活方式的象征，品牌中蕴涵着巨大的市场文化、竞争文化和管理文化价值，具有鲜明的文化特色。品牌文化价值和文化特色的形成，与企业家的文化意识、企业的文化品位和对文化资源的有效开发与利用直接相关。品牌既是企业文化的有形载体，也是企业文化的最高境界；实施品牌文化战略，既是企业文化管理的手段，也是企业文化管理的目的。

　　本章将从解析品牌入手，阐述品牌文化的基本内容，论述品牌文化塑造的意义和要点。

学习要求

　　1. 掌握：品牌文化塑造的意义与要点。

　　2. 熟悉：品牌文化的内涵。

　　3. 了解：品牌的内涵及本质属性；品牌价值的来源与评价方法。

第一节　品牌解析

一、品牌的概念、内涵和构成要素

（一）品牌的概念

"品牌"一词来源于古斯堪的纳维亚语"布兰多（Brand）"，它曾经是，现在依然是牲畜所有者用来标记他们动物的工具，后来作为区分不同制造商产品的工具。在《牛津大辞典》里，品牌被解释为"用来证明所有权，作为质量的标志或其他用途"。市场营销专家菲利普·科特勒认为，品牌是用来识别一个企业的产品和服务，并与竞争者相区别的一个名称、专有名词、标记、标志、设计，或是这些要素的综合。

综上所述，品牌是指从市场竞争中脱颖而出，得到社会公众认可，受到法律保护，能够产生巨大经济与文化效应的产品品牌、商标和商号。

品牌与名牌是有差异的。一般而言，名牌是一个大众化、通俗化的用语，品牌是一个专业化、科学化的术语，从范围上看二者既有差别又有重合，两者之间的重合之处就是著名品牌。品牌的评定主体是社会公众，评定的客体是公司与产品，评定的内容是品质与价值，评定方式是认知确定。著名品牌能成为市场领导者，在市场上占有主导地位，并拥有巨大的经济价值和社会声誉。

（二）品牌的内涵

品牌的具体内涵需要从以下四个方面加以界定：

（1）品牌的特定对象是指产品（服务）品牌和企业品牌。品牌的演变大体经历了从单一产品到组合产品再到企业三个阶段。最初，生产者开发并销售某种产品，并以卓越的品质、优良的性能和服务赢得顾客信赖，进而扩大市场，取得竞争优势，逐渐成为品牌。这时，企业生产单一产品，品牌产品与品牌商号是一体的。但是，由于利润驱动规律的作用和创造品牌产品对生产者的巨大激励，生产者不会甘心于只生产一种产品，他会不失时机地延伸自己所创造的品牌（商标），生产系列产品和相关产品，使品牌最大限度地发挥放大效应。如果生产者在开发新产品过程中，仍然能够珍视自己创造的品牌，坚守质量，再度赢得市场，那么，一个品牌包括多种产品——组合产品品牌就产生了。最终，品牌持有者——企业也就因此名声大振，身价倍增，成为品牌企业（商号）。应该说，品牌企业是品牌的最高境界，因为它可能拥有一个或多个产品品牌，生产多种品牌产品，因此产生"马太效应"，形成巨大的无形资产价值，取得比竞争对手更多的级差利益。

（2）品牌是市场经济的产物。现代品牌是在工业革命以后出现的，是市场竞争的结果。品牌的产生需要四个基本条件：一是生产者具有独特的生产与经营技术；二是具有较广阔而成熟的市场；三是具有健全的法制体系；四是具有较发达的传播媒介。自然经济手工作坊式的生产，师傅带徒弟的管理方式，极不稳定的生产工艺，显然不具备这些条件。小商品经济市场狭小，缺乏竞争，没有形成运行良好的市场规则，尤其是缺少法律保护，传播手段也极其有限，也不可能产生现代意义上的品牌。尽管有些商号创造了一些质量超前的产品，有些精明的工匠和商人也在产品上打上"标记"，但同市场经济条件下品牌产品的质量及商标对产品的保护功能是无法比拟的。市场经济是一种知识经济、法制经济、信用经济、信息经济，产品具有较高的科技含量、稳定的内在质量，并有极广阔的市场及信息传播条件，产品通过商标注册能够得到有效的保护。这种经济形态是产生品牌的最好土壤。

（3）品牌的特定内容是质量与文化。人们往往把优质产品视为品牌。优质产品是品牌的基础，也是品牌的核心，但不是品牌的全部。品牌之所以得到市场与社会公众的认可，不单是具有卓越的品质，能够满足人们特定的物质需要，更重要的是具有较高的文化含量，能够给人们带来精神享受。假如将某一品牌可乐与可口可乐混在一起，从质量甚至口味上无法辨别出谁好谁坏，但对喜欢可口可乐的人，喝可口可乐时的冰凉清爽感受和对往事的回忆，比起其质量和味道更重要一些。正是这种情感联系，使品牌具有强大的魅力。

（4）品牌的特定物质载体是产品。品牌从表面上以一种注册商标和注册企业名称的方式存在，但它具有实际物质载体。这一载体的核心就是产品，是看得见摸得着的、能够满足人们某种需要的物质属性。有时，人们也把服务说成是品牌，但这种品牌或是由产品品牌派生出来作为产品品牌的附加部分而存在，如海尔集团的"星级服务"，是与海尔的产品品牌相伴随的；或是具有独立的物质内容，如饮食品牌的载体是蕴涵着独特的工艺技术的色、香、味、形、皿、声等俱全的菜肴。商业品牌的载体是优美的购物环境、合理的品牌组合、完备的服务设施和服务程序。当然，不可否认，在特定条件下品牌可以与其物质载体相分离而表现出独立的市场价值，但从根本上讲，由品牌联想到的某种具体产品与服务不存在了，品牌也就消失了。可以想象，当人们不喜欢吃麦当劳汉堡时，麦当劳品牌也就自然被淘汰了。

（三）品牌的构成要素

一个完整的品牌不仅只是一个名称，它含有许多要素。这些要素主要体现在以下两个方面。

1. 显性要素

显性要素是品牌外在的、具体的东西，可直接给予消费者较强的感觉上的冲击。主要包括：

（1）品牌名称。品牌名称是建立品牌的基础，是对品牌内容的概括和体现，它不仅将产品本身的内容加以概括，还反映企业的经营理念、价值观和文化追求等。品牌名称在整体品牌中起着提纲挈领的作用，是消费者记忆品牌和传播品牌的主要依据。从某种意义上讲，品牌名称还是一种象征货真价实的标志，也是一种产品持续一致的保证。

（2）视觉标志。视觉标志是激发品牌视觉感知的一种识别体系，通过给人以更具体、更可感的形象记忆，帮助消费者更好地识别与记忆品牌。具体而言，它包括以下要素：标志物，即品牌中可以被识别但不能用言语表达的部分，是品牌的图形符号；标志字，即品牌中可以读出来的文字部分，常常是品牌的名称或企业的经营口号、广告语等；标志色，即用以体现自我个性以区别于其他产品的色彩体系。如 IBM 的蓝色、柯达的黄色、富士的绿色；标志包装，即具体产品的个性包装。

2. 内在要素

内在要素是品牌中不能被直接感觉，存在于品牌整个形成过程中的品牌的核心精神要素。主要包括以下内容：

（1）品牌承诺。品牌承诺的实施方是品牌生产者，接受方则是消费者。一个品牌对消费者而言是一种保证，因为它始终如一地履行诺言。产品本身不可能保持不变，而事实上许多优秀品牌的产品都是在持续改变或改进，但仍被消费者所钟情，那是品牌生产者灌注在产品中的经营理念、价值观及文化个性等始终保持稳定的缘故。一家企业是否追求技术创新，提高品质，重视环境，这在很大程度上决定着消费者对品牌的感情。好的品牌承诺会使消费者在接触这个品牌时有十足的信心。麦当劳作为一个经营快餐的品牌，给予顾客的承诺不是简单的吃饱吃好，而且还有享受与快乐，有了这样的承诺，顾客在任何时间用餐都会体验到一种轻松快乐的氛围。

（2）品牌个性。就像人有性格一样，每个品牌都有自己的"风格"。如同样是香烟，人们一提到万宝路，就会想到阳刚、强健的风格，提到维吉尼雅苗条香烟时，想到的则是阴柔。因此，品牌不同于商标，它不仅是一种符号，更是一种个性。由于消费者追求认知态度与行为的一致性，将品牌个性化后，会使消费者更容易接近并接受，因为人们通常会选择符合自己认知的品牌。企业创造了品牌的个性，而这种个性带来的相关情感暗示，满足了不同人的需求，从而更好地使品牌与消费者之间建立了良好的关系。绝大多数消费者更加愿意和那些有灵性、有情感的品牌打交道。

（3）品牌体验。消费者是品牌的最后评判者。在品牌的整个形成过程中，消费者扮演了一个守门人的角色，他们对品牌的信任、满意、肯定等正面情感归属，能够使品牌经久不衰，而他们对品牌的厌恶、怀疑、拒绝等负面感知，必然使品牌受挫甚至夭折。对于消费者而言，使用一个有主观体验的品牌产品与使用一个没有体验的品牌产品，感觉是不同的。很明显的例子就是人们往往挑选一个市场占有率高的品牌，但若给消费者是同样两种没有体验过的品牌时，消费者就拿不定主意了。所以，品牌能够改变人们使用产品的真实情感，而这些情感往往就形成了一种无形的品牌价值。

二、品牌的特征

（一）品牌的内在特征

1. 优异的质量

品牌成名的基础是最优、最稳定、最可靠的质量。从广义来讲，只有在原材料的质量、生产技术与工艺质量、外观及包装质量以及功能质量和服务质量上都有超凡的表现，才能铸造名副其实的品牌。品牌的质量优异是一个系统的概念，即产品品质特优，不同层次的品牌应达到相应的质量标准；产品功能特强，能充分满足消费者的需要；产品服务特好，能为消费者提供与产品质量一致的服务保证。要看到，质量的本质在于适用性。质量好坏的最终评判者在于消费者，只有消费者认可的质量才是最好的质量。

2. 较高的文化附加值

品牌的文化附加值内涵有四个方面：一是品牌所反映的生产者的价值与精神追求。如索尼品牌反映的是一种不断创新、不断开拓进取、不断追求卓越的价值与精神追求。二是品牌所蕴涵的科学技术。品牌是人类聪明才智和科学技术的结晶，一个品牌凝结着直接生产者的独具匠心的设计、开发和生产的复杂劳动，也凝结着人类所创造的大量科学技术的成果。有些现代品牌产品，如飞机、计算机等完全是高科技的产物。三是品牌所反映的民族精神、民族情感、民族风俗习惯和宗教信仰。如新中国成立前东亚毛纺织公司生产"抵羊"（抵制洋货之意）牌毛线，就是民族精神与民族情感的体现。也有不少品牌在外观、包装和商标上明显地带有民族风格和宗教信仰的烙印。四是品牌所体现的审美观与审美情趣。如服装的款式及色彩就明显地预示着一种审美的趋势，代表着一种流行和时尚，品牌成为美学的载体。品牌的文化附加值不是一种具体的使用价值，它只是满足人们精神需要的一种价值，它是品牌生产者所期望达到的一种崇高境界。如果说一些传统品牌的文化附加值是生产者不自觉地赋予其中的话，那么，现代品牌的文化附加值则反映了生产者高品位的文化追求和高超的经营谋略。品牌文化附加值作为品牌内在品质的一个要素，决定着品牌的交换价值。

（二）品牌的表象特征

1. 高知名度、美誉度与顾客忠诚度

品牌的知名、美誉及消费者对它的忠诚，最根本地源于品牌的质量与文化，但与传播也有直接关系。小商品经济中，"好酒不怕巷子深"，消费者对产品的感受和由此形成的"口碑"足以使产品在一定的区域内扬名并产生较强的影响力。但在市场经济时代，市场广阔，产品丰富多彩，品牌高知名度、美誉度与顾客忠诚度的形成和有效的大众传播密不可分。

2. 高市场占有率和经济效益

经济全球化使市场紧密相连，一种品牌一旦有了较高的知名度、美誉度和顾客忠诚度，其市场半径就会迅速延伸，市场占有率就会迅速攀升，巨额利润也会滚滚而来。品牌所带来的巨额经济效益，既包括以量取胜带来的规模效益，也包括靠文化附加值和市场效应带来的级差效益。

资料 9-1

品牌的市场效益

根据联合国资料统计，世界上现有的 8 万多种各类品牌产品，覆盖着 98% 的国际市场，著名品牌的市场占有率一般都高达 30% 以上。这些品牌中，90% 以上为工业发达国家和亚太新兴工业化国家与地区所拥有。仅就国内来讲，一些著名品牌也具有这种明显特征，汽车、家电等著名品牌在国内的市场占有率也达到 20% ～ 30%，有些甚至高达 40%以上。与市场占有率相适应，品牌所带来的经济效益也十分惊人，全球性的品牌，如世界驰名商标年创利可以以数亿、数十亿美元加以计算。

---

3. 高无形资产价值和社会效应

品牌的无形资产价值是品牌所有者潜心经营、精心管理、长期积累的结果。实践证明，无论由哪类资产评估机构对品牌进行评估，都得出一个结论，即品牌的等级越高，其无形资产的价值也就越高。品牌无形资产价值大小与品牌历史长短、文化积累的量的大小、生产规模、市场延伸的半径等若干因素均呈正比例关系。品牌的无形资产价值越高，相应的正面社会效应就越大。这种社会效应有：扩散效应，即品牌理念及它所带来的生活方式广为流传；放大效应，即在传播中不断添枝加叶，锦上添花；刺激效应，即吸引消费者，刺激需求；持续效应，即能使企业保持长久的影响力和竞争优势。

资料 9-2

见表 9-1。

表 9-1　2015 年 Interbrand 全球品牌价值排行榜 TOP10　　（亿美元）

排名	品牌	国家	品牌价值
1	苹果	美国	1 702.76
2	谷歌	美国	1 203.14
3	可口可乐	美国	784.23
4	微软	美国	676.70
5	IBM	美国	650.95
6	丰田汽车	日本	490.48
7	三星电子	韩国	452.97
8	通用电气	美国	422.67
9	麦当劳	美国	398.09
10	亚马逊	美国	379.48

资料来源：Interbrand's Best Global Brands 2015, www.interbrand.com.

资料 9-3

见表 9-2。

表 9-2　2015 年 Interbrand 中国品牌价值 TOP10　　（亿人民币）

排名	品牌	所属行业	2015 品牌价值
1	腾讯	互联网	1 781.73
2	阿里巴巴集团	互联网	1 426.12
3	中国移动	电信	1 346.95
4	中国建设银行	金融	1 272.42
5	中国工商银行	金融	1 230.13
6	中国平安	金融	921.67
7	中国银行	金融	879.36
8	中国人寿	金融	724.73
9	中国农业银行	金融	665.71
10	百度	互联网	451.44

资料来源：http://www.prnasia.com/story/122847-1.shtml.

4. 长久的市场生命周期

一种品牌能够经受市场竞争的长期考验，以自身的创新精神，改善老产品，开发新产品，创造新市场，打破市场生命周期，长期保持市场的领先而稳定的地位。可以说，有些世界品牌和中国的老字号品牌有长达百年，甚至数百年历史，经久不衰，体现出其无穷的生命力。

品牌作为知识产权，可以独立存在。任何一种产品或长或短都有可预见的市场生命周期，但著名品牌没有可预见的市场生命周期，支撑品牌的一种产品或服务被淘汰，只要开发出更新更好的产品与服务，品牌仍然会发展。不可否认，一个品牌如果只依附于一种产品和服务，没有创新，没有开发，没有更好的产品与服务奉献给消费者，那么，一种产品与服务被市场淘汰了，品牌也就销声匿迹了。

三、品牌的本质属性

品牌具有两重属性，一方面是自然的、技术的属性，如设计精湛、质量超群、功能独特、使用方便、包装考究等，它能最大限度地满足人们的物质与精神需求；另一方面是社会属性，即表现出复杂的经济社会关系。这种经济社会关系是品牌的本质属性，主要包括以下几个方面的内容。

（一）品牌生产过程中劳动者之间的协作关系

品牌是集体智慧与劳动的产物。在现代化大生产方式下，社会分工细密，生产的专业化程度高，作业的规范和标准极其严格，一件产品不可能由一两个人完成，而要经过成百上千个人的共同协作才能完成。对于一些科技含量较高的产品，不仅需要一个企业内部劳动者之间的高度协作，而且突破了企业的范围，是若干企业共同协作的结果。

（二）品牌营销中制造商与经销商之间的互利互惠关系

一个品牌的诞生、成长和不断趋于成熟，既有制造商的功劳，也离不开经销商在其中所做出的不懈努力。经销商是生产与消费之间的桥梁和纽带，它在经营中能够传承品牌特有的文化精神，提供与品牌相适应的服务，直接影响消费者对品牌的认同度。

（三）品牌竞争中企业与同行之间的竞合关系

品牌是在竞争中诞生和成长的。即使有些品牌在市场上占有绝对优势，也未必能够完全垄断市场，它们并非没有竞争对手，只不过有些竞争对手弱小一些，有些是间接的、潜在的。成功的品牌所有者既靠自身的实力，敢于与同行对手进行竞争，善于在竞争中赢得胜利，同时也把竞争视为动力，在与竞争对手竞合中不断成长。

（四）品牌销售中企业与顾客之间的信任关系

顾客对品牌的高度信任与忠诚，是品牌赖以生存的基础。企业与顾客的这种关系是品牌最本质的属性。品牌成名，是顾客捧出来的，是顾客给予的最大信任与支持。品牌之所以能够取得顾客的信任，也绝不是靠广告吹出来的，而是企业对顾客的使命感、责任感使然。企业与顾客一旦形成了信任关系，顾客就会对品牌给予厚爱、认同，并积极购买与传播，以至建立永久的忠诚。顾客对品牌的信任程度与品牌的市场地位和品牌价值成正比。

（五）品牌资本运作中企业与银行之间的信用关系

品牌的发展离不开资本支持，否则不可能实现大规模生产。品牌本身就象征着一种商业信用。美国企业家为了建立自己的这种信用，不需要钱的时候也向银行借点钱，到时一分一厘也不差地归还银行，以证明自己诚实守信。这是品牌刻意追求的。

（六）品牌生产、营销和传播中企业与自然、社会之间的互动关系

大凡品牌，其中都蕴涵着强烈的生态保护意识和社会责任感。节约能源、减少污染、支持社会公益事业，传递先进文化，开创美好的生活境界，这些都是品牌文化的突出表现。同时，自然与社会也滋养了品牌，奠定品牌形成与发展的物质、文化基础。

四、品牌的价值

品牌具有重要的价值，这一点毋庸置疑。1990 年，Dorden 以公司商标为抵押，向花旗银行贷款 4.8 亿美元；可口可乐公司声称，假如有一天，可口可乐在世界各地的工厂都毁于一旦，但只要他想东山再起，那么用不了多长时间，就能恢复到原来的规模，原因很简单，它有生产秘方，更重要的是它有为世人所信赖的商标。

品牌价值是指品牌在某一个时点用类似有形资产评估方法计算出来的金额；也指品牌在消费者心目中的综合形象。即代表着该品牌可以为消费者带来的价值。

（一）品牌价值的来源

有关品牌价值来源于品牌的资产价值或财务价值的理论观点，或品牌价值来源于消费者对品牌的偏爱、态度和忠诚程度的理论观点均有失偏颇；有关品牌价值由成本价值、关系价值与权力价值三部分构成的理论观点值得重视，这种理论已经注意到了品牌价值的两个方面的来源，即企业来源和消费者来源。

从研究品牌的"级差地租"现象入手，运用商品二因素理论以及"消费者剩余"理论进行分析，我们发现品牌价值来源于生产者的特殊劳动投入与市场及社会的认可度两个维度，且是二者相互推动、相互契合的结果，品牌价值大小取决于二者契合度的高低。也就是说，品牌价值既与生产者的特殊劳动投入（创造性劳动投入）的数量和质量有关，也与市场上消费者的认可程度有关。如果生产者有较高的特殊劳动投入，比如有独具匠心的设计，使用了稀缺的资源和特有的技术工艺，有品质保证和文化内涵等，但就是没有效用，缺乏符合消费者心意的属性，如缺乏专属与独享感、功能利益、安全与耐用性、审美与个性、信赖感、亲切感等，得不到消费者认可，投入再多也没有多大价值；相反，如果生产者能够依据消费者的需求进行产品的设计和生产，其产品就有效用，就能得到认可。因此，生产者的特殊劳动投入与市场认可度的契合度越高，品牌价值越大；契合度越低，品牌价值越小。

（二）品牌价值的评价

品牌价值评价主要有两类，一类是资产性评价，另一类是社会性评价。

1. 资产性评价方法

主要有成本法、现行市价法、收益现值法和双因素品牌价值资产化评价模型。

（1）成本法。即计算创建和发展品牌的会计原始成本，如设计、开发、商标注册、相关的专利创造和申请、试销和促销等一系列开支，以此作为品牌价值。可分为历史成本法和重置成本法。历史成本法即计算取得品牌所付出的现金或现金等价物；重置成本法，即模拟重新创建一个与被评价品牌相同或相似的品牌所需的成本。这种方法不能真正体现品牌价值的来源。

（2）现行市价法。也叫作市场法、交易案例比较法等，是国际公认的一种常用的品牌资产评价方法，也是一种理想化的方法。它建立在替代原则的基础上，即人们不会为一项事物支付超过获得其替代物成本的价格。如果存在可以进行包括品牌在内的各种资产交易的资本市场，那么可以将品牌的市价作为品牌的评估价值。通常可以参照市场上相同的或类似的品牌价格，将参照物与被评价对象进行对比分析、调整差异，最后从参照物已交易价格得出品牌价值。

（3）收益现值法。通过计算品牌的未来收益或现金流量来评价品牌价值。其思路是：首先预测未来品牌产品的销量和收入，然后扣除成本和费用计算其利润并折为现值，品牌未来超额收益折现值的累加即为品牌价值。在品牌价值资产化评价中，收益现值法的应用最为广泛。

（4）双因素品牌价值资产化评价模型。这是一种以收益现值法为基础，吸收成本法的优点后创新的一种品牌资产化评价方法。这种方法主要是补充了品牌投入（成本因子）和品牌经营风险（风险因子）两个重要影响因素，其中加入品牌成本因子的主要考虑是反映非理性广告投入对品牌价值的影响，加入风险因子主要是反映企业领导和经营能力、投入潜力、管理规范程度和企业危机管理机制对品牌价值的影响。

2. 社会化评价方法

（1）Interbrand评价法。这是一种改进的收益现值法，其基本假定是，品牌之所以有价值，不全在于创造品牌所付出了成本，也不全在于有品牌产品较无品牌产品可以获得更高的溢价，而在于品牌可以使其所有者在未来获得较稳定的收益，因此，应以未来收益为基础评估品牌资产价值。为确定品牌的未来收益，需要进行财务分析和市场分析。由于品牌未来收益是基于对品牌的近期和过去业绩以及市场未来的可能变动而做出的估计，品牌的强度越大，其估计的未来收益成为现实收益的可能性就越大。因此，在对未来收益贴现时，对强度大的品牌应采用较低的贴现率；反之，则应采用较高的贴现率。结合品牌所创造的未来收益和依据品牌强度所确定的贴现率，就可计算出品牌的现时价值。

（2）世界品牌实验室评价方法。它是通过对企业的销售收入、利润等数据的综合分析，判断企业目前的盈利状况，运用"经济附加值法"（EVA）确定企业的盈利水平；运用"品牌附加值工具箱"（BVA Tools）计算出品牌对收益的贡献程度，通过数理分析方法预测企业今后一段时间内的盈利趋势以及品牌贡献在未来收入中的比例，最后通过对市场、行业竞争环境的风险分析，计算出品牌的当前价值。

（3）《金融世界》评价法。它对产品品牌和公司品牌的评价分别采取不同的方法。在对产品品牌进行评价时，借鉴并简化了英国Interbrand公司的品牌评价方法。对公司品牌的评价基于TLA方法，认为衡量一个公司品牌价值的最好尺度是现实中其他当事人为使用该品牌所愿意支付的特许权使用费，以具有可比性的许可协议为基础进行评价。

（4）《福布斯》评价法。它是以声誉、管理、革新及人力资源四项内容为基本评估项目，然后对入选公司品牌进行综合考评。

（5）Sinobrand评价法。即中国品牌评价法。这种方法鉴于我国企业财务数据披露的现实情况，所需数据来源坚持使用易于获取的财务指标或易由专家估算的市场指标；评价对象统一选择公司品牌。这种方法以《金融世界》评价方法为改进的参照框架，引入了"品牌优势值"的概念代替《金融世界》评价方法中的品牌超额利润计算，采用超额定价法确定品牌优势值；在品牌强度乘数构成因素选择上也与《金融世界》评价方法有所不同，结合中国品牌的特点进行了调整，从品牌历史、现状和趋势三个方面提取出七个变量，即行业性质、品牌领导地位、品牌保护、品牌轨迹、品牌发展模式、持续发展能力以及市场竞争作为测量品牌强度乘数的构成因子。采用此法进行品牌价值评价，由于"品牌轨迹"和"品牌发展模式"分值较低，某些依靠广告暴起的品牌的价值明显缩水，还原其本来价值，因而使这种方法在中国更具现实意义和实践价值。

第二节　品牌文化内涵

品牌与企业文化的关系，犹如枝繁叶茂的大树与其赖以生长的肥沃土地之间的关系一样，只有肥沃的企业文化土壤，才能孕育享誉中外的品牌，或者说，一个知名的品牌背后一定有深厚的企业文化根基。当然，品牌一旦得到市场认可以后，也以它巨大的扩散效应传播企业文化，提升企业文化。品牌与企业文化的相互影响与相互融合，形成特有的品牌文化现象。由此看出，品牌文化是指通过赋予品牌以特有文化内涵，建立鲜明的品牌定位，利用有效传播，形成消费者对品牌在精神上的高度认同与信赖，最终形成强烈的品牌忠诚。品牌文化包含渗透在品牌中的价值观念、生活态度、审美情趣、个性修养、时尚品位、情感诉求等精神象征。

一、品牌文化的民族性

（一）品牌文化民族性的根源

品牌中具有深刻的民族性文化内涵，它源于品牌制造者的民族责任感和国家意识。在全球经济一体化的大趋势下，尽管各国市场紧密相连，很多公司的业务跨越国界，但品牌还是有国籍的。

当今国际的竞争已不再是军事实力的竞争，而是经济实力的竞争，是综合国力的竞争。在这场竞争中，企业作为经济主体，为国家和民族的发展肩负着不可推卸的历史使命。企业效益好，国家的经济实力就强，国家在国际社会中的地位就高。一个国家的形象在很大程度上是由其优秀企业、优秀产品在世界上的形象树立起来的。品牌是优秀企业形象的集中体现，一国的国际品牌则更是该国国家形象的体现。Mercedes-Benz、Siemens 代表德国的形象，Toyota、Panasonic 代表日本的形象，Samsung、HYUNDAI 代表韩国的形象。当越来越多的人开着 Ford、吃着 McDonald's、喝着 Coca-Cola、抽着 Marlboro、用着 iPhone 的时候，谁又能否认这意味着美国人的价值观、生活方式对本民族文化的冲击呢？

日本学者中谷岩男说，日本企业具有一种不同于西方社会的价值体系，这个价值体系来源于日本文化，这就给日本企业赋予了重要的宝贵的独特性。如果在生产时不珍惜这种独特性，冷落了民族文化，便会削弱"产品籍别"。日本人重视"产品籍别"，原因在于他们更看重品牌产品所代表的国家形象和国家荣誉，体现了他们内心世界对产品寄托的浓重的民族

"情结"。这种"情结"促使他们多出优质品牌产品，不断涌现的品牌产品又加强了民族的自尊。这种"情结"无论在哪个民族，都是弥足珍贵的。中谷岩男提醒日本企业家，要使自己的品牌在全球范围内树立起强有力的产品籍别，使人联想到日本的形象，必须创立一种教义——文化理念，它"像灿烂的北极星那样为世界各地的经营活动指明方向"。日本松下公司有"产业报国"等七种文化观念，并随历史发展和产业规模的不断扩大，逐渐加深它的意义，扩大它的内涵，并用它鼓励遍及世界的一代又一代松下员工，松下电器才在各国消费者的心中，牢固树立了日本的品牌形象。

（二）中国品牌文化民族性的体现

爱国主义是中国品牌文化的核心价值观。这种价值观是中国品牌文化民族性的集中体现。中国的品牌发展始终同中华民族经济的振兴、中国现代化的实现紧密联系在一起。

在备受帝国主义欺凌的旧中国，"工业报国""实业救国"只能成为众多民族企业家的一枕黄粱；新中国成立后我们又长期闭关自守，错过了追赶西方发达国家的大好时机；改革开放使中国经济由封闭走向开放，面对展现在国人面前的中国与世界日益拉大的差距，无数有着强烈民族责任感的企业家用自己的实际行动做出了响亮的回答：振兴民族品牌，争创国际品牌。海尔、长虹等企业明确提出了"敬业报国""产业报国"的创品牌理念，积极开拓国际市场，创立有中国籍别的国际品牌。这些企业深知，在经济全球化条件下，国内外品牌之间的竞争表面看是产品竞争，资金竞争，本质上是文化竞争。品牌是衡量一个国家技术、产业基础和国际竞争力的标志，更是物化的国家形象。如果中国企业没有强烈的民族责任感，不能在对外开放中创造和发展自己的品牌，何谈树立国家形象、增强国际竞争力，又何谈弘扬中华品牌文化、弘扬中华民族自尊、实现中华民族的伟大复兴。

> **案例 9-1**
>
> ### 张小泉的民族情结
>
> 据香港《亚洲周刊》1996 年 8 月 25 日报道，德国双立人亨克斯公司与上海张小泉刀剪总店合资谈判失败。具有 265 年历史的德国双立人亨克斯公司在欧洲和北美市场占有率已达 40%，想与中国刀剪品牌张小泉合资，以便打开中国市场，并以此为基地扩展亚洲市场。德国人提出的条件是，合资后的企业全部使用德方"双立人"品牌，张小泉则坚持生产"双立人"和"泉"字牌两种品牌。张小泉总经理认为，如果在合资中放弃"泉"字牌，就眼前而言有利可图，但从长远来看则后患无穷，绝不可取。"老祖宗留下的宝贵无形资产，不能断送在我们手上。"他表示决不放弃自己的品牌。由于双方各执己见，最后谈判破裂。这个事件在本质上充分反映了中国人强烈的民族自尊心和民族责任感，反映了中国企业极力保护民族品牌的文化自觉性。
>
> 资料来源：根据相关资料整理。

时代呼唤着中国的国际品牌。人们欣喜地看到，一批民族企业已在激烈的国内竞争中站稳了脚跟，初步具备了参与国际竞争的实力。国际化经营已成为中国优秀企业经营的发展趋势。国际市场上印有"Made in China"标签的已不仅是矿物、棉花等初级产品，更有高铁、家电、机械、医药、服装等行业的中国品牌产品。纽约广场上竖立起的第一块中文广告牌——三九胃泰广告，海尔大型家用电器 2015 年品牌零售量以 9.8% 的市场占有率居全球第一，传递的绝不仅仅是商业信息，它传递的是中国企业走向世界的决心和中华民族的自信心。中国需要有自己的国际品牌，而中国企业在爱国主义旗帜下，树立起产业报国的信念，只有把企业的命运和国家民族的命运紧密联系在一起，才可能真正成长为世界级的品牌企业。爱国主义带给企业家的是崇高的思想境界和无尽的力量源泉。

二、品牌文化的人本性

（一）品牌文化人本性的内涵

品牌文化的人本性，即品牌中蕴涵着的以人为本的思想和人性化意识。具体体现为两个方面：一方面对外体现为企业一切以顾客为本，把提高人类的生活质量作为生产和服务的基本出发点。人类生活的最高满意度，是企业追求的最佳目标，也是创造品牌的动力。那种企业利益第一、经济利益至上的经营意识，创造不出品牌，因为它违反了人本性原则；那些偷工减料、生产假冒伪劣产品的行为，更是一种反人本的行为。另一方面对内体现为企业以员工为本，在创造品牌过程中充分发挥全体员工的智慧和创造性，通过对员工充满人性化的管理，激发员工的积极性。品牌不单纯是科学技术和科学管理的产物，其中也凝结着员工的崇高理想和自觉愿望。

（二）提高品牌文化人本性含量的必要性

提高品牌文化人本性含量，是现代经济发展的客观需要。英国剑桥管理学院管理专家查尔斯·汉普登特纳和荷兰著名企业顾问阿尔方斯·特龙佩纳斯指出："现代经济的基本趋势是，从简单走向复杂，从财货走向知识，从大规模市场走向区隔市场，越来越多的产品正走向差异化和顾客化。"[1]他们所预见的经济发展走势和产品发展趋势，对企业惯于向顾客提供千篇一律模式化产品的做法和以企业为导向控制市场的惯例，提出了直接挑战。企业必须研究顾客的不同需要，以顾客的实际需求为导向，强化创造产品的人性化意识，增强产品的人本性含量。而作为品牌，更应顺应这一潮流，接受这一挑战。

提高品牌文化人本性含量，也是现代管理发展的客观需要。伴随着社会经济的变革与发展，人性的觉醒，对于创造品牌的企业管理者来说，必须改"物本"管理为"人本"管理。管理中的人本化水平，直接影响品牌人本性含量，从而进一步影响品牌的品级。在传统的理性主义管理方式中，人员、资本、原材料被视为无差异性的资源，人力资源可以无限制地被切割、买进、卖出，资本和自动化似乎是提高生产率的最主要的源泉。然而，在信息化社会，人是最重要的资源。未来学家约翰·奈斯比特指出：在工业社会中，战略资源是资本。在新的信息社会中，关键的战略资源已转变为信息、知识和创造性。公司可以开发的有价值的新资源的唯一对象，是它的雇员，这就意味着整个的重点在于人力资源。墨守于早期工业化时代过时的经营文化的公司，无视信息化社会这一明显特征，不可能创造出人性化含量高的品牌。日本著名企业家盛田昭夫指出：现代产业日益智慧集约化。但是切切不可忘记，机器也好，牲口也好，都无法胜任智慧集约型的工作，一切均求助于人。可见，品牌的人本

---

① 查尔斯·汉普登特纳，阿尔方斯·特龙佩纳斯.国家竞争力：创造财富的价值体系［M］.海口：海南出版社，1997.

化，须由管理的人本化实现，管理的人本化，乃"产业日益集约化"使然。

（三）品牌文化人本性的表现

品牌文化人本性的主要表现是产品与服务的人本性与管理的人本性。

1. 产品与服务的人本性

在人本化意识的驱使下，企业在生产产品、提供服务时，将使用价值、文化价值和审美成分融为一体，使顾客最大限度地体会到自尊、方便、舒适和享受。例如，近年来，美国一些公司成立了"人性设计中心"，深入了解消费者的生活和工作习惯，不断开发、创造出符合人性和适应人类需求倾向的产品。同时，品牌标志着顾客的忠诚度和信任度，要赢得顾客对品牌的忠诚，企业就应该把对顾客的责任感放在首位，真正把顾客当上帝。日本西武集团前董事长堤义明认为，对企业最重要的"一是顾客，二是职员、从业员，三是股东"，工作时应"按顾客的分析去做"。他经常教育员工任何事情都应以顾客为第一优先，要求全公司上下都要遵循"顾客至上"和"现场第一主义"。麦当劳公司创始人克洛克是将人性化融进产品和服务的艺术家。他非常关注产品的品质和清洁，他能把这些问题人性化，会让顾客觉得品质不是身外之物，而是时时与我同在。

传统的经济学将产品生产者的关注点只定位于偏于物质的所谓"有效需求上"，对人类需要的实质内涵——美和人性不感兴趣。如果现代企业不能摆脱传统经济学的束缚，生产就会出问题。现代人的观点是，任何一种具有令人满意特质的产品，均能超越"有效需求"，使消费者得到更多方面的满足，尤其是人性化需求的满足。当代是流行品的时代，大机器的生产线创造出的产品往往是雷同的，与现代人的个性化、情感化和多元化需求相冲突。因此，以顾客为本，使产品体现品质、流行与个性等"多元效应"，是产品开发、设计、生产的艰巨任务。

与产品的人本性相适应，其服务也具有显著的人本性特征。传统经济学意义上的企业同顾客的关系是一卖一买，服务是一种"情分"，不是责任。这种服务观与品牌文化所坚持的人本性是格格不入的。人性化的服务，以顾客不同需求为导向，把为顾客服务当成责任，向顾客服务不讲条件，不设边界。海尔集团的员工到顾客家中维修产品时，先在地板上铺一块布，工作完毕后擦净地面，从一件一件小事做起，创造了享誉海内外的海尔服务模式。品牌服务的人性化，给顾客以超值的回报，给商家带来可信赖的形象和无尽的财富。

品牌文化的人本性，其内涵是利他主义的。浙江好来西服装公司的当家人认为，创品牌就是做人哲理的企业化，好来西品牌是一种高尚精神的凝结，是消费者希望的寄托，是对人的尊重。他认为，企业要服务于消费者，只有消费者的需求得到最大满足，企业才能得到回报。松下幸之助也曾指出，为了促使企业能合理经营，利益的确不可或缺。然而最终目的在于以事业提升共同生活的水准。从这个角度看来，经营事业非私人之事，乃公众之事，企业是社会的公器。对社会没有责任感的公司，认为只要自己赚钱就好的公司，都足以危害社会。

2. 管理的人本性

人是生产力诸因素中最活跃的因素，只有人才能将生产力的其他因素结合起来，转化成现实的生产力。许多事例证明，大凡品牌企业，都是把员工而不是把资本和自动化技术作为创造品牌和提高生产率的最主要源泉。劳伦斯·米勒在批评美国缺少人性化管理特征时指出："公司运转并不取决于机器运转情况，而是取决于人的创造力。经理的首要任务就是要创造一个良好的环境，使每一个人都能最大限度地发挥聪明才智。公司真正赖以谋生的，是人的才智，能否创造和管理人的才智是对经济能力的检验。"①

管理的人本性，强调职业的同质性，强调联结企业与员工、企业上下级关系的是人的纽带而非资本的力量，企业不是依靠一种规定职务的体制而组织起来的，而是通过协作组织起来的；主张通过建立一套人本化的管理体制和制度，以抵消容易滋生的阶层意识和地位观念。日本经济学家松本厚治把美国的组织结构和组织理念比喻为"砌砖型"，把日本的组织结构和组织理念比喻为"砌石型"。前者将组织结构看作先固定好的架构，然后按架构要求去选择"砖块"——工人；而后者认为，工人的性格、能力、思维方式各有不同，就像形状各异的"石块"，企业要善于分析他们各自的长短利弊，扬长避短，合理组合。这是一种更重视人性、利用人性、发展人性的组织理念。

管理的人本性，主张在把人视为管理主体的基础上，充分地尊重人、相信人，发挥人的创造性。美国学者托马斯·彼得斯、小罗伯特·沃特曼引用通用汽车公司一位经理的话说，美国有些公司的员工之所以没有士气，是因为他们的"控制制度显然是按这样一种假设制定出来的，就是认为90%的员工都是二流子、懒鬼、饭桶和废物，一有机会就撒谎骗人、偷鸡摸狗，再不就是想出别的什么花招来糊弄我们。我们搞的各种制度是想不让那5%的真正捣蛋鬼来钻空子，但这样一来，却挫伤了95%循规蹈矩、自觉工作的人们的士气"。② 可见，对人看法不正确，是导致管理步入制度主义窠臼的根本原因。只有把人视为管理主体，才能真正实现管理的人本化。日本企业主张充分尊重下级管理者和员工自觉创造的愿望，应相信他们的忠诚和能力，给他们创造一个自由工作的空间和发展的机会。本田公司甚至把人本精神高度概括为一句鼓励员工的话，叫作"为自己工作"。他们当然不是鼓励员工自私自利，而是鼓励员工将工作当作自己的事业追求，以此使员工得到最大限度的激励。在互联网经济下，海尔、永辉等企业通过小微模式、合伙制等，鼓励员工创新创业，真正实现了为公司工作与"为自己工作"的最佳结合。

在中国企业，管理的人本性充分体现在以主人翁精神为核心的人本管理方式上。新中国成立之初，几乎所有的企业无一例外地倡导"爱厂如家""厂兴我荣"的群体价值观。例如，鞍钢就把"爱厂如家、忠于职守，把个人命运同企业兴衰连在一起的主人翁思想"作为企业的主要传统和品格之一。在市场经济的竞争环境里，越来越多的品牌企业深刻意识到了进一步培育员工"爱厂如家""厂兴我荣"精神的重要性，强化人本化管理，培育企业命运共同体，充分发挥员工的集体责任感和荣誉感。同时，企业品牌地位的变化使得每个员工能直接感受到市场竞争的残酷性，强化员工与企业休戚与共的关系。"厂兴我荣、厂衰我耻"的信念被具体化为提升企业品牌形象的目标。海尔集团的一个员工在商场看到一台海尔冰箱因摆放时间过长，门封条被划伤，回家后就动员了全家人及亲戚，每隔几天就到商场去看一下冰箱，并拿着手帕，看到冰箱脏了就擦干净，还把顾客对海尔的建议及时反馈给厂里。"海尔冰箱摆放到了商场里应该是最好的。"正是这种员工对企业的高度认同感和责任感、对企业品牌的无时不在的关切，铸成了海尔品牌强大竞争力的基础。

① 劳伦斯·米勒.美国企业精神：未来企业经营的八大原则［M］.北京：中国友谊出版公司，1985：155.
② 托马斯·彼得斯，小罗伯特·沃特曼.成功之路：美国最佳管理企业的经验［M］.余凯成，钱冬生，张湛，译.北京：中国对外翻译出版社，1985：79.

三、品牌文化的竞争性

（一）品牌文化本质上就是竞争文化

品牌文化的竞争性源于市场经济发展的需要。竞争，从我们这个星球上一有生物就开始了。林中树木拼命伸展枝叶，是为了争取阳光，以求长得挺直高大；动物拼命奔跑撕咬，是为了争夺食物，以图繁衍生存。"物竞天择，适者生存"，从生物延续到人类的进化，从猿到人是猿与动物竞争的胜利。因为竞争，动物得以进化，人类得以发展，社会得以进步。在一定意义上说，窒息了竞争，便会窒息发展，窒息生命。

历史上，企业竞争目标的重心，经历了从物向人的转变过程。"不管顾客需要什么颜色，我的汽车就是黑的。"老福特这句以"我"为中心的话，典型地反映了企业以"物"为竞争目标的时期的特点。在那个时期，企业要战胜对手，只要在同样质量、同样价格的前提下，不顾一切地多生产，就能赢得竞争的主动权。随着买方市场的出现，企业竞争的目标已经从产品市场转移到顾客。如果说，生物界的竞争以生物能否无意识地适应自然为淘汰的标准，企业间的竞争则以能否自觉地适应顾客为淘汰的准则。老福特无视顾客、故步自封的傲慢，如果说在卖方市场的时代，人们还无可奈何的话，那么，在买方市场的今天，无可奈何的则该轮到仍持老福特理念的人了。福特公司最终被后来居上的通用汽车公司所超越，就在于通用汽车公司听取了产品使用者的意见反映，在测试电脑辅助设计方面比福特公司领先了 10 年。

美国哈佛大学教授迈克尔·波特在被誉为"企业家的圣经"的《竞争战略》一书中，曾把取得竞争优势概括为三种通用战略：成本领先、别具一格和集中一点。但是，随着竞争的深化，低成本和低价格的销售策略，逐渐使得各竞争企业间的产品趋于"同质化"，产品价格之间的差别越来越小，消费者追逐的"价廉物美"中的"价廉"越来越失去竞争的实际意义；"物美"（包括服务），即产品造型、企业形象则成了竞争中举足轻重的砝码。企业必须把注意力紧盯在消费者心理需求的变化上。企业只有适应消费者心理的变化趋势，满足消费者的心理需求，才能赢得竞争优势，才能获得因消费者心理认同而增加的"附加值"。

品牌是市场经济条件下竞争的产物。品牌代表着不懈努力、争创第一的市场竞争意识，代表着居安思危、超越自我的进取精神。因此，从美国 IBM 公司的"追求卓越"、美国航空公司的"最佳服务"，到美国假日旅馆公司的"最字上下工夫"，再到日本日产汽车公司的"反复改善"和韩国三星公司的"第一主义"，任何国家、任何行业的一切品牌企业都把追求卓越、超过对手作为品牌文化的核心内容。因此说，品牌文化本质上就是竞争文化。

（二）品牌文化竞争性的体现

品牌文化的竞争性表现在很多方面，如资本竞争、技术竞争、人才竞争等。但最集中的体现还在于对质量的不懈追求。品牌之名，其根本在于高质量，高质量是竞争的基本砝码。众多品牌企业之所以在质量的改进上苦苦探索，在质量的控制和管理上积极采用先进的科学手段与方法，精心设计，精心生产，并提供与产品内在高质量相适应的高质量服务，为的是取得比竞争对手更大的竞争优势。目前，有些企业在创造品牌的实践中不是去做扎扎实实的基础工作，重心放在市场推广上，尤其是拼广告，在产品质量未能达到较高水准的情况下，不惜用数千万乃至上亿、几亿元大做广告，以求获得较高的知名度和广告回报。可以说，这种用广告包装出来的品牌，金玉其外，败絮其中，虽能一时获益，但终究会被市场所唾弃。品牌不是包装出来的，而是广大消费者用一张张货币选票选出来的，选择的基本标准就是质量。

欧洲质量组织第33届年会认为，质量管理发展的趋势是，全面质量管理从强调全员参加管理、强调最高管理者亲自领导正逐步扩展到强调发展质量文化。质量文化建设的课题正受到世界各国的企业和专家们的关注。世界上的品牌企业无一不是以其优秀的质量文化取胜的。当今，在以平等竞争为原则的发达市场经济条件下，尤其如此。这种质量文化中包含着强烈的质量竞争意识和恒久的质量战略意识。所以，品牌企业都重视竞争意识和战略意识教育，使员工树立起牢固的质量竞争的思想，提高对产品质量持久性的认识。

四、品牌文化的审美性

（一）品牌文化审美性的来源

品牌文化的审美性源于消费者的内在审美需要和生产者的审美价值观。

美是一种价值，它能满足人的某种需求和愿望，能激发人的肯定性的态度和情感，带给人身心的愉悦和精神的享受。人的需要是多层次、多样化的，人的精神享受表现为受人尊重、社会的承认、友情的传达、能力的显示、财富的炫耀等；更高的精神需求是对自我价值、自身潜能的实现等方面的追求。审美需要本质上是精神享受的需要，它基于人的本性，基于人的感性生命的存在和运动。审美需要伴随着人们物质生活水平的提高和文化修养的提升，而变得越来越强烈、越来越丰富。当人们还处于温饱阶段，消费者追求的是商品的使用价值；走向小康富裕生活的人们，越来越关注精神需求的满足。而精神追求的最高境界是审美价值的追求。墨子说过，食必常饱，然后求美。美国现代经济学家加尔布雷思也说过：我们没有理由主观地假定科学和工程上的成就是人类享受的最终目的。消费发展到某一限度时，凌驾一切的兴趣也许是在于美感。现代消费者追求的不只是产品的质感，还有产品给他们带来的便捷与舒适，他们希望产品能够全部符合自己的情感和个性，体现自己的文化欣赏品位。品牌之所以能给消费者带来巨大的满足，原因是品牌文化中具有审美价值。有研究表明，对非专业的消费者而言，他的记忆库容量是有限的，同一类商品最多只能装下七个品牌。企业怎样跻身多数消费者能记住的同类七个品牌之列，最重要的是有个性，尤其是有能激发消费者情感的审美文化价值。

品牌的审美价值是否具有使用效用和审美效用，是由生产者与消费者的审美文化价值观决定的。审美文化价值观是生产者与消费者对审美文化价值认识和评价的总的看法，对审美文化价值关系、价值创造活动长期经验的理性积淀。审美价值观一旦形成，会对企业生产与社会消费产生强有力的约束、限制和导向力量。杨振宁博士认为，日本企业产品质量高，日本经济获得成功的秘诀，正是得益于日本企业正确的审美文化价值观。企业审美价值观的培养，绝非一日之功。它是企业长期审美文化建设的产物，反映了企业一种"精神结构"。

（二）品牌文化审美性的表现

从广义来讲，品牌所体现的审美价值是指包括产品的内在品质、使用功能、外观款式和包装装潢等全方位内容的统一体。有的产品原材料好，具有很高的使用价值，但其他方面黯然失色，依然难以适应时代需求。有些老品牌也正是由于没有随时代发展，不断研究改进产品的款式和造型，不注意增加产品的文化含量，不适应新的美学潮流，最后销声匿迹了。苏联生产的"伏尔加"牌轿车和冰箱，为什么市场越来越小，而日本、欧美以及中国的同类产品却越来越受到广大消费者的青睐？原因不完全在于"伏尔加"牌轿车和冰箱的使用功能差，也不完全在于它的品质低劣，而是在造型的单一笨拙、色彩的单调乏味等美学特征方面，是其文化含量太低。当然，品牌审美价值不只是停留在满足个别顾客的审美需要上，追求符合社会长远利益，创造更加美好的自然生态环境和人类生活环境，是品牌更高层面的审美价值。

品牌文化的审美性体现于品牌创造的全过程。提高品牌的实用价值，可以通过提高产品的科技含量，增加产品的功能附件，对产品进行深加工等途径实现；提高品牌的美学价值，可以通过改进产品的造型、花色、款式、包装、装潢，提高信誉，或增加产品情调、趣味、象征意义、商标的魅力等途径实现。提高品牌审美价值具体可以分为两个方面：有形的物质形态和无形的精神形态。前者是以具体可感的物质材料，通过一定的造型、形式和色彩，给消费者以感官的刺激，在满足人们对产品实用需求的同时，充实、丰富他们对精神的审美享受。后者则主要是指通过物质和精神的多种因素的综合作用，引发消费者联想，以获得感官的愉悦，实现精神的某种满足，或者将感性的认识上升到理性的认识，从而激发起消费者审美感受的升华，如营销环境的美化、良好的服务、可靠的信誉等。

审美性是凝聚在产品最深处的人类智慧和创造力。它渗透在企业历史、品牌商标、工艺设计、专有技术、生产组织、包装广告和营销策略之中。每一个真正的品牌都有一部传奇史，通过各种手段、形式，发掘、宣传其传奇故事，以提高其文化品位。审美性的意义与影响，有时甚至超过了产品本身的使用价值。法国干邑马爹利系列之所以成为世界名酒，就在于它集马爹利家族100多年来葡萄栽培酿制的专用工艺、生产组织、广告宣传、销售策略于一身，甚至可以说，马爹利品牌本身就是一部关于世界优质葡萄酒的百科全书；可口可乐的价值不仅在于它执世界无形资产之牛耳，更在于它的配方工艺、推销策略本身就是一部神话；从同仁堂这块举世闻名的招牌背后，可以读到数千年的中医药历史，体验到渗透了儒家哲学的经营作风，感受到具有300多年的乐氏家族发展史。可以说，每一个品牌都有美的形态、美的内涵、美的故事。

人的审美需要促使企业自觉地遵循"美的规律"去创造品牌，使其兼具实用价值和审美价值，这是未来企业经营的一大趋势。市场竞争越来越使同类品牌的发展在成本、使用效能上趋于一致，品牌的竞争力日益体现在它的审美价值上。那些善于开发品牌文化审美价值的企业，才会总受市场青睐，永处事业巅峰。

第三节　品牌文化塑造

一、实施品牌文化战略的意义

品牌是当代企业经营的核心要素，品牌文化是企业文化管理的至高境界。一个企业有企业文化，但并不意味着有品牌文化，品牌文化是在市场经济环境中，企业经过多年谋划与努力，伴随着品牌在市场竞争中获得较大优势和影响力以后形成的。不同的企业，其品牌文化具有很多共同的基因，上述品牌文化的四个方面内容，就是这些共同基因的表现。不同企业的品牌文化又是在不同环境下，由不同的品牌持有人和特定市场创造的，因此每个企业的品牌文化又都有自身的个性价值观、审美观的烙印。

实施品牌文化战略对品牌经营的成功或失败起着本质的决定性作用。

企业建立、成长、兴盛、衰亡，有着普遍的消长周期规律，短的十年，二十年，长的也就四五十年，上百年甚至几百年的企业是极少数，很难有"永远的企业"。企业自创立之日起，就经历着各种冲击和考验，诸如社会的动荡，国家产业结构的调整，市场的转变，内部队伍的老化与更新，哪一项都足以置企业于死地。这说明企业在发展过程中险象环生，稍有松懈或掉以轻心，就会导致灭亡。品牌同企业一样，也经历着建立、成长、兴盛、衰亡的过程，也有自身的演变规律。但品牌的生命周期长短与企业生命周期长短并非完全一致。一个企业在自身生命经历中，可能创立过一个或多个产品品牌，企业消亡了，这些产品品牌也就在市场上消失了；有些则不尽然，一家企业消失了，但其某种品牌的生命却在新的企业中得以延续。更值得关注的是，有些企业一旦本身成为知名品牌，就有超越一般企业生命周期的奇迹出现，如松下有近100年的历史，柯达有100多年历史，杜邦有200多年历史，中国的同仁堂历经300多年昌盛不衰而为世人称羡。

仔细考察分析不难发现，品牌的生命周期有很大的不确定性，有些昙花一现，有些天长地久；少数知名品牌的生命周期无法预测。但有一点，大凡历史品牌，即生命周期很长的品牌，都有一个共同的特征——鲜明的文化个性和与时俱进的文化追求。传承个性文化，不断谋求创新，使品牌一次次涅槃重生。

从实践来看，创出世界品牌的企业，在企业家们较高的文化修养和文化意识的引导下，都具有坚定的文化信念和明确的文化追求。在传统的产品生产中，经济与文化相互不对话。而今，文化被提到前所未有的高度，已经成为品牌成长的决定性力量，任何漠视或忽视文化的品牌，在竞争中都必然导致衰败。成功地经营一个品牌，必须塑造优秀的品牌文化。要求企业有敏锐的文化洞察能力、深刻的文化体验能力和全面的文化变革能力，保证品牌文化的正确价值导向和鲜明特色。

法国香奈儿是风靡世界的品牌，它遵循了一套引以为豪的品牌文化观念。香奈儿公司认为，一流的高级品牌公司要具备六个条件：一是产品由自己设计并生产；二是自己设计广告，而不是靠广告公司；三是货真质高，用料考究到苛刻的程度，使仿造品难以乱真；四是树立具有悠久历史和长期品牌的形象；五是产品设计要有新颖独特的风格，能让人一看到产品的款式造型，便知道是什么牌子，品牌服饰的特征是款式、风格和质量，而不是昂贵的价格；六是产品的包装质量要与产品的本身质量一致。在销售中，香奈儿公司认为，商家与顾客并不单纯是买与卖的关系，而应该成为能够亲切交流的伙伴关系，因此它们不喜欢"推销"这一概念，认为这个词给人以强加于人的印象。香奈儿在同顾客交流时的诉求点有两个：一个是把美丽、想象、品位传达给消费者；另一个是极力彰显产品质量上乘的真实性，要求职员如实介绍，不允许有欺骗内容。香奈儿认为，品牌价位不是人为的，而应体现用料和工艺的双重含量，是广大顾客可以理解和接受的，高档服饰和化妆品不是只为有钱人而生产的。

耐克诞生于 1971 年，它从一个只有 1 000 美元资产的小厂起家，经过 40 多年的奋斗，发展到 2015 年，品牌价值达到 297.17 亿美元。耐克的成长，从根本上说，得益于它的品牌文化观念。耐克以顾客的物质需求和美学需求为导向，突出产品五种文化价值：一是稀有价值，物以稀为贵，追求产品中其他品牌没有的特性，它的 NIKE-AIR 气垫技术，构成了它独有的风格。二是替代价值，在产品更新换代日新月异的情况下，耐克不断创新，频繁推出新产品，以满足顾客求新求变的心理追求。三是使用价值，耐克公司注重运动鞋的多种使用功能，不但穿着舒适，而且增加了便于奔跑、跳跃、户外运动的功能。四是成本价值，耐克公司不断寻找最低廉的生产厂家，替顾客降低成本。五是魅力价值，耐克公司不断进行产品的美学开发，注重产品的式样新颖美观，色彩的鲜艳新潮，展现出现代人的审美魅力。

二、品牌文化塑造的要点

（一）确定品牌核心价值

品牌核心价值是让人们明确、清晰地识别并记住品牌的利益点与个性，驱动消费者认同、喜欢乃至热爱品牌的中心理念。它是品牌文化的精髓，是品牌资产的基础。一般人在理解品牌核心价值时偏重于品牌所提供的物质层面的功能性利益，实际上品牌核心价值并不在其物质层面，而在于精神层面的情感性价值与社会价值。

品牌核心价值是品牌营销传播活动的原点，即企业的一切营销活动都要围绕品牌核心价值而展开，或体现与演绎核心价值，或丰富与强化核心价值。品牌的核心价值一旦建立，并被始终不渝地坚持，久而久之，就会在消费者大脑中烙下深深的印迹，成为品牌对消费者最有感染力的内涵。如 P&G 对其旗下品牌的核心价值确定得十分明确：舒肤佳是"有效去除细菌，保持家人健康"；潘婷是"健康亮泽"；护舒宝是"更清洁、更干爽的呵护感觉"。尽管这些品牌产品不断创新，广告不断推新，但核心价值的承诺总是一脉相承。

世界著名品牌都有自己的核心价值。劳斯莱斯是"皇家贵族的坐骑"；宝马是"驾驶的乐趣"；沃尔沃是"安全"；雀巢咖啡是"味道好极了"；万宝路是"西部牛仔雄风"；吉列是"男人的选择"；金利来是"充满魅力的男人世界"等。这些著名品牌的具体产品在变，包装在变，价格在变，广告在变，或者质量也在变，但不管怎么变化，在同一个品牌之下的产品，总会有一根维系彼此的主线是不变的，因为它们有共同的基因——品牌核心价值。这些核心价值被持之以恒地贯彻，企业把所有的活动集中到同一个主题、同一个概念上，就能使触动消费者内心世界的核心价值得以强化，就能引发消费者的共鸣。卓越品牌的核心价值能够产生永恒魅力。

> **案例 9-2**
>
> **中国部分知名品牌曾使用的核心价值（广告语）**
>
> 美加净：一切靠品质说话
> 南孚：电力强劲更持久
> 同仁堂：同修仁德，济世养生
> 茅台：酿造高品位的生活

格兰仕：努力让顾客感动

李宁：一切皆有可能

长虹：打造感观标准的长虹

海信：有爱，科技也动情

统一润滑油：多一些润滑，少一些摩擦

康佳：创新生活每一天

红旗：传承经典，开拓未来

娃哈哈：愿千家万户笑哈哈

海尔：真诚到永远

张裕：传奇品质，百年张裕

青岛啤酒：激情酿造，为生活创造快乐

美的：原来生活可以更美的

吉利：造老百姓买得起的好车

汇源：喝汇源果汁，走健康之路

农夫山泉：农夫山泉有点甜

伊利：天然天地，共享伊利

奇瑞：品质科技，我的时尚

格力：好空调，格力造

光明：我家的乳品专家

资料来源：根据相关资料整理。

从上述案例中，我们不难看出，品牌的核心价值作为品牌文化的内核，具有如下几个鲜明特征：

（1）独特性。独一无二，容易识别，不可模仿。

（2）人文性。体现对人类的终极关怀，震撼人的内心深处，拉近品牌与人类情感的距离。

（3）执行性。作为一种价值主张，不仅得到消费者认同，而且能够具体物化到产品与服务中。

（4）兼容性。既能兼容其所有的产品，又能兼容不同时代人类的情感，使之能够永远演绎下去。

（二）品牌文化建设 [①]

1. 建设品牌文化的认识起点

由上可知，优秀的品牌文化一定有自身独特的核心价值，这种核心价值是企业确立的，但其最终是否形成，取决于消费者的认同度；换句话说，品牌核心价值必须反映消费者的价值，它才有价值。因此，从一定意义上讲，好的品牌文化不是品牌制造商的文化，而是消费者的文化。

---

① 参见中国品牌文化网·行业品牌文化，2007.

品牌文化代表了特定消费群体的价值观、社会地位、风格和气质。消费者一般不会关心品牌制造商的理念是什么，产品是怎样生产出来的，他们关心的是制造商给他们提供什么样的品牌，是否代表他们的观念和梦想，选择这种品牌是否从功能上和情感上给他们带来了利益，是否让他们得到了满足。可口可乐公司在营销与传播中，根本不提公司的经营理念，只是在向社会、向消费者传播"随时随地让你精神为之一振"的品牌承诺与品牌文化。当"玉兰油"打出"别人送我礼物，我回送美丽给他""全新玉兰油，惊喜你自己"等广告语时，也没有告诉消费者它是美国宝洁公司的产品。芙蓉王品牌形象广告——"传递价值，成就你我"，无论是广告词还是画面都没有把常德卷烟厂的战略强行推给消费者。可见，品牌文化不是以企业为中心的文化，不能强行让品牌担负起或表现出全部的企业文化。

2. 品牌文化定位

品牌必须有独特的气质和情调，对品牌文化进行定位也就是确定品牌的个性。品牌个性是由品牌价值演绎而来的，鲜明的品牌个性，能在消费者心中留下深刻的印迹，给消费者一个功能上和感情上的独特体验。迪斯尼品牌个性是"为人们带来快乐"。大家可以看到，迪斯尼公司开发了很多不同种类的产品，从开始的卡通画到卡通影片，再到迪斯尼乐园等，产品在不断地推陈出新，都没有离开"为人们带来快乐"这一品牌文化核心。迪斯尼经营的不是某类具体的产品，而是消费者所认可的"为人们带来快乐"这一品牌文化。"三五"香烟的品牌文化体现了中产阶级的个性；"骆驼"香烟则展现了不屈不挠、勇往直前的创业者的形象。

3. 品牌文化设计

品牌文化设计体现在具体产品设计、商标设计和包装设计等许多方面。

（1）产品设计是塑造品牌文化的基础。要摆脱只把消费者定位在产品使用者上的思想观念，充分尊重消费者的文化主体意识和文化享受需要。在构思产品的款式和色彩时，既要考虑一般意义上的内在质量和外在形式美感，更应体现深层次的审美文化蕴涵，适应消费者审美情趣和消费心理的变化潮流。

（2）商标设计应成为品牌文化的重要载体，使之传达出更丰富的美学意义。"孔府家酒"一度能够风行市场，就是巧用了人文与地理文化，独特的商标使产品具有丰富的文化内涵。广东"太阳神"口服液的商标，象征着抛洒温暖、投射希望和无限生机，是图腾崇拜与象征健康、力量的完美结合，是永恒的艺术形象，体现了积极向上的意境和以人为中心的观念。从"金六福"的运作和崛起历程也不难发现，"金六福"在短短几年里创造新的酒业神话，不仅在于五粮液的品牌后盾，关键是它巧用了中国传统"福"文化的资源和资产，从"金六福"诞生取名的那天开始，以"福"为核心的商标文化，就在唤醒着消费者的潜在文化需求，在消费者心目中抢占了最高点，经过投放有冲击力的广告和一系列的文化传播形式，在消费者的心目中留下了非常亲切和深刻的记忆，与消费者特定感情产生共鸣，自然会获得较大的市场。"红豆"商标行销国内外，红豆给人以无限美好的联想。一位海外华侨购买"红豆"衬衫后，不穿，而将它放在橱柜中观赏，看着那颗鲜亮的红豆标志，低声吟诵唐代诗人王维的"红豆"诗："红豆生南国，春来发几枝，愿君多采撷，此物最相思。"引发思恋祖国、故乡、故人之情，寄托自己无限的相思之意。"红豆"商标将传统文化与现代文化相结合，向消费者传达了深刻的文化意蕴。

（3）包装和造型设计同产品内在品质应当一样考究。品牌企业在进行包装和造型设计及选择时，都刻意追求一种文化价值，不仅注重其外形和色彩的吸引力，更注重通过产品和包装传达企业的一种思想观念，增强品牌的寓意和文化感召力。"皮尔·卡丹"服装传达的是帅气；"万宝路"香烟传达的是孤胆进取的牛仔精神，有的人对"万宝路"香烟盒上骑着马的牛仔形象百看不厌。有些品牌只是在普通产品上，加上一个带有特殊寓意的标志或字符，就可以身价百倍。中国古代有一则寓言叫"买椟还珠"，讽刺了这种现象。然而在今世，有的商品的"椟"确实比"珠"贵——贵在文化价值。文化包装和文化含量高的标志，首先征服人们的视觉、听觉等感官，通过消费者历史的或美学的文化联想与演绎，使消费者产生购买欲。因此，用文化创意开发产品，发挥自己独特的文化优势，增加包装和标志的文化味，已成为商家的经营思路。

法国的"人头马"驰名世界是在19世纪后半叶，创始人雷米的儿子接管公司后，才开始有意识地运用包装和标志给自己的产品增添魅力，创造出极品品牌。1850年，人们偶然发现了一个古战场上遗留下来的瓶子，瓶子周围镶着一圈百合花，整个形状属路易十三时代法国流行的意大利文艺复兴风格。雷米意识到，这个瓶子的商业价值很高，便立即买下，并很快申请了复制这个瓶子的专利。后来，雷米·马丁公司把酒装在这种造型的瓶子里销售，命名"路易十三"，获得了巨大成功。从那以后，雷米·马丁公司及后代传人都把设计最好的包装用于最好的品级，作为光大品牌的原则。新颖别致、漂亮美观而又蕴涵文化个性的包装和标志，本身就因文化特色而具有商业价值，更重要的是，它能使包装出来的商品得到增值。

日本一种女士布制手提包，原本价值700日元，经营者在上面印上一个"G"字符，就可以卖到7万日元。正是这个"G"字符，使质量、样式完全一样的手提包升值了100倍。这是因为，"G"是代表由米开朗琪罗、罗西尼创造的意大利超级流行文化的符号，携带这种手提包的女性，确信自己正在进行一种可与欧洲超一流阶层媲美的消费行动。

4. 品牌文化的广告传播

广告是与消费者的深度沟通，是传播品牌文化的重要载体。成功的品牌文化的广告传播，不是直截了当地宣传产品，强迫消费者注意或者简单地取悦消费者，而是形象地演绎品牌的核心价值，融入消费者的情感世界，表达消费者不断变化的生活方式、审美情趣和价值观念。上述的"金六福"品牌，将"福"文化作为一种不断成长的文化，演绎得淋漓尽致，而且不断提升其文化价值。同样，海尔品牌当年"真诚到永远"的一句广告语，对于塑造海尔品牌文化形象，拉近与消费者的情感距离，起到重要作用。"金六福"最初的广告是一句童稚的"好日子离不开她，金六福酒"，把它的品牌形象定格在个人和家庭最幸福的时刻，将"福"文化诠释为个人之福、家庭之福。接着，"金六福"通过赞助中国足球出线世界杯、中国申奥等活动，推出"奥运福、金六福"的概念，一句"中国人的福酒"的广告，将"福"文化理念提升到了民族之福、国家之福以至人类之福、世界之福。

利用广告传播品牌文化，必须抓住品牌性格。享誉全球的美国菲利浦·莫里斯公司，一直积极赞助各项国际体育活动，特别是国际一级方程式车赛。该赛事被人们视为自由、奔放、竞争、极具挑战性的运动，其车手的形象正符合旗下"万宝路"品牌要塑造的"男人形象"；同时，"万宝路"为了展现男人的粗犷气质，用的是美国西部牛仔的形象：不屈不挠地开拓进取，享受征服的自由和欢欣。这在男性消费者心中产生了强烈的共鸣。近几年，中国香烟品牌广告也在不断演绎品牌个性，如"鹤舞白沙，我心飞翔"的"白沙"品牌文化传播就产生了较好的效果。为了形象化地向消费者传递品牌文化，张扬品牌个性，通常要用某种人与动物的行为等来演绎和表达，这就需要选好品牌形象代言者，如"万宝路"的"西部牛仔"，"大红鹰"的展翅高飞的"雄鹰"，以及众多品牌选择的歌星与影星等。实际上，最高境界的形象代言者是品牌故事与历史的演绎，赋予品牌生命，使其具有人格魅力。

案例 9-3

"红豆"商标的诞生

1983 年，周耀庭接手了濒临倒闭的港下针织厂，面对困难他没有灰心，而是用超常的睿智，带领员工艰苦创业，把一个乡办小厂打造成一个久负盛名的企业集团，创造了以"红豆"为标志的品牌文化。

产品要有市场，必须创名牌，创名牌首先应该给产品取个有内涵的名字。当年产品名为"山花"。为此，厂部专门召开职工大会，让大家发表意见。当时人们大都崇拜上海货，有人说可取名"飞兔"，一个销售员说可取名"琼花"，还有人建议取个洋名。经过大家讨论，最后在附近的一棵红豆树给了周耀庭灵感。太湖边的这个红豆树有一个美丽的爱情故事。1400 多年前，梁朝昭明太子萧统与一位才思敏捷、学识渊博、法号为慧如的尼姑一见钟情。在当时的社会，他们两人根本无法结为连理，慧如相思郁积，离开人间。太子萧统悲痛欲绝，赶到尼姑庵哭祭，并亲手种植两颗红豆。这两颗红豆发芽后便合二为一，在太湖岸边共同长成了一棵红豆相思树。唐代大诗人王维得知此事，感慨前朝遗恨，凭吊风流遗迹，写下了千古绝唱《相思》："红豆生南国，春来发几枝，愿君多采撷，此物最相思。"从"红豆"树到《相思》诗，富有丰富的文化含量。"红豆"响亮、新鲜，具有丰富的民族文化内涵。红，红红火火、吉祥如意；豆，蓬勃向上，生命力强。虽然当时洋名盛行，但周耀庭决定用具有民族特色的"红豆"做商标，一个蕴含民族文化内涵的产品名就这样诞生了。

为了保护"红豆"，红豆集团在 34 大类商品和 8 大类服务性商标上注册，又在 54 个国家和地区完成了商标注册，另外将与红豆发音相同、结构相似、意思相近的也进行了注册，如"虹豆""江豆""红豆树""相思豆""相思""相思节""相思鸟""loveseed""爱的种子"等，共注册商标 300 多件。当时许多人对红豆集团的这一做法表示不理解，认为他花的是冤枉钱，可是后来的情况证明他这一做法的正确性和他的高瞻远瞩。1997 年 4 月，红豆商标被国家工商管理总局认定为首批"中国驰名商标"。

资料来源：根据 zhidao.baidu.com 中的资料整理。

要点总结

（1）品牌的一半是文化。从企业文化实践的角度看，品牌既是体现、传播企业文化的载体，也是创造以消费者为中心的文化的有效方法。企业文化与品牌形影相随，不可分离。在企业，文化的至高境界是品牌；品牌的至高境界是文化。

（2）品牌的本质主要反映的是一种信任关系，加强品牌文化建设，对创造和谐的企业文化，尤其是巩固企业与消费者、企业与合作者和竞争者的信赖、合作关系，促进企业文化的市场化具有重要意义。

（3）品牌文化基因中具有民族性。品牌所面对的市场没有国界，但品牌有国籍。优秀的品牌文化表现出强烈的民族情结、爱国主义情怀。这种品牌文化建设能够强化企业文化中的国家意识和社会责任意识。

（4）品牌价值来源于生产者的特殊劳动投入与市场及社会的认可度两个维度，且是二者相互推动、相互契合的结果，品牌价值大小取决于二者契合度的高低。

（5）品牌文化与企业文化不能画等号。企业文化与品牌文化也不是简单的包含与被包含的关系。企业文化管理不能替代品牌文化建设，品牌文化应是企业与消费者、社会公众共同建设的。

（6）品牌文化建设要有明确的目标。这个目标就是做一个长盛不衰、健康强劲的企业和永不凋零的品牌；要坚持面向市场建设品牌文化，突出品牌的核心价值，提高品牌文化的市场公信度和对消费者生活的影响力。

练习与思考

一、解释概念

品牌、品牌价值、品牌文化

二、简答题

1．简述品牌的内涵、特征。

2．简述品牌两重属性，并说明品牌的本质属性。

3．简述品牌价值的来源。

4．简述品牌价值的评价方法。

三、思考题

1．试述品牌文化与企业文化的关系。

2．怎样理解品牌文化的民族性、人本性、竞争性与审美性？

3．联系实际说明塑造品牌文化的意义，并论述如何塑造品牌文化。

4．从张小泉和红豆案例分中得到哪些启示？

第十章 跨文化管理

学习提示

未来学家奈斯比特指出，当代全球并行不悖的一大景观是"生活方式全球化与传统文化民族化"相互促成。"在日常生活中，随着越来越相互依赖的全球经济的发展，语言和文化特点的复兴即将来临。简而言之，瑞典人会更瑞典化，中国人会更中国化，而法国人也会更法国化"。也就是说，在当代全球化的世界里，同时存在着两种不同的趋势：一是人类越来越具有全球化的共性；二是在全球化的世界中，人类越来越坚持保留各自原有文明的特色或个性。

企业文化的发展也体现了这样一种趋势：一方面，经济全球化带动各国企业文化相互交流，跨文化管理日益突出，重视人本、重视环境、重视社会责任等文化价值取向呈现国际化趋势；另一方面，世界各国企业在发展中，如在品牌与形象的塑造、文化的传承与发扬等方面，更加强调民族精神和地域特色。可见，企业文化既是国际化的，更是民族化的；换句话说，只有民族的才是世界的。企业文化的民族化内涵，源于企业赖以生存的民族文化土壤。善于从民族文化土壤中汲取营养，形成民族风范，才能使企业文化具有更强的生命力。世界各国企业文化的发展呈现出不同的民族特色；经济全球化促进各国企业文化相互交流，又呈现出明显的国际化趋势：由冲突到相互借鉴，走向更高层面的融合。

本章试图通过对中、日、美及欧洲国家企业文化的特点进行介绍和分析，比较企业文化的异同，分析民族文化传统对人们的价值观念、思维方式与行为方式产生的深刻影响，进而分析其对企业管理方式、方法以及企业文化的影响。一方面，从中借鉴经验，汲取精华，促进有中国特色的企业文化的建设；另一方面，适应企业文化国际化的趋势，促进跨文化的管理。

学习要求

1. 掌握：东西方企业文化各自的特点及差异，以及从比较中得出的结论与启示；跨文化问题的表现；跨文化管理模式与内容；

2. 熟悉：中、日、美及欧洲各国文化传统对其企业文化的影响；中、日、美及欧洲各国企业文化的主要特点。

3. 了解：全球资本流动与文化流动的趋势。

第一节 各国企业文化特点

一、日本企业文化

日本是一个资源相当贫乏的国家。第二次世界大战中，日本军国主义给中国和东南亚人民造成深重灾难，也使日本经济陷入深渊，战争结束时一片废墟，满目疮痍，工业和商业极度萧条。然而，在战后短短的几十年时间里，日本却奇迹般地发展成为世界一流的工业国家。它的许多产品迅速打入了国际市场，成为美国最强劲的竞争对手；它的许多制造技术达到了世界一流水平，在世界上的影响日益扩大，跻身世界强国之列。日本成功的原因，除了经济全球化的发展为其创造了有利的经济、技术环境外，从微观意义上说，它在传统文化的影响下所创造的企业文化在其中也起了重要的作用。

日本属于典型的东方文化传统的国家，历史上长期盛行单一的种植经济，这种劳作方式需要整个家庭及邻人的相互协作，因而倾向于发挥集体的智慧。加之日本是单一民族、单一文化的国家，因而这种重视集体力量、发挥集体智慧的思想就更浓厚。公元一世纪，中国儒家文化传入日本，日本人接受了儒家文化中的等级观念、忠孝思想、宗法观念等，并把儒家文化的核心概念"仁"改造成"忠"和"诚"，逐渐形成了稳定性强的具有大和民族色彩的文化传统，它对日本人的生活方式，包括企业经营方式、管理方式等产生了深远的影响。

日本文化的特征，从正面概括起来，一是始终保持国民团结一致的民族精神和强烈民族昌盛的愿望；二是以强烈的岛国危机感所激发出来的永不满足的学习精神，唐朝时学习中国，明清时学习荷兰，近代以后学习英、法，到了第二次世界大战以后又学习美国，如饥似渴地学习、吸收、借鉴、运用外国先进文化、技术与经验；三是从一种感恩报恩、从一而终的感情生发出来并带有一种宗教色彩的忠诚精神；四是渗透着一种家庭式温情和能力主义相融合的家族意识；五是亲和一致的精神。

在日本，民族文化对企业文化的影响较其他国家深远得多，重视文化与管理的嫁接使日本获得了空前的成功。日本企业文化的主要特质为以下几方面。

（一）为社会经营的理念

日本企业经营理念的核心是突出企业的社会责任。在经营中强调通过优良的产品、周到的服务来贡献社会，从而取得社会的好评，以延续组织的生命。它们往往用社是、社训、社歌、社徽等形式来表现为社会经营的理念。与西方企业直接追求利润最大化的经营目标不同，日本企业强调追求经济效益和报效国家双重价值目标。日本企业认为，作为独立自主的经济实体与社会组织，企业与国家、政府的关系不仅仅是一种征税和收税的关系，而且存在着政治、思想和社会文化等方面的直接联系，这使得日本企业的价值目标有双重取向，同时追求经济效益和社会效益。如松下公司这样表述自己的价值目标：既"讲究经济效益，重视生存的意志"，又"遵守产业人的本分，鼓励进步和社会生活的改善，以致力于世界文明的进步"。

自明治维新以来，日本企业具有的强烈的社会责任意识是同日本人的国家观念分不开的。如"松下精神"为："工业报国，光明正大，目标一致，奋斗向上，礼貌谦让，适应形势，感恩戴德"，第一条就讲"工业报国"。日本企业之所以有强烈的国家意识，除了民族文化外，还在于生存环境的恶劣，使许多企业出现无力办和办不好的事情，这就需要有更大力量的国家出面帮助企业解决。因此，在日本，企业和国家在利益上往往是一致的，国家在指导企业、协调企业方面发挥很大的作用。企业和国家利益的一致性使得企业之间也不纯粹是竞争关系，在影响日本国家利益的关头，不同企业间常常能够密切合作。

（二）家族主义经营意识

日本作为一个农耕民族，受中国儒家文化的影响较深，具有长期的家族主义传统。这种传统被企业很好地继承下来，渗透在企业管理的各种制度、方法、习惯之中，使企业全体员工结成"命运共同体"。家族的族长有至高无上的权威，是企业的精神领袖，对企业成员保持着慈父一般的形象；员工作为家族成员，与企业保持着较深厚的"血缘关系"，人们对企业坚守忠诚，信奉家规，对企业有着很强的归属感，为了家族利益，不惜牺牲自尊心，甚至不惜牺牲一切。日本的家族主义是带有一定宗教味道的。松下幸之助一次去教堂，看到教徒很虔诚，他从中受到启发，决心把自己的企业也办成像教堂一样，创造一种教义，让员工去崇拜、去信奉。以后松下幸之助一直致力于"松下教"的创造和推广，他以家长身份铸就的这种教义的灵魂在他退位后仍然被保留下来。伊达物产的公司歌曲写道："为了国家，为了世人，大家赶快努力，把伊达物产变成一个城堡，立在青山坡上……我们要结成有热血和热情的伙伴，能经得起困苦和悲伤。"正因为日本企业把家族主义传统视为企业的灵魂，所以即使是新一代企业经营者也把自己放在"命运共同体"成员的位置上，提出不能把公司视为私有财产，不能由经营者拍卖，家族的分工以及等级色彩依然是浓厚的。当然，由于各方的合作是建立在共同属于同一公司这样的信念之上的，所以日本企业是一个有机组织。相比之下，美国企业则是一个较机械的组织。

日本企业的家族主义传统不是空洞的，在大、中型企业经营实践中有三项重要的制度（日本人称为"三大神器"）作为保障。

1. 终身雇佣制

日本企业实行终身雇佣制，一般不轻易解雇员工，使员工产生成果共享、风险共担的心理。这种制度并不是法律规定的，而是日本企业的传统。

2. 年功序列工资制

日本企业实行年功序列工资制，晋升工资主要凭年资，相应的职务晋升也主要凭年资，资历深、工龄长的员工晋升的机会较多，相当部分员工在退休前可升到中层位置。这种制度是以论资排辈为基础的，员工服务时间的长短和对企业的忠诚程度比工作能力更重要。其好处是限制了员工的"跳槽"现象，鼓励员工"从一而终"，在一家企业干到底。

3. 企业工会

日本企业按企业组织工会，把劳资关系改造为家族内部关系，劳资之间的冲突和交涉只限于企业内部，强调"家丑不可外扬"。

这三项制度像三条无形的绳索，把员工们捆在一起，使他们团结一心，为企业竭尽全力。尽管这三项制度目前在多数企业已经发生了较大变化，但其背后的文化精神一直延续至今。日本企业员工对公司的归属意识很强，不管是管理者还是一般员工，多数人对企业都有很深的"感情和忠诚心"。他们明白只有靠企业，为企业好好干，才能实现个人计划。所以，日本员工的缺勤率很低。在多数企业，员工西服上都有一个标志，表示从早到晚个人是属于公司的人，员工忠于职守，勤奋工作，下班后并不立即回家，除工作加班、开展质量管理小组活动或学习外，还要以喝酒、下围棋等方式交流思想，以致很多人，尤其是管理人员，因为工作紧张和疲劳过度而患有"归宅恐惧症"。所以外国评论家称日本人是"只知工作的蜜蜂""工作中毒"，他们工作从来不止 8 小时，而是 10 小时、12 小时，甚至更长。这也正是日本能够在第二次世界大战后短短的 30 多年里实现经济飞跃的根本所在。

终身雇佣制使得员工成为日本企业最稳定的资源，这就使得教育对日本企业既必要又可能；另外，由于企业与国家利益的一致性，也使得许多企业家把教育作为企业对社会的义务。因此，日本企业家提出了"经营即教育""造物先树人"的发展观，主张"企业的发展在于人才"，"只有培养出优秀的员工，才能生产出优秀的产品"。日本企业内的教育内容非常广泛，包括经营理念、价值观念、行为规范，一直到业务技术。日本企业热心于教育，并不完全从利益出发，也兼顾了员工自我实现的需要，使员工在接受教育中增长才干，满足成就感，把企业作为实现自己理想的场所。

（三）团队主义精神

日本企业的团队主义精神（又称"和"的哲学），一方面来源于家族主义的传统；另一方面也来源于日本种族和文化的同一性，同时也与对中国儒家文化的借鉴有关。团队主义精神的实质是讲合作、讲协作，注重集体的智慧和力量。在具体的经营管理活动中，团队主义精神主要表现在以下三个方面。

1. 集体主义管理

在决策中，日本企业上下级之间除进行正式沟通外，还像"兄弟"一样进行各种非正式沟通，自上而下集中多数人的意见，经过反复酝酿，直到取得了较为一致的看法后才拍板定案。这种做法虽然令欧美企业疑惑不解，有时也影响办事效率，但在客观上却能起到群策群力、增强下属参与感、强化团队意识和协调感情的作用。与此相联系，在执行中强调合作互助，有意模糊个人的权限和责任，不突出个人，但个人却把集体看得高于一切，体现着较强的集体责任感、荣誉感和工作献身精神。例如，在生产方面，日本企业不是只鼓励某个员工提高效率，而是注重整个集体提高效率。如一条生产线出了一件废品，不光直接责任人脸上无光，而且整条生产线上的人都垂头丧气。这种集体主义成了日本企业中个人与团体、个人与个人间行为的基本规范。它要求员工把个人利益置于团体利益之下，做到团体利益第一，团体利益高于个人利益。同时要求把个人利益置于他人利益之后，做到先人后己。当然，日本企业的集体主义并不完全排斥个人利益和个人价值，只不过要求个人从属于集体而已。

2. 着眼于人的管理方式

日本企业实行着眼于人的管理方式，主要是通过建立全能的生活设施，成立多种社团组织，开展体育比赛及庆祝结婚纪念日等活动，让员工感受到企业的温暖，培养员工的团队意识。尤其值得一提的是日本企业开展的质量管理小组活动和合理化建议活动。这两项活动更加充分地体现了企业对人的重视和员工对企业的高度责任感。20 世纪八九十年代，日本企业的质量管理小组已超过 100 万个，每年发布成果 100 多万项，创造价值几十亿美元。与此相联系的合理化建议活动更是盛行不衰。有些企业为推动这类活动还专门设有创造发明委员会和合理化建议委员会。日本企业员工热衷于这项活动，主要并不是在于能从中得到多少物质奖励，每次合理化建议被采纳，奖金不过几百、几千日元，高的也只不过几万、十几万日元。实际上员工想通过这类活动为团队贡献自己的力量，得到集体的承认和集体给予的荣誉。

3.团体激励制度

团体激励制度，即主要着眼于团体，而不是个人的激励制度。日本人认为太突出个人，不利于集体的合作。在管理中，"和"最为宝贵，只有把团队激励与终身雇佣制结合，才能使整体效率最高。与之相应，人事管理也以整体效率为出发点，多采取论资排辈的做法，避免因完全量化方法的使用，在一般雇员中产生不安全感，降低团队士气。松下公司一贯坚持企业内部管理公开透明，信息共享，达到了极佳的团体激励效果。

案例 10-1

玻璃式经营法

被誉为"经营之神"的松下幸之助创造的玻璃式经营法，本意就是在管理上要像玻璃那样透明。目标公开，经营实况公开，财务状况也公开。

松下幸之助在公司只有七八名员工的时候，就开始公开公司的盈亏：他每个月都和公司的会计结算盈亏，然后把结果向员工公开发表。

对于松下幸之助公开盈亏的做法，刚开始员工们都半信半疑。因为当时没有人这么做，何况大多数的老板都迷迷糊糊的，每个月都不知道自己做多少生意。因此，他们认为松下幸之助不过是摆摆谱，做做样子罢了。

不久，员工们发现松下幸之助是真诚的，他们都兴奋得不得了，因为他们看到了自己努力工作的成果。同时，员工们还产生了一种可贵的共识：下个月非加倍努力不可。

松下幸之助公开盈亏的做法，激励了员工的士气，公司的业绩越来越高。而且，当松下电器因业务扩大而设立分厂时，松下幸之助把分厂负责人视之为事业的经营者，让该分厂独立经营，也采行公开盈亏的做法。

当经营好的时候，松下幸之助把喜讯带给员工，请大家分享成功的欢乐；坏的时候，他也如实地把所有的一切都讲出来，依靠大家的力量共渡难关。这种传统在松下幸之助去世后延续至今，公司负责人把公司的账目向松下产业工会的负责人公开。工会的负责人看过账目，彻底了解公司的营运状况之后，自然不会提出无理要求。如此一来，劳资双方当然较易由互相信任而建立和谐的关系。可以说，松下幸之助之所以能一次次渡过这样那样的难关，能够在别的公司员工罢工的时候而获得员工的请愿支持，其个中缘由是和他向员工公开经营实况分不开的。

资料来源：blog.sina.com.cn.

案例 10-2

阿米巴经营

稻盛和夫在京瓷公司成立 5 年后的 1964 年，为了保持公司的发展活力，独创阿米巴经营方式。

阿米巴（Amoeba）在拉丁语中是单个原生体的意思，属原生动物变形虫科，其身体赤裸而柔软，可以向各个方向伸出伪足，使形体变化不定，故而得名"变形虫"。它最大的特性是能够随外界环境的变化而变化，不断地进行自我调整以适应所面临的生存环境。

阿米巴经营是指将组织分成小的集团，通过与市场直接联系的独立核算制进行运营，培养具有管理意识的领导，让全体员工参与经营管理，从而实现"全员参与"的经营方式。是京瓷集团自主创造了独特的经营管理模式。

比如某陶瓷产品有混和、成型、烧结、精加工四道工序，就将这四道工序分成四个"阿米巴"，每个"阿米巴"都像一个小企业，都有经营者，都有销售额、成本和利润。"阿米巴"经营不仅考核每个"阿米巴"的领导人，而且考核到每个"阿米巴"人员每小时产生的附加价值。这样就可以真正落实"全员经营"的方针，就是发挥企业每一位员工的积极性和潜在的创造力，把企业经营得有声有色。另外，"阿米巴"可以随环境变化而"变形"，即具有适应环境的灵活性。

阿米巴经营能够提高员工参与经营的积极性，增强员工的动力，而这些正是京瓷集团之优势的根源。另外，阿米巴经营的小集体是一种使效率得到彻底检验的系统。同时，由于责任明确，能够确保各个细节的透明度。

实施阿米巴经营有两个前提条件：一是企业经营者的人格魅力；二是所谓"哲学共有"。

资料来源：根据 wiki.mbalib.com 资料整理。

（四）"综合即创造"的经营哲学

"综合即创造"是日本的一句格言，也是日本企业的经营哲学。在汉语中，"综合"有两层含义：一是指把分析获得的对象和现象的各部分、各属性连接成一个统一整体；二是指把不同种类、不同性质的事物组合在一起。日本人一方面把"综合"的内涵延伸了，即把"综合"与嫁接、模仿、借鉴、拿来等概念联系在一起；另一方面把"综合"也视为一种创造性思维和创造性行为。第二次世界大战后，日本企业从这句格言中受益，成功地在世界范围内对各种优势资源进行"综合"，以最少的投入（360 亿美元），获得了世界上 39 000 多项最新技术，用嫁接、模仿的方法创造了大量具有竞争力的新产品。值得注意的是，日本企业不仅重视引进，更重视的是消化吸收。日本引进费和消化吸收费投入比例为 $1：7 \sim 1：10$。在"综合"中创新，在"综合"中提高，这种技术综合使他们受益匪浅。同时，如饥似渴地学习、"综合"中国的文化、西方的管理，以极小的代价，实现了企业文化和管理方法的变革，因而为第二次世界大战后的"经济腾飞"插上了翅膀，使它在国土面积只相当于中国的云南省和美国的蒙大拿州，陆地资源占世界资源总量的 0.07%，历史上也没有什么重大发明的"弹丸"之地上，养活了占世界 2% 的人口，一时赢得了第二贸易强国的地位。日本人酷爱学习是有传统的，他们从唐宋开始师承中国文化，直到现在还在一手拿着中国的《论语》，一手拿着中国的"算盘"做生意。第二次世界大战后，他们通过综合，又把后发优势发挥得淋漓尽致。

与"综合即创造"这一经营哲学相联系，日本人还有一个"和魂洋才"的说法，什么是"和魂"？东京大学两位教授，一个用英语将其解释为"Digest"，意思是消化；另一个用日语将其解释为"乌次瓦"，意思是容器。这就是说，日本人对外来文化有很强的容受力和消化力，有很强的饥饿感和危机感，这正是推动他们积极吸收、学习国外先进管理与技术的文化动力。

上述日本企业文化，尤其是家族主义传统和团队主义精神，具有发挥整体力量，强化雇员集体意识的作用。但是，也有压制个人，妨碍竞争和自由发表反对意见，不利于发挥个人能力，不利于创新的消极作用，甚至也存在文山会海、办事效率低下等不良现象。近年来，越来越多的日本青年人不满于现行制度和传统，尤其是对年功序列工资制和论资排辈的晋升制度表示不满。东京和大阪地区的调查显示，有60%的员工和经营管理人员表示不满。他们主张要突出个人能力。尤其是20世纪90年代以后，美国企业文化以极大的活力和创造力向日本企业文化提出挑战，不少企业迫于企业内部反传统倾向的出现和来自企业外部的压力，在管理上做了一些变通，开始重视在强化团队意识的同时，突出一些个人的能力因素，突出创新的作用，用工更灵活，晋升也要考核业绩等，但这种制度背后的传统很难改变。由于日本"团队文化"来源于日本民族文化，具有深刻的历史根源，同时对提高企业生产力又有积极作用，所以不容易被轻易否定掉。

二、美国企业文化

美国是一个年轻的国家，从1492年哥伦布发现新大陆到现在有524年的历史，从1776年建国到现在只有240年历史，文化根基很浅，没有僵化的传统。但它是一个移民国家，各国移民所带来的各国文化以个体的方式加入美国社会，经过优胜劣汰的选择和不同民族文化的相互融合，形成了具有鲜明特征的美利坚民族文化和民族性格。

在美国的发展史上，当各国移民单枪匹马举家迁徙到北美大陆后，凭着强烈的在北美大陆站稳脚跟、寻求发展的欲望，同大自然斗争，同阻碍他们发展的各种社会行为斗争。他们为寻找更好的工作、更大的发展机会而到处流动。正因为如此，美利坚的民族性格中充满着强烈的冒险和进取精神，他们崇拜的是生活中的强者，鄙视的是懦弱无能的胆小鬼。由于各国移民之间没有血缘关系的联系纽带，在同大自然、人类社会斗争的过程中缺乏可以依赖的群体，因而崇尚个人奋斗，尊重个人价值与尊严，逐渐形成了个人主义的价值观和道德观。

作为一个不受悠久历史文化束缚的年轻国家，美国较早而彻底地进行了资产阶级民主革命，创造了尊重法制、承认平等的权力结构和鼓励竞争的政治体制。

所以说，美国的民族文化的特点很鲜明：一是个人主义的价值观，作为一个从原野里创造出来的国家，在蛮荒未辟的早期开发中，形成坚信自我、张扬个性、尊重他人的拓殖精神；二是由此衍生出来的冒险、开拓、创新精神；三是崇尚自由、追求平等的精神；四是"有用、有效、有利就是真理"的实用主义哲学；五是以财富为荣的物质主义的追求。

美国是现代管理理论的发源地。美国式管理和与其相适应的企业文化从美国民族文化母体中孕育而生，有着鲜明的个性。

（一）个人能力主义的管理哲学

美国企业个人能力主义的文化着眼于个人，鼓励个人奋斗，个人冒尖，把突出个人能力作为他们的基本管理哲学。

1. 个人价值与个人成就

尊重个人尊严和价值，承认个人的努力和成就。企业对雇员给予充分"信任"，相信他们的能力和忠诚，在具体工作中更多地采用目标管理法和弹性工作制度，给雇员留有更大程度的工作自由，以利于他们创造性地完成工作，企业鼓励有突出成就的人，人们羡慕有突出成就的人。同时，在企业内部充满自由平等精神，人们不轻易否定他人的意见，但却愿意发表自己的意见；革新和实验的行为总是受到鼓励。因此，企业竞争气氛浓烈，人们乐于求新求变，乐于冒风险。人们以取得突出成就，得到企业的鼓励和别人的羡慕而自豪。

2. 个人决策与个人负责

美国企业具有严格的岗位职务规范和明确的责任、权限。决策以个人为主，较少采取集体决策方式。即使决策前允许下级参加讨论，但最终决策权还在于个人。在决策执行过程中，每件事情都有人负责，每个人都能恪尽职守，工作中相互推诿的现象较为少见。

3. 针对个人的奖励制度

与上述两点相联系，由于信奉个人能力主义，个人职责明确，任务完成情况很好计量，所以企业的奖励也是针对个人而不是集体的。谁做出贡献就奖励谁，个人以此为荣。有些公司经理到下边巡视，发现某个人成绩突出，他可以马上掏出支票给他一笔奖金。这种奖励方式在美国是有传统的，自从泰罗提倡"计件工资"开始，一直奉行不误，人们也习以为常，并未因为奖励个人使集体其他成员产生拉平心理，相反却能产生示范效应，促使企业内部充满竞争和活力。由于美国物质主义的传统，其奖励的主要内容也是物质的，通过物质的奖励，起到精神激励的作用。

这种突出个人能力的传统，确实对调动个人的积极性起到积极作用，刺激了人们的竞争、创新和冒险精神，减少了人际摩擦和能量内耗。但也带来了两个问题：一是雇员的合作意识较差，影响整体力量的发挥；二是人们对企业缺少感情，更多地把企业作为赚钱和实现个人抱负的场所。企业雇员的流动性较强，缺乏"从一而终"、献身企业的归属意识和集体荣誉感。

案例 10-3

IBM 公司的金环俱乐部

美国的大企业是怎样奖励自己的明星员工的呢？以下是 IBM 公司邀请明星员工偕同配偶在夏威夷的日光下休假 3 天的情况。这些男男女女是 IBM 公司全国市场部的明星，他们掌握着公司的全部生产线，由于他们都超额完成了全年销售指标，被吸收到金环俱乐部中。

佛拉西斯基伊·罗杰斯是市场部的副经理和 IBM 公司最受欢迎的发言人。他说："我认为 IBM 所拥有的最大财富是人，我们就是要让他们在市场部中成为最出色的人物，正是由于他们的努力，我们的工作才能够做好，所以我们认为他们在全部的工作中起着良好的作用，如果给他们目标、条件及奖励，那么几乎所有的目标都是能够达到的。这个金环俱乐部的第二个想法是我们希望人们愿意再来，这就成了他们不断做出成绩的动力。"

罗杰斯 20 多年来一直这样讲着，IBM 公司强调对员工的多方面尊重，哪怕你干得不出色，当你处于低潮时，公司也和你在一起。现在，公司已经使之成为一种传统，一种向其雇员传达观念和价值的主要渠道。员工们感慨地说："我感到只要他们坚持尊重个人的原则和他们的高尚道德，公司就会办好，他们所提供的一切技术和其他，只不过是让个人很好地合作的副产品。"

资料来源：blog.sina.com.cn.

（二）理性主义的行为方式

理性主义的企业文化根植于美国实用主义和理性主义的民族传统，发端于泰罗的科学管理。这种文化追求明确、直接和效率，生产经营活动以是否符合实际，是否合理，是否符合逻辑为标准。

1. 求实精神

美国企业的求实精神比较强，形式主义和文牍主义较少。企业上下级及同级人员之间的关系多讲求实在和独立性，较少虚假，相互沟通意见直接、明确，不像日本人那样经常借助于暗示、比喻等迂回、委婉的方式表达意见。人们从事各项工作讲实际和有意义。如美国企业的质量管理小组就信奉"爱怎么干就怎么干，只要干得有意义，有效果就好"。企业中开会也唯实，主题明确，有什么说什么，说完就散。奖励也唯实，一切看工作实绩，不太重视学历、资历、地位和职务。由于企业求实精神较强，加上美国人乐于创新和冒险，所以企业宽容人们因创新和冒险所犯的"合理错误"。有的企业甚至提出"雇员不犯错误将被解雇"。他们的逻辑是，只有犯过"合理"的错误，才说明你是创新能力强，有发展前途的人。美国企业的求实精神也体现在有较强的行动意识上，他们既重言，更重实，多数企业主张"干起来、做出来、试试它"，坚信"乱糟糟的行动总比有秩序的停滞好"。当某个雇员提出一条工作意见，主管的回答往往不是"研究研究"，而是"试试看"。从思维方式上，遵循"预备—放—瞄准"的非常规逻辑，而不是"预备—瞄准—放"的常规逻辑。从一定意义上讲，美国企业的繁荣很大程度上受惠于这种乐于行动的作风。

2. 科学与法制传统

美国企业管理提倡科学和合理，重视组织机构和规章制度的作用。90 多年前，泰罗创立科学管理就是从时间、动作研究及着眼于组织技术合理化开始的。美国企业继承了这种传统，比较重视确定严密的组织系统、合理的管理程序、明确的职责分工、严格的工作标准、科学的规章制度、先进的管理手段和管理方法，也可以说美国企业比较重视硬性管理。组织结构形式，如事业部制、矩阵制、多维制等不断翻新，计算机的广泛使用，系统论、信息论、控制论以及各种定量方法的采用，都说明美国企业管理具有很强的理性主义文化。受这种文化的影响，企业中的雇员即使追求同一个目标，在不违背制度的前提下，也愿意寻找一种更合理的途径。在经营管理过程中，没有固定不变的模式，很少有惯例；只要合理，什么都可以打破。美国企业理性主义的文化区别于日本感性主义（或灵性主义）的文化，重视"法制"，轻情感和面子，管理中较少受人情关系的干扰。因此，美国企业中的各种规章、标准和制度如同美国法律一样多如牛毛；人们依章办事，拉关系走后门的行为受到鄙视。

3. 契约关系

美国企业强调企业与员工之间的契约关系，淡漠其情感关系。美国企业"合同雇佣制"也是理性主义及个人能力主义文化的产物。在企业界，美国虽然注意到了雇员，尤其是技术工的稳定性问题，但仍然采取与日本"终身雇佣制"不同的雇佣制度，在经济繁荣时期大量招进工人，经济困难时期解雇多余工人，一切从实际需要出发，完全靠合同契约维系与员工之间的关系，较少考虑企业与员工之间的情感关系。

这种理性主义的契约文化，一方面为提高效率铺平了道路；另一方面又为整体效应的形成设置了障碍。在美国有些企业中，劳资关系比较紧张，双方都缺乏"一体化"的追求，不能形成和衷共济的"家族"氛围。由于只重理性，不重感情，企业内部等级森严，企业管理刚性过分，柔性不足，压抑人的情感需要和创造力。研究人员发现：美国约 3/4 的人工作积极性没能得到全面发挥；多数人自称他们贡献给工作的比他们认为可能贡献的以及原则上愿意贡献的要少得多。不过近年来，美国企业已开始改变对员工行为的控制方法，强调员工独立自主的选择行为，进行自我检查和相互检查，并通过"感情投资""协商沟通""大众参与""职务扩大化""工作内容丰富化""弹性工作日""和拢式管理"和"走动式管理"等来实现硬管理和软管理的结合，发挥整体优势和调动员工积极性。

（三）质量第一、顾客至上的经营理念

美国是个典型的市场经济国家，具有极强的质量意识和顾客意识。在这方面，美国有良好的社会文化氛围，政府鼓励企业提高产品质量，保护消费者利益，依法严惩制假贩假者。早在 20 世纪 60 年代初，美国总统肯尼迪就发表了《关于保护消费者利益的总统特别咨文》，提出了著名的消费者的四大权利，即安全权、知情权、选择权和意见权，要求企业对消费者的权利给予保护。从 1987 年开始，美国政府设立"国家质量奖"，如何评奖有具体的规定，具体实施工作由政府授权的美国标准技术研究院负责。该院对评奖标准从加强现场质量控制、售后服务和用户满意度等方面多次进行修订，使评奖条件处于发展状态中，以引导企业迈向更高目标。每年评奖都邀请多年从事企业质量管理工作，并在社会上具有很高声誉的专家担任评审人员。总统亲自为获奖企业颁发奖杯和证书，而且在政府参与组织的"质量月"大会上向全国发布，以引起更广泛的重视。与奖励相适应的是严厉的惩罚措施，在美国，无论任何产品，一旦因质量缺陷给消费者造成伤害或其他财产损失的，法律给予严惩，其赔偿数额之大十分惊人，使生产商、经销商真正受到重罚直至倾家荡产。美国关于品牌质量方面的立法，主要依靠州政府。据了解，各州政府每年用于这方面的执法监督费用占全年总预算的 1/4 左右。同时，美国的社会质量监督体系比较健全，主要是通过质量认证、公证检验、产品责任保险三方面的手段实现监督目的。另外，美国政府通过鼓励自由贸易，给企业施加竞争压力，促使企业在提高质量、创造品牌上寻找出路；政府还协同社会团体、媒体不断向人们灌输质量与人类生存的关系，以多种方式提高人们判别产品好坏的能力。这些措施对提高人们对质量价值和维护消费者权益重要性的认识上起了很大的作用，营造了良好的社会文化氛围。

当然，质量第一、顾客至上的经营理念最终是市场经济造就的，是市场竞争不断加剧、消费者运动日益高涨的结果，是企业在生存和发展过程中对眼前利益与长远利益，企业利益和顾客利益、社会利益关系做出的理性选择。

美国企业坚持质量第一、顾客至上经营理念的具体表现为以下几点。

1. 严格的质量保证

在科学的理论指导下，建立严格的质量保证体系。20 世纪 60 年代，美国通用电气公司

工程师费根堡姆提出了"全面质量管理"的概念，这是质量管理理论的一场革命。按照全面质量管理的观点，质量管理是全过程的管理，即包括市场调查、产品设计、产品制造、销售服务等全过程的质量控制，涉及企业每个部门、每个环节、每个岗位，企业中任何部门、环节、岗位出了问题，都会直接或间接地影响质量。因此，企业要想保证产品的质量，必须重视高层领导的质量决策，重视关乎质量的每一个因素，以系统的和事前预防的思想为指导，把质量问题消除在萌芽之中。美国质量管理专家朱兰博士在《质量控制手册》一书中，又明确提出了"适用性"的概念，即产品质量就是产品的适用性。产品质量高，表明用户在使用中满足程度高；产品质量低，即用户在使用中满足程度低。由此可见，是否符合市场需要，对用户是否适用，是衡量质量的最终标志。这些理论和概念在美国企业实践中得到了比较好的应用，促使企业把质量视为生命。这种质量意识慢慢突破狭隘的民族范畴而成为世界性的质量观，这也正是美国在很多领域能够主宰全球市场，在世界名牌的大家族中占据大半江山的主要原因。麦当劳只不过是一种快餐，但在美国人的手里，却把它推向极致，使之成为风靡世界的快餐帝国。他们严格质量管理，实行标准化，服务快捷、友善、可靠，环境舒适、优雅，"提供更有价值的高品质的物质给顾客"。规定如果大汉堡包出炉后10分钟及薯条炸好后7分钟卖不掉，一律废弃；员工接受标准化的培训，确保麦当劳不管开到哪里，都能做到"不走样"。因此，它只用了几十年时间就把麦当劳快餐推向世界，造就了拥有2万多家分店的世界快餐大众名牌。

2.顾客的优先地位

美国比较早地提出"顾客是上帝""顾客总是对的"等经营口号，坚持"顾客总是对的"，确保顾客在经营中的优先地位，千方百计维护消费者利益。在他们看来，顾客是第一位的，利润是副产品，只有更好地服务顾客，利润才能源源不断；在为顾客服务的过程中，顾客总是对的，顾客的需要就是圣旨，因此永远不要与顾客争辩。IBM公司就是践行这种理念的楷模，它以良好的顾客服务著称世界。正是有这种不变的理念，加上员工不懈的创新，所以使得公司在异常激烈的市场竞争中始终保持着优势地位。

案例 10-4

IBM 意味着最佳服务

IBM公司有三大基本信念：尊重每一位顾客；提供最佳服务；追求卓越之作。这三大信念贯穿于IBM公司的一切工作规范和经营活动之中。靠最佳服务赢得顾客和占领市场，是IBM公司成功的秘诀。

有一次召开经理会议，总裁老沃森先生在座，前排摆着若干叠文件，分别标有"生产问题""设计问题"等。与会成员讨论了一阵子后，老沃森慢慢走到桌子面前，用手一扫，把文件弄得满地都是，然后说："这里没有什么这类那类问题，问题只有一个，我们有些人没有充分地关心我们的顾客。"然后走出了房间，其他人都面面相觑。

IBM公司总裁小托马斯·沃森对"服务"曾作了这样的说明："多年以前，我们登了一则广告，用一目了然的粗笔字体写着：'IBM就是最佳服务的象征。'我始终认为，这是我们有史以来最好的广告。因为它清楚地表达出了IBM公司真正的经营理念——我们要提供世界上最好的服务。"

一次，亚特兰大拉尼尔公司资料处理中心的计算机出了故障，IBM 公司请的 8 位专家数小时内就从各地赶到了，其中 4 位来自欧洲、3 位来自加拿大，还有 1 位从拉丁美洲赶来。一位在菲尼斯工作的服务小姐，驾车前往某地为顾客送一个小零件。然而，通常应是短暂而愉快的驱车旅行，此次却因瓢泼大雨，交通堵塞，使得原本 25 分钟的飞驰变成 4 个小时的爬行。这位小姐不甘心这样失去整整一个下午的时间，她想到车里有一双旱冰鞋，于是抛下汽车，穿上旱冰鞋，一路滑行，坚持为顾客雪中送炭。

迎接顾客各种具有挑战性的服务难题已经成了 IBM 公司活动的重要部分。视顾客为上帝，奠定了 IBM 公司繁荣兴旺的基础。

资料来源：www.wzvtc.cn.

案例 10-5

今天你对客人微笑了吗

美国著名的"旅馆大王"希尔顿所领导的希尔顿集团之所以能够称雄世界，独具特色的经营手段还在其次，它的秘诀就在于微笑服务。

当初希尔顿投资 5 000 美元开办了他的第一家旅馆，资产在数年后迅速增值到几千万美元。此时希尔顿得意地向母亲讨教现在他该干什么，母亲告诉他："你现在去把握更有价值的东西，除了对顾客要诚实之外，还要有一种更行之有效的办法，一要简单，二要容易做到，三要不花钱，四要行之长久。"希尔顿找到了符合这四项要求的办法——那就是微笑。

于是，希尔顿要求他的员工，不论如何辛苦，都必须对顾客保持微笑。

"你今天对顾客微笑了吗？"是希尔顿的座右铭。在 50 多年中，希尔顿不停地周游世界，巡视各分店，每到一处同员工说得最多的就是这句话。

在美国经济萧条的 1930 年，旅馆业 80% 倒闭。在同样难免噩运的情况下，希尔顿还是信念坚定地飞赴各地，鼓舞员工振作起来，共渡难关。即便是借债度日，也要坚持"对顾客微笑"。在最困难的时期，他向员工郑重呼吁："万万不可把心中的愁云摆在脸上，无论遭到何种困难，'希尔顿'服务员脸上的微笑永远属于顾客！"

他的信条得到贯彻落实，"希尔顿"的服务人员始终以其永恒美好的微笑感动着客人。很快，希尔顿饭店就走出低谷，进入了经营的黄金时期，并添加了许多一流设备。当再一次巡视时，希尔顿问他的员工们："你们认为还需要添置什么？"员工们回答不上来。

希尔顿笑了："还要有一流的微笑！"他接着说："如果我是一个旅客，单有一流的设备，没有一流的服务，我宁愿弃之而去住那种虽然设施差一些，却处处可以见到微笑的旅馆。"

微笑不仅使希尔顿公司率先渡过难关，而且带来巨大的经济效益，发展到在世界五大洲拥有 70 余家旅馆，资产总值达数 10 亿美元。

曾有一位哲人说过："微笑，它不花费什么，但却创造了许多成果。它丰富了那些接受的人，而又不使给予的人变得贫瘠。他在一刹那间产生，却给人留下永恒的记忆。"希尔顿凭靠的就是不花任何资本，轻松便可做到的微笑，如清风一缕吹开了顾客的心扉，从而使全世界都知道了"希尔顿"，都记住了"希尔顿"那亲切的微笑。

希尔顿总结说："微笑是最简单、最省钱、最可行也最容易做到的服务，更重要的是，微笑是成本最低、收益最高的投资。"因此，他要求他的员工不管多么辛苦、多么委屈，都要记住任何时候对任何客户，用心真诚地微笑。

没有人能轻易拒绝一个笑脸，因为笑是人类的本能，要人类将笑容从脸上抹去是件很困难的事情。由于人类具有这样的本能，微笑就成了两个人之间最短的距离，具有神奇的魔力。因此，服务人员想让客户接受自己，微笑就是最好的通行证。

资料来源：中人网图书频道，www.chinahrd.net.

三、欧洲各国企业文化

欧洲大陆有 40 多个国家，讲十几种语言，每个国家都有自己的文化传统。但其文化的来源主要是古希腊文化和基督教文化。古希腊给欧洲留下了科学与民主这一精神遗产，基督教给欧洲提供了理想人格的道德楷模。在古希腊和基督教文明的基础上，欧洲形成了共有的文化传统。

欧洲文化的共性主要表现为：追求精神自由、人文主义、理性和民主的文化传统。

第二次世界大战以后，欧洲国家经历了经济上的重建，得到了迅速发展，出现了很多经济奇迹，出口贸易大量增加，高科技成果层出不穷，众多的高质量产品越来越赢得全球消费者的信赖。这些得益于欧洲企业科学的管理与优良的文化传统。欧洲国家企业文化虽各有特色，但由于大文化背景相近，经济发展过程和体制相近，市场相连，经济交往频繁，尤其是欧盟国家逐渐走向经济政治一体化，所以企业文化具有很多共同性。

（一）理性管理传统与认真精神

理性管理传统和认真精神表现在组织机构和制度的建立、人员的配备以及经营管理的很多方面。在欧洲，企业注重建立讲求实效、灵活多样的组织机构和制度。企业组织机构的设置，是随着市场情况和生产技术的变化而变化的，不千篇一律，不相互模仿，不因人设事。即使是同类型的企业，机构设置也不一样。但有其共同特点，即组织严密、管理集中、讲求实效、富于理性。在人员配备上，欧洲企业要求严格，注重精干。企业的总经理、副总经理和各部门的负责人，一般都是从有一定学历和实际经验的人员中，经过考核，择优配备的。各部门职责分工明确，一级对一级负责，讲究工作效率。对一些重要部门的管理者要求更高，如研究与发展部、销售部等，均由能力很强的人掌管，甚至由总经理、副总经理直接兼任。作为企业的一个总经理或副总经理，不仅要在生产技术上有专长，在管理上也必须是行家。在经营及对外交往关系的处理上，欧洲企业也显得理性十足。经营中严守法律，坚守信用；对外谈判往往严肃理性，讲求效率。在工作上一丝不苟，精益求精。不少国家，特别是德国工人同日本工人一样，有着极强的工匠精神。因此，德国也被誉为"工匠国家"。

（二）研究开发与创新精神

欧洲各国企业和产品竞争力强，是同这些国家和企业十分重视研究开发和产品创新分不开的。政府和企业都把研究开发当作一项生死攸关的战略任务来抓。研究开发的主要内容是产品更新和技术更新。产品更新和技术更新是互动的。技术更新是产品更新的前提，产品更新又推动技术的进步，从而使企业不断地开发出新的产品，占领和开辟新的市场。在欧洲各国中，不少国家制定相应的政策，支持企业的研究与开发。如法国的技术政策与经济发展政策有密切的联系，政府在人力、物力和财力等方面都能给予企业大量的帮助。

与研发和产品创新相适应，欧洲企业对产品质量有不懈的追求，对质量管理的投入相当巨大。如大众汽车公司各类质量管理人员就有 1.6 万人。质量管理机构和人员不仅对产品出厂进行质量检查，而且参与到产品的研究设计和生产等每个环节中。奔驰汽车公司每天要从生产线上抽出两辆汽车，对 1 300 个点进行全面检测，对所有协作厂商提供的零部件也同样进行检查，只要发现一箱外协零件不合格，此批产品就要全部退回。正是靠着严格的产品质量管理，欧洲企业在世界上赢得了极高的声誉，创造了大量世界级名牌产品。谈到欧洲产品，人们就会想起奔驰汽车、雀巢咖啡、登喜路时装、劳力士手表和香奈儿 No.5 香水，谈到酒就会想到法国的香槟、英国的威士忌和德国的啤酒，这些都是欧洲品质文化的象征。

案例 10-6

苹果公司的创新之路

乔布斯有句经典名言：领袖和跟风者的区别就在于是否创新。从苹果公司的发展历程来看，每一次的飞跃发展都是由创新带动。过去的 10 年，苹果获得了 1 300 项专利，相当于微软的一半，相当于戴尔的 1.5 倍。

（1）产品和技术创新。最早苹果是以电脑公司发家，但在其后的发展过程中，不断推出的创新产品才是让苹果公司屹立不倒的重要原因。从 iPod、iMac、iPhone 到 iPad，苹果公司不断地推陈出新，引领潮流。苹果也从最初单一的电脑公司，逐步转型成为高端电子消费品和服务企业。

更重要的是，在微软 Windows 操作系统和 Intel 处理器独霸市场的时候，苹果依然坚持推出了自己独立开发的系统和处理器。一开始得到了大批设计人员的青睐，到最后得到大众的认可。在这些产品中，最重要的是 iPhone 的推出。手机智能化是移动电话市场的发展趋势，苹果正抓住了这一机会，或者说苹果推动了这一趋势的普及。2007 年 1 月，苹果公司首次公布进入 iPhone 领域，正式涉足手机市场。苹果在 MP3 市场上依靠 iPod + iTunes 大获成功后，紧接着在手机市场依靠 iPhone+APP Store 的组合，通过在产品、性能、操作系统、渠道和服务方面的差异化定位，一举击败其他竞争对手。2011 年 2 月，苹果公司打破诺基亚连续 15 年销售量第一的垄断地位，成为全球第一大手机生产厂商。

（2）营销创新。苹果的"饥饿营销"策略让很多消费者被它牵着鼻子走，同时也为苹果聚集了一大批忠实粉丝。在市场营销学中，所谓"饥饿营销"，是指商品提供者有意调低产量，以期调控供求关系，制造供不应求"假象"，维持商品较高售价和利润率，也达到维护品牌形象，提高产品附加值的目的。

从 2010 年 iPhone4 开始到 iPad2 再到 iPhone4S，苹果产品全球上市呈现出独特的传播曲线：发布会—上市日期公布—等待—上市新闻报道—通宵排队—正式开卖—全线缺货—黄牛涨价。与此同时，苹果一直采用"捆绑式营销"的方式，带动销售量。从 iTunes 对 iPod、iPhone、iPad 和 iMac 的一系列捆绑，让用户对其产品形成很强的依赖性。

（3）商业模式创新。最初苹果就通过"iPod+iTunes"的组合开创了一个新的商业模式，将硬件、软件和服务融为一体。在"iPod+iTunes"模式的成功中，苹果看到了基于终端的内容服务市场的巨大潜力。在其整体战略上，也已经开始了从纯粹的消费电子产品生产商向以终端为基础的综合性内容服务提供商的转变。此后，推出 APP Store 是苹果战略转型的重要举措之一。"iPhone + APP Store"的商业模式创新适应了手机用户对个性化软件的需求，让手机软件业务开始进入一个高速发展空间。与此同时，苹果的 APP Store 是对所有开发者开放的，任何有想法的 APP 都可以在 Apple Store 上销售，销售收入与苹果七三分成，除此之外没有任何的费用。这极大地调动了第三方开发者的积极性，同时也丰富了 iPhone 的用户体验。这才是一种良性竞争：不断拓展企业的经营领域和整个价值链范围，使得市场中的每个玩家都能获益。

不过，苹果公司的问题在于，苹果是典型的"个人魅力型"企业，受制于灵魂人物的寿命，随着灵魂人物的死亡而逐渐死亡。乔布斯不仅是苹果公司的灵魂人物，更是成为苹果品牌不可分割的一个重要元素。2011 年 10 月 20 日，乔布斯病逝。没有了乔布斯的苹果，创新力能够持续吗？从目前来看，乔布斯去世后，苹果推出的产品大多停留在部分改善现有产品功能的水平上，并无新的重磅创新产品推出，而苹果公司即将推出的 iWatch 和 iTV 能否保持以往的创新力也成了一个巨大悬念。很多人认为，没有了乔布斯的苹果公司，已经失去了持续创新的核心竞争力。

从这一点来看，一个企业的创新力不能完全捆绑在个人身上，这样是非常危险的。

资料来源：刘田. 苹果公司的创新之路［EB/OL］. 第一财经日报,(2013.08.28)［2013-10-15］. http://www.p5w.net/news/cjxw/201308/t20130828_286106htm.

（三）全球意识和战略眼光

欧洲各国自然资源不丰富，出口贸易在经济中占有十分重要的地位。这使欧洲各国的企业特别注重在世界市场上的竞争，注重制定着眼于世界市场的经营战略。为了保证企业全球战略计划的实现，很多欧洲企业在确保卓越质量的基础上，还非常重视产品在全球的推广与销售。如德国的许多企业都设有强有力的推展和销售机构，在国内外设有庞大的销售网。一些大型企业和跨国公司，还按地区和国家设立销售部。从事多品种生产的国际企业，则按产品设置销售机构。这些企业一般都很重视销售人员的培训，普遍建立了销售人员培训制度，受训者不仅要上销售专业课，还要参加基础课学习和生产实习，经过考试合格后才能担任销售工作。对于企业管理人员，设法派去国外工作或在国外担任一个职务，以学习了解和掌握国际经营管理的知识与经验，这是德国企业在人才战略中的至高一招。目前在德国最大的 25 家公司的总经理中，有 15 人在国外工作过很长时间，对国际市场的竞争对手了如指掌，这些公司的产品在国际市场上占有很大份额。

（四）参与文化

重视参与管理与欧洲文化中的人文精神、追求民主和自由的精神是密切相关的。在欧洲许多国家中，政府用法律形式规定了员工在企业中应该发挥的作用。如德国法律规定，凡 2 000 人以上的企业，必须成立监督委员会（相当于美国企业的董事会），凡 5 人以上的企业必须成立工人委员会，前者要由工人选举产生，后者要有一半工人代表参加。荷兰法律规定，雇用工人超过 100 人以上的企业必须有工人会议。法国和瑞典都规定雇用工人超过 50 人必须有工人会议，以此保证工人参与管理。尽管这些规定是工人经过长期斗争的结果，不是恩赐，实际上也改变不了工人的地位，但长期推行，在企业中已经成为一种"文化"。企业不仅设有由管理人员和雇员代表组成的各级工作委员会，使雇员参与管理企业，解决工作上的问题；同时，企业也尊重为本公司工作的人，雇员对企业也有一定的归属感。有些企业通过建立"经理参与系统""半自治团体"和"工作改善委员会"等，使管理者能站在客观的立场上协助员工解决问题，而不是直接替代他们做具体决策，以此强化员工的责任意识。有些企业实施了轮换工作制和弹性工作制，提出应该使工作适应人，而不是使人去适应工作。在这种环境下，工人参与管理、提工作建议的愿望比较强烈，很多工人从中获得了心理上的满足感，因而劳动积极性也比较高。在德国，很多企业还通过出售给工人股票的办法，使工人对企业产生向心力。在德国，向工人发售股票（一般比证券交易所便宜）已有多年历史，目前工人持有股票在企业股份中已占有相当比重。据一项抽样统计显示，在 7 家大型公司中，按照股东总数计算，工人已占 43.9%，工人通过购买股票，更加关心企业的生产经营，参与管理的意识得到加强，企业的向心力、凝聚力自然增强，劳动效率也明显提高。1995—1999 年，德国实行工人参与管理的企业，每个工人的产值每年增长了 8%。而同期美国企业的每个工人每年的产值只增长了 3.5%。

四、中国企业文化

中华民族文化丰富多彩、博大精深。如以家族伦理为基础形成的团体意识，体现"人能弘道，非道弘人""爱人"和"人皆可以为尧舜"思想的人本精神，源于中庸之道和天人合一观的和谐思想，体现积极入世的人生态度和朴实无华民族性格的求实精神，追求自由、保卫祖国、变革图强、追求社会进步的爱国主义传统，追求智慧与道德相交融、做人与做事相统一的以利取义的思想，以及勤劳勇敢、吃苦耐劳、忍辱负重、自强不息的民族性格和锲而不舍、用于探索与开拓的精神等。简单梳理和总结这些文化，不难发现，其中有很多内容对企业文化的形成产生了重要的影响，特别是新中国成立以来，社会主义文化对企业文化产生了很大影响，成为中国特色企业文化的重要价值源泉。

中国企业形成和发展的历史较短，文化积淀尚浅，但在民族文化、社会主义文化和市场经济伦理共同作用下，也形成了一些有别于日、美及欧洲各国企业文化的特点。

（一）爱国报国、服务社会的理念

爱国主义是中华民族历史遗产中的瑰宝，是我们的民族魂，它激励着中国人民世世代代为保卫祖国，变革图强、追求社会进步而献身。爱国成为中国企业的核心价值观。这种价值观决定了中国企业的民族情结，中国企业的发展始终同中华民族经济的振兴、中国现代化的实现紧密联系在一起。

在爱国主义精神驱使下，中国近代民族资本家在创办、经营企业过程中，大都怀有"富国图强""实业救国"和"服务社会"的思想。他们在同帝国主义及外国垄断资本进行斗争的过程中，表现出较强的社会责任感。20 世纪 20 年代中期，在著名民族企业家刘鸿生的倡导下，实行国产火柴企业合并，成立大中华火柴股份有限公司，抵制瑞典和日本火柴的倾销，保护民族工业，体现了强烈的自强自立和爱国精神。近代知名企业家范旭东和侯德榜创办、经营的久大精盐厂、永利碱厂和黄海化学工业研究社，早在1935年就公布了这个集团的四大基本信念："我们在原则上绝对地相信科学；我们在事业上积极发展实业；我们在行动上宁愿牺牲个人，顾全团体；我们在精神上以能服务社会为莫大光荣。"1925年创办于重庆的民生实业公司以"服务社会、便利人群、开展生产、富强国家"为准则，主张对内"个人为事业服务，事业为社会服务，个人的工作是超报酬的，事业的任务是超经济的"。橡胶大王陈嘉庚先生更明确地提出"争为国家、为社会尽义务"。宋棐卿1931年在天津倡建的东亚毛纺织股份有限公司，刻意以实业救国，强化现代经营手段。其在1932年出台的《东亚铭》共分九部分，包括主义、公司之主义、做事、为人、人格、尽责、功绩、过失和耶稣圣训。

案例10-7

《东亚铭》节选

一、主义

人无高尚之主义，即无生活之意义；

事无高尚之主义，即无存在之价值；

团体无高尚之主义，即无发展之能力；

国家无高尚之主义，即无强盛之道理。

二、公司之主义

我们要实行以生产辅助社会之进步；

我们要使游资游才得到互助合作；

我们要实行劳资互惠；

我们要为一般平民谋求幸福。

三、做事

人若不做事，生之何益！

人若只做自私之事，生之何益！

人若不为大众做事，生之何益！

人若只为名利做事，生之何益！

若无事做，要我做什么？

若无艰难之事做，要我做什么？

若不服务社会，要我做什么？

若不效忠国家，要我做什么？

资料来源：blog.icxo.com。

这些爱国报国、服务社会的思想，是中国近代民族资本企业文化的精髓。

新中国成立以后，中国企业在中国共产党领导下，走上社会主义道路，长期接受党的优良传统的熏陶，表现出更为强烈的爱国精神、社会责任感和勇于奉献的精神。在企业中，员工忘我工作，勇于奉献，力争多为社会做贡献。用一年时间完成三年（或更多）工作量的"生产标兵"大量涌现；以苦为乐、以苦为荣，不计较个人得失的"劳动英雄"成为人们自觉学习的榜样。尤其是大庆人艰苦奋斗的精神对其他企业产生了强烈的示范效应。当中国进入发展市场经济的新阶段后，这种强烈的社会责任感和奉献精神，以国家为重，讲究大局，勇于承担社会责任的传统，仍然成为中国众多企业的最高追求。

改革开放以来，面对国际化，无数有着强烈民族责任感的企业家用自己的实际行动做出了响亮的回答：产业报国，保护民族品牌，争创国际名牌。海尔等企业明确提出了"敬业报国""产业报国"的创名牌理念。

上海张小泉刀剪总店与德国双立人亨克斯公司合资谈判中，具有285年历史的德国双立人亨克斯公司提出的条件是，合资后的企业全部使用德方"双立人"品牌，张小泉则坚持生产"双立人"和"泉"字牌两种品牌。双方由于在品牌使用上各部妥协，谈判失败。张小泉总经理说："老祖宗留下的宝贵无形资产，不能断送到我们手上。"这充分反映了中国人强烈的民族自尊心和民族责任感，反映了中国企业极力保护民族品牌的文化自觉性。

（二）艰苦奋斗、勇争一流的精神

中华民族是一个发愤图强、永不服输的民族，这一点在中国的企业文化中也有充分的体现。民族资本企业创业之初就受帝国主义和封建主义的双重压迫，生存环境十分恶劣，因此在寻求实业救国的创业道路上，一开始就形成了不怕困难、艰苦奋斗、勇争一流的精神。靠着这种精神，不少民族资本企业从小到大，发展壮大。近代知名企业家范旭东和侯德榜在事业屡遭挫折的情况下，抱定信念，经过八九年的努力，终于掌握了被国外垄断的制碱工艺，在1937年费城万国博览会上获得金质奖章，被誉为"中国近代工业进步的象征"。

艰苦奋斗、勇争一流的精神在新中国成立以后的社会主义企业里表现得尤为充分，成为中国很多企业战胜困难、取得成功的法宝。在20世纪50年代和60年代初期，中国工人阶级面对经济上的困难和帝国主义的封锁，在中国共产党的领导下，自力更生，艰苦创业，不怕苦，不怕累，谱写了一曲又一曲胜利的凯歌。

鼓足干劲，力争上游，这种源于延安时期"大生产"运动和20世纪50年代"大跃进"运动的拼搏精神，在中国企业得到普遍弘扬，在工人阶级队伍中，开展了形式多样的"比、学、赶、帮、超"劳动竞赛，在企业中形成了争创一流，争为国家做贡献的良好风尚。至今，这种企业文化在众多企业中仍然得到继承。如辽宁朝阳重型机器厂鼓励员工争行业第一，争全国第一，倡导"唯旗是夺"的最佳精神；三一集团作为一家民营企业自从创业那一天起，就立志"创建一流企业，造就一流人才，做出一流贡献"，并以"自强不息，产业报国"作为企业精神。

在艰苦奋斗、勇争一流的企业文化中，还包含着精打细算和勤俭节约的精神。由于中国人口众多，资源相对不足，中国共产党提倡的"勤俭办一切事情"自然成为企业文化的一部分。在这方面最为突出的是北京墨水厂提倡的"一厘钱精神"。1962年，北京墨水厂员工"从每件包装材料降低一厘钱"入手，开展了一个节约生产费用的运动，创造了良好的效益。这种精打细算、勤俭节约的精神很快得到传播。北京制药二厂从利用"一分钟"做起，开展了创财富竞赛。北京火柴厂提出"为减少一根废支而奋斗"的口号，取得显著效果。也有很多企业提出节约一滴水、一寸布、一度电、一颗螺丝钉，这些都很好地再现了中国企业的这种优良传统。

（三）严细认真、重视质量和诚信的传统

严细认真、重视质量和诚信的传统，在中国近代民族资本企业中，表现为比较重视严密

的规章制度和严格的管理，对产品质量有严格和详细的标准，对顾客认真负责等方面。突出者当首推创建于1931年的东亚毛纺织股份有限公司。这家企业非常重视严格管理，厂方制定的"厂规"及单项规则、制度、工友须知就有28种503条。为了培养员工，公司制定了《东亚铭》12条，让员工天天背诵，并且据此编写了大量讲义。1941年出版了《精神训育稿》17种，《规则训练稿》16种，《工友训练讲义》59种，后来又把这些汇编成册，形成《东亚精神》，以此对员工进行训育。靠着这种严格的管理，公司不仅业务发达，产品质量高，e 盈利也是丰厚的，剩余价值率一般年份都保持在400%以上，这在近代民族资本企业中是少有的。1918年创办于上海的永安公司是中国民族资本企业中具有代表性的企业之一，它实行严格管理，恪守顾客至上的准则。为了实现对顾客的高质量服务，企业专门定有"服务规章"和员工业务考试制度，并把员工的工作情况和工资奖励结合起来，以"夜工钱""生意奖金""升工工资"和"年货"等形式，鼓励员工努力为顾客提供高质量服务。

新中国成立以后，不管是老字号企业还是新企业，继续传承严细认真、重视质量的优良传统，并把它逐渐升华为对人民高度负责的精神境界。新中国成立初期中国纺织行业出现的"郝建秀工作法"（国营青岛第六棉纺织厂）、"裔式娟小组"（上海国棉二厂）和"赵梦桃小组"（国营西北第一棉纺织厂）等经验都是以提高产品质量，对人民高度负责为主要内容的。具有悠久历史的同仁堂，生产管理严格，用料讲究，精心研制，质量好、疗效高，直到今天，这种严细精神依然光彩夺目。中国医药行业中有名的杭州胡庆余堂以"戒欺"为企业宗旨。华北制药厂也告诫员工"好药治病、坏药致命"，体现了医药业极强的质量意识和社会责任感。在食品行业，著名的"六必居"酱菜，坚持"六必"的认真精神，赢得了消费者的称赞。在服务行业，全国著名劳动英雄时传祥"不怕脏，不怕累，全心全意为人民服务"的精神在很多行业得到发扬。全国著名劳动模范张秉贵对顾客的"一团火"精神，也一直激励着成千上万名商业服务业职工，成为新型商业企业文化的象征。

资料 10-1

戒欺匾

胡庆余堂里面的招牌、匾额很多，大都是朝外挂的，唯独有块横匾却是朝里挂着，一般人难以发现，那就是面向耕心草堂悬挂的"戒欺"横匾。"戒欺"两个大字是胡雪岩亲自所写，"凡百贸易均着不得欺字，药业关系性命，尤为万不可欺。余存心济世，誓不以劣品弋取厚利，惟愿诸君心余之心，采办务真，修制务精，不至欺予以欺世人，是则造福冥冥，谓诸君之善为余谋也可，谓诸君之善自为谋亦可"。这是创始人胡雪岩对胡庆余堂经营者的谆谆告诫，是胡庆余堂制药的铁定规则，也是胡庆余堂称雄制药界的原因所在。

资料来源：根据东方生活网资料整理，news.eastday.com.

与重视质量的传统相联系，中国古时候就有"一诺千金""信誉无价"的至理名言，有童叟无欺、货真价实的商贾信条。1900年，瑞蚨祥经庚子事变，被烧成一片废墟，面对灭顶之灾，还承诺：凡欠客户的钱一文不少；凡欠公司的钱一笔勾销。同一年，八国联军攻占北京，北京城中许多王公贵戚、豪门望族都随着慈禧、光绪逃离北京。山西票号在这次战乱中，设在北京的分号不但银子被劫掠一空，甚至连账簿也被付之一炬。可逃难者一到山西，纷纷跑到票号兑换银两。在这种情况下，山西票号原本可以向京城来的储户言明自己的难处，等总号重新清理账目之后再做安排，这样的要求可以说合情合理。但日升昌等票号没有这么做。他们做到只要储户拿出存银的折子，不管银两数目多大，票号一律立刻兑现。在中国近代民族资本企业经营中，企业所遵循的诚信原则不仅仅局限于一般意义上的恪守承诺和戒欺戒骗，还渗透着浓郁的人情味，体现儒家"仁"的思想，主张人们相互之间竭诚相待，推己及人。在商业经营时更是注意礼貌待客，讲究"买卖不成情义在"。

新中国成立以后，古老的诚信传统在计划经济条件下发扬光大。可以说企业诚信达到较高的境界。发展市场经济以后，诚信文化面临挑战，社会上出现了形形色色反诚信、伪诚信现象，但经过竞争的洗礼，绝大多数企业的诚信文化逐渐建立起来，诚信成为中国企业文化整体基因中的重要组成部分。

（四）讲人和，重亲和，以人为本的管理方式

在中国近代民族资本企业中，大凡有成就的企业，都体现着一种"人和""亲和"精神。这种精神的形成除了深受中国"团体意识""和谐思想"和"人本思想"的影响外，具体还有三个方面原因：一是民族资本企业在创办之初多是以宗族或家族形式出现的，人员的招聘及职务安排往往首先考虑家庭成员或亲戚、同乡等，因此形成企业的血缘基础和"人和""亲和"氛围，以后即使企业扩大了，也容易保持同呼吸、共命运的群体意识。二是受中国传统的"天时不如地利，地利不如人和"的团体观念的影响，认为"人和"是企业最宝贵的资源。三是由民族资本企业当时受"双重压迫"的地位所决定，民族资本企业只能在夹缝中生存，只有团结一心，和衷共济，才能保全自己，得到发展。民族资本家深知"人和"之重要，所以采取一系列措施来巩固和发扬这种精神。荣宗敬、荣德生兄弟创办的旧中国规模最大的民族资本企业——茂新、福新、申新总公司，在招揽人才时，多用亲属和同乡，确保亲和。民生实业公司提出"职工困难，公司解决；公司困难，职工解决"的一体化思想。东亚毛纺织股份有限公司推行"职工股份化"，利用员工参股的办法强化"人和"。中国众多的民族资本企业靠这种"人和""亲和"精神，增强了凝聚力和向心力，保证了它们能在内忧外患的环境中生存，并得到一定的发展。

在社会主义企业里，"人和""亲和"精神进一步得到升华，坚持以人为本，提倡集体主义精神，成为企业的更高追求。很多企业不断完善民主管理制度，广泛吸收员工参与管理，增强员工集体意识。中国工人阶级以强烈的主人翁意识，爱厂如家，团结合作，重视集体荣誉，把企业的事情当成自己的事情，以厂荣为我荣，以厂衰为我耻，把个人同企业紧紧地联在一起，表现出较强的集体主义精神，以及对企业的责任感、自豪感和依附感。尤其是很多老员工，作为企业的创业者，他们对企业更有一种特殊的感情，愿意把自己毕生的精力贡献给企业这个"大家庭"。在这方面，鞍钢人孟泰"爱厂如家，埋头苦干"的精神成为中国老一代工人阶级高尚品德的缩影。发展市场经济，培养了人的独立意识和自主精神，员工与企业的关系也变成靠契约维系的法律关系。这无疑对"人和""亲和"精神以及以人为本的管理方式提出挑战。但是，它们作为一种具有中国民族文化底蕴的企业文化不会轻易被否定，相信这种文化在融合市场经济一些合理内容后，仍会成为中国新型企业文化的特色和亮点。

除上述特点以外，中国企业也有重视人才、讲究用人之道，锐意进取，开拓创新等优秀文化。尤其是受民族文化影响，企业文化的情感性、伦理性、和谐性、道德性、团体性和社会性比较强。

第二节   综合比较与借鉴

一、差异性分析

就文化背景来看，日本同中国一样，其企业文化属于东方文化的产物，美国和欧洲的企业文化可算是西方文化的产物。下面试以东、西方文化为背景，分析不同企业文化形成的原因及各自的特点。

（一）东方企业文化的特点

东方文化主要是指以中国为发源地，对东方人的思维、价值观、伦理道德及管理思想影响最大、最广的传统文化。东方文化的基本价值观是：强调以人为本，以德为先；重视群体的合作精神，倡导个人对家庭、社会、国家的责任感；主张和谐，重视人和，注重协调人与人、人与物乃至人与自然之间的关系；主张从总体上去把握事物，强调用个人的直觉和内心的感情去认识世界；重义轻利。

东方民族的这些文化特色反映在管理模式和管理行为上，便烙上了不同于西方的显著印记。

1. 集权式管理

集权式管理的特点有三个：一是向心。在管理思想上，既讲集中，求统一，又有强烈的民族意识和眷恋国土乡邦的情怀，使管理维系在思想感情和心理因素的强大内心力的基础之上。二是求同。主张协同、合作，追求和谐境界。三是重人。强调以伦理关系为基础，以道德和教育为轴心，以"人"为中心进行管理，体现出与民族血缘和宗法关系非常紧密的社会特征。

2. 强烈的社会责任感

强调企业的社会责任，包括企业对国家以及整个社会的责任，把企业经营活动与爱国、奉献社会以及解决社会问题联系在一起，对企业员工负有全面责任，强调社会经营的理念。

3. 社会精神力量

重视运用社会精神的力量去形成共同的意识形态，促使人们服从企业的共同目标。

4. 家庭氛围

倡导在组织内形成一种家庭氛围，员工之间沟通密切，十分重视感情和人际关系，流动率低，员工对企业有较强的依附心态。企业因此有相对稳定的员工队伍。

5. 整体控制

强调从整体上进行控制。重视协调各种关系和意见，因而倾向于集体决策和对工作的集体负责，并由此而产生相对平均的分配方式。

6. 含糊与微妙的沟通

相对于西方企业管理的明确性，东方管理更为艺术地应用含糊和微妙性的沟通方式淡化组织中的冲突，达到和谐一致。

（二）西方企业文化的特点

尽管西方企业文化在不同的历史发展阶段有其不同的表现形式，但就其本质而言，以个人为单位，崇尚"自我"以及开放的文化特征一直是贯彻始终的。它广泛地渗透到西方企业管理的各个层面，在组织、领导、决策、用人、经营等方面，形成典型的自我与理性的管理特色和管理风格。

1. 明显的制度化特征

整个企业构建在条文、规章、标准等一系列制度基础之上，并用以规范员工的行为；企业每个成员的权利和义务清晰，企业和员工是一种由合同、章程所规定的契约关系。

2. 科学与理性

讲究效率，强调科学性。"量"的概念贯彻在从作业计划到成本核算等所有的管理过程中。理性观念使得管理者追求条理性，努力去发现最优方案，用最少的时间、最低的成本，获取最好的质量、最高的利润。理性的思维方式甚至使他们对于生产作业中每个动作都会用秒表进行分解，以省去每一个细小多余的动作。

3. 明确性

讲求明确的目标与指标、明确的操作程序，一切都有标准可依。通过严密的工时定额、可操作的评价系统进行明确的控制。

4. 情感淡化

将人与物视为同样的生产要素进行科学的配置和使用。淡漠人际关系，极力反对在工作单位中结成人与人之间的亲密关系，认为在工作中无须个人感情，人与人之间的亲密关系只能存在于家庭、教堂、俱乐部和邻里之间的狭小范围内。

5. 能力至上

工作中表现为个人的决策过程及个人负责；对个性、个人尊严、个人价值高度尊重；企业是一个松散的结合体，人员高度流动。

6. 创新性与进取性

在市场开拓、技术创新、产品改进等方面有一种无限的扩展欲和"侵略性"。

二、比较与借鉴

（一）东、西方企业文化的比较与相互借鉴

东、西方企业文化都是一定社会环境下的产物，社会环境改变了，企业文化也面临着改变。随着经济全球化进程的加速、科学技术的发展，地球变得越来越小，企业经营冲破国界，跨文化管理问题越来越突出；同时，随着人类征服自然能力的增强和大自然报复次数的增多，如何协调人与自然的关系成为人类考虑的另一重大问题。在这种新的社会环境背景下，审视东、西方企业文化，应该说各有利弊，为适应环境的变化，两者之间越来越需要相互借鉴和相互融合。

1. 对人与自然关系的两种态度

西方以新教伦理为思想基础形成的企业文化，对自然界采取一种进取、征服、使用的价值取向。这种伦理曾经是创造近代工业文明的一个重要原因。但是，现在却越来越显示出其负面的严重后果，诸如自然生态系统的破坏、能源的枯竭等，致使人类的生存环境越来越差。

因此，现代社会的发展需要一种新的人文主义，这种人文主义必须建立在人与自然和平相处的基础上，西方企业以前那种对自然的过度征服欲必须收敛。以儒家伦理为主要思想基础的东方企业文化正好与这一要求相一致。当代新儒学的代表人物杜维明指出，儒学是一种涵盖性极强的人文主义，它既不排斥人的神性，又不排斥人与自然的关系，更不排斥人与人之间的关系。它提倡天人合一、万物一体等。显然儒学中的这些内容蕴涵着支撑现代社会继续发展的合理内核，根植于儒家伦理的东方企业文化蕴藏着富有生命力的巨大现代文化价值。

但是，必须看到，工业文明是一个不可逾越的历史阶段，东方国家的企业在处理与自然环境的关系时，一方面，要善待自然，吸收西方工业化过程中的教训；另一方面，也要学习西方更先进的技术，减少污染，提高能源利用效率，创造人与自然更为和谐的工业文明。

2. 个人本位与团体本位两种价值取向

西方企业文化坚持个人本位价值观，认为每个人都以自我利益为动机，凭着理性趋利避害。尽管亚当·斯密等提倡利己不害他，但在现实世界中，这是很难做到的。现在西方出现的很多社会问题与这种个人主义的哲学息息相关。比如，现代市场要求的企业家的人格形态与这种褊狭的人格是不同的，迫使他们不得不进行一些价值取向的调整。哈佛大学商学院以前培养的目标是能够帮助公司提高利润的人才，后来发现这样的想法也许对某个特定的公司有好处，但与为社会培养人才的目标追求是相矛盾的；现在他们提出的办学理念是为企业界培养领袖人才，而不是那种唯利是图、没有道德感和文化意识的技术专家。西方培养企业家的目标的改变与东方文化中所提倡的那种能够考虑大问题，而不仅仅顾及小利益的人格追求是一致的。

东方企业文化强调"家族"和团体本位价值观，团体本位价值观强调以人为核心的各种群体关系。它所倡导的不是对个人而是对更大团体的责任感，集团利益、集体荣誉重于个人利益、个人荣誉；倡导人与人之间要和谐、合作，反对对抗性的竞争。西方文化强调的自我利益、抗衡关系、放任主义以及由此衍生的市场结构及管理职能的专业化等，尽管对近代资本主义的发端做出过奠基性贡献，但也导致了极端个人主义的弊端。所以，它们不得不提出向东方企业学习合作精神。

当然，比较而言，东方企业团体主义的文化也有局限性，过于强调团体利益和团体价值，容易抹杀个人价值，泯灭个性和创新精神。在实践中也需要正确处理好二者的关系，在整体目标的指导下，为个体发展创造条件，使个体价值与团体价值相互依存，相互促进，形成良性循环。

3. 理性与非理性两种思维方式

西方企业文化中蕴涵着较多的理性思维，强调直接、明确、实用、科学、效率，重视标准、制度的作用，表现出一种非常理性的思维方式。这种思维方式放大了人与物之间的关系，看淡了人与人之间的关系，增强了组织的创造性和管理效率。这种文化暴露出来的主要问题是缺乏有效的人际沟通，组织像一架硬邦邦的机器，没有人情味。

东方企业文化重礼仪，重人际关系，重人情和"面子"，到处充满着灵性化和人情化，具有明显的非理性思维特征。依照德国社会学家马克斯·韦伯的观点，中国传统的非理性因素主要来源于中国的儒教人格化的道德，这种道德无疑对于非人格的理性是个障碍。它趋向于不断把个人与亲属联结在一起，表现出对外人的不信任。东方企业中的非理性思维方式，放大了人与人之间的关系，淡化了人与物之间的关系，追求办企业就像经营一个家族一样，有浓厚的伦理关系色彩，讲究人和与亲情。这种文化在实践上也有其局限性，主要体现在：由于照顾人的情感，着眼于人际的微妙关系，于是会造成面子效应，人为地把事情复杂化，不但降低了办事效率，使人际关系变得复杂、虚伪和表面化，还容易产生小团体主义，也影响个性发挥和创新精神的形成；同时，由于人治观念较强，法治观念淡薄，经营中缺乏法律意识和信用意识，在处理内部管理问题时，往往把个人感情、关系置于规章制度和规范之上，管理灵活有余，刚性不够，因而影响效率。这些问题都是东方企业文化所难以避免的。因此，东方的企业需要正视自身文化的缺陷，善于吸收和借鉴西方企业文化中重理性的合理内核，创造软硬结合的有效管理模式。

（二）东、西方国家内部企业文化的差异分析

即使在受着同一文化大背景影响的国家和地区，由于不同地域亚文化的影响，各国的企业文化之间也存在着不少细微的差别。

1. 中日企业文化的差异分析

在同属东方文化背景、讲究团体主义的日本和中国，企业文化就有较大差异。日本公司同事间的和谐情谊是难以形容的，大家把公司看得比家庭还重要。对他们而言，最大的耻辱莫过于被排除在群体之外。正是在这种文化背景下，丰田汽车公司全体员工的90%左右都同居一地，不分职别，膳宿在同一环境内，有着共同的生活方式。多数员工不仅是同事，而且是近邻，因而在不知不觉之间产生了一种连带感，甚至亲切感，这不仅减少了劳资间不必要的摩擦，而且增进了员工的团结和爱社精神。

中国人的传统观念往往会把一个团体内的员工分为自己人和外人两大类别，并按系谱的亲疏远近，分为家人、族亲、姻亲、近亲、远亲、同宗、同乡、同学及其他次要派别。至于自己人和外人的界限则依情况而定，并无绝对的标准。费孝通先生曾用差序格局来形容这种如一轮轮波纹状，以自己为中心向外推，越推越远，关系也越来越薄的人际网络。这种文化背景造就的中国企业文化与日本企业文化就有较大差别。中国人对一个团体成员按亲疏远近分类的思维与传统，与现代企业团队文化是相背离的，必须逐渐革除。

2. 欧美企业文化的差异分析

同属西方文化背景，美国的企业文化和欧洲的企业文化也有相当大的差别。1992年4月，美国迪斯尼公司在法国巴黎开办了迪斯尼欧洲分公司，公司雄心勃勃、意气风发，认为迪斯尼即将再添新章。然而不到两年，迪斯尼欧洲分公司即陷于困境，如果没有母公司紧急调度，已无现金可供周转的欧洲迪斯尼公司可能宣布倒闭。

人们在分析欧洲迪斯尼公司严重亏损的原因时指出，经济不景气是造成被动的原因之一。然而，从文化习性角度缺乏对欧洲市场谨慎评估，才是它亏损的主要原因。在美国人的心目中，标榜纯真、梦幻的欧洲迪斯尼一定要禁酒，然而这却是纯粹的美国观点。吃饭时饮酒是欧洲人的饮食习惯，跟纯真、堕落与否根本无关。当失望的欧洲人发现无酒可喝，连啤酒也没有供应时，再度光临的兴致大减。迪斯尼公司有一本13页的员工仪容手册，即"迪斯尼配方"，是公司管理员工的"圣经"，要求员工全盘迪斯尼化。其中的规定包括禁止染发、禁止化妆、禁止抽烟、禁止嚼口香糖；耳环直径不可超过2厘米；要穿着合适的内衣，

一定要使用身体芳香剂；更重要的是一定要不停地微笑。看着这些精细的工作守则，崇尚个人自由的法国人难以忍受。法国劳工联盟已经为迪斯尼公司员工争取公道，抗议"迪斯尼配方"不尽合理。然而，同样施以"迪斯尼配方"，日本迪斯尼公司的员工却毫无怨言，他们认同公司的文化，心悦诚服地遵守各项守则，随时随地地笑脸相迎。

以上分析说明，即使同属于一种大的文化背景，不同国家的企业文化差别也是不小的，在跨文化管理中需要相互学习和借鉴，以便克服自身文化的不足，适应不同文化主体的需要。

■ 三、结论与启示

通过以上对中、日、美、欧各国企业文化特点的概括，以及对隶属不同文化背景的企业文化的比较研究，可以得出以下几点结论与启示。

（一）相近的价值基点

在上述分析中可以看出，尽管中、日、美、欧各国企业文化有不少差别，但是，异中见同，抽象掉各国企业文化的具体表现形式，可以找到一些共同规律和相近的价值基点。

如对以上日本的团队精神、美国的个人能力主义、欧洲的参与管理、中国的人和和亲和传统等企业文化进行总结、提炼，可以发现，尽管表现形式不同，但价值基点都是强调以人为本，强调发挥人的积极性、主动性和创造精神。

又如，日、美、欧各国作为经济上的强国，在企业文化管理上都比较重视先进技术的采用，把产品质量视为企业的生命；中国企业也有严细认真、重视质量的传统，改革开放以后质量文化不断提升。各国企业员工都把掌握熟练的技术和生产高质量的产品作为追求目标。与此相联系，各国企业都有比较强烈的市场观念和顾客意识，重视消费者的权益。美国企业把顾客视为"上帝"，在经营中一切以顾客为中心，把为顾客提供最优服务看成企业经营的"最高准则"。欧洲企业越来越着眼于世界市场，通过制造高质量的产品来巩固和发展自身在世界市场竞争中的地位。日本企业把为大众服务看成"社会责任"，在经营中不遗余力地为消费者提供周到的服务。中国企业在市场经济激烈竞争的环境中，为顾客服务、让顾客满意的经营理念也逐渐成为多数企业的文化追求。

（二）一致的道德律

中、日、美、欧各国企业文化所产生的文化土壤是有差异的，如新教伦理与儒教伦理就有很大不同。但是这些文化土壤中有很多一致的文化基因，直接影响着企业文化的形成与发展。其中，最重要的就是感恩意识与敬畏意识。

感恩意识是指人们感激他人恩惠并寻求报答的内在心理要求，是人类最原始最淳朴，也是最正直的情感，也是任何文化公认的基本道德律。如基督教主张人应该为上帝赋予自己的存在而感恩，教导人们做一个像基督一样有仁爱的人；伊斯兰教告诫人们要孝敬父母，感恩安拉所赐予的幸福生活；佛教的感恩思想非常鲜明具体，提出要报父母恩、国土恩、三宝（佛、法、僧）恩、众生恩四重恩。儒家文化中有很强的感恩意识，在伦理本位的基础上，主张忠、孝、节、义。儒家伦理最高标准"仁""忠恕"与报恩思想一脉相承。因此，中国人推崇"滴水之恩，当涌泉相报"，唾弃"忘恩负义之人"。在美国，每年11月的第四个星期四是感恩节，它是最早来到美洲新大陆的移民（清教徒）感恩上帝、感谢印第安人的真诚帮助而创立的节日，流传了 300 多年并延续至今，感恩意识构成美国文化的一部分。不管哪国企业都讲感恩，为什么？原因很简单，企业来到这个世界上，从小到大，从弱到强，每一步都离不开各种环境因素的支持与帮助。股东给了企业以"筋骨血脉"之躯，顾客给了企业以"衣食"，员工给了企业以精神与能力，合作者给了企业以完成经营活动的帮助，竞争者给了企业以激励，社会给了企业以发展的广阔舞台，国家给了企业以发展的法律保障和政策保障。

我们现在倡导企业要有爱心，要对社会负责任，那么，爱心与责任感从何而来？爱心与责任感源于感恩。企业有了感恩之心，才能对顾客、对员工有爱心，否则，在物欲横流的世界，顾客就成了赚钱的对象，员工就成了赚钱的工具；企业有了感恩之心，才能自觉地对顾客、对员工，以至对环境、对社会、对未来负责，在自我利益与社会利益、眼前利益与长远利益的博弈中作出最佳选择。

敬畏意识是企业诚信文化思想基础。世界上的三大宗教圈，包括儒家文明，都有很强的敬畏意识。基督教中有"摩西十诫"。信基督教的人做了坏事要找神父忏悔，发了财要感激上帝的恩赐。"敬畏上帝"是甘心乐意地顺从、存畏惧、战兢而快乐的心，乃是爱的事奉，并非无知的、勉强或惧怕的心去敬拜。伊斯兰教的戒律繁多。作为一名穆斯林，如果他违背了安拉的禁令，要忏悔，知过改过，寻求安拉宽恕。如果他犯了罪必定受到惩罚。佛教最基础的戒律称为"五戒十善"，核心内容是"一心向善，诸事莫恶。"善有善报，恶有恶报；不是不报，是因缘未到。各种宗教，尤其是基督教的信仰者对宗教领袖、教义以及戒律的敬畏与市场经济伦理结合，对今天企业信用体系与文化的产生起到关键作用。儒家文化以仁为中心，讲内仁外礼，鼓励人们向善，虽然没有明确的戒律和惩罚条例，但圣人乃真理的化身，人们崇敬圣人，畏圣人之言。尤其是儒家以诚信为修身立业、处世待人的根本，这是形成中国企业诚信文化的思想基础。

（三）极强的民族性

企业文化根植于民族文化的沃土。在不同的社会政治、经济、人文背景下，企业接受不同的民族文化的熏陶，传承演绎着不同的思维方式、行为方式以及传统、习俗与习惯，因此会形成不同的企业风格和特色。民族文化传统是数百年甚至上千年来逐渐积淀而成的，具有相当的稳定性，之所以能传承下来，也具有它的合理性，民族文化传统是不容易改变的。具有民族文化特质的企业文化，也具有一定的稳定性和合理性。并且，民族性是企业文化最根本的个性，有个性的文化是最有生命力的。尽管在经济与文化全球化的浪潮下，世界各国企业都在相互借鉴经验，但真正富有民族性的东西是不可照搬照抄的。中国企业要培育现代企业文化，必须以中国优秀的民族文化为根基，善于吸收民族文化中有关强调团体利益、讲和谐、重人情等思想精华，并与现代文明和市场经济伦理相结合，才能形成特色，具有适应性，从而为企业发展提供精神动力。

（四）共性部分可以相互借鉴

企业文化作为企业管理的重要组成部分，同样具有两重属性，即一方面具有同社会化大生产及市场经济相联系的共同属性；另一方面也具有同生产关系、社会文化相联系的特殊属性。其特殊属性（如社会性、民族性）是不能或较难相互借鉴的；而共同属性，即反映社会化大生产规律及市场经济规律的属性是可以相互借鉴的。

中国发展市场经济的历史和工业化的历程较短，发展社会化大生产的经验不足，多数企业未经历过长时期的残酷竞争的洗礼和工业化的历练，企业文化还不是很成熟，还有很多缺陷和不足。他山之石，可以攻玉。中国企业要想缩短与发达国家企业管理的距离，建设成熟的企业文化，自然应该发挥后发优势，学习和借鉴发达国家企业管理与文化的有效成分，如人本管理价值观、诚信道德观、以顾客为本的经营观、以能力和绩效为本的用人观以及重理性的思维方式和创新精神等。

当然，文化的学习与借鉴不同于科学技术，任何简单片面地盲目移植都将因文化环境的变易而遭到失败。因此，必须坚持从实际出发，以我为主，博采众长，交流融合，才能收到较好的效果。

（五）管理与文化不可分割

分析各国企业文化的特点，我们可以看出，企业文化与企业管理紧密相连，不可分割。从管理方式上看，企业文化管理隶属于广义的企业管理的范畴，是广义的企业管理精神层面的体现。管理知识与经验的积累就是一种企业文化积累。但是，企业文化作为相对独立的范畴，既受管理水平的制约，又对管理水平的提高起着重要的甚至是决定性的作用。企业文化为管理提供一种环境和指导思想，任何管理活动都是在一定的文化环境中，接受一种文化的引导而进行的。因而，不同的文化背景会造就不同的管理方式、行为方式和人际交往方式，文化制约和影响着管理的实践模式。光讲强化管理，采用先进的管理方法和手段，没有文化的跟进和先进文化的保证，再先进的管理方法和手段也不会产生良好的效果。当然，企业文化管理也不能脱离管理的现状，过分超前也不会发挥积极作用。因此，企业在实践中进行制度创新、积极推进管理现代化，应与建设现代企业文化同步进行。

第三节　资本流动与跨文化管理

经济全球化促使世界各国资本流动的规模与速度不断加快，带动各国管理与文化流动，使跨文化管理问题日益突出。

一、资本流动与文化流动

（一）全球资本流动趋势

从本质上说，资本是无差异的人类一般劳动成果的生成、凝结和积累。资本具有流动性。当一国资本跨出"国界"流入他国时，就成为国际资本。经济全球化程度越高，国际资本流动的量越大，速度也就越快。全球资本流动，虽然由于受各种因素影响具有不确定性，但总趋势是不断上升的。

从 16 世纪早期殖民扩张开始，世界经济开始了全球化浪潮，发达国家由于生产力过剩，于是开始对外贸易和对外投资，发展到 20 世纪 80 年代，全球化成为世界经济发展的潮流。到 90 年代，发达国家对外直接投资（Foreign Direct Investment，简称 FDI）进程大大加快，到 2000 年达到 14 000 亿美元。到了 2008 年，受金融危机影响，国际 FDI 总额下降趋势明显，直到 2012 年，发达国家逐渐走出金融危机阴影，FDI 重新上升。2013 年美国 FDI 达到 3 383 亿美元。中国作为发展中国家，FDI 增速迅猛，2013 年 FDI 突破 1 000 亿美元，首次进入 FDI "千亿美元俱乐部"；2015 年，我国 FDI 创下 1 180.2 亿美元的历史最高值，同比增长 14.7%，实现中国对外直接投资连续 13 年增长，年均增幅高达 33.6%，至 2015 年末，中国 FDI 存量首次超过万亿美元大关。我国 "一带一路" 战略进展顺利，2015 年，我国共对 "一带一路" 相关 49 个国家进行了直接投资，投资额合计 148.2 亿美元，同比增长 18.2%。[①]

联合国贸发组织发布的《2015 年世界投资报告》显示，2014 年全球 FDI 总额 12 300 亿美元。其中，发展中经济体的 FDI 流入量继续领先，达到 6 810 亿美元的纪录水平，中国是最大的 FDI 接受国；发达经济体的 FDI 流入量处于较低水平，仅有 4 990 亿美元；发展中国家跨国公司投资达到纪录水平，亚洲投资量最大；过去 10 年中，由于服务业的自由化和全球价值链增长，投资越来越针对服务行业。2012 年，服务业占 FDI 存量的 63%，是制造业的两倍多；跨境企业并购大幅增至 3 990 亿美元，兼并涉及金额超过 10 亿美元的跨国公司数量增至 223 个，是 2008 年以来高点；绿地投资 6 960 亿美元，发展中国家吸引绿地投资金额占总额的三分之二。报告预测，2016 年和 2017 年全球 FDI 将分别上升至 1.5 万亿美元和 1.7 万亿美元。[②]

（二）资本流动带动企业文化交流

资本流动与文化的传播、交流是相辅相成的。单方面讲，国际资本的流动，即资本由一国进入他国市场，就会把资本输出国的企业文化或多或少带入资本输入国。

由国际资本流动带动的企业文化交流，其交流规模及影响是与国际资本流动量相关的。由于经济发展状况、产业结构、开放度等方面的差异，国际资本在世界各国间的流动是不均衡的。有些国家经济相对封闭，基本上不与国际资本发生联系，或只发生少量联系；有些国家经济比较开放，国际资本输出输入的量就比较大；有些国家开放度很高，则国际资本流动频繁，数额巨大。因此，企业文化在世界各国间的交流也是不均衡的。一个国家吸收的国际资本越多，接受外来文化的冲击也就越大。当然，这与国际资本输出国与输入国的文化背景、管理水平有关系，国际资本输出国的文化和管理越有优势，对输入国的冲击也就越大。同时，创新波及理论认为，思想的传播或交流，在文化背景相同的群体内部较容易。中国目前是世界上吸引外资较多的国家，民族文化有一定优势，但由于企业文化不够成熟，管理水平也比较低，因此受国际资本带来的文化影响也比较大；在中国引进的国际资本中，除有与祖国大陆文化背景相同的港澳台地区的资本外，还有与中国文化背景差距较大的欧美等国的大量资本，这些资本携带的文化肯定对中国本土企业文化有较大的冲击。近年来，中国实施 "走出去" 战略，迅速成为输出资本的大国，中国企业在对外投资中也出现了大量的跨文化问题。

由于国际资本带动全球企业文化的传播与交流，不管是采取独资、合资与合作，还是并

---

① 冯其予. 中国对外投资存量首次超过万亿美元［EB/OL］.（2016-01-16）［2016-03-15］. http://finance. sina. com.cn/stock/usstock/c/20160116/080524168316. shtml.
② 联合国贸易和发展组织. 2015 年世界投资报告［R］. 联合国：纽约和日内瓦，2015.

购，不同文化背景下的企业经营者管理思想的冲突、不同国籍员工之间的价值冲突、员工与管理者的价值冲突以及具有国际资本背景的企业文化与本土文化的冲突时常发生，因此，跨文化管理问题已经成为世界各国企业文化研究的一个热点。

二、跨文化管理

（一）跨文化管理的概念

跨文化管理，也称"交叉文化管理"（Cross Cultural Management），是指在全球化经营中，对不同国家和企业的文化采取包容态度，在跨文化条件下克服异质文化冲突，创造出企业独特的文化，形成卓有成效的管理过程。跨文化管理包括跨越国界和跨越民族界限的文化管理。消除文化的差异，即消除可能来自于沟通与语言的理解不同、宗教信仰与风俗习惯迥异、刚性的企业文化隔阂等诸多因素，是跨文化管理着力解决的核心问题。

（二）跨文化问题的表现

根据以上分析，由于国际资本流动，加之人才、技术、商品流动，从而引发跨文化管理问题。《世界经理人文摘》对跨国经营管理中的文化困境这样描述到：全世界的驻外经理都不约而同地发现他们处于一个两难境地，夹在总公司和当地办事处之间不知所从。跨文化问题几乎在全球跨国企业中普遍存在，而且问题相当复杂。

案例 10-8

丰田汽车召回事件

从 2009 年开始，丰田汽车"踏板门""脚垫门""刹车门"等事件接踵而来，质量问题愈演愈烈。以美国为主，在全球范围内，丰田累计召回问题车已近 900 万辆，超过丰田 2009 年 781.3 万辆的全球总销量。销量下降，股票下跌，亏损加剧，享誉全球的丰田汽车遭遇了"全球化"的严峻挑战。

造成丰田汽车召回事件的原因很多，有"大企业病"问题，也有贪婪扩张问题，但根本原因是未处理好全球化中跨文化管理问题。

丰田的"精益生产方式"的确很好，但不能在"全球化"中简单复制。《纽约时报》评论说，当丰田向着"全球化"进军的时候，却无法要求全球的雇员以不同的文化精神来共同实践丰田爱企业如爱家的理念，这或许是丰田"全球化"风头正劲的几年来，召回事件却呈上升趋势的根本原因。比如，日本本土企业如果发现生产中出现问题，工人就毫不犹豫地拉停板，检查生产过程中的差错。这种停板是整条生产线的责任，而不是叫停生产板的工人的责任。在美国的丰田工厂，美国工人发现生产中出了问题，虽然也会按照规定拉停板，但他认为是由于个人原因导致了生产线出现问题，并担心受到惩罚。因此，在丰田输出管理方法的时候，还要进行文化的融合，否则，美国工人就不愿意拉停板，出问题的风险就加大，质量问题的出现就成为必然。日本丰田的质量是制造出来的，美国丰田的质量是检验出来的，二者差别巨大。丰田精益生产要求把质量隐患消灭在生产过程当中，这就不仅需要技术，更需要人的责任心与整体文化的保证。

资料来源：王成荣《丰田文化面临"全球化"挑战》。

德国学者帕特里希亚·派尔舍勒对中外合资企业跨文化问题的归纳很有价值。[①] 他认为跨文化问题主要表现在：

（1）人事管理方面的跨文化问题。包括难以挑选出合适的外籍雇员；中方员工提升机制中的"枪打出头鸟"问题；对"职位基础"的错误理解；因"裙带关系"引起跨文化冲突；培训和进修体制中的"机会主义"问题；与中国相异的西方领导风格不适用；欧洲的"共同管理"原则引致的跨文化问题；领导中的"压抑效应"导致"自立机制"问题。

（2）积极性管理中的跨文化问题。包括调动积极性的各种手段提不起人的兴趣；个人创造性难以调动；对中国人强烈的集体归属需求估计不足；人际关系先于劳动与工作质量；工资体制和福利待遇中的跨文化问题；因不同的教育体制产生各种问题；与"外国人"合作不可靠。

（3）交际管理中的跨文化问题。包括语言障碍；交际障碍，效率低；内部语言规则不为人知；合作中各行其是，不协调；各部门间协调障碍；会谈结果不令人满意；信息交流中的各种问题。

（4）目标和计划管理中的跨文化问题。计划问题；效率意识与无时间、无利润观念相抵触；质量保证与目标问题；衡量行动余地需要的不同尺度。

（5）决策管理中的跨文化问题。决策标准不一致；决策过程不同；决定过程不同；不愿承担责任；缺乏个人主动性；缺乏参与精神。

（6）组织管理中的跨文化问题。非正式等级和团队组成；合作愿望受到抑制；革新愿望缺乏引导；没有充分的冒险准备；团队生产力降低，团队凝聚力欠缺；工作岗位设计问题；人力资源管理鲜为人知。

（7）监督管理中的跨文化问题。中国人习惯受到严格监督，因此对监督的需要程度不同；凭感情采取的惩罚手段无用；对质量要求不同，感受也不同；工作任务描述不具体，质量无保证。

导致跨文化管理问题出现的原因很多，从文化层面上看主要有以下几点：

（1）目标不一致，双方（或多方）经营者同床异梦。

（2）经营理念不同。双方（或多方）经营者有的着眼于长远，坚持诚信经营，追求"双赢"或"多赢"；有的则只注重短期利益，忽视长期发展，热衷于一次性博弈，较少顾及企业信誉。经营理念不一致主要通过经营决策和策略实施表现出来。

（3）领导风格有差异。双方企业家表现出的在决策时的独裁与民主、管理中的讲等级与讲平等、行动中的注重程序化与雷厉风行等作风的冲突是显而易见的。

（4）价值观有冲突。反映在不同国籍、不同文化背景的员工在一起工作时，认识问题、判断事物的标准不一样。

（5）语言文化与行为举止交流障碍。如中文的用语习惯、表达方式、用词标准、语言思维模式以及中国人的行为举止和英、日语等国家存在着巨大的差异，出现较大交流障碍，甚至带来误解和矛盾。

中国企业在对外投资中，有不少成功与失败的案例，均与跨文化管理有关。海尔在海外建立的数十个制造基地、研发中心、贸易公司，员工总数超过 6 万人，积累了很多跨文化管

① 叶生.企业灵魂：企业文化管理完全手册［M］.北京：机械工业出版社，2004.

理的经验；联想收购 IBM、吉利并购沃尔沃中，也较好地解决了跨文化管理问题。但也不乏主要因人的问题处理不好而失败的例子。2004 年上汽出资 5 亿美元控股韩国双龙汽车失败，原因是上汽对韩国复杂的法律环境、劳资纠纷估计不足，缺乏管理韩国企业的国际性人才，尤其是忽视人的因素和文化因素。收购一开始就遭到双龙员工的反对，收购完成后，上汽对反应过激者施以强势打压，这种"以牙还牙"的方式很快引起了反对者包括双龙工会的强烈反弹，他们以更为激进、更为团结的方式一致对准"共同的敌人"。三年持续不断的内讧后，双龙宣告破产，上汽集团投入的 40 亿元消耗殆尽，"韩国公司中国化"的计划成为泡影。

（三）跨文化管理模式与内容

跨文化管理就是在合资企业经营过程中，对来自不同文化的管理冲突与摩擦所进行的沟通、调解、包容与融合。跨文化管理的中心任务是化解文化冲突，共建共享新的企业文化。

1. 跨文化管理模式

这里仅就中外合资企业的跨文化管理模式进行分析。

（1）外资文化主导型。这种模式充分尊重和采纳国外投资方的管理模式与经验，把外方母公司文化移植到合资公司，作为合资公司文化的主脉。这种模式以整个公司崇尚效率为最高原则，强行灌输外方文化理念。推行这种模式经常出现的问题是，由于外方管理者不大理会本土文化及其影响，尊重本地员工的行为方式和感情不够，容易遭到中方管理者和员工的排斥和抵触。

（2）中资文化主导型。这种模式以中国投资方的管理模式与经验为基础，以中国企业文化作为合资企业的主导文化。这种模式注重人际关系，关注员工的社会福利，按员工的资历决定其升迁。推行这种模式，企业文化的适应性强，但往往不能较好地学习与吸收外方的先进文化与管理经验。

（3）中外文化合作型。这种模式对文化差异较大的投资双方均给予充分的尊重，以合作为原则，通过沟通，取长补短，寻找价值共同点。这种模式的管理，其主要手段就是沟通，运行过程中有时效率不高。

（4）中外文化融合创新型。即在充分挖掘中外双方企业文化优点的基础上，以契合文化为导向，结合合资企业的发展特点，创造其独特的企业文化。西安杨森的"鹰雁精神"就是一个很好的范例。

案例 10-9

西安杨森的"鹰雁精神"

西安杨森制药有限公司是美国强生公司的全资子公司比利时杨森制药有限公司控股的中国最大的合资制药企业，自 1985 年创办以来，一直秉承着强生公司董事长罗伯特·伍德·强生于 1943 年公司宣布上市时发表的"对客户负责、对员工负责、对社会负责、对股东负责"的信条。在践行信条中，西安杨森积极培养以"鹰雁"为代表形象的企业文化。在个人方面，公司要求员工尤其是销售人员要具有鹰的果敢和力量，培养他们不怕困难、争强好胜的品质，充分调动他们积极进取、勇往直前的拼搏精神。"鹰是强壮的，鹰是果断的，鹰是敢于向山巅和天空挑战的，它们总是敢于伸出自己的颈项独立作战。在我们的队伍中，鼓励出头鸟，并且不仅要做出头鸟，还要做搏击长空的雄鹰。作为个人，永远争做工作上的雄鹰，作为企业，我们要成为全世界优秀公司中的雄鹰。"在"鹰文化"的感染和熏陶下，每一位杨森人都充满了斗志，用杨森一位主管的话讲，杨森公司的每一位员工都是优秀的，无论走到什么地方，都能开拓出一片新天地。随着企业的不断发展，团队合作越来越重要，以"雁文化"为代表形象，培养团队精神是西安杨森企业文化的又一特征。"……当每只雁展翅高飞时，也为后面的队友提供了向上之风。由于组成V字队形，可以增加雁群71%的飞行范围。""当某只雁离队时它立即感到孤独飞行的困难和阻力。它会立即飞回队伍，善用前面同伴提供的向上之风继续前进"。"雁文化"的实质就是团队的合作，只要团队内成员齐心协力，互相帮助，就更容易实现团队和个人的目标，团队的成功也就是个人的成功。"鹰文化"与"雁文化"，是美国文化和中国文化的形象写照，二者融合凝练为一种"鹰雁精神"，既体现了鹰的勇敢、斗志品格，又体现了雁的合作、协力品格，使"西安杨森"成为员工心目中"神奇、可爱的大家庭"，凝聚了一大批优秀的人才，同时，又把这些人才培育成一支特别能吃苦、特别能战斗的精英团队。

资料来源：根据中华企业网的内容及相关资料撰写而成。

2. 跨文化管理的实施

对跨文化管理这样一个复杂的问题，英国剑桥大学教授查尔斯·汉普顿·特纳在新加坡南洋理工大学主办的"风云际会对话中国"大师论坛上，简化为三条：同化、规范与融合。[①]

（1）同化。即通过沟通，使外籍员工认同公司的愿景，增强其主人翁意识、归属感以及对公司品牌的自豪感，增进其对公司基本架构和营运情况的了解，帮助他们最大限度地融入公司的日常运作。

（2）规范。即要求企业制定清晰、完整、稳定的公司政策和各种规范，并要求所有中外员工共同遵守，进行规范化管理。

（3）融合。即要发挥中国企业人性化管理的独特优势，在晓之以理的基础上，再动之以情，对外籍员工在工作、学习和生活等各方面，加强人性化的关怀，帮助他们排除陌生感、孤独感。

在同一次论坛上，明基集团全球副总裁洪宜幸提出了自己在跨文化管理上的五点主张：

（1）避免偏见。在确立企业文化时，领导者应该学会用中性词来描述与文化相关的事物，尽力避免或消除文化偏见。

（2）包容其他文化。经营管理者必须学会包容相互不同甚至截然相反的各种文化。

（3）己所不欲，勿施于人。换位意识是文化管理者的必备素质，同样也是跨文化管理者的必备素质。如果一位跨国企业的经理人对自己所在的文化价值体系自视极高，坚持以自我为中心而不顾及他人感受，必将导致不良后果。毕竟，相互尊重是跨文化管理最重要的基础，也是解决一切文化冲突的前提。

（4）注意细节。对于管理者来说，了解其他文化，并有了包容的意识和尊重的态度还不够，他还需要进一步了解其他文化的具体细节，因为对细节的处理能体现一个跨文化管理者的专业素养。

---

① 屈成才，李娜.做好跨文化管理"骏马"变"大象"［EB/OL］.（2005-8-24）［2015-05-06］.http://finance.sina.com.cn/roll/20050824/0250279065.shtml.

（5）在企业核心价值观的基础上建立一种"双赢"的文化，达成一种平衡。这种价值观必须具有开放性、兼容性、持久性等特点，把不同地区的不同文化加以融合，以适应本地化管理的需求。

查尔斯·汉普顿·特纳教授和洪宜幸先生的上述看法无疑对实施跨文化管理具有很大参考意义。

对于一个新创办的中外合资企业而言，在跨文化管理上还有如下值得注意的问题：

（1）跨文化管理前移，在合资谈判中就充分考虑投资各方的文化融合问题，尽早制订跨文化管理计划。

（2）确定专职的跨文化管理人员，具体从事调研、沟通、协调和文化导入与管理工作。

（3）选择适合的管理模式。在对投资双方资本和人力资源投入状况、市场竞争力、管理经验、文化背景以及管理者、员工素质等因素进行综合考量基础上，选择并确定适合的跨文化管理模式。多数情况下，以中外文化融合创新型的模式为首选。

（4）加强跨文化培训。跨文化培训是解决人力资源管理中文化差异问题的基本方法。跨文化培训要达成的目标是，加强人们对不同文化环境的反应和适应能力，促进不同文化背景之间的人们的沟通和理解；将企业共同的文化传递给员工，增强企业文化凝聚力、理解力和执行力。

案例 10-10

联想的文化融合

随着越来越多的中国公司开始了自己的全球化战略，中国电商巨头阿里巴巴或将在9月举行首次的公开募股。但与此同时，它们也面临一些挑战，首要就是中西文化融合的问题。

多年前，曾有一家公司的CEO站在总部的前厅中，佩戴印有"你好，我的名字是……"的标牌，与从大门走进来的每一名员工握手。

联想的两位高管，多元总监友兰达·康耶丝（Yolanda Conyers）和全球人力资源主管乔健（Gina Qiao），所著的新书《联想之道》（《The Lenovo Way》）中所描述的这一场景，这就是个人电脑制造商联想集团的总裁杨元庆在1999年所作出的举动。这本书详细记录了联想从典型的中国公司转型为在60个国家拥有分公司的跨国公司巨头的过程。

以前，联想的员工习惯称呼杨元庆为"Chief Executive Officer Yang"（英文）或"杨总"（中文），这是中国公司中常见的正式的上下级称呼方式。但是杨元庆认为，如此呆板的传统将会阻碍联想向国际化转型。

有一个多星期，杨元庆和他的高层领导团队站在前厅，问候他们的员工，与员工握手和用本名进行自我介绍。乔健表示，尽管如此，还是有不少员工忌惮直呼上司的名字。为加快这个过程的进展，公司领导开玩笑威胁道，要对守旧的员工处以罚款。最终，玩笑成为了现实，但这也终于促成了目标实现。

康耶丝和乔健共同著作的新书中写到，让联想员工的行为减少一些正式化是"一项艰难的推销"。这种主张平等的方式帮助了联想在国际上重新定位，为收购海外公司或与它们建立合作打下基础。

但仅仅告诉员工改变他们的称呼方式是远远不够的。正如二人所提到的，企业文化的改变是一个缓慢而不平坦的过程，往往由一些微小的改变所引导。对联想来说，这意味着在公司美国分部的会议上同时提供茶和咖啡，以满足中国经理人的期望并提醒员工更注意中西方交流中微妙的差异，如西方人习惯随意地插入别人的讲话，而中国人则倾向于等待对方说完后再发言。

联想为人力资源部、战略部和研发部等部门的高层领导人和员工开设了一项名为"东方遇上西方"的为期两天的跨文化培训课程。如今随着联想集团全球化的进一步扩张，课程也被改名为"跨文化管理"。集团的 54 000 名员工中已有几千人参加了培训。

2005 年收购了 IBM 之后，联想成为了世界出货量第一的 PC 销售商，最近两年联想在香港股票交易所的股价几乎翻了一番，达到了 11.82 美元（约合人民币 72.7 元）。

时至今日，联想的转型仍然没有结束，它正向备受消费者青睐的移动设备领域进军。2014 年 1 月 30 日，联想正式宣布以 29 亿美元的价格收购摩托罗拉移动业务。据悉。该项交易进展顺利，有望在年内完成。此外，联想对 IBM 低端服务器的收购目前也在进行中。

正如书中所写："完成的每一次新收购都是新一轮文化融合过程的开始。"联想企业文化转型的道路还没有结束，每一次收购都离它的全球化目标更近一步。。

资料来源：美国《华尔街日报》2014-08-25. 原标题为《联想集团的企业文化变革之路》转引自环球网，http://tech.huanqiu.com/view/2014-08/5119057.html

案例 10-11

部分合资企业跨文化管理的经验

1. 宝洁公司

宝洁公司在跨文化管理中坚守这样的原则：尊重每一位员工，公司与个人的利益休戚相关，有策略地着眼于工作，创新是成功的基石。宝洁重视公司外部环境的变化和发展，珍视个人的专长，力求建立互相依靠、互相支持的生活方式。宝洁的核心价值观，在其全球的任何一个分公司都是一样的。这样的企业文化吸引和造就了一大批持同样价值观的优秀人才全身心地为企业工作，而且还吸引着更多的人才申请加入到该公司。而公司现有的员工工作开心，人才流失率远低于同类型企业。

在宝洁公司，为了让背景不同、性格各异的员工们能依照公司的核心价值观，精诚团结，有效合作，公司会提拔那些认同本企业文化的员工；在新员工进入公司之后不断地将企业文化灌输给每一位员工，并使企业倡导的文化贯穿在整个组织之中。

2. 联合利华公司

联合利华公司在中国一直坚持推进员工本地化进程。联合利华认为本地化的优秀员工队伍及管理层更能理解中国消费者的需求，更能帮助联合利华将其一流的科学技术及其成功经验扎根于中国文化之中，为其在中国的发展奠定基础。1998 年以来，在联合利华中国区工作的外籍员工人数已减少了 80%，目前 90% 的高级管理职位由中国人担任。联合利华每年 6 月到 9 月，在中国的一些重点大学开展招募活动，对象是来年的毕业生。他们为每一位应聘成功的员工精心制订个性化的培训计划，从而勾勒出未来3年他们在联合利华的发展方向，并对最有前途的人员进行3～6个月的海外培训，参与联合利华国外业务。同时，联合利华得益于人员的本土化，在资源、品牌、公司形象等方面也做得非常优秀。多年来，联合利华不仅把海外的先进技术和高品质的产品带到中国，并且与中国的民族品牌进行了结合创新。"有家就有联合利华"，联合利华以中国为家，是联合利华不变的追求与承诺，这正是吸引中国优秀人才的魅力所在。

3．摩托罗拉公司

摩托罗拉公司是靠企业文化吸引雇员的，一旦雇员选择加入摩托罗拉，就加入了这个大家庭，就会留下来。摩托罗拉中国公司通过举办家庭日活动、邀请员工亲属参观工厂及其办公环境和丰富多彩的文体活动，让员工为自己能在这样的公司工作而感到骄傲。

4．可口可乐公司

在中国市场非常成功的可口可乐，把成绩归功于"本土化战略"。在生产经营与品牌形象上，可口可乐乐于以日益本土化的姿态示人，可口可乐最爱援引的一个数据就是：公司在中国的2万余名员工99%来自内地。可口可乐中国公司现有451名职员（不包括各装瓶厂），其中任职副总经理、副总监以上职位的共60人，其中有18位本地员工，占30%，他们均系近一两年内获得提升的。在现任总裁包逸秋看来，总部派来的外籍职员拥有"全球化的经验和国际化的视野"，他们会把自己的经验传给国内员工，帮助他们更快提高，随着本土人才的逐渐成熟，以后外籍职员会越来越少。

资料来源：参见中国经理人网《跨国公司的企业文化塑造》、中国外资网《联合利华的人员如何本土化》和经济学阶梯教室网《可口可乐本土文化的最后堡垒》。

要点总结

（1）本章阐述了企业文化的国际比较与借鉴问题。当今世界，经济全球化必然加速企业文化的国际化，不重视、不了解、不研究企业文化的国际化，必然影响企业的战略思维和价值取向，进而影响科技开发、市场开拓、人才策略、品牌塑造以及整个企业的国际化进程。

（2）日、美、欧是世界上经济、科学技术和管理的高地，也有着比较成熟的与市场经济相适应的企业文化。这三个经济体既是中国重要的贸易伙伴，也与中国的科技文化交流比较多，中国吸收这些国家的资本及向这些国家输出资本也较多，创立了众多的中日、中美、中欧合资企业。因此，研究这些国家的企业文化，吸收其有益的成分为我所用，对于加速中国企业文化的创新与进步，具有重要的意义。尤其是通过分析，我们发现，尽管中国与日、美、欧各国企业文化有不少差别，但可以找到一些符合社会化大生产和市场经济的共同规律、相近价值基点，如人本理念、市场意识、创新精神和社会责任感等，但这些多是中国企业文化中较为薄弱的，值得我们借鉴。

（3）企业文化要坚持民族特色，要以民族文化为根基。但通过比较各国企业文化，也发现东方国家（也包括中国）企业文化存在弊端，如在价值取向上趋于保守，缺乏创新与创造；重和谐稳定，缺乏进取性；重人情关系等非理性的管理，缺乏明确的、追求高效率的理性原则等，需要克服。

（4）改革开放后，中国引入外资和输出资本急剧增加，中外合资企业跨文化管理问题日益突出。跨文化管理是经济全球化和企业国际化经营的必然产物，在全球也是一个新的问题，需要加强理论研究与实践探索，逐步总结出中国跨文化管理的经验和特色。

练习与思考

一、解释概念

集权式管理、团体本位价值观、个人本位价值观、理性思维、非理性思维、跨文化管理

二、复习题

1. 简述日本民族文化传统及企业文化特征。

2. 简述美国民族文化特征及企业文化特征。

3. 简述欧洲文化共性及企业文化特征。

4. 简述中国民族文化特征及企业文化精髓。

5. 简述东方企业文化的特点。

6. 简述西方企业文化的特点。

7. 简述跨文化问题的表现。

8. 简述中外合资企业的跨文化管理模式。

9. 如何实施跨文化管理？

三、思考题

1. 试对东、西方企业文化进行比较分析，并说明相互借鉴企业文化的必要性。

2. 试对东、西方国家内部企业文化进行比较分析。

3. 综合比较和分析不同国家企业文化的特点，说明我们能够从中得到哪些结论和启示。

4. 联系实际，试说明中国企业应从日、美、欧洲国家企业文化中吸收和借鉴哪些有益的成分？

5. 企业文化的流动、传播与资本流动有何关系。

6. 联系实际，说明跨文化管理有哪些难点？

7. 中国企业实行"走出去"战略，从事跨国购并和经营，在跨文化管理上需要注意哪些问题？

8. 从松下、IBM、希尔顿、丰田、西安杨森和联想等公司的案例分析中得到哪些启示？

第十一章　企业文化创新

学习提示

　　企业文化作为社会文化的亚文化，受社会政治、经济、技术、人文和自然与生态环境的深刻影响。外部环境的变化，以及企业自身管理的深化，客观上要求企业文化不断地发展与创新。

　　本章第一节分别从自然资源及生态环境、科学技术环境、经济环境、政治法律环境和社会文化环境五个方面阐述，分析其变化及对企业文化的直接与间接影响；第二节基于经济全球化和知识经济的快速增长给企业经营管理带来的深刻而重大的影响，阐述企业经营管理呈现的若干变化趋势；第三节在探讨企业文化理论研究趋势和实践发展趋势的基础上，揭示企业文化内容的创新与发展方向。

学习要求

　　1. 掌握：未来企业经营管理的变化趋势；企业文化的创新与发展趋势。

　　2. 熟悉：企业文化理论研究与实践发展趋势。

　　3. 了解：各种外部环境变化对企业文化发展的影响度与影响方向；企业文化与外部环境之间的互动关系。

第一节　外部环境分析

企业是一个开放系统，它不能脱离社会环境而存在；自然，企业文化也不能脱离社会环境而生成与发展。因此，要塑造健康并有特色的企业文化，必须认真分析影响企业文化生成与发展的环境因素。

影响企业文化发展的外部环境主要包括社会政治法律制度、社会经济发展状况、行业竞争状况、科技发展水平、民族文化传统、自然地理条件以及企业所处行业的市场情况和所在地区的地方法规、社区文化、风俗习惯、乡土人情等。

本书把企业文化发展的外部环境概括为自然资源及生态环境、科学技术环境、经济环境、政治法律环境和社会文化环境进行阐述。

一、自然资源及生态环境

20世纪60年代以来，西方国家的一些学者越来越多地关注自然资源短缺和生态不断恶化的问题。有人警告说，如果地球上的资源不能保持不断再生，地球有一天将会像缺乏燃料的宇宙飞船一样危险，许多学者对工业污染、生态系统的失衡提出指责和警告；同时，出现了许多环境保护组织，促使一些国家加强了环境保护方面的立法和执法，这些对现代企业都是严重的挑战。

（一）资源短缺

地球上的自然资源可分为三大类：无限供给的、有限但可再生的和有限又不可再生的。无限供给的资源如空气等，总体上是取之不尽，用之不竭的，但污染问题严重，亟待解决；有限但可再生的资源如森林和农产品等，短期内还不会有太大问题，但必须防止过分采伐和侵占耕地；有限又不可再生的资源如石油、煤和各种矿产品，问题最为严重。

如果按目前的消耗量来计算，到2050年更多的矿产资源将告枯竭。这些情况意味着，依靠这些矿产品为原料的企业，将面临成本大幅度上升的问题。因此，这些企业必须积极从事研究与开发，尽力寻求新的资源或代用品。以石油为例，专家预测，世界上已探明的石油资源仅够开发不到70年。作为工业国家的主要能源，20世纪70年代石油危机以后油价猛涨，每桶油价从1970年的约2美元涨到1982年的34美元，2008年世界油价曾突破过每桶150美元大关，给世界各国经济造成了很大威胁。但同时，这迫使人们去大力研究新的能源，如开发太阳能、风能，研制电动车等；也给企业带来了若干新的营销机会，即开发这些行业的产品肯定有光明的前景。资源短缺无疑对企业文化也有直接影响，能源危机意识以及节约传统能源、探索新能源，为子孙后代造福的长远发展意识成为现代企业文化的重要内容。

（二）环境污染

现代工业的发展，对自然环境造成了巨大破坏，水源、空气、土壤被大量污染，这已成为当代社会的一个严重问题。由于公众对自然环境的日益关心，促使许多国家的政府加强了环境保护工作，加强了对自然资源的管理。西方发达国家自20世纪60年代以来，在环境保护方面陆续采取了大量措施。例如，德国自1991年1月起实行严格的环境保护法规，20 世纪 90 年代前因危害环境罪被起诉的案件很少，而现在每年平均有数万宗，并且以 20%～30% 的速率递增；国家要求大部分公司设置"生态经理"。但这种干预往往与经济增长和企业扩大生产产生矛盾，由于许多企业要投资于治理污染，因而不能增加生产设备和就业机会，这就影响了经济增长。目前有些国家的管理当局已注意到这个问题。

中国正处于工业化和现代化的加速期，经济发展与保护环境的矛盾十分突出。为避免重蹈西方"先污后治"的覆辙，中国政府迄今为止已出台的有关环境保护的全国性法律、法规、政策文件上百个，环境保护取得了一定成效，但仍然面临巨大压力。

世界各国政府和社会公众对环境保护的关心，一方面限制了某些行业的发展；另一方面也给某些企业带来了机会，如为治理污染的技术和设备提供了一个大市场，为环保包装创造了营销机会。同时，对企业文化的影响也是巨大的，要求企业要有环境保护意识和可持续发展意识，要有社会长远利益和整体利益的观念。

（三）"绿色营销"

与环境保护问题相联系，近年来在世界各地掀起了"绿色营销"新浪潮。绿色营销发端于西方发达国家，由于生态环境日益遭到破坏，影响了人们对高品质生活的追求，因此自 20 世纪 60 年代以来，"保护环境、珍惜地球"的呼声日益高涨。1972 年联合国在瑞典第一次召开人类环境会议，发表了《斯德哥尔摩人类环境宣言》，向世界提出"人类只有一个地球"的强烈呼吁。1978 年，西德首先提出"蓝色天使"计划，向达到一定生态环境标准的产品颁发蓝色天使标签；美国和加拿大在 1988 年也开始实行环境标志制度；日本在 1989 年实行了"生态标志"计划。绿色营销的浪潮从食品开始，不断扩展到其他行业，绿色电器、绿色建筑、绿色原料等相继出现，绿色市场、绿色商业、绿色服务等也蔚然兴起。中国的绿色营销是 20 世纪 80 年代后期起步的。1989 年，农业部正式提出"绿色食品"的概念，1992 年11 月，国务院批准成立了"中国绿色食品发展中心"，1994 年 5 月正式成立了"中国环境标志产品认证委员会"，制定并颁发了一系列有关的规定和标准。在政府的支持下，绿色食品、无氟冰箱、低毒涂料、无铅石油等绿色产品以及绿色商店大量出现。

随着绿色营销观念的逐步深入人心，不但要求企业制定相应的绿色营销策略，开发绿色产品、绿色包装，强化绿色分销、绿色物流、绿色促销，实行绿色价格、绿色服务和绿色管理，推行绿色公关、绿色广告，树立绿色形象等，而且要求企业建立绿色文化，关注社会环境，讲究商业道德，追求人类社会的长期利益，与消费者共创安全优质的生活方式。

总之，在全球资源紧缺，自然生态环境不断恶化的情况下，企业文化必须适应与自然环境的协调，改变企业以自我为中心、以眼前经济利益为中心的文化，树立注重社会利益、关爱人类生存环境，谋求长期发展的现代企业文化。

资料 11-1

中国自然资源消耗速度过快

设在瑞士的世界自然基金会发表的一份报告称，中国正在以可持续能力两倍的速度消耗农田、木材和水等自然资源。未来 20 年对纠正这种情况，使这个亚洲巨人繁荣发展的经济走上可持续发展道路至关重要。

自 20 世纪 60 年代以来，中国的平均"生态足迹"（一种衡量标准，即满足人口中每个成员平均现有生活方式需要多少肥沃农田和陆地水资源）增加了一倍，现在的需求是全国生态系统可持续供应数量的两倍多。中国的"生态足迹"是每人 1.6 公顷。这表明，为了保持中国 13 亿人口（占世界人口的 1/5）每个成员的现有生活方式，要么将土地和水域的面积扩大一倍，要么将生态足迹削减到每人 0.8 公顷。

美国"全球足迹网络"称，全球平均足迹是每人 2.2 公顷，明显多于实际可利用的 1.8 公顷。到 2050 年，按照当前水平的自然资源利用和废物处理状况，人类就需要另一个地球。

世界野生动物基金会提出了解决中国问题的两个战略，首先是使用简单、廉价和受欢迎的措施，比如投资清洁技术并使用节能电灯泡。此后，中国可以采取更广泛的措施，比如高密度城市化进程、采取个体行动、减少隐蔽的废弃物流动、减少碳排放、管理好土地并改进效率等。

资料来源：根据《证券市场导报》2008 年第 9 期同名文献等相关文献整理。

二、科学技术环境

科学技术影响人类的前途和命运，是最强大的生产力。科学技术的进步对企业发展的影响，更是直接而显著。第二次世界大战后，科学技术迅猛发展，尤其是包括原子能、电子计算机、信息技术、空间技术和生物技术在内的新的技术革命，造就许多新的行业，新的市场机会，同时也给某些行业带来威胁。特别是互联网和智能制造等新技术的发展，给企业经营和管理带来的影响更是深远的。所以，有人把这种科学技术称为"创新性的破坏力"。

（一）技术变化的步伐加快

许多今天认为很普通的技术性产品，如复印机、合成洗涤剂、袖珍计算器、石英手表等，在 40 多年前是不可想象的；1926 年美国曾有人认为商业电视"犹如白日做梦"；1948 年有人预言人类在月球登陆还需要科学家再努力 200 年；10 年前人们对 3D 打印技术还了解甚少。许多新技术、新发明的迅速普及推广，为人们所始料不及。40 多年前，阿尔文·托夫勒在《未来的冲击》一书中预言，新技术的发明、发展和传播，从构思到实现的时间将越来越短，新产品从开始上市到大量投产的时间也将大大缩短；30 多年前，他在《第三次浪潮》一书中又预言，未来生活将全面电子化，人们不出家门便可通过计算机系统进行学习、工作、购物和娱乐等活动，如在家接受工作单位的指令，查阅公共图书馆的资料，通过电视购买商品等。家庭成为生活和工作的"单位"，家庭成员结合得更加紧密，同时工业化造成的污染也将减少。高度的电子化将使消费模式发生重大变化，给企业的生产和销售带来实质性的影响。阿尔文·托夫勒的这些预言早已变成了现实。科技的迅猛发展，人们工作方式和消费方式的变化，对现代企业文化都产生了直接的影响，如人们要求更加自主，有更宽松的工作环境，更重视自我价值的实现等。

（二）创新的机会增多

由于新技术革命迅速发展，也由于互联网的普及，现代市场上创新的机会无穷无尽，凡是人们所需要的新产品或劳务，总有源源不断的新构思出现，而且在技术上能很快有所进展。各国科学家们正在开发的新技术和新产品，如二氧化碳循环利用技术、绿色能源技术、基因技术、防治癌症和艾滋病的药物、电动汽车、海水淡化、智能机器人、有效而又无副作用的避孕药品，等等。这些研究实验不仅是技术性的，而且是商业性的。企业可以在顾客购买力允许的范围内，将新技术产品导入目标市场。这种变化不仅要求企业要树立强烈的创新意识和冒险意识，要有敏锐的市场眼光，而且要有面向全球和面向未来的文化理念。

（三）研发费用提高

随着新技术的不断涌现，产品的生命周期不断缩短，50 年前产品的生命周期平均约为 8 年，30 年前是 5 年，20 年前缩短到 3 年，到今天，技术创新加速，加上新生的 E 时代群体消费观的驱动，不少产品仅有一年甚至几个月的生命力。各国企业为了在新产品的竞争中占据制高点，纷纷加大研发投入，研发费用在销售收入中比重越来越大。例如，杜邦公司的实验站拥有 30 幢大楼，集中了数千名化学家和工程师，大多数具有博士学位，每年耗资十几亿美元进行基础研究与新产品开发；奔驰公司拥有近万人的庞大研究队伍，2012 年研发投入高达 56 亿欧元；吉列剃须刀，产品虽小，但以数亿美元的投入获得 23 项世界专利，因而创造了"面颊上的革命"，全球市场份额达到 70% 以上。很多知名公司的研发投入都很惊人。如表 11-1 所示。

表 11-1　部分著名公司研发费用投入占销售收入的比例

投入排序	公司简称	国别	投入年份	投入比例（%）
1	武田	日本	2010	29.5
2	默克	德国	2010	27.6
3	百健艾迪	美国	2013	26.6
4	高通	美国	2011	23.2
5	罗氏	瑞士	2011	22.5
6	默沙东	美国	2009	21.3
7	阿尔卡特朗讯	法国	2011	16.7
8	爱立信	瑞典	2011	15.5
9	英特尔	美国	2011	15.1
10	华为	中国	2014	14.2
11	谷歌	美国	2011	13.6
12	思科	美国	2011	13.2

资料来源：根据相关资料整理。

很多公司的巨额研发投入，也获得了可观的专利授权。如表 11-2 所示。

我国华为公司上榜美国专利授权 50 强的企业，名列第 44 位。企业除自己投入巨资进行技术研发、取得专利外，还通过购买专利等多种途径取得新技术。这种变化要求企业树立强烈的科技兴企意识，树立尊重知识、尊重人才，善于博采众长、借力发展等文化理念。

表 11-2 2015 年美国专利授权数排名前十公司

排名顺序	公司简称	国别	专利授权数
1	IBM	美国	7 355
2	三星	韩国	5 072
3	佳能	日本	4 134
4	高通	美国	2 900
5	谷歌	美国	2 835
6	东芝	日本	2 627
7	索尼	日本	2 455
8	LG	韩国	2 242
9	英特尔	美国	2 048
10	微软技术许可	美国	1 956

资料来源：美国专利服务机构 IFI Claims：2015 年度美国专利授权量统计报告。

（四）技术革新的法规增多

近年来，由于新技术的迅速发展和新产品的大量涌现，导致一些不良后果的出现，因而一些国家的政府对新产品的检查和管理日益加强，对安全与卫生的要求越来越高。以致西方有些公司花费巨资开发的新产品，由于政府认为不安全，结果被迫从市场上收回。除了政府的管制外，社会上还有些人反对科学技术的随意商业化和对自然的过度开发，要求政府在新科技用于商业之前进行严格评估。他们认为，大规模的科技创新，会对大自然、个人生活、环境卫生以至整个人类社会造成威胁，因而主张以自行车代替汽车，以天然食品代替合成食品，以天然纤维织物代替化学纤维织物。他们也反对核工业、高层建筑、公园和风景区的游乐设施等，认为这些会破坏自然界生态平衡。这些变化对企业决策、经营方向、产品开发以及与此相适应的文化观念都会产生影响。

不容忽视的是，科学技术的迅速发展及对经济发展的巨大促进作用，使得科技人员在企业员工中比重日益增多，其地位也越来越重要。这不仅要求企业必须树立科学技术是第一生产力的理念，千方百计在企业内部营造重视科技的文化氛围，而且还要看到脑体劳动者比例关系的变化给企业文化带来的重大影响，企业必须重视教育的投入，重视管理方式的变革，正确处理好科技人员与一线劳动者的关系，承认差别，建立有效的激励机制，为科技人员实现自我发展、实现自我价值创造良好的条件。

三、经济环境

经济环境包括社会生产力发展水平以及由此决定的居民生活水平和生活方式，经济体制以及与此相联系的国家管制、企业制度等。目前，市场经济的浪潮波及世界上绝大多数国家，尽管 2008 年以来的金融危机拖慢了世界经济的脚步，但经济全球化的大趋势没有变，科技迅猛发展的大趋势没有变，社会生产力水平在不断提高。全球化和信息化推动着市场竞争的加剧；日益提高的消费层次和消费需求的多样化，使得企业之间的竞争不断升级。企业所面对的经济环境的巨大变化，使企业经营方式、管理方式与企业文化面临新的挑战。

（一）社会生产力迅速发展

最近三十年来，在经济全球化发展的大背景中，中国逐渐融入世界，经济发展一枝独秀，创造了持续的经济繁荣，社会生产力以前所未有的速度得到发展，GDP总量跃居世界第二位，人均GDP已经突破8 000美元（2015年为8016美元），正在向高质量的小康社会迈进。尽管同发达国家比较，中国物质基础、经济现代化程度还有一定差距，但是，中国早已告别短缺经济的温饱阶段，人们生活水平普遍提高，生活方式快速向追求高质量、高品位、个性化方向转变。

作为消费者，他们会对产品从品种到质量，从商标到品牌，从文化内涵、艺术价值到社会价值等方面都提出更高的要求。以人们的消费观念变化而论，20世纪80年代时，生产力发展水平相当低，许多人连温饱都没有解决，于是人们只能追求生活数量的满足，即将基本物质需求的满足作为最大愿望。消费者对产品数量的重视远甚于对产品质量的重视，即使对于产品质量的追求，也主要是要求坚固耐用。90年代以后，由于生产力水平的提高，社会产品总量大大增加，商品品种日益丰富，消费者选择商品空间不断扩大，引起了消费观念、消费结构、消费时尚的变化。这时，人们在生活数量和生活质量之间，更加追求生活质量的满足与提升。因此，消费者对商品质量越来越"挑剔"，他们不再将坚固耐用作为最重要标准，更看重产品的款式、颜色、功能、包装等"感性"的东西。而现在，进入品牌时代和网络时代，人们更看重商品的独特性、时尚性，更看重消费体验和品牌的文化内涵，更看重服务的便捷性和附加值。面对人们的生活水平提高以后消费需求的高质化、多样化和个性化，一个企业若不能满足消费者的需求，消费者就会用货币选票，把企业赶出市场舞台。

作为企业员工，他们会对企业从物质待遇和工作环境到晋升机会和发展机会，从人际氛围到企业管理方式和企业文化等方面提出更高的要求。20世纪80年代，企业员工对工作报酬非常在意，只要企业效益好，能向员工提供较好的工资待遇，就能激发员工的积极性，赢得员工对企业的忠诚；同时也会形成企业对社会人才的吸引力。进入21世纪以来，随着员工物质生活条件的巨大改善和文化环境的改变，他们越来越追求精神生活的满足和提高。这时，他们不仅重视眼前的工资福利，更重视企业长远的发展前景；不仅重视工作环境的安全性、稳定性，而且对企业的人际环境、文化氛围、自我实现的机会、发展的机会等精神方面的因素越来越注重，提出了更多的民主要求，希望有更多的机会参与企业创新活动，参与企业的经营管理等。同时，他们还对领导者的素质提出了更高要求，希望领导者更有预见力，更有人情味和人格魅力，更有社会责任感。今天，对于很多白领而言，他们跳槽已不单单是为了工资待遇，更重要的是考虑有无自我实现和谋求发展的机会和空间。在这种情况下，一个企业若不能满足员工更高层次的需求，员工就会消极怠工或"跳槽"，使企业失去活力或宝贵的人力资源，因而丧失发展的能力。

因此，社会生产力迅速发展带来的人们生活水平、生活方式、工作方式等的重大变化，要求企业彻底改变以企业为中心的传统经营管理理念，对外塑造以顾客为中心的经营文化，对内塑造以员工为中心的管理文化。

（二）市场经济体制逐步完善

市场经济体制是在价值规律作用的基础上由市场配置资源的经济体制。在经济全球化进程中，越来越多的国家走上市场经济的发展道路。在自然经济社会，社会生产最基本的细胞是家庭，这是由血缘关系组成的经济组织，是为消费目的而进行的简单再生产。而在市场经济社会，社会生产最基本的细胞是企业，这是突破血缘关系限制而靠资本、技术、人才等组成的经济组织，是为交换目的而进行的扩大再生产。与自然经济相比，市场经济体制最突出的特点有两个，一是生产要素的自由流动与交换，二是经营主体之间的自由竞争。从发达国家来看，由于不同国家走上市场经济道路的时间不同，国内资源状况、经济基础、民族文化传统等条件不同，因而形成了不同的市场经济体制类型。如以英、美为代表的市场经济体制，主张最大限度的自由竞争，主张社会的经济结构应建立在私人追求财富的基础上，认为国家只有在私人经济出现了办不了、办不好的事情时才行干预之权；以日、德为代表的市场经济体制，强调国家政权在促进经济发展及减少社会各阶层冲突中的作用，如主张通过法律要求企业法人治理结构中必须有相关各方代表，特别是工人代表参加，以保护工人的利益。两种不同的市场经济体制造就了不同的企业文化特色。前者人文主义、竞争与效率的色彩浓厚，认为人最可宝贵，追求能力主义，倡导创新和竞争精神，鼓励自我奋斗和自我价值的实现，褒扬财富和创造财富的人；后者则强调社会经营和社会责任的理念，重视企业与员工关系的协调，倡导团队精神或参与管理。

中国目前已经初步建立了社会主义市场经济体制，正在紧紧围绕使"市场在资源配置中起决定性作用"而进行深化改革，企业通过制度创新，逐渐成为市场竞争的主体；同时又要看到，我国市场体系还不够完善，有些要素市场发育不完全，市场机制不够健全，市场行为不够规范；国有企业还面临深化改革的艰巨任务。改革的目标是建立完善的社会主义市场经济体制，把社会生产的各个环节全面纳入市场轨道，加快形成统一开放、竞争有序的市场体系，着力清除市场壁垒，提高资源配置效率，在发挥市场决定性作用基础上完善宏观调控。

伴随着社会主义市场经济体制的逐步完善，企业面临的外部环境将更加开放，生存和发展的空间更大，经营机会与风险同时增加，竞争也更加激烈并趋于理性。近几年来，中国经济进入"新常态"，产业结构不断优化升级，创新成为经济发展的主要驱动力。企业面对这样的经济环境不仅要有更加开阔的经营视野，更强烈的创新意识，更高的经营智慧以及更加灵活高效的管理系统，同时要求企业推进企业文化的全面创新，即革除计划经济体制环境中生成的文化基因，如依附思想、求稳意识、官商意识、家长制作风，以及政企不分造成的企业领导人追求仕途的思想等，培植与社会主义市场经济体制环境相适应的新的文化基因，如以市场为导向，自主经营，敢于竞争和承担经营风险，强化质量、服务、效率和品牌意识，积极开拓创新，追求卓越；依法经营，讲求信用，主动承担国家责任和社会责任；在管理上坚持以人为本，把建立在合同契约基础上的企业与员工的关系提升为利益共享、风险共担、价值共现的精神命运共同体关系，努力提高员工的素质，充分调动员工的积极性，广泛吸收员工参与管理等。

四、政治法律环境

政治法律环境是指国家的政治制度和国家制定的有关法律和政策，是企业文化发展中的上层建筑环境。企业文化是企业的意识形态，或者说是企业的上层建筑，它必然会受到国家政治制度及法律政策等上层建筑的制约和影响。

（一）政治制度

国家的政治制度对企业文化的影响主要表现在为企业提供的政治价值观和处理各方面关系的总的政治原则。

从当前世界各国所采用的不同政治制度来看，最有影响力的是资本主义政治制度和社会主义政治制度。两种不同的政治制度对企业文化具有不同的影响，决定着企业文化的不同发展方向。资本主义政治制度代表资产所有者利益，它所倡导的社会价值观，是站在资产所有者的立场上处理与自然界、人类社会的关系的。这种政治制度崇尚自由竞争，刺激资本追逐利润最大化，但无政府的竞争往往造成社会资源浪费、社会成员贫富不均、劳资关系对立和冲突。尽管现在的资产者已经从粗暴的"海盗"变成文质彬彬的绅士，管理中充满了人性与温情，但由于资本主义政治制度所决定，企业文化的本性是不会变的。社会主义政治制度体现全体人民的利益，保证人民当家做主的权利，劳资之间根本利益是一致的；社会主义发展市场经济，但能够通过政府宏观管理克服过度竞争和无政府状态的弊端；社会主义制度追求逐渐缩小贫富差距，逐步走上共同富裕的道路。

中国是社会主义国家，其政治制度具有优越性。当前中国还处在社会主义初级阶段，面临着大力发展社会生产力，实现"新四化"的艰巨任务。在中国共产党领导下，中国非常明智地选择了社会主义市场经济体制，全面建成小康社会、实现中华民族伟大复兴"中国梦"的共同愿景，以及建设社会主义核心价值体系的任务十分明确；党和政府鼓励人民群众追求幸福美好的生活，承认他们的劳动所得和财产的合法性；社会主义市场经济蓬勃发展，政治民主化进程不断加快。

社会主义政治制度对企业文化的引导作用，主要体现在马列主义、毛泽东思想、邓小平理论、"三个代表"重要思想、科学发展观和习近平总书记系列重要讲话精神的指导，体现在社会主义精神文明的引导，体现在党中央提出的全面建成小康社会的目标、"四个全面"战略布局和"五大发展理念"的贯彻落实上。企业文化管理应与企业思想政治工作紧密结合，体现明确的政治方向、强烈的政治责任感和社会责任感；弘扬社会主义的道德风尚，加强爱国主义、集体主义、社会主义教育，提高劳动者的素质，培育有理想、有道德、有文化、有纪律的社会主义劳动者；在企业管理中坚持以人为本，体现劳动者的民主权利，建设和谐文化，强调尊重知识、尊重人才，充分发挥劳动者的积极性和首创精神；在经营上强调经济原则与道德原则相结合、经济效益与社会效益相统一等。

（二）法律制度

法律制度对企业文化的影响作用，主要表现在：一是界定企业文化发展的法律边界；二是为企业文化提供处理利益关系的基本依据和准则。

第二次世界大战后，发达国家的法律制度正在越来越多地影响着企业的经营、管理与文化。法律制度的变化有三个明显趋势。

1.管制企业的立法增多

主要是强化了保护企业间公平竞争、限制垄断的立法；增加了保护消费者权益、制止企业非法牟利的立法；制定了保护全社会的整体利益和长远利益，防止对环境的污染和破坏的立法。

2. 政府机构执法更严

在增加立法的基础上，建立了严明的官方执法机构。光是在美国，就有联邦贸易委员会、联邦食品和药物管理局、联邦动力委员会、消费品安全委员会、环境保护局等执行机构，这些机构对企业的经营决策和经营行为有越来越大的影响力和制约力。

3. 公众利益团体力量增强

在发达国家，公众利益团体被称为"压力集团"，对立法、执法和舆论有很大影响力。如在美国，据估计八个主要的利益团体所吸引的成员和拥有的基金，比美国的两大政党还多。对企业经营有直接影响的，主要是消费者保护和环境保护方面的团体。公众利益团体得到法律认可，对企业经营行为具有较大的约束力。

中国改革开放以来，法制建设不断加强，与企业经营行为相关的法律日益完善。为了推动现代企业制度，保护公平竞争，保护消费者和企业员工利益，规范经营者行为，相应出台各种有关的法律法规。尤其是产品安全、环境保护等方面的法律建设日益加强，这些法律法规在中国市场经济发展过程中发挥了重要作用。与法制建设相适应，中国的"公众利益团体"——消费者协会也得到很快发展，在贯彻《中华人民共和国消费者权益保护法》，维护消费者权益方面做了大量工作，发挥着日益显著的作用。应该说，随着社会主义市场经济体制的不断完善，中国的法律体系也将越来越健全，各种经济立法会越来越多、越来越细，政府执法会更加严格，各种消费者保护组织和环保组织的力量也会越来越强大。法律制度的日趋完善，要求企业不仅要有很强的法制观念，像运动员遵守比赛规则一样遵守国家的法律，在法律许可的范围内从事经营活动；同时要善于应对消费者保护和环境保护力量的挑战，坚持以顾客为中心的经营理念，树立环保意识和社会责任意识，建立起在依法经营、维护社会整体利益条件下的与顾客、员工、股东共同分享价值、共同成长的新型企业文化。

五、社会文化环境

（一）社会文化对企业文化的影响

社会文化环境是指一个国家、地区或民族的传统文化，如风俗习惯、伦理道德观念、价值观念等。社会文化具有持续性，世代沿袭传承，并且不断得到丰富和发展，它影响着人们的思维方式和行为方式，对人们的工作、生活以及社会交往都会产生直接的影响。在一定的历史时期形成的企业文化是社会文化的一种亚文化，与社会文化环境背景相互呼应、相互推动，是一般与个别的关系。一方面，企业文化以社会文化为其成长的肥沃土壤，从社会文化中吸收营养，伴随着社会文化的发展而发展；另一方面又有自身的演变规律，以自身的创新与创造，向社会不断输送新的文化因子，从而影响整个社会文化的进步。这里主要分析社会文化对企业文化的影响和制约作用。

世界各国的企业文化无一不成长于社会文化的摇篮之中，其特质无一不打上民族文化的烙印。中国历史悠久，民族文化博大精深，在很多方面，特别是儒家文化中的人本思想、和谐思想、团体意识等均具有现代价值，对于维系市场经济利益主体之间的平衡，克服盲目竞争、肆无忌惮地向大自然索取带来的弊端，对于创造和谐的、带有人情味的管理模式具有重要的指导意义。当代，中国的社会文化中体现着中国共产党的理论精髓与优良传统、中华传统文化、社会主义精神文明以及现代科技精神和市场伦理，这些都直接影响或决定着企业文化的发展内涵。可以说，中国的社会文化，是中国企业文化管理的精神源泉。在企业文化管理中，应克服盲目崇拜发达国家的心理，建立民族自尊，振奋民族精神，善于从中国社会文化中汲取营养，这样，才能使企业文化找到根脉，形成特色，产生持久的生命力。

（二）地域文化对企业文化的影响

1. 地域经济文化发达状况对企业文化的影响

地域经济文化发达程度不同，对企业愿景、价值观、风气的形成有着直接的影响。从中国来看，地域性经济文化差距明显，东南沿海地区经济文化发达，有青岛、上海、广州、深圳、宁波、杭州、厦门、福州等若干经济活跃、文化繁荣的中心城市；也有因地理环境、交通条件、经济政策等方面的影响，经济文化发展相对较慢的内陆，尤其是西北地区。因此，处于不同地区的企业，因市场需求差异、信息来源差异、竞争性差异以及员工素质差异等，使得企业的文化理念及风格出现差异性。经济文化发达地区的企业，其文化导向和风格更加市场化，开放意识、创新和竞争精神、时效观念更突出；经济文化欠发达地区的企业，其文化导向和风格趋于保守，更加凸显艰苦奋斗和无私奉献精神，更加勤奋和朴实无华。

2. 地域文化底蕴与传统风格对企业文化的影响

不同的地域文化底蕴与传统风格给不同地域的企业文化打上鲜明烙印。比如，北京与上海目前在企业文化上的差异，明显地与"京派文化"和"海派文化"对两个地区企业长期不同的影响有关。"京派文化"讲正义、讲政治、讲大局。如2011年，北京提出了"爱国、创新、包容、厚德"的"北京精神"，浓缩了京城的历史与传统，体现了北京时代风貌与精神特质。同时，"京派文化"中也有讲等级，重关系、面子的传统，也残留受八旗子弟遗风影响所形成的重志轻功、重言轻实乃至"天桥把式光说不练"的旧习。"海派文化"中所蕴涵的创新、冒险、竞争以及精明算计的意识和作风，与市场经济有很强的亲和力。如上海在改革开放中迸发出来的旺盛经济活力与"海派文化"就有直接关系。当然，"海派文化"也有一些劣根性，其中异常突出的是功利性和崇洋思维模式。因此，处于不同地域的企业，要研究本地区文化的特点和风格，积极吸收本地区文化的精华，摒弃糟粕，有效地开发本地区的文化资源。比如，地处鲁南的沂蒙山区，是著名的革命老区，也是齐鲁文化的发源地，企业在建设自身文化过程中，就应积极吸收革命老区文化和齐鲁文化中诚实、淳朴、和谐、仁爱等优良传统和革命战争时期沂蒙人爱国、奉献的革命传统。

3. 地域商帮文化对企业文化的影响

中国明清时代形成了"十大商帮"，虽然多数已经没落，但其商帮文化仍然对当地企业文化产生着持续性影响，近些年也有不少企业在深入挖掘商帮文化的优秀基因为今所用、为我所用。

中国十大商帮，其文化传统与经营理念各有特色。例如，晋商帮：学而优则"贾"，义中取利，信誉第一；徽商帮：贾而好儒，诚信为本，财自道生；龙游商帮：敢为天下先，海纳百川，宽以待人；洞庭商帮：审时度势，把握时机，稳中求胜；江右商帮：贾德质朴，广泛从业，小本经营；福建商帮：自强不息，爱拼会赢；广东商帮：追求厚利，既和且平；山东商帮：质朴单纯，重土安命，豪爽诚实；宁波商帮：灵活善变，卓尔不群，开拓创新；陕西商帮：追逐厚利，生财有道。这些商帮在多年前经营中形成的文化，尽管时过境迁，但作为一种文化精神，延绵不断，影响至今，在当地的企业中还有体现。具有深厚商业文化底蕴的各商帮活动地区的现代企业，应该继承本地商帮文化中的积极因素，古为今用，彰显特色。

"十大商帮"中没有概括进去的地域商业文化，也可以深入挖掘与概括。比如，"十大商帮"中没有"京商"，实际上经过研究，证实"京商"是客观存在的。3 000多年的建城史和860多年的建都史，孕育了个性鲜明的"京商"文化。"京商"具有的精诚守信、精益求精、包容和谐、以客为尊、敢于担当、学习创新、前卫时尚和卓越一流的文化精神以及儒气、和气、官气、贵气与义气等文化品格，这些深深地影响着北京企业文化的走向与风格。对其精华部分，我们也应该很好地传承与发扬。

总体来讲，利用地域文化既要善于挖掘、学习、利用和弘扬，又要善于在分析、比较的基础上，弃弊兴利，激浊扬清；同时善于借鉴其他商帮和地区的文化精华，从而创造出一种既传统又现代，既有地域个性又有中国以至于世界共性，既反映本企业魅力又体现市场经济共同伦理的优秀企业文化。

第二节 经营管理新趋势

进入21世纪以来，企业所面对环境的最显著的特征是：市场全球化进程加速，创新成为经济增长的引擎，市场竞争越来越理性化、规范化，包括信息技术、网络技术、生物技术、人工智能和新能源等在内的技术革命正在催化着企业经营、管理组织和文化的深刻变革。

一、知识、信息要素与知识所有者地位

（一）知识与信息成为稀缺资源

在传统企业，稀缺的资源是资本，其生产过程主要是资本与劳动者结合的过程，资本所有者在企业权利关系中处于主导地位。随着生产力的进步，资本的极大丰富，科技水平的提高以及劳动分工的细化，知识与信息的重要性凸显出来，知识与信息成为生产要素，稀缺资源逐渐由资本转向知识与信息，或者说知识、信息与资本同等重要，其生产过程是资本、知识、信息与劳动的结合过程，因此导致知识所有者和参与者的权利加大。知识经济与信息技术正在改变着传统企业制度的特征。

（二）知识所有者地位提高

在知识经济环境里，企业制度最大的特征是知识所有者和资本所有者共同治理企业。资本所有者以其投入的资本数量在企业权利关系中获得自己应有的地位，知识所有者以自己的技术创新能力、制度创新和管理创新能力在企业权利关系中获得自己应有的地位。从发展趋势来看，随着知识所有者的地位不断提高，未来不是资本所有者而是知识所有者，尤其是拥有制度和管理创新能力的知识所有者决定企业的命运。因此，在未来企业的治理结构中，其主要矛盾逐渐由处理所有者和经营者的关系转向处理资本和知识两类所有者之间的关系。知

识所有者不仅要占有越来越多的股权，而且在企业决策中将发挥主要作用，并将由这些人决定企业文化的主脉和方向。企业董事会的主要职能可能要发生较大的变化，其重大决策职能相当一部分要转交给知识所有者的代表，如首席执行官及其经营团队等，董事会的职责主要是决定特别重大的投资事项和高级管理人员的聘任及年薪待遇等问题。

二、企业核心能力与竞争优势

（一）企业核心能力的概念

随着知识经济的发展和经济全球化的加速，信息共享，科技成果日新月异，市场无界，需求变幻莫测，眼前拥有的市场会悄然变化，企业的盈利能力也会突然下降。企业唯一的选择是制造差别优势，培育核心能力。因此，企业战略的重点将从提高市场扩张能力转向培育企业核心能力。

企业的核心能力至今没有一个统一的概念界定。有人认为，企业核心能力是指在产品创新的基础上，把产品推向市场的能力；有人认为，它是指企业独具特色并为企业带来竞争优势的知识体系；也有人认为，它是指少数几个知识领域或几个关键技术。

按照国际著名战略学家哈默尔和普哈拉的说法，企业核心能力指组织中的积累性学识，特别是关于如何协调不同生产技能有机结合的各种技术交流的学识。本书认为，企业核心能力应该包括企业特有的技术体系以及与之相适应的管理模式和文化，即包括三个要素：技术力、管理力和文化力，三者处于不同层面，有机组合、动态平衡，保持企业在一定时期内的优势地位。

（二）核心能力决定竞争优势

企业核心能力不能从市场交易中获得，它是一个企业不断学习、创造、积累的结果，是独一无二、很难被其他企业模仿的，也是不能被其他资源和能力所替代的。企业培育核心能力的目的是向顾客提供比竞争对手更大的利益，即通过拉开与竞争对手的差距获得竞争优势，同时也使企业形成持续盈利的能力。

企业的寿命长短并不在于企业规模大小，或者说并不在于市场占有率，而在于赢得未来的竞争：能给客户提供多种新形式的利益，并掌握提供给客户利益不可或缺的新能力。全球动态市场专家哈默尔和普哈拉指出，当一家公司的梦想与其自身的能力结合时，一个全新范畴的潜在机会将因此而开启。

企业战略重点转向培育核心能力这一重大变化，促使企业理智地在眼前利益与未来发展能力之间找到最佳结合点，注重特有技术的保护、使用与创新，注重通过业务流程再造和管理变革，创造高效的管理模式，实现虚拟经营和盈利模式的创新，尤其注重构塑能够适应并推动上述技术与管理实现最佳组合、产生最大效率的企业文化。

三、企业资源配置的区域化与全球化

（一）企业国际化的大趋势

金融危机以后，新贸易保护主义抬头。但世界各国经济相互依存度、相互渗透度仍不断提高，经济区域化和全球化是不可阻挡的潮流。企业的国际化进程加快，从资源与市场的国际化，到管理与技术的国际化，再到生产国际化、人才国际化，全方位的国际化势不可当。从跨国公司的发展轨迹看，经过"国内国际化""销售国际化""生产国际化"和"研究开发国际化"四次浪潮的洗礼，其数量越来越多、规模越来越大，目前已出现第五次浪潮——无国籍公司。无国籍公司面向全球市场，在全球范围内进行资源配置，生产经营活动享有更充分的自由，其生产的产品也将成为名副其实的"全球产品"。

案例 11-1

波音飞机的全球化

波音飞机是美国产品，但波音飞机的零部件却在全球 70 多个国家生产，最后在西雅图组装，这就是生产全球化。世界 70 多个国家成千上万的中小企业参与了波音飞机的制造，中国西安、上海、成都的工厂就给波音飞机生产尾翼，全世界天空上飞的 3 000 多架波音飞机的尾翼都源自中国；同时，沈阳的工厂为波音飞机生产舱门，重庆的工厂提供锻造件。所以中国也成为波音零部件制造商之一。波音公司在全球的生产和投资，形成了很长的波音飞机的生产链。

波音公司最新生产的 787 大型客机可以说是在全世界外包生产程度最高的机型。按照其价值计算，波音飞机公司本身只负责生产大约 10%——尾翼以及最后组装，其余的生产是由该公司关系密切的遍布于全球各地的 40 个合作伙伴来完成：飞机机翼是在日本生产的，碳复合材料是在意大利和美国其他地方生产的，起落架是在法国生产的。至于其数以万计的零部件，则是由韩国、墨西哥、南非等国来完成的。

有人曾问波音总裁："你们美国完全可以自己生产波音飞机，为什么要把这么多的利益让 70 多个国家分享？"他说，美国虽然科学技术很发达，但不是在所有的零部件生产方面都具有比较优势。比如说像舱门这些部件，放在中国生产，远远比在美国生产成本要低得多；还有飞机的仪表仪器，德国和瑞士造的比美国造的质量还好。这样做还可以避免汇率风险。

资料来源：根据 http://news.carnoc.com/list/93/93880.html 的内容及相关资料整理而成。

（二）中国企业的国际化

伴随着中国经济崛起，"一带一路"战略的实施，中国企业全球化的趋势不可逆转。一方面，在国内市场，中国的企业就在与上万亿美元的外资直面竞争。近年来，外商在华投资规模扩大，领域拓宽，方式多样，世界 500 强公司中已有 490 家在中国投资。这种在国内市场进行的国际竞争，既对中国企业是个冲击，也给中国企业带来了先进的技术与管理，使中国企业受到了锻炼，同时加速了中国市场的成熟。另一方面，中国一大批企业也在立足国内市场的基础上，冲破市场阻隔，不仅把产品推向国际市场，而且在境外上市，筹措国际资本，在境外直接投资，建立研发机构，在国际市场上招聘人才，利用世界先进技术，并且把生产基地建在国外，实现生产国际化。如海尔集团"三个三分之一"的国际化战略的实施即取得了较好的效果。伴随中国逐渐成为资本净输出国，2015 年中国累计对外投资总额超过 1 万亿美元。资源配置、研发、生产和销售市场的国际化，带来企业经营理念、组织机构、人员结构和管理方式等方面的一系列变化，跨文化管理问题日益突出，企业文化的发展必须与之相适应。

四、互联网与信息技术的使用

（一）互联网改写企业经营

经济学上有一个"梅特凯因定律"，认为"互联网的价格等于其外延的平方"。说明网络经济的价值远远超越传统经济的价值，互联网带来的经济增长不是以算术级数来计算，而是以几何级数来计算的。以互联网和现代信息技术于全球化普及为重要标志的信息革命，可以说是人类历史上继农业革命、工业革命之后发生的又一次新的技术革命，前两次技术革命其本质都是提高生产效率，信息革命把计算机、互联网与现代通信技术结合，突破时空概念，加上大数据、云计算、物联网、智能制造等技术的采用，不仅为人类提供了新的生产手段，而且带来了生产力的大发展和组织管理方式的变化，改变着企业的生产经营理念与商业模式，改变着人们的价值观、思维方式与生活方式。

（二）互联网和信息技术对企业营销的冲击

互联网和信息技术对企业营销的冲击是全方位的。今天，人们借助互联网和信息技术，可以在短时间甚至瞬间掌握消费者的各样需求，又可以在短时间实现各种资源的整合，组织或开发出新的商品，满足消费者瞬息万变和个性化的需求。宝洁公司创建了一个叫作"消费者脉搏"的东西，称他们设计的尿不湿，凭借建模与模拟技术，利用大数据，每日接触消费者超过 40 亿，在 80 多个国家生产，产品销往几乎所有国家。

最有说服力的莫过于小米手机。小米把高规格的硬件配置、MIUI 操作系统、米聊等要素整合在一起，创造了一种神奇的力量。小米与金山软件、优视科技、多玩、拉卡拉、凡客诚品、乐淘等公司实现服务对接，实现了低成本、高效率、整合速度快和双向推动的优势。小米除了运营商的定制机外，只通过电子商务平台销售，数十万米粉成为口碑营销的主要力量，它没有靠硬件盈利，而是把价格压到最低、配置做到最高，靠的是足够多的用户和用户的反馈。

又如，由互联网和信息技术所催生的新的零售革命，正在改变着传统零售业态、零售模式以及整个流通生态，改写了商圈、商店的内涵，使企业从订单到生产，到终端，再到消费，整条供应链和价值链都发生了翻天覆地且不可逆转的变化，也为经济学和营销学注入了新的内涵。在实践中，一方面，解决了零售商在短时间掌握大量消费者数据的瓶颈问题，降低了零售商的成本；另一方面，解决了供需之间信息不对称问题，使消费者有了掌握大量商品信息和充分选择的权力，降低了消费者支付成本，无形中给每一位消费者带来一定的消费者剩余。从经济学上讲，实现消费者剩余最大化，也就是有效解决了为谁生产、生产什么和如何生产的根本问题，解决了生产效率最大化问题；从营销学上，解决了以消费者为中心、有效提高流通效率和效益、为消费者创造最大价值问题。

五、技术创新与自主品牌

（一）面向未来的技术创新

"科学技术是第一生产力"。随着科学技术的加速发展、相互渗透、交叉和综合型发展，以及应用于生产的周期大大缩短，产品生命周期不断缩短，产品数量迅速增加。在古代，人类用了 200 多万年才发明了轮子，后来又用了大约 5 000 年用蒸汽机驱使轮子跑起来。到了现代，1946 年发明的计算机大到装满整间房子，把它缩小到放在桌子上只用 35 年，而台式计算机一跃发展到笔记本电脑，只用了 10 年时间，从笔记本电脑再到手持式电脑，仅仅 5 年时间……与此相适应，每天都有大量新产品问世。在竞争中，企业成长对技术创新的要求越来越迫切。

技术创新是新技术研究、开发、生产到首次实现商业化全过程的经济技术活动，这种经济技术活动的本质是实现企业的科技创造与市场高新技术需求的结合。未来企业的竞争力从一定意义上讲取决于技术创新的能力大小和技术管理水平的优劣。因此，有竞争意识的企业都在努力增加自己的研究与开发费用，面向现实的、尤其是潜在的市场需求开发新技术、新产品。世界上知名公司的研究开发费用已经超过营业收入的 10%，不少公司一年创新产品已经达到 50% 以上。微软公司把"不断淘汰自己的产品"作为公司口号。不少企业还通过征取"风险资金"来加大技术创新的力度。

（二）技术创新是永恒主题

在创新驱动增长的时代，企业技术创新居于国家技术创新体系的核心地位；企业技术创新活动不是一时之举，它是一个永恒主题，因此对企业文化的影响是持久的。企业只有树立持续创新理念，完善技术创新机制，加大研发力度，推动技术合作与交流，并善于借鉴与"综合"，才能用较小代价实现技术不断创新；只有树立产业化和商品化意识，面向市场需要，明确重点，才能逐渐形成独特技术和核心技术，才能使创新的技术有生命力。同时，把技术创新作为永恒主题，也要求企业树立正确的人才观，视人才为最佳资产、最大投资，坚守能力本位的用人文化，建立完善的人才招聘、选拔、培养、使用与激励机制，形成技术创新的人才高地。

（三）创造自主品牌

在品牌经济时代，只有加大科技投入与自主创新，把技术创新的成果应用于品牌建设当中，创造具有独立知识产权的自主品牌，企业才能赢得持久的竞争力和附加利益。就中国企业来讲，创造自主品牌是分享经济全球化成果的重要砝码，是未来经营战略的必然选择。

六、合作竞争模式与"双赢"模式

（一）从对立竞争到合作竞争

企业自从诞生那一天起，就注定是在市场竞争中谋求生存和发展的。竞争最原始的规则是优胜劣汰、你死我活。时至今日，企业的竞争环境出现了根本变化，市场已经呈现战争与和平共有的状态。科学技术高度发展，产业分工协作日益密切，市场需求变得神秘莫测，在这种情形下，一间公司不管有多大规模与实力，也不能做到掌握生产上所需要的所有技术，生产与提供现实和潜在市场所需要的所有产品与服务。每个企业在造就市场时均为互补者，在瓜分市场时才有相互之间的竞争。因此"合作竞争"的概念应运而生，美国人尼尔·瑞克曼写了一本《合作竞争大未来》，其中深刻地揭示了这一道理："真正的企业变革，指的是组织之间改以团结合作、合力创造价值的方法来产生变化；公司开发出新的合作经营方法，协助企业取得前所未有的获利和竞争力。"① 因此企业竞争的游戏规则在改变：竞争是合作的一种方式，竞争的目的不是为了压倒别人，而是与别人共同谋求繁荣。这种游戏规则不仅体现在生产上下游之间，也体现在直接的竞争对手之间。通过合作竞争，寻找到自身最合适的市场定位和服务定位，与对手相得益彰，共同发展。这是一种竞合模式和竞合文化。"蓝海战略"② 以及"长尾理论"③ 相继受到推崇，不与竞争者直面竞争，走出"红海"，开发"蓝海"；不光关注一时利润贡献大的产品，更要关心一时利润贡献不大，但有潜力的产品开发。这些思想都是竞合文化的发展。

（二）从"单赢模式"走向"多赢模式"

由于人类对赖以生存的自然环境的逐渐重视和对社会文化进步的重视，带来企业盈利模式的变化。"双赢模式"（企业与竞争者分享利益）甚至"多赢模式"（企业与竞争者、消费者乃至社会共同分享利益）取代了"单赢模式"（企业自身利益）。到了互联网时代，竞争条件更加透明，竞争规则更加公平，竞争砝码更趋向于消费者和社会公众。关起门来把企业办成像一个制造利润的机器的那个时代已经过去。未来的企业必须面向消费者，面向社会，在与竞争对手竞合中，把自身的目标与消费者目标、社会目标相融合，不仅致力于向消费者提供高质量的产品、服务，与消费者分享所创造的价值，而且要关心社会发展，关心生态环境的改善，促进社会价值观念和社会风气向好的方面转化。

"多赢模式"的形成，给企业文化带来巨大影响，它要求企业必须做好经营战略和管理战略的调整，处理好企业眼前利益同长期利益，企业利益同竞争者利益、顾客利益以及社会利益的关系，改组管理流程和营销方式，使企业真正成为"社会化的企业"。当然，这只是从竞争角度看盈利模式变化，从企业运作的商业模式角度看，金融创新与资本运作、互联网和信息技术的运用将推动企业盈利模式的革命性变革。

第三节 企业文化的未来发展

一、研究与探索

21 世纪以来，企业生存与发展环境的变化以及相关理论的发展，促使企业文化理论研究更加繁荣、内容更趋于成熟；企业文化实践更为活跃，并成为企业竞争制胜的第一利器。

① 尼尔·瑞克曼，等.合作竞争大未来 ［M］.苏怡仲，译.北京：经济管理出版社，1998：1.
② W.钱·金，勒妮·莫博涅.蓝海战略：超越产业竞争开创全新市场 ［M］.吉宓，译.北京：商务印书馆，2005.
③ 克里斯·安德森.长尾理论 ［M］.乔江涛，译.北京：中信出版社，2006.

（一）企业文化理论研究趋势

中国企业文化的理论研究，经历了 30 多年时间，取得了不少有价值的成果，也还存在不少问题有待深入探索。可以预见，伴随社会主义市场经济体制的完善和企业改革的深化，企业文化理论研究将进入了一个崭新的阶段，中国企业文化理论大厦的建设进程将加快。企业文化理论研究出现以下一些新的趋势。

1. 研究基点突破

企业文化理论研究突破了"企业是经济组织"这样一个单一基点，不但把企业看作一个通过向市场提供有效的产品与服务，以收抵支取得盈利的经济组织，是物质财富的创造者。而且从一个全新视野，把企业视为一个生命体，视为一个如人一样有灵魂、有情感、有理想，追求快乐、创造幸福的生命体。这样，赋予企业物质与精神双重性质，使企业文化研究找到一个新的基点。[①] 从两个基点研究企业文化，开阔了人们的研究视野，有关企业生命周期、企业文化基因、企业文化生态等新的理论将会有更多成果问世。

2. 研究领域拓宽

企业文化理论研究将进一步突破狭义的企业文化范畴，从单纯的管理领域延伸至技术开发、生产、营销和服务领域，形成一种综合的"文化力"研究，也就是从"文化力"这一更大的视野研究文化与经济的互动关系，研究企业与社会的互动关系。企业文化学与相关实用学科，如企业战略管理、投资管理、人力资源管理、技术管理、市场营销、环境保护、社会责任、公共关系、客户管理、服务管理、品牌管理、实用产品美学、形象设计、组织设计等学科的联系越来越紧密。一方面，企业文化理论对这些学科发展的导向作用越来越明显；另一方面，企业文化理论也在与这些实用科学的相互融合与渗透中不断得到丰富和发展。特别明显的趋势是，企业文化的人本化和市场化两个方向相互结合，互动发展。

3. 研究参照系扩大

企业文化学的研究不仅注重把握时代脉搏，从时代精神中汲取营养，而且注重传统文化，如儒家、道家、法家文化等对企业文化滋养，注重社会主义精神文明对企业文化的影响，以此找到中国企业文化生长的根脉和价值源泉，剔除制约企业文化健康发展的思想障碍。不仅如此，未来的企业文化研究将更加注重各国之间的比较研究，如为什么 20 世纪 60 年代以后日本、韩国、新加坡等部分东亚国家企业成功运用了儒家文化，创造了经济奇迹；为什么 90 年代开始美国企业又"战胜"日本、韩国等国企业，连续十几年高速增长；为什么中国企业创造持续 30 多年增长，近几年尽管受全球金融危机影响面临不利经济环境，仍然保持一定增速，等等。企业文化研究通过回答这些问题，探析这些现象背后的文化原因，将从更大的参照系上，借鉴他国经验，总结自身经验，在比较研究中实现中西文化交融互补，在继承中实现文化创新。

4. 研究内容深化

企业文化理论研究的重点将从目前更多地回答"是什么""为什么"向更深层次发展。如对企业文化本质的研究，在倡导以人为本，并说明为什么要坚持以人为本的基础上，进一步研究实现以人为本的途径。在企业中，如何尊重和保护人的尊严和生命价值，开发人的知识和能力价值，创造人的自我价值和企业整体价值有机结合的新模式，以及如何解决好以人

---

① 参见本书第一章第一节"企业的生命属性"部分。

为本、全员参与管理与强调服从、忠诚理念和专家决策的关系。面对市场，如何做到以客户为本，尊重与保护客户的价值，处理好企业利润与客户价值的关系。面对投资者，面对社会，企业如何真正把"大写的人"写好，在处理各种错综复杂的关系时，体现人本和人性化，在这些方面具有很大的研究空间。又如，对企业文化规律的研究，不仅要进行简单的阶段描述，而且要在大量实证分析的基础之上，回答企业文化是否有生命周期，如果有，受什么因素影响，一个企业如何克服企业文化周期的限制，传承、改造、变革、创新企业文化，如何突破体制束缚实现企业文化转型，使企业进入健康成长的轨道。再如，对企业文化与企业发展、企业效益关系的研究以及企业文化投入与产出关系的研究也将有所突破，渴望打开企业文化是如何促进生产力发展这一神秘的"黑箱"，建立科学的企业文化评价模式和企业文化贡献率模型，找到企业文化评价和贡献率计算可操作性的方法和技巧。

5. 研究新课题难度加大

在互联网背景下，企业文化研究的最大课题就是网络对文化的影响及如何利用互联网思维以及网络技术和信息技术，提升与变革企业文化。

麻省理工学院电脑科学实验室的高级研究员大卫·克拉克说："把网络看成是电脑之间的连接是不对的。相反，网络把使用电脑的人连接起来了。互联网的最大成功不在于技术层面，而在于对人的影响。电子邮件对于电脑科学来说也许不是什么重要的进展，然而对于人们的交流来说则是一种全新的方法。"在开放的社会环境中，互联网和移动互联网的普及应用，以其系统开放性、内容共享性、成本低廉性、传播交互性、竞争公平性、沟通有效性和速度快捷性的优势，大大推动了企业文化的社会化和民主化进程，彻底改变了企业的文化生态。

在逐渐改变了的企业文化生态中，企业文化研究的重点方向是企业组织与管理方式的再造、文化网络的重构、文化形成与共享机制的建立以及如何确立消费者在企业文化建设中的主体作用等。

（二）实践发展趋势

30多年来，企业文化管理在中国经历了一个由不自觉到比较自觉、由片面到全面、由肤浅到深刻的过程。现在，企业文化管理已经成为推动企业提高员工素质、提升品牌价值、提高竞争力的途径。但也必须看到，企业文化管理的普及率还不是很高，目前主要集中在绩优企业和规模较大的企业，效益不佳和规模不大的企业还没有对企业文化管理引起高度重视；即使在企业文化管理已经起步的企业，有些认识与实践也未能到位，或把企业文化作为一种漂亮的标签和装饰品，或仅局限于表面层次的文化活动和狭义的思想工作领域，未能把握企业文化的本质，从根本上改造和创新企业文化，从更广泛的意义上发挥企业文化的整体功能。真正搞得好的企业，像海尔、联想、华为、同仁堂等只是少数。

在今后一二十年里，企业文化理论将对企业产生更大的诱惑力和吸引力，作为一种新的管理方式——企业文化管理将得到企业更为广泛的认同，理论与实践的结合将更为紧密，企业文化管理将走出误区，步入一种健康发展的轨道。

展望未来，企业文化实践将出现以下明显趋势。

1. 企业文化战略成为企业发展战略的内核

企业文化战略成为企业发展战略的重要组成部分，并且是核心部分。企业文化管理不再只是企业内部宣传部门或至多是党委系统的事，不再只是调动员工积极性的一种手段。发展的趋势是，企业文化将与企业的经营活动和管理创新更加密切地结合起来，成为企业整个决策层主抓、全员参与的战略行动。企业文化管理得好坏，不光影响员工的士气和精神，而且决定企业的决策行为，制约企业的发展方向，影响整个组织的效率，也就是说企业文化对企业兴衰所起的作用越来越显著。因此，优秀的企业在制定企业发展战略时，首先要制定企业文化战略，明确自身的使命、愿景、价值观和经营理念，以此指导企业投资战略、营销战略以及人才战略、管理战略的制定。

2. 企业家在文化创新中的作用日益突出

企业家作为企业文化的倡导者、培育者、示范者和企业文化管理的旗手，在未来企业文化创新活动中具有举足轻重的作用。随着市场经济的充分发育，企业家阶层成为最稀有的市场资源和市场主角，成为决定企业成败的主角。他们将以自己强烈的创新精神和冒险精神影响企业文化，以他们卓越的工作精神和作风感染企业文化，尤其是凭着他们对企业、市场的深刻理解，引导企业文化的健康发展。因此，可以预见，中国企业家阶层的形成和企业家精神的成长，将成为推动中国企业文化管理的关键因素之一。

同时，伴随着互联网对生产流程的颠覆和消费者主体地位的提高，企业将改变关起门来建设企业文化的做法，将传统企业文化创新的物理空间延伸至整个供应链、价值链的各个环节，吸收消费者、供应商乃至社会参与企业文化创新，并直接分享企业文化创新的成果。

3. 企业文化生态将有较大变化

企业文化将由一元化发展为多样化。多样化并非多元化，多样化的企业文化是指围绕核心价值观形成的众星捧月式的多彩文化，即有活力的企业文化生态。在网络文化生态体系中，个性得到张扬，个人价值观受到重视。工业社会的传统企业，企业文化强调一元化，即倡导一种被共同认可的统一价值观，对于这种统一价值观以外的个人追求、期望、理想往往不予认同，甚至排斥。这是与传统社会的等级制度和标准化作业方式分不开的。在信息社会，员工的民主意识不断觉醒，生产方式和作业方式也在改变，一元化的企业文化逐渐发展为多样化的企业文化，即企业在倡导主导价值观的同时，具有"多样化的容忍"，充分尊重个人的理想、意愿，发展个性，为个人价值实现创造条件。这种以主导价值观为基础和主流的多样化的企业文化，成为未来企业文化的主要特征，也是企业文化持久活力的保证。

4. 企业文化的民族性和独特性日益突出

只有民族的，才是世界的。世界上不同的民族文化与市场经济相结合创造了不同的经济发展模式，孕育了不同的企业文化，且都有成功的范例。中华民族文化在滋润企业文化中，表现出很多独特而积极的作用，连西方企业在激烈的市场竞争中也不断从东方，尤其是中国文化中寻找和谐思想和亲和力。因此，中国企业将会进一步增强文化自信，有望从优秀的民族文化中找回自己的价值支点，走出一条以我为主、博采众长、融合提炼、自成一家的企业文化民族化之路。

在凸显企业文化民族性的同时，企业会更加关注个性文化的培育。因为个性文化鲜亮、耀眼，是企业文化的精华与活力所在。这种日益突出的企业文化个性培育，表现为企业的差别化战略。企业文化管理将把行业特点、市场特点、企业历史、经营管理特点、优良传统、成功经验，以及员工的理想和希望、企业家的人格风范、企业的未来发展目标等熔为一炉，确定企业理念体系，通过特色的语言表述，把企业文化的个性固化下来，通过培植个性文化来强化企业的差别化战略，继而形成企业的核心能力。可以预见的是，经过企业的不懈努力，反映不同特色、不同风采的企业文化范式将大量涌现。

5. 母子公司文化共建模式逐步形成

企业规模的大小与企业文化管理的复杂性成正比。有些大企业，不仅人数多，组织层次多，经营多元化，面对的市场也非常复杂，是一种复合型集团公司。这类企业的文化建设就很复杂，具有特定的模式——母子公司共建文化模式。目前，中国多数企业集团公司纷纷制定企业文化发展规划，大张旗鼓地开展企业文化建设。有些全国性集团公司在设计全集团文化理念和行为规范时，试图让集团几万人乃至几十万人奉行一套文化理念和行为规范，强调集团文化的同一性、权威性和导向性。实践证明这种想法或做法有失偏颇。

全国性集团公司应有四个纽带，即资本纽带、权力纽带、业务纽带和文化纽带维系所属企业，以保持集团的整体性；其中文化纽带最有韧性、最持久，是不可或缺的，是集团公司的精神纽带。只有强有力的文化，才能使集团形成价值共同体。集团公司在企业文化管理中，其文化管理的内容应具有总体规定性、导向性和包容性，主要在企业使命、基本价值观和企业哲学层面有统一规范要求，但不能包揽一切，不能完全替代所属公司的文化建设；所属公司的文化应具有服从性，不能离开集团公司文化的主线，同时在经营管理理念、工作作风和精神风貌等方面要有创新性和多样性。目前，一批大集团公司正在对母子公司文化共建模式进行积极的探索，既注重集团公司层面的文化建设，又允许下一个层次企业结合自己的业务经营特点，有所创新和创造。尤其有些在体制改革和资产重组中诞生的大集团公司，充分尊重所属公司的历史，鼓励其考虑行业差别、文化特色以及不同的领导风格和员工素质，在企业文化管理中，发挥优势，张扬个性，努力使集团公司文化成为一种有一个主旋律，百花齐放、争奇斗艳的百花园。经过今后若干年的努力，伴随着集团公司产权制度改革的深化和治理结构的完善，母子公司文化共建模式会更加成熟，集团文化会更有生机与活力。

6. 品牌培育成为企业文化管理的最高表现形式

品牌是一个企业理想追求的制高点，拥有优秀品牌就意味着拥有实力，拥有市场，拥有利润，拥有长期的竞争力。因此，不少企业家把自己一生的追求与梦想都集中在一种品牌上。品牌具有很高的文化含量，或者说品牌就是一种文化的象征。未来的企业，特别是致力于创品牌的企业，其文化建设的重点无疑会围绕创建品牌进行。这种企业文化管理既强调提高内在凝聚力、向心力和吸引力，更注重增加品牌的文化附加值，更注重提高企业外在的知名度、美誉度和顾客忠诚度。实际上这种广义的企业文化管理，从方法层次上看会与 CI、CS 有机结合起来，实现企业品牌理想与顾客价值的一体化，企业品牌审美观与顾客审美趋势的一体化，企业品牌理念与顾客追求的一体化。

7. 企业文化管理与思想政治工作及学习型组织建设相得益彰

企业文化与企业思想政治工作同属企业精神文明的范畴，同以提高人的素质、调动员工积极性为目标，同用教育灌输和活动渗透等手段开展工作，二者具有一致性。但思想政治工作更多地着眼于政治原则与社会伦理，侧重于对人的政治思想与行为起导向作用；企业文化更多地着眼于市场原则与经济伦理，侧重于对人的职业心理与工作行为起导向作用，二者也有一定差异。从发展趋势看，企业在努力探索思想政治工作同企业文化管理的相互作用，通过改善和加强思想政治工作和精神文明建设，为企业文化管理提供方向和指导思想，解决企业员工的基本人生观、理想和信念等问题；通过建设企业文化，为加强思想政治工作创造良好的条件和环境，增强思想政治工作的吸引力和感染力；发挥企业文化联结思想政治工作与企业经济活动的纽带作用，改变思想政治工作常与企业经济活动相脱离的"两张皮"现象。在思想政治工作与企业文化管理结合上，统筹机构设置、工作规划和活动安排，使二者相容，互相补充，互相渗透，互相推动，共同发展。

在知识和信息爆炸、一切充满变数的环境中，建设学习型组织，提高企业的整体学习能力是至关重要的。但针对企业文化管理和学习型组织建设在企业实践中组织重叠、活动冲突、资源浪费的实际情况，迫切需要找到一种二者结合的好方法。从趋势来看，人们越来越认识到，善于学习是优秀企业文化的一种特质；积极向上的企业文化是学习型组织健康发展的保证。建设企业文化和创建学习型组织目标一致，过程也可以一致起来，即把学习型组织的思想融入企业文化理念之中，把创建学习型组织的活动与企业文化活动结合起来进行。

8. 企业文化管理与制度建设相互推动

以往，企业文化是作为企业制度的衍生物或副产品出现的。在企业制度的运行过程中，企业经营者以既定的制度、规范、标准约束员工的行为，以自己的行为方式和领导风范潜移默化地影响员工的行为，自然而然地会衍生出一种与制度相适应的约束性文化和与经营者行为方式及领导风范相适应的模仿性文化。这种文化是"积累"而成的，不是主动自觉建设的结果。在这种情形下，企业文化管理只能是简单地"提炼"和"传播"，其文化优劣完全取决于企业制度的优劣和企业经营者具有怎样的个人行为方式及领导风范。未来的企业，其管理方式逐渐由制度管理过渡为文化管理。在文化管理方式下，企业文化管理的任务不完全是"积累"，而是在积累的基础上由企业经营者与全体员工进行学习与创造。这种自觉学习与创造的文化，更富于先进性和理想化。当然，这种学习与创造的新文化并不排斥制度，它一方面对制度的形成起导向作用；另一方面又以制度为载体得到践行与传播。也就是说，企业文化管理不会取代制度管理，它是与制度管理相互推动、共同发挥作用的。同时，目前企业文化管理实践中文化与制度两张皮的现象也有望得到解决。

9. 企业文化管理更加强化执行力

企业文化不是一件漂亮的外衣。通过企业文化管理，总结提炼一套先进的文化理念，设计一套漂亮的文化手册，开展丰富多彩的文化活动，营造积极向上的文化氛围，树立个性鲜明的文化形象等，无疑是必要的。但企业文化说到底是一种执行文化，不是一种装饰文化。或者说，企业文化管理作为一个系统，本身就包含确立理念，明确规范和操作执行几个要素，是一个完整的体系。目前，企业文化"落地"、推动文化力向执行力的转换问题，引起企业界的高度重视。

从发展趋势看，企业文化理念的定格会更具有前瞻引导力和切实可行性；在企业文化传播中，防止文化传递失真的机制将更加完善；企业文化管理与经营战略制定、实施，与企业体制的创新与管理变革的结合将更加紧密。同时，由于企业文化管理评价理论的创新，企业文化评价指标体系、机制与方法逐渐科学化、实用化，将推动企业文化管理向注重实效的方向发展。

10. 企业更加重视精神家园建设

伴随着企业文化管理实践的深入，人们越来越深刻体会到，企业文化管理的根本目的一方面是推动生产经营，另一方面是满足员工日益增长的精神生活需求。因此，建设员工精神家园是企业文化管理的重要任务。

精神家园是指一个人内心深处的精神支柱和精神寄托，它能给人以心灵慰藉，给人以前进动力和方向。寻找精神家园，就是寻找理想，寻找真理和幸福。精神家园是分层次的，不同的人或一个人不同时期有不同层次的精神家园的标准，精神家园的表层是兴趣、爱好，内核是审美观和价值观；精神家园是动态的、发展的，其建设不是一朝一夕之事，也不是一劳永逸的事情，与时俱进，始终保持朝气蓬勃的精神状态，才能使精神家园永远清新怡人；精神家园不是个体的，是整体的，只有在合作、协作中才能更好地实现，使人找到心灵共鸣和集体归属感，享受精神大家庭的快乐。

精神家园作为一种精神上的追求，它需要一个物质载体，企业就是最好的精神家园的物质载体。中国企业与西方国家企业哪里不一样？中国企业在技术、设备、管理等方面与西方国家企业的差距越来越小，所不同的是，西方国家企业员工的精神家园在教堂、教会，中国企业员工的精神家园在企业。西方国家企业主要是一个给员工提供工作机会的场所，中国企业不仅是员工的工作场所，而且是满足员工精神追求、精神依托、精神归宿感，化解精神压力，矫正心理扭曲以及实现成就感、分享团队集体生活乐趣的地方。建设企业精神家园，是中国企业文化管理的特殊职能。

如何建设精神家园？一是要宣传中华民族的伟大梦想，倡导"富强、民主、文明、和谐，自由、平等、公正、法治，爱国、敬业、诚信、友善"的社会主义核心价值观。二是要建立企业的精神信仰和理想。企业有了信仰，事业才有方向，才能凝聚人。三是要善于发现人的精神需要，如兴趣、爱好，审美观和价值观的共同点，善于满足人的多方面的精神需要。四是要坚持以人为本，在工作中发挥人的首创精神，如通过合理化建议制度、工作申报制度等，推动员工参与管理，实现员工自我价值。五是吸收员工参与企业文化管理，促进员工个人的精神追求融入到企业文化当中，通过有效传播，使员工分享企业文化建设的成果。六是通过组织丰富多彩的文化活动，改善文化环境，建立文化礼仪，丰富员工的精神文化生活，陶冶员工的情操。七是探索在互联网环境下，创新性建设精神家园，加强正面信息和先进文化的引导，为员工创造更多的沟通交往与生活体验的机会。

11. 企业文化因网络冲击越来越开放

互联网改变了员工的生活空间和生活方式。网络既延伸了员工生活的现实空间，也增加了虚拟空间；网络平台所提供的各种服务，如信息与知识搜索、语音聊天、游戏、可视电话、短信、股票、投资、培训、购物等已经成为员工生活的重要组成部分。这一方面提高了员工的生活丰富度，他们可以在虚拟空间里找到很多新的角色、新的自我价值和生活意义，缓解了正式工作的压力，释放了不平衡感和不满意感；同时也使其事业心受到一定影响，有些人因此淡化了对事业的追求，容易对组织和领导者产生新的不满。

互联网改变着正式组织和非正式组织。网络对正式组织内部层级结构产生巨大影响，推动着组织结构从集中式组织结构向扁平化、分散化、柔性化网络结构转变，要求企业建立快速反应的机制。过去的非正式组织主要是以有形的单位为基础，至多拓展到狭小的同学圈、邻居圈、亲属圈、朋友圈等范围；现在依靠互联网平台，员工参与各种各样非正式组织，团购、驴友、论坛等，形成了各种非正式网络组织。非正式组织的范围大大拓展，组织活动方式也由有形的活动拓展到虚拟空间。加之，文化网络沟通主渠道逐渐由传统的会议、文件、报纸、广播、电视、宣传栏等正式渠道，以及餐桌、班车等非正式渠道，转向 OA、邮件、QQ、飞信、微博、微信、短信等新的网络信息渠道，部分人与人的交流被人与机器的交流所取代，组织内部人与人之间的关系出现淡化趋势。与此相适应，员工的视野更加开阔，更加关注社会问题，例如环保、公益事业等，企业文化因此更加社会化了。

互联网使得企业信息对称性和共享性得到优化。过去，企业领导者、管理者与员工因地位和工作性质差异，所获得的信息质与量差距很大，呈现严重的不对称性，很多信息被领导者和管理者独享；在互联网环境里，很多信息大家是共享的，领导知道的事，多数员工也知道，大大降低了领导者信息的独享性，提高了信息的对称性。加上在网络空间里没有级别，大家地位平等，这种平等诉求直接延伸到组织内部，员工内部层级观念和服从意识淡化，民主意识和参与意识增强了。

互联网打开了员工的眼界。互联网带来海量的信息，使员工视野更宽，想法更多，思想更加开放。网络没有了国界，思想也打破了疆界，员工价值追求更加多样化；由于信息刺激加大，因此员工物质要求更高，企业激励的难度更大；由于信息多了，工作、薪酬可比较的对象多了，工作选择余地大了，员工对企业的忠诚度受到影响，忠诚观变化，流动率提高。

互联网改变了员工的思维方式。在长期的网络生活中，员工逐渐形成互联网思维，既"我献人人、人人助我"的思维。互联网把媒介垄断打破了，员工成为媒介信息的生产者、传播者和受益者。每个人都在网络生活中享受到大量的"消费者剩余"，因此也愿意帮助别人，给别人带来价值，这就强化了员工的服务意识和社会责任感。

互联网提高了员工的创新力和创造力。互联网大大缩短了员工获取文献、资料和各种有用信息的时间，提高了人们的学习能力和分析能力，因此也促进了员工创新力和创造力的提升。

以上分析表明，在互联网和移动互联网快速发展的条件下，企业文化网络正在改变，开放型的企业文化正在形成。只有适应变化，积极探索实践，才能推进网络时代企业文化的全面创新。

12. 互联网＋企业文化，将推动管理的深刻变革

互联网＋企业文化，对企业文化建设与管理是有革命意义的。

企业整体价值至高无上，压抑个性、限制自我价值的文化受到空前挑战。过去个体离开企业不能获得资源，现在个人离开企业也能获得资源。因此，企业文化"去中心化"，以人为中心，以个体为中心，崇尚自由、张扬个性、实现自我的文化受到推崇。

人人都是文化创造、创新主体，人人都是文化消费、享受主体。企业文化管理中的民主意识空前高涨，追求平等、互动、互利、共赢的文化成为不可逆转的趋势。

企业文化中的情感因素在下降，理性因素在上升。传统企业价值观和道德标准面临重塑与再造。

企业文化的社会化程度大幅提高，企业因此改变相对封闭状态，与社会文化交流沟通更加紧密，受到社会文化的影响更大。企业处于动态竞争状态，文化也处于不断的动态调整中；企业经营开始跨界，文化也在跨界。社会先进文化的标准逐渐成为企业文化的评价标

准，企业社会责任感与员工社会责任感，逐渐由"外加"文化，变为演变为"内生"文化。

传统企业文化建设目的受到质疑。单纯把建设企业文化作为管理员工的手段，作为激发员工积极性、提高企业效率与效益的"工具"，这种单纯"企业利益观"已不能适应新时期企业文化发展的需要，提高职工道德素质，满足职工的精神需要，成为企业文化建设的重要目的。

13. 互联网＋企业文化，是企业文化管理方式一次脱胎换骨的变革

面对新的企业文化变革，新老企业都在探索如何适应互联网＋企业文化的新特点、新趋势和新规律。海尔是靠文化成功的企业，海尔的文化贵在创新与变革。从组织形态上看，海尔实现了由传统的正三角到倒三角，再到网络经济背景下的利共体平台"小微"形态的转变，形成平台型组织构架和新的企业生态圈，真正做到小微以用户为中心，人单合一，实现企业与用户的无缝对接。这种组织变革本质上是基于互联网＋企业文化的思维，是"去中心化"和发挥个人创新主体作用的有益尝试。在阿里巴巴的商业帝国里，淘宝、支付宝和天猫等明星产品的背后，最有价值的是有创意的人，尤其是马云和他的 18 位联合创始人，还有成就其产品和市场加盟者。小米也是合伙人制，品牌背后是各个独当一面的合伙人。小米人都喜欢创新、快速的互联网文化，以及平等、轻松的伙伴式工作氛围，享受与技术、产品、设计等各领域顶尖人才共同创业成长的快意。还有，也许是更重要的，他们将"用户"变为"选民"，并将他们被压抑已久的参与感、平等感释放出来，这是小米胜于其他对手的杀手锏，也是互联网思维和互联网文化最生动的实践。

推动互联网＋企业文化，企业需要探索的是：一要打破单一自上而下的企业文化建设架构和路径，建立上下互通、互动文化发展机制。适应企业组织扁平化的变革趋势，为个体文化、小群体文化成长留下充足的空间。二要改变企业文化管理单一"工具属性"，建设"精神家园"式的体验型文化。设计有吸引力又能使人们乐在其中，触动情感，又能回味无穷的企业文化现场礼仪、活动；把现实体验活动与健康的网络体验活动结合起来，虚实互动，推动体验性文化的创新，全方位满足职工体验性精神需要。三要在发展企业利益共同体基础上，建设员工价值共同体。创造更多平台和机会，有效发挥个体价值，并善于找到个体价值的契合点，以此为基础建立企业价值体系和价值共同体。是要推动管理方式由传统的金字塔式组织结构和自上而下的集中式管理与生产方式向扁平化组织结构和柔性生产方式改变，改变层级结构和部门分割的状况，以便使更多的实体贴近广泛的市场，更加敏捷、灵活地满足市场快速多变个性化的需求。同时，改变传统的层级管理和制度管理等刚性管理模式，建立起适应知识性职工参与管理、参与创新的柔性管理模式。

互联网＋企业文化，是一个需要企业界和学界共同探讨的全新课题。可以预见的是，它的影响，不亚于企业文化理论的创建；它的破解，将颠覆部分传统管理理论、理念与方法，将企业管理和企业文化推向一个全新的境界。

资料 11-2

互联网：改变生活、创造价值

互联网是人类通信技术的一次革命，但如果仅仅从技术的角度来理解互联网的意义显然不够。互联网的发展早已超越了当初 ARPANET 的军事和技术目的，从一开始就是为

人类的交流服务的。互联网，尤其是移动互联网技术的迅猛发展和普遍应用，正在改变着人们的工作方式、生活方式与消费习惯。

移动终端伴随着移动互联网的发展迅速增长。2015 年，全球互联网用户数量增长了10%，超过 34 亿用户，有越来越多的人通过移动设备使用互联网，在全球互联网总流量中，移动终端的份额年增长率达到了 21%，纯移动用户数量增长了 4%。目前，全世界人口中，有一半人至少拥有一部移动手机，在用的移动手机中，智能手机占比达到了 46%。随着越来越强大的智能手机出现，以及网络连接质量的提升，人们在自己手机上的"活动范围"也变得越来越大。最让市场营销人员感兴趣的，可能就是全球移动购物快速增长，在过去一年的时间里，全球移动商务活跃用户增长率达到了 50%。从中国来看，截至2015 年 12 月，全国网民规模达 6.88 亿，普及率为 50.3%，较 2014 年底提升了 2.4个百分点；全国手机网民规模达 6.20 亿，较 2014 年底增加 6 303 万人。网民中使用手机上网人群占比由 2014 年的 85.8% 提升至 90.1%。智能手机成为年轻人生活必需品，而且智能手机用户越来越低龄化。庞大的移动终端给人们带来了什么？首先是生活习惯正在慢慢改变。如果说互联网把人们的购物理念转向 PC 终端，而移动互联网则把人们的购物理念转向了移动终端，因为移动互联网随时、随地、随心分享的特性，迎合消费者的需求，消费者的习惯也会因此慢慢改变。其次是信息传播更加畅通。移动互联网解放了人们的双脚，不用坐在电脑边也可以看到互联网上的信息，移动微博、新闻 APP、移动天气、移动 QQ、微信、移动 SNS 等，让人们在移动互联网中畅通无阻，消息传播不再受时空的限制。再就是娱乐移动化，很多人早上醒来第一件事是拿起床头的手机看新闻、查天气，在地铁、公交上翻阅手机里的电子书、股票、新闻或是玩游戏，在旅游的时候还在上微博、分享旅游趣事。移动互联网构建了一个庞大的网络体系，丰富的移动应用把娱乐移动化，人们可以随时、随地、随时使用网络娱乐自己、娱乐大众。还有就是社交网络的变化。移动应用越来越丰富，使大部分人因此产生了智能手机依赖，智能手机使用越来越频繁，人们的社交圈也在逐步网络化，人与人之间面对面的交流越来越少，语音、文字变得越来越多。

互联网给人带来巨大价值。英国《经济学人》针对互联网给人们创造的难以估量的价值，用"消费者剩余"的概念进行诠释。麦肯锡研究认为，免费广告支撑的网络服务为美国贡献了 320 亿欧元的消费者剩余，为欧洲贡献了 690 亿欧元消费者剩余。电子邮件在美国和欧洲共贡献了 16% 的消费者剩余，搜索引擎占到 15%，社交网络占到 11%。谷歌研究认为，他们的搜索引擎每天为用户节省 3.75 分钟，为各国贡献 650 亿至 1 500 亿美元的消费者剩余。

资料来源：根据 www.baidu.com、www.666180.com 和 www.zhihu.com 中的资料整理。

二、创新方向

文化具有延伸性，未来的企业文化是今天的企业文化的延续。当然，这种延续不是简单地传承，而是扬弃、演绎、创新和发展。在这个过程中，有些先进文化可能被继承下来，有些落后文化可能因一文不值而被淘汰掉，有些文化经过演绎会发生转型，同时新环境也会造就出一些全新的文化。可以预见，未来企业文化的内容将更加丰富多彩，主流文化将更加突出。

（一）创新文化

在"大众创业、万众创新"时代，经济全球化、信息化的加速发展对企业创新提出挑战。不创新即倒退、不创新即死亡，已经成为企业经营的第一定律。创新文化是企业危机意识、生存意识和发展意识的集中体现。企业创新包括丰富的内涵，既包括技术、产品、市场及经营、服务方式的创新，也包括管理组织、制度、手段和方法的创新。企业文化的传承与创新均是推动企业文化进步不可或缺的，但就现阶段文化环境与企业文化现状而言，创新应是主旋律。在企业体制改革、资本重组与并购中，不仅应注意资本、技术、业务与管理的改革与重组，更要注意文化的整合与创新。文化的创新是企业改革与重组成功的前提和关键。

企业创新文化的形成，一般表现出以下几个方面的文化风格：

（1）具有强烈的危机意识；

（2）敢于挑战自我，视今天为落后，志在追求更高的目标；

（3）善于打破今天的平衡，创造新的平衡，使企业永远处于动态的发展中；

（4）不怕冒风险，善于在风险中寻找更好的经营机会；

（5）宽容失败，为了鼓励人们创新，能够宽容在创新中出现的失误，乃至错误；

（6）善于行动，"Let me have a try"，千方百计把好的想法变成现实。

案例11-2　华
为的冬天

案例11-3　微
软的18个月

案例11-4　宽
容中见尊重

（二）人本文化

人本价值观仍然是未来企业文化的主旨和主旋律。人本价值观就是坚持以人为中心，以文化人。具体内涵是：

1. 树立人的生命本位意识

尊重生命，热爱生命，崇拜生命，珍视和放大生命价值。创造有安全保障的工作环境，保护人的生命，提高人的生命质量。

2. 尊重人的人格与尊严

从管理制度到管理方式，摆脱封建家长制和官僚科层制的束缚，张扬个性，满足人的自尊需求，使人活得有尊严。

3. 重视人的自我价值

秉承人人是人才的理念，为实现和提升人的自我价值搭建事业平台，为员工的晋升和发展创造更好的条件，寻找员工价值与企业价值的契合点。

4. 体现人的主体地位

保障人的参与与分享权利，使员工成为企业文化的创造者、实践者和共享者。

5. 促进人的全面发展

加强对员工的培训，提高人的整体素质，一方面追求人力资本的最大回报，另一方面为社会培养合格乃至高素质的社会公民。

在市场经济和信息社会，人本价值观的内涵进一步得到发展，即更加关注"人的能力"，重视"人的能力"的培养、开发和利用，即由人本逐渐扩展到"人的能力本位"。韩庆祥教授认为"能力本位"是市场经济的核心价值观。[①]人的能力，尤其是创造能力的发挥是生产力发展的基石，强化能力本位价值观具有非常重要的实践意义。

能力本位价值观包括丰富的内涵，一方面旨在使每个人把最大限度地发挥能力作为价值追求的主导目标，既充分发挥现有能力，又充分发挥人本身未曾使用过的能力，同时还要通过学习与提高，增强能力，具备专长，力求成为解决某一方面问题的专家。另一方面，对企业来讲，要把合理使用人的能力、开发人的潜能、科学配置人力、积极培养人的能力作为工作重心，最大限度地发挥个人价值，并把它与企业价值统一起来。在人本价值观基础上形成的能力本位价值观，是对传统"权力本位""金钱本位"及"关系本位"价值观的超越，倡导这种新的文化价值观，有助于增强企业的整体创造力，提高整体效率与效益，并形成竞争优势。

案例 11-5　云南数万割胶工渴望活到退休

案例 11-6　"东航返航门"事件

案例 11-7　王永庆"五顾茅庐"

（三）信用文化

市场经济是信用经济。没有信用，不讲信誉，缺少游戏规则，市场经济就没有良好的秩序，也不会产生比其他经济体制更高的效率。因为在买方市场上，商业竞争同质化，消费者对商家的识别最终转移到商家的第四种生存状态——信用上来。企业的生存和发展需要一个健康的企业心态和形象，这种心态和形象的建立与企业信用实践密切相关，也就是取决于消费者对于企业的信任度以及社会对企业的认可度。信用是企业的立业之本、兴业之道，是企业贡献社会和取得效益的平衡点；信用也是企业文化的底线；信誉是信用的积累，构成企业的无形资产。

---

① 韩庆祥. 能力本位［M］. 北京：中国发展出版社，1996：23.

中国企业目前的信用状况不容乐观。据报载，中国企业信用缺失带来的损失惨重，一年直接和间接经济损失达五六千亿元，改变企业信用缺失问题，是当前企业文化管理的重要任务。

信用文化机制的构成有三个层次，一是建立在人格和特殊感情关系基础上的特殊主义的信用文化机制，依靠道德约束；二是建立在法律和契约基础上的普遍主义的信用文化机制，依靠法律约束；三是建立在价值观基础上的体现终极价值理性和信仰的神圣信用文化机制，依靠文化约束。

提高企业信用文化的层次，实际上是提升和完善企业的"人格"。人有智商（IQ）、情商（EQ）、财商（FQ）和健商（HQ）；企业也有智商（CIQ）、情商（CEQ）、财商（CFQ）和健商（CHQ）。企业健商主要指诚信精神、环境意识和社会责任感。如何弥补"健商"，提高企业信用水平？一方面要补上法律意识和契约理念这一课，弥补信用缺失；另一方面，还要强化人格信用，加强信用文化建设和信用积累，提高信誉，在与社会信用机制建设的互动中，不断提高信用管理水平，实现信用的道德和法律约束向文化约束的提升。

在恪守信用的基础上承担社会责任，是企业文化管理的基本要求。诺贝尔经济学奖获得者西蒙的论断：生存得最好的生物是对周围环境最有利的生物。同样，发展得最好的企业是对社会公众最有利的企业。也就是说，企业承担社会责任既是其社会性的体现，也是市场经济伦理的基本要求。企业承担社会责任既有外在压力，又有内在动力。因为，守信尽责，从长远来说，不是付出，而是获取，是企业基业长青的基本文化律。当代企业的社会责任，包括经济责任、政治责任、社会道德义务、发展人的责任、文化进步责任、环境保护责任等内容。

案例 11-8　三鹿奶粉门　　案例 11-9　王石捐款门事件　　案例 11-10　微笑不碳气

（四）竞争文化

竞争是企业发展的动力，竞争文化是与能力本位文化相适应的。众所周知，人与人之间的能力差别是客观的。因为人们的天赋不同、受教育的程度不同、经历与经验不同、成长的环境不同，因此每个人的知识结构、思维能力和行为能力都有差别。在企业中，因为员工的能力有差别，因此就决定了分工有差别，不同能力的人就做不同性质、不同专业、不同能级的工作；从事不同性质、专业和能级的工作，就有不同的收入方式，如企业高级管理人员拿年薪和股票期权，一般员工拿工资；因为收入方式不同，收入水平就有很大的差别。如工人与公司首席执行官的收入差距，美国达到 531 倍，亚洲部分国家也扩大到 200～300 倍。近年来，一个不争的事实是，一般劳动收入增长缓慢，而知识劳动收入增长迅速；资本的回报没有太大变化，而企业家的风险收入大大提高。

因为能力差别造成的收入差别，与尊重人权与人格没有关系。竞争文化代表了企业文化创新的一个重要方向，只有不断培植这种文化，通过启动收入分配杠杆，在管理中引进竞争机制，才能真正适应市场经济的需要，更好地体现以人为本、尊重知识、尊重人才的理念，在企业中使能力强、贡献大的人受到充分激励，使能力弱、贡献小的人受到鞭策，从而激活人们的进取性、竞争精神、卓越精神和学习精神，使企业富有朝气与活力。

案例 11-11　本田
妙用"鲶鱼效应"

（五）学习文化

未来成功的企业将是个"学习型组织"。按照彼得·圣吉的观点，学习型组织具有五种新技术：自我超越、改善心智模式、建立共同愿景、团队学习和系统思考。可见学习型组织在共同的愿景下，有着崇高的信念与使命，具有实现梦想的共同力量，并且人们勇于挑战过去的成功模式及力量极限，充分发挥生命潜能，创造超乎寻常的成果，每个人从学习中体验工作的意义，追求心灵的成长和自我价值的实现。与这种学习型组织相适应是学习文化。在这种文化导向引领下，人们追求通过学习提高素质，开发能力与智慧。尤其是团队通过共同学习，提高整体的适应能力和创造能力，从而超越自我，超越平庸。在这类组织中，领导者不怕别人超越自己，鼓励组织成员竞相发展。彼得·圣吉认为：当世界更息息相关、复杂多变时，学习的能力也更要增强。壳牌石油公司企划主任德格指出：唯一持久的竞争优势，或许是具备比你的竞争对手学习更快的能力。从此能推导出一个结论：学习作为未来企业最重要的价值观之一，对企业能否适应世界变局，跟上时代前进的步伐，创造竞争优势具有决定性意义。

案例 11-12　王选
一生中的一次重大
抉择

（六）借力文化

虚拟经营是经济全球化和互联网时代企业无形资产增值和品牌效应放大的产物，其本质是借用外力，在较大的市场范围内利用高新信息技术，进行经营资源的组合与配置，企业尽量在"微笑曲线"中寻找到附加值较高的环节，如设计开发和供应链管理等，其他环节通过国际分工体系完成，以扬其所长，避其所短，从而突破企业自身的能力极限，实现快速增长。与此相适应形成的借力文化，大大改变了企业的经营理念，它使企业在经营中更加重视研发，注重培育品牌，开发无形资产价值。在实践中树立大市场观和大资源观，利用自身的商誉优势，从全球的视野去捕捉市场机会，组合资源，寻找合作伙伴，善用金融手段、网络技术和信息技术，提高灵活、柔性、合作、共享、快速反应、高效输出的素质和能力。未来的企业是没有市场边界、没有资源限制的企业，只有培育借力文化，才能实现经营创新、市场创新和商业模式的创新，最终获得超乎寻常的发展。

倡导借力文化，从更深层次讲，就是倡导企业专注核心能力的培养，集中精力和资源，精准市场定位，做自己最有优势、最有发展潜力的产品或服务，并把它做精做深做透，做出市场，做出竞争力与影响力，避免经营中的过分多样化与多元化，从"大而全""小而全"式的"产供销一条龙""科工贸一体化""集团化"的陷阱中走出来，在专注与借力中实现企业价值的最大化。

（七）质量文化

质量是企业的生命之本，质量文化是工业社会最根本的追求。从某种意义上讲，中国工业化过程较短，目前质量文化还处于发育阶段，企业应大力倡导质量文化建设。强调质量文化，在以下几点上取得共识是至关重要的：市场是衡量质量的最终标准；质量的最高目标是零缺陷与无差异；顾客满意是质量管理永恒的追求；质量管理是全过程全员的管理；质量管理是面向全社会的管理。

质量，是企业的永恒追求，也是优秀员工的职业信仰。与倡导质量文化相适应，应大力倡导"工匠精神"。工匠精神的本质是精益求精、一丝不苟、专注坚持、专业敬业、追求产品完美和质量极致。大国工匠精神是中国工业化最宝贵的财富。世界上工匠精神较强的国家如德国、瑞士、意大利、英国、日本都是现代化强国。瑞士的钟表匠质量追求从 99% 提高到 99.99%。日本超过 100 年的老字号 21 066 家，超过 200 年的有 3 148 家，超过 1 000 年有 8 家，最长的金刚组今年 1 438 岁。大多数有核心技术或工艺，由工匠世代传承。寿司之神小野二郎，现年已 91 岁，用 55 年时间在专注做寿司，他的小店开在东京 CBD 一座办公楼的地下室，却是全世界闻名的米其林三星店，他也是年纪最大的三星主厨，在日本地位相当崇高，"寿司第一人"的美称传播于全球。哈德洛克公司用工匠精神生产的螺母，堪称"永不松动"。

质量文化中蕴含着"工匠精神"，在员工层面发扬工匠精神，就是践行质量文化。工匠精神、质量文化与品牌文化，环环相扣。锻造工匠精神，推动质量革命，造就知名品牌，这是中国企业增强竞争力的基本逻辑，也是企业文化创新的重要使命。

（八）效率文化

在西方经济学家眼中，企业的本质就是能够创造比其他形式更快的速度、更高的效率。如经济学家科斯及其追随者就认为，企业替代市场，仅仅是因为它能节省交易费用；阿尔钦等人认为，企业作为一种团队生产方式，其意义就在于，多项投入在一起合作生产得出的产出要大于各项投入在分别生产的产出之和。可见，效率文化是内生于企业这种组织形式的。

没有效率，交易成本过高，投入产出形不成合理的比例，企业也就没有存在的必要。未来的企业之所以更重视效率，主要是全球性市场竞争的需要，只有讲速度，讲效率，企业才能捕捉到更好的经营机会，才能以最低的成本、最优惠的价格、最便捷的方式，把产品和服务提供给顾客，赢得市场，赢得顾客的信赖与忠诚，最终赢得竞争。效率文化是推动企业革新与进步的加速器。在效率文化引领下，企业要通过组织创新、创造精干高效的组织运行机制，通过业务流程再造，实现产品质量、服务质量、顾客满意度和效益的全面提高；通过人力资源开发与科学的管理，促使人们学习现代科学文化知识，掌握先进的工作技能与方法，加快工作节奏，提高工作效能。

（九）共享文化

企业是一个系统，是一个由若干人靠契约结合的团队，共享是企业的本质属性。市场经济无疑要倡导差异与竞争，但不能忽视和谐与共享。

企业通过经营所创造的物质成果与精神成果，不仅要与员工、顾客共享，而且要与社会共享。一个企业的生存目的不光是获得自身的价值增长，好的企业大大超越传统经济学有关利润最大化是唯一驱动力的理论，而是追求员工价值最大化和企业价值最大化。尤其在考虑社会价值时，企业除了维护社会公共利益外，特别要关注自然生态价值，通过保护并合理使用自然资源，通过开发绿色技术、绿色产品，推行绿色营销、绿色包装、绿色服务等，促进社会经济的可持续发展；同时也关注社会文化价值，努力通过自身的经营行为和公益活动，向社会传播先进的价值观和生活方式。管理大师彼得·德鲁克指出：企业的目的在于企业之外。和谐与共享文化真正使企业面向社会，在谋求自身和谐的基础上，与投资者、竞争者、供应商、经销商、顾客、金融机构以及其他社会成员取得和谐，与自然环境取得和谐，在和谐中实现价值的共同增长。

案例 11-13

鱼与鱼竿

从前，有两个饥饿的人得到了一位长者的恩赐：一根鱼竿和一篓鲜活硕大的鱼。其中，一个人要了一篓鱼，另一个人要了一根鱼竿，于是他们分道扬镳了。得到鱼的人原地就用干柴搭起篝火煮起了鱼，他狼吞虎咽，还没有品出鲜鱼的肉香，转瞬间，连鱼带汤就被他吃了个精光，不久，他便饿死在空空的鱼篓旁。另一个人则提着鱼竿继续忍饥挨饿，一步步艰难地向海边走去，可当他已经看到不远处那片蔚蓝色的海洋时，他浑身的最后一点力气也使完了，他也只能眼巴巴地带着无尽的遗憾撒手人间。

又有两个饥饿的人，他们同样得到了长者恩赐的一根鱼竿和一篓鱼。只是他们并没有各奔东西，而是商定共同去找寻大海，他俩每次只煮一条鱼，他们经过遥远的跋涉，来到了海边，从此，两人开始了捕鱼为生的日子，几年后，他们盖起了房子，有了各自的家庭、子女，有了自己建造的渔船，过上了幸福安康的生活。

资料来源：百度文库，wenku.baidu.com.

要点总结

（1）本章阐述的企业文化环境问题，其理论意义在于，研究企业文化要有开放意识和系统思维；实践意义在于，在进行企业文化管理中，必须考虑环境的影响，在企业与环境的互动中推进企业文化的进步。

（2）特别值得关注的内容是：自然与技术环境对企业经营的影响越来越大，企业文化中的环保意识及相关的社会责任意识必须加强；中国确立并实施社会主义市场经济体制，经济全球化也把中国带入全球经济大循环，这样的环境要求企业要有世界眼光和强烈的市场意识、竞争意识和创新意识；中国是中国共产党领导的社会主义国家，国家的政治法律环境要求企业文化管理必须体现社会主义精神文明的特质；中国是一个具有深厚文化底蕴和优良文化传统的国家，中国企业应善于挖掘和利用自身民族文化的独特资源，创造企业文化个性，形成企业文化民族优势。

（3）人类进入 21 世纪以后，科学技术和市场经济以前所未有的速度发展，中国的社会经济发生着有史以来的重大变革，中国企业的生存环境也今非昔比，企业经营管理体制、运行模式都在发生着巨变，互联网、信息技术、大数据、物联网、智能制造、经济全球化、自主创新、首席执行官、核心竞争力、竞合、蓝海、"双赢"、共享等各种新的概念、理念、技术给传统企业带来巨大冲击，尤其是互联网＋企业文化，将推动企业业务流程和管理产生深刻变革，企业文化创新势在必行。

（4）中国企业的文化意识和建设文化的自觉性普遍提高，但只有明确建设方向，才能事半功倍，减少文化建设的成本。本章重点在于对企业文化发展的趋势给出一个预测和判断，以使企业明晰主脉文化建设的重点。

（5）未来企业文化主要是沿着两条既有联系又相对独立的脉络发展的。一条脉络是人本化；另一条脉络是市场化。优秀的企业文化既重人，也重市场。人本化和市场化两条脉络，在实践中既相互独立，又相互交叉，相互推动，共同发展。

练习与思考

一、解释概念

核心竞争力、梅特凯因定律、摩尔定律、虚拟经营、精神家园

二、简答题

1. 自然资源及生态环境变化对企业文化的发展有哪些影响？

2. 科学技术环境变化对企业文化的发展有哪些影响？

3. 经济环境变化对企业文化的发展有哪些影响？

4. 政治法律环境变化对企业文化的发展有哪些影响？

5. 社会文化环境变化对企业文化的发展有哪些影响？

6. 简述企业经营管理的变化趋势。

7. 简述企业文化理论研究的趋势。

8．简述企业文化实践发展的趋势。

三、思考题

1．对企业文化与地域文化、商帮文化的关系进行思考。

2．怎样理解知识所有者在企业权利关系中的地位不断提高这一现象？这一现象将对企业文化发展产生哪些影响？

3．当代企业应该承担哪些社会责任？

4．试述互联网对企业文化带来哪些冲击？

5．互联网＋企业文化将推动管理产生哪些深刻变革？

6．试述人本文化的内涵及相互关系。

7．具有创新文化导向的企业表现出哪些文化风格？

8．为什么要倡导竞争文化？倡导竞争文化与构建和谐企业的关系是什么？

9．试述对借力文化内涵的理解，并联系实际说明如何践行这种文化。

10．试述对"工匠精神"的理解，说明锻造"工匠精神"的必要性。

11．从波音、华为、微软、摩托罗拉、东航、本田、王永庆、王选等案例，以及"三鹿奶粉门""王石捐款门"等事件分析中得到哪些启示？

参考文献

[1]伊查克·爱迪思．企业生命周期［M］．赵睿，等，译．北京：中国社会科学出版社，1997．

[2]阿里·德赫斯．长寿公司［M］．王晓霞，刘昊，译．北京：经济日报出版社，哈佛商学院出版社，1998．

[3]鲁思·本尼迪克特．文化模式［M］．王炜，译．北京：社会科学文献出版社，2009．

[4]丹尼尔·A·雷恩，阿瑟·G·贝德安．管理思想史：第6版［M］．孙健敏，黄小勇，李原，译．北京：中国人民大学出版社，2014．

[5]比尔·费舍尔，翁贝托·拉戈，刘方．海尔再造：互联网时代的自我颠覆［M］．曹仰锋，译．北京：中信出版股份有限公司，2015．

[6]托马斯·彼得斯，小罗伯特·沃特曼．成功之路：美国最佳管理企业的经验［M］．余凯成，钱冬生，张湛，译．北京：中国对外翻译出版公司，1985．

[7]威廉·大内．Z理论：美国企业界怎样迎接日本的挑战［M］．孙耀君，王祖融，译．北京：中国社会科学出版社，1984．

[8]理查德·帕斯卡尔，安东尼·阿索斯．日本企业管理艺术［M］．陈今淼，杨道南，陈今池，译．北京：中国科学技术翻译出版社，1984．

[9]特雷斯·迪尔，阿伦·肯尼迪．企业文化：现代企业的精神支柱［M］．唐铁军，叶永青，徐旭，译．上海：上海科学技术文献出版社，1989．

[10]劳伦斯·米勒．美国企业精神：未来企业经营的八大原则［M］．北京：中国友谊出版公司，1985．

[11]彼得·圣吉．第五项修炼：学习型组织的艺术与实务［M］．张成林，译．上海：上海三联书店，1998．

[12]谢恩．公司文化导论［M］．庄志毅，编译．北京：科学技术文献出版社，1989．

[13]拉里·A·萨默瓦．跨文化传播［M］．闵惠泉，等，译．北京：中国人民大学出版社，2004．

[14]艾瑞克·克莱默，刘杨．全球化语境下的跨文化传播［M］．北京：清华大学出版社，2015．

[15]杰克琳·谢瑞顿，詹姆斯·L.斯特恩．企业文化：排除企业成功的潜在障碍［M］．赖月珍，译．上海：上海人民出版社，1998．

[16]休·戴维森．承诺：企业愿景与价值观管理［M］．廉晓红，等，译．北京：中信出版社，2004．

[17]里克·托基尼，安迪·布彻．决胜：核心价值观带给宝洁人的战略动力［M］．王晋，译．北京：电子工业出版社，2012．

[18]尼尔·桑伯里．重塑企业精神：像创业者一样领导成熟企业［M］．杨斌，译．北京：

中国财政经济出版社，2008．

[19]费雷尔，约翰·弗雷德里克，琳达·费雷尔．企业伦理学：诚信道德、职业操守与案例：第 10 版 [M]．李文浩，等，译．北京：中国人民大学出版社，2016．

[20]劳伦斯·D. 阿克曼．形象决定命运：塑造个性企业形象的八条法则 [M]．王楠崇，译．北京：中信出版社，2002．

[21]戴夫·格雷，托马斯·范德尔·沃尔．互联网思维的企业 [M]．张玳，译．北京：人民邮电出版社，2014．

[22]埃德加·沙因．企业文化与领导 [M]．朱明伟，罗丽萍，译．北京：中国友谊出版公司，1989．

[23]马克斯·兰茨伯格．分享：麦肯锡员工培训之道 [M]．刘祥亚，译．西安：陕西师范大学出版社，2006．

[24]彼得·德鲁克．创新与企业家精神 [M]．蔡文燕，译．北京：机械工业出版社，2007．

[25]亚当·拉辛斯基．苹果：从个人英雄到伟大企业 [M]．王岑卉，译．上海：上海财经大学出版社，2012．

[26]约翰·科特，詹姆斯·赫斯克特．企业文化与经营业绩 [M]．曾中，李晓涛，译．北京：华夏出版社，1997．

[27] B. 约瑟夫·派恩，詹姆斯 H. 吉尔摩．体验经济：原书更新版 [M]．毕崇毅，译．北京：机械工业出版社，2012．

[28]日下公人．新文化产业论 [M]．范作申，译．北京：东方出版社，1989．

[29]凯文·莱恩·凯勒．战略品牌管理 [M]．李乃和，等，译．北京：中国人民大学出版社，2003．

[30]马克斯·韦伯．新教伦理与资本主义精神 [M]．黄晓京，彭强，译．成都：四川人民出版社，1986．

[31]马克斯·韦伯．儒教与道教 [M]．洪天富，译．南京：江苏人民出版社，1993．

[32]涩泽荣一．商务圣经：《论语》与算盘 [M]．宋文，永庆，译．北京：九洲图书出版社，1994．

[33]加护野忠男，野中郁次郎，榊原清则，等．日美企业管理比较 [M]．徐艳梅，姜毅然，译．北京：生活·读书·新知三联书店，2005．

[34]弗恩斯·特朗皮纳斯，查尔斯·汉普登·特纳．跨文化人员管理 [M]．刘现伟，译．北京：经济管理出版社，2005．

[35]海伦·德雷斯凯．国际管理：跨国与跨文化管理：第 8 版 [M]．周路路，赵曙明，译．北京：中国人民大学出版社，2015．

[36]唐纳德·索尔，等．如何提升公司核心竞争力 [M]．包则升，编译．北京：企业管理出版社，2000．

[37] W. 钱·金，勒妮·莫博涅．蓝海战略：超越产业竞争开创全新市场 [M]．吉宓，译．北京：商务印书馆，2005．

[38]克里斯·安德森．长尾理论 [M]．乔江涛，译．北京：中信出版社，2006．

[39] 彼得·德鲁克 . 管理前沿：珍藏版 [M]. 闫佳，译 . 北京：机械工业出版社，2009.

[40] 鲍勃·罗德，雷·维勒兹 . 大融合：互联网时代的商业模式 [M]. 朱卫未，孙昕昕，王茜，译 . 北京：人民邮电出版社，2015.

[41] 张小平 . 再联想：联想国际化十年 [M]. 北京：机械工业出版社，2012.

[42] 周留征 . 华为哲学：任正非的企业之道 [M]. 北京：机械工业出版社，2015.

[43] 王述祖 . 经济全球化与文化全球化：历史的思考与求证 [M]. 北京：中国财政经济出版社，2006.

[44] 王成荣 . 对企业文化基因问题的再认识 [J]. 中外企业文化，2014（7）.

[45] 卢志丹 . 英雄式员工的长征精神 [M]. 北京：北京工业大学出版社，2007.

[46] 张云初，王清，张羽 . 企业文化资源：企业文化整合塑造 [M]. 深圳：海天出版社，2005.

[47] 陈春花，赵曙明 . 高成长企业的组织与文化创新 [M]. 北京：中信出版社，2004.

[48] 夏骏，阴山 . 再造青啤：一个百年企业的文化演变 [M]. 北京：东方出版社，2006.

[49] 王成荣 . 互联网 + 企业文化：规律探索与管理创新 [J]. 企业文明，2015（7）.

[50] 王吉鹏 . 企业文化建设：从文化建设到文化管理 [M]. 4 版 . 北京：企业管理出版社，2013.

[51] 罗长海 . 企业文化学 [M]. 4 版 . 北京：中国人民大学出版社，2013.

[52] 王成荣 . 企业文化新思维 [M]. 北京：中国经济出版社，2010.

[53] 谢佩良 . 高级企业文化师：国家职业资格一级 [M]. 北京：中国财政经济出版社，2007.

[54] 王祥伍，谭俊峰 . 华夏基石方法：企业文化落地本土实践 [M]. 北京：电子工业出版社，2013.

[55] 陈春花 . 从理念到行为习惯：企业文化管理 [M]. 北京：机械工业出版社，2011.

[56] 陈广，赵海涛 . 华为的企业文化 [M]. 3 版 . 深圳：海天出版社，2012.

[57] 迪凯，段红 . 看不见的管理：企业文化管理才是核心竞争力 [M]. 北京：电子工业出版社，2014.

[58] 叶坪鑫，何建湘，冷元红 . 企业文化建设实务 [M]. 北京：中国人民大学出版社，2014.

[59] 王吉鹏 . 企业文化诊断评估与考核评价：企业文化诊断与考评管理指导手册 [M]. 北京：企业管理出版社，2013.

[60] 张德，吴剑平 . 企业文化与 CI 策划 [M]. 4 版 . 北京：清华大学出版社，2013.

[61] 孟祥斌，李庆德，杨晶 . CI 设计原理与实践 [M]. 北京：文化发展出版社，2015.

[62] 李蔚 . 推销革命：超越 CI 的 CS 战略 [M]. 成都：四川大学出版社，1995.

[63] 尤建新，陈强，鲍悦华 . 顾客满意管理 [M]. 北京：北京师范大学出版社，2008.

[64] 刘光明 . 品牌文化 [M]. 北京：经济管理出版社，2013.

[65] 王成荣 . 中国名牌论 [M]. 北京：人民出版社，1999.

[66] 王成荣 . 品牌价值论：科学评价与有效管理品牌的方法 [M]. 北京：中国人民大学

出版社，2008.

[67] 范明生，陈超南 . 东西方文化比较研究 ［M］. 上海：上海教育出版社，2006.

[68] 苏国勋，张旅平，夏光 . 全球化：文化冲突与共生 ［M］. 北京：社会科学文献出版社，2006.

[69] 田晖 . 中外合资企业跨文化冲突与绩效关系研究 ［M］. 北京：经济科学出版社，2012.

[70] 郝栋 . 绿色发展的思想轨迹：从浅绿色到深绿色 ［M］. 北京：北京科学技术出版社，2013.

[71] 罗勇 . 经济全球化、经济知识化与中国工业化 ［M］. 保定：河北大学出版社，2004.

[72] 汪丁丁 . 市场经济与道德基础 ［M］. 上海：上海人民出版社，2007.

[73] 王贤辉 . 华夏商魂：中国十大商帮 ［M］. 北京：航空工业出版社，2006.

[74] 唐海燕，原口俊道，黄一修 . 经济全球化与企业战略 ［M］. 上海：立信会计出版社，2006.

[75] 王成荣，等 . 第四次零售革命：流通的变革与重构 ［M］. 北京：中国经济出版社，2014.